职业教育课程改革创新系列教材
计算机与数码产品维修

计算机及数码产品营销

（第 2 版）

韩雪涛　主编
韩广兴　吴　瑛　副主编

電子工業出版社
Publishing House of Electronics Industry
北京·BEIJING

内容简介

本书以国家职业资格考核认证标准为指导，将计算机营销人员考核认证的标准作为图书的纲要，在内容的选取上将计算机产品根据结构和功能特点的不同划分成台式计算机、笔记本电脑、数码移动存储设备、数码影音播放设备、数码相机、DV 摄录机、投影机、打印机、扫描仪、多功能一体机、网络设备共 11 大类。

本书根据劳动和社会保障部颁布的计算机产品营销人员职业技能鉴定标准编写。针对每种产品，依托典型的样机展开使用方法和功能用途的介绍，让读者在学习的同时掌握该类型产品的整体功能、使用特点、应用方案及保养维护的方法，然后结合营销的策略逐步建立起规范的营销技能。

本书可作为专业技能考核认证的培训教材，也可作为各职业技术院校的实训教材，同时也适合电子电气从业技术人员及业余爱好者阅读。

图书在版编目（CIP）数据

计算机及数码产品营销/韩雪涛主编. —2 版. —北京：电子工业出版社，2019. 11
ISBN 978-7-121-37948-2

Ⅰ. ①计… Ⅱ. ①韩… Ⅲ. ①电子计算机-市场营销学-职业教育-教材②数码技术-电子产品-市场营销学-职业教育-教材 Ⅳ. ①F764. 6

中国版本图书馆 CIP 数据核字（2019）第 255036 号

责任编辑：关雅莉　　文字编辑：徐　萍
印　　刷：涿州市京南印刷厂
装　　订：涿州市京南印刷厂
出版发行：电子工业出版社
　　　　　北京市海淀区万寿路 173 信箱　邮编 100036
开　　本：787×1092　1/16　印张：18. 5　字数：473. 6 千字
版　　次：2011 年 10 月第 1 版
　　　　　2019 年 11 月第 2 版
印　　次：2025 年 1 月第 11 次印刷
定　　价：39. 00 元

凡所购买电子工业出版社图书有缺损问题，请向购买书店调换。若书店售缺，请与本社发行部联系，联系及邮购电话：（010）88254888，88258888。

质量投诉请发邮件至 zlts@phei.com.cn，盗版侵权举报请发邮件至 dbqq@phei.com.cn。

本书咨询联系方式：（010）88254617，luomn@phei.com.cn。

前言 Preface

20 世纪 90 年代以来，随着全球信息化步伐的加快，我国电子信息产业得到了迅速的发展，已成为我国国民经济的支柱型产业。进入 21 世纪，电子信息产业的知识含量越来越高，技术更新越来越快，专业分工也越来越细。为此，培养和造就专业的、高素质的技术人才队伍，使之适应时代发展的需求是目前十分重要的工作任务。

随着电子技术的飞速发展和人民生活水平的日益提高，计算机产品近年来得到了迅速的普及。新技术、新电路、新器件、新工艺的不断发展，使得计算机产品的技术含量不断提高，产品的功能更加多样，电路结构也更加复杂。加之计算机产品的数字化特性，计算机产品的组合方式也更加多样和灵活。这些变化对从事电子产品营销的人员提出了更高的要求。营销人员必须熟悉和掌握计算机产品的基本知识和应用技术，才能把技术和知识更好地介绍给消费者，才能有效地指导消费者更灵活、更合理地使用计算机产品。

近几年是计算机产品迅猛发展的时期，各种各样的计算机产品不断涌现，丰富了我国的电子产品市场，但同时，计算机产品的销售却出现了很大的市场空缺。如何能将计算机产品更理性、更安全地推销给消费者，如何能帮助消费者更合理地挑选适合自己的计算机产品，如何能帮助消费者充分挖掘计算机产品的功能、传授规范的使用方法，成为计算机产品销售人员必须具备的销售技能。

针对上述情况，为了贯彻劳动和社会保障部关于实行职业资格证书制度的精神，加强对技术工人的职业技能培训，推动职业技能鉴定工作在电子信息产业深入开展，“信息产业部电子行业职业技能鉴定指导中心”组织计算机产品营销方面的专家、学者、技术人员和职业培训教学管理人员编写了这本《计算机及数码产品营销》，希望对该行业职业技能考核有所帮助。

为了提高计算机产品营销人员的技术水平和业务能力，信息产业部制定了《计算机产品营销人员职业技能考核大纲》。大纲将该职业分为初级、中级和高级三个等级，对从业人员进行培训和等级考核，这样就规范了整个计算机产品营销行业从业人员的职业和岗位技能，必将促进营销队伍整体素质的提高，也有利于科学化的管理。

本书选取目前市场上占有率高和极具代表性的计算机产品，根据国家职业资格考核大纲的要求，同时兼顾计算机产品用户和爱好者学习计算机技术的愿望，系统地介绍台式计算机、笔记本电脑、数码移动存储设备、数码影音播放设备、数码相机、DV 摄录机、投影机、打印机、扫描仪、多功能一体机、网络设备 11 大类计算机产品的结构、功能、使用及保养维护的方法。

在内容讲解上，本书力求突出技能培训特色，所有内容均依托实际样机展开，通过多媒体记录设备将产品的使用、设置、选购、维护等内容全部记录下来，再运用图解的方式展现在书中，充分调动学习者的学习兴趣，使得教学更加直观、形象、生动。

本书所有的知识内容均根据国家职业标准大纲编写，读者通过学习可以申报相应的国家职业资格认证考试，获取相应的国家职业资格证书。如果读者在学习和考核认证方面有什么问题，可通过以下方式与我们联系。

数码维修工程师鉴定指导中心

联系电话：022-83718162/83715667/13114807267

E-mail：chinadse@163.com

地址：天津市南开区榕苑路4号天发科技园8-1-401

邮编：300384

编　者

目录 Contents

项目1　台式计算机的功能特点和营销方案

1.1　台式计算机的种类特点及相关产品

1.1.1　台式计算机的种类特点

台式计算机的种类繁多，分类的方法也很多。例如，可以按照台式计算机系统的功能和规模分为两大类：一体台式计算机、微型台式计算机。

1. 一体台式计算机

随着计算机显示器尺寸的缩小，计算机厂商开始把主机集成到显示器中，从而形成一体台式计算机（All-In-One），缩写为 AIO。AIO 相较传统台式机有着连线少、体积小的优势，集成度更高，价格也并无明显变化，可塑性则更强。AIO 可以说是与笔记本和传统台式机并列的一条新型产品线。如图 1-1 所示为不同结构一体台式计算机的实物外形。

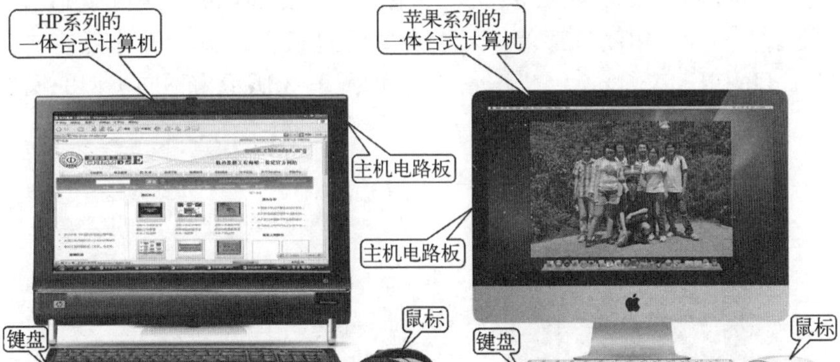

图 1-1　不同结构一体台式计算机的实物外形

2. 微型台式计算机

微型台式计算机的优点是耐用，价格实惠，和笔记本电脑相比较，相同价格前提下配置较好、散热性较好，若配件损坏更换价格相对便宜，缺点是笨重，耗电量大。微型台式计算机是当今最普遍的计算机，包括家用微型台式计算机和商用微型台式计算机两种。如图 1-2 所示为不同类型微型台式计算机的实物外形。

（a）商用微型台式计算机　　（b）家用微型台式计算机

图 1-2　不同类型微型台式计算机的实物外形

1.1.2　台式计算机的相关配套产品

台式计算机有很多与其相配套的产品是必不可少的，如操作系统、安全防护软件、网线和水晶头、网络摄像头、音箱、手柄、活体指纹电脑锁，等等。它们对台式计算机起着不同的作用，可以使台式计算机使用时达到更好的状态和效果。

1. 操作系统

操作系统（Operating System，OS），是一种管理台式计算机硬件与软件资源的程序，同时也是计算机系统的内核与基石。操作系统是一个庞大的管理控制程序，大致包括 5 个方面的管理功能：进程与处理机管理、作业管理、存储管理、设备管理、文件管理。操作系统是控制其他程序运行、管理系统资源并为用户提供操作界面的系统软件的集合。

标准个人台式计算机的操作系统应提供以下功能：进程管理（Processing management）；记忆空间管理（Memory management）；文件系统（File system）；网络通信；安全机制（Security）；使用者界面；驱动程序等。目前台式计算机上常见的操作系统有 DOS、OS/2、UNIX、XENIX、LINUX、Windows、Netware 等。如图 1-3 所示为不同类型的操作系统。

（a）Microsoft Windows XP中文专业版　　（b）LINUX操作系统

图 1-3　不同类型的操作系统

2. 安全防护软件

安全防护软件也称反病毒软件或防毒软件，是用于消除台式计算机病毒、特洛伊木马和恶意软件的一类软件。安全防护软件通常集成监控识别、病毒扫描和清除、自动升级等功能，有的安全防护软件还带有数据恢复等功能，是计算机防御系统（包含杀毒软件、防火墙、特洛伊木马和其他恶意软件的查杀程序、入侵预防系统等）的重要组成部分。如图 1-4 所示为不同类型的安全防护软件。

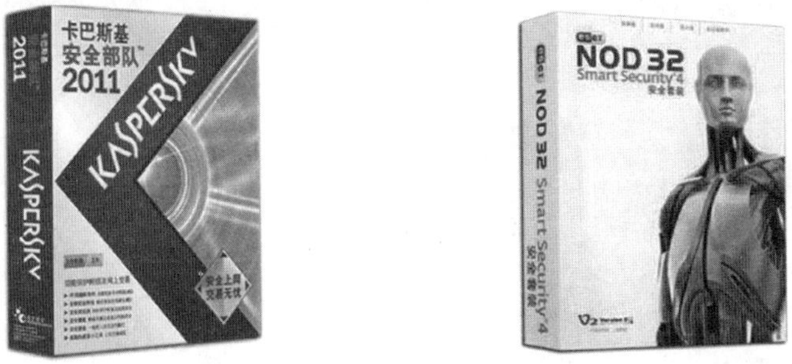

（a）卡巴斯基安全防护软件　　（b）ESET NOD32安全防护软件

图 1-4　不同类型的安全防护软件

3. 网线和水晶头

网络传输设备主要是通过网线（双绞线）和水晶头（RJ-45）接头进行连接。如图 1-5 所示为网线和水晶头的实物外形。

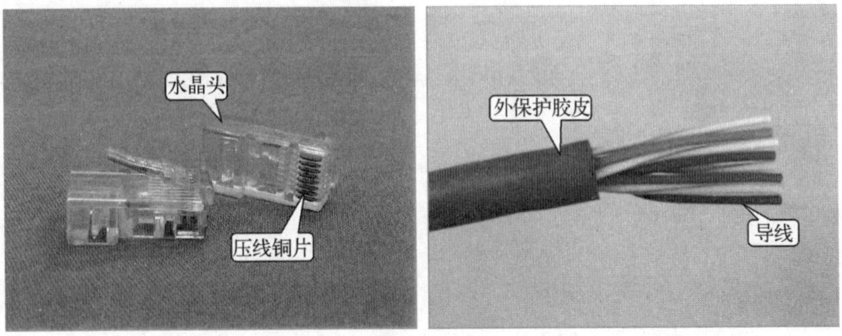

（a）水晶头或RJ-45接头　　（b）网线或双绞线

图 1-5　网线和水晶头的实物外形

网线又称为双绞线，在采用双绞线进行局域网连接时，双绞线的两端必须制作成符合标准的网线接头后，才能与计算机网卡等网络设备进行连接，实现正常的网络通信。水晶头又称 RJ-45 接头，由于它外表晶莹透亮，所以也常把该接头称为“水晶头”。

4. 网络摄像头

网络摄像头（Camera）又称为计算机电子眼，是一种视频输入设备，可以彼此通过摄像头在网络进行有影像、有声音的交谈和沟通。如图 1-6 所示为不同类型的网络摄像头。

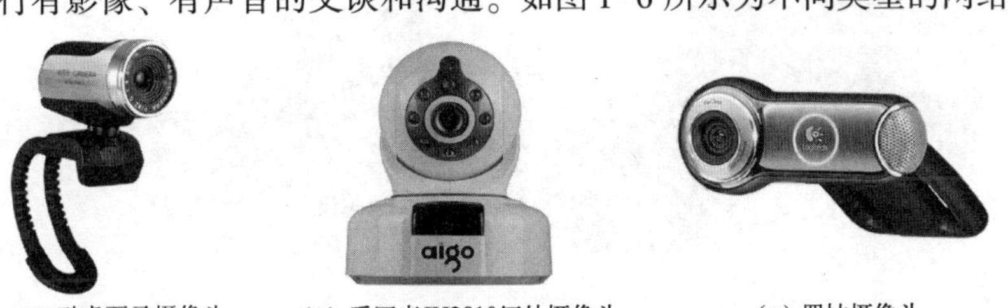

（a）ANC酷睿至圣摄像头　　（b）爱国者JH2810红外摄像头　　（c）罗技摄像头

图 1-6　不同类型的网络摄像头

5. 台式计算机音箱

音箱是计算机的发声装置，它将音频电能转换成相应的声能，并将其辐射到放音空间中去。目前常见的音箱主要有木质音箱、金属音箱、塑料音箱，如图 1-7 所示为不同类型的音箱。

（a）木质音箱　（b）金属音箱　（c）塑料音箱

图 1-7　不同类型的音箱

6. 手柄

手柄是一种电子游戏机的输入设备，通过操纵其按钮等，实现对计算机上各类游戏机对象的控制。如图 1-8 所示为不同类型的手柄。手柄比较适用于进行模拟类游戏，特别是一些滚屏类游戏。

（a）北通小手柄2 BTP-1126　（b）莱仕达光影无线手柄PXN-8633

图 1-8　不同类型的手柄

7. 活体指纹电脑锁

活体指纹电脑锁也称为活体指纹计算机启动系统，是利用活体指纹生物识别技术对计算机、计算机文档及文件进行加密的系统管理软件。它由加密软件安装光盘和活体指纹识别采集仪组成。如图 1-9 所示为典型的活体指纹电脑锁，主要用于对计算机硬盘上存储的个人隐私、

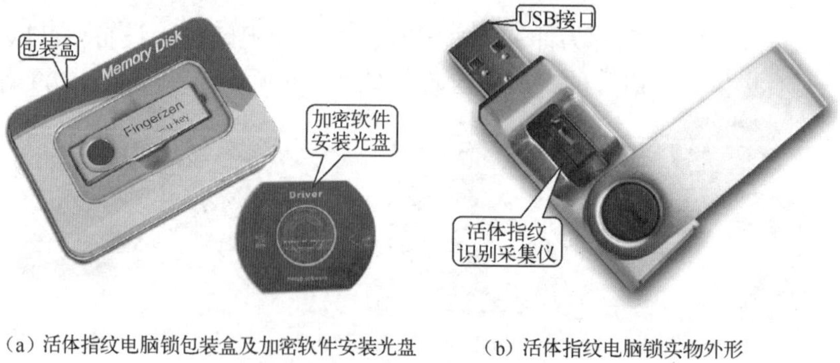

（a）活体指纹电脑锁包装盒及加密软件安装光盘　（b）活体指纹电脑锁实物外形

图 1-9　典型的活体指纹电脑锁

客户资料、财务信息、科研成果等商业机密进行数字加密处理，从而实施保护，而这些加密数据解密的钥匙是加密授权者的活体手指指纹。这是目前市场上最新的一种计算机保护系统。

1.2 台式计算机的结构和工作特点

1.2.1 台式计算机的结构组成

一台完整的计算机整机主要由硬件系统和软件系统构成。硬件系统主要由外部结构和内部结构组成；软件系统主要由操作系统、应用软件等组成。应用软件由计算机行业的管理软件等组成。

1. 微型台式计算机的结构

如图1-10所示，为典型台式计算机的外部结构，主要由主机、显示器、键盘、鼠标等构成。

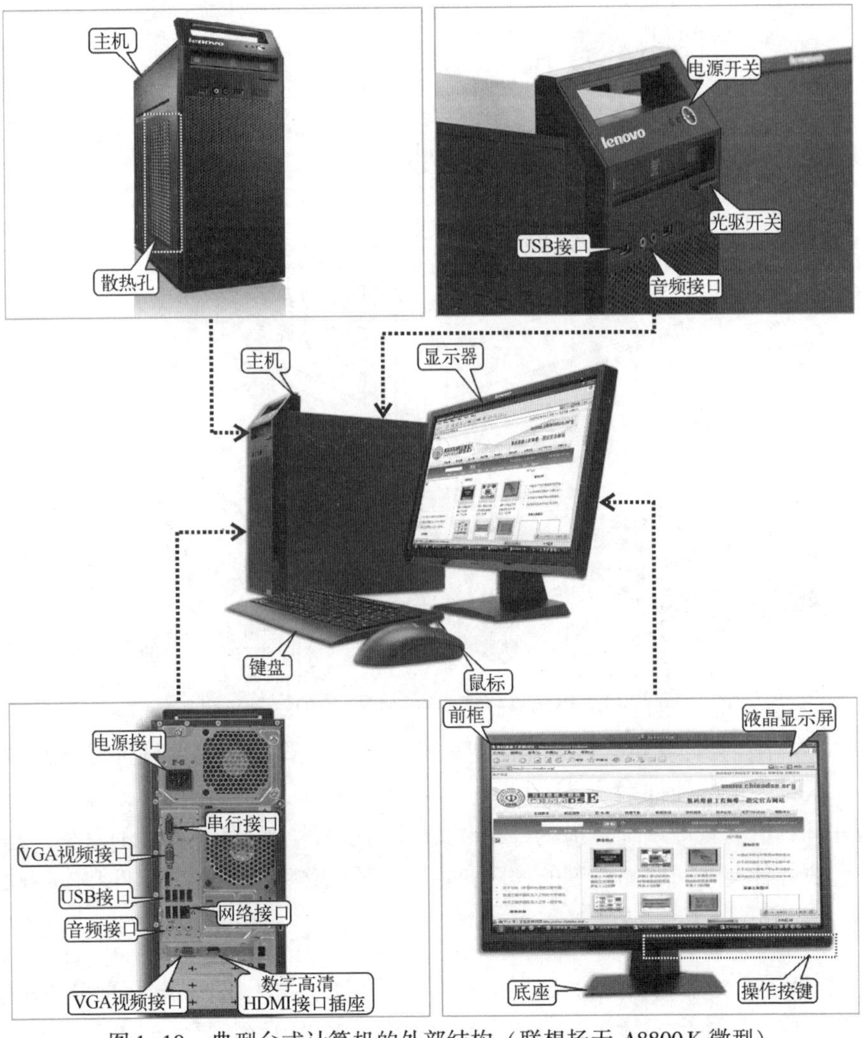

图1-10　典型台式计算机的外部结构（联想扬天 A8800K 微型）

如图 1-11 所示，为典型微型台式计算机机箱内部结构示意图。它将组成台式计算机的各部件和单元电路，紧凑地组装成一体。从图中可以看出，主机内部主要由 ATX 电源、主板、硬盘（包含软件系统部分）、CPU、CPU 风扇、内存、显卡、光驱等构成。

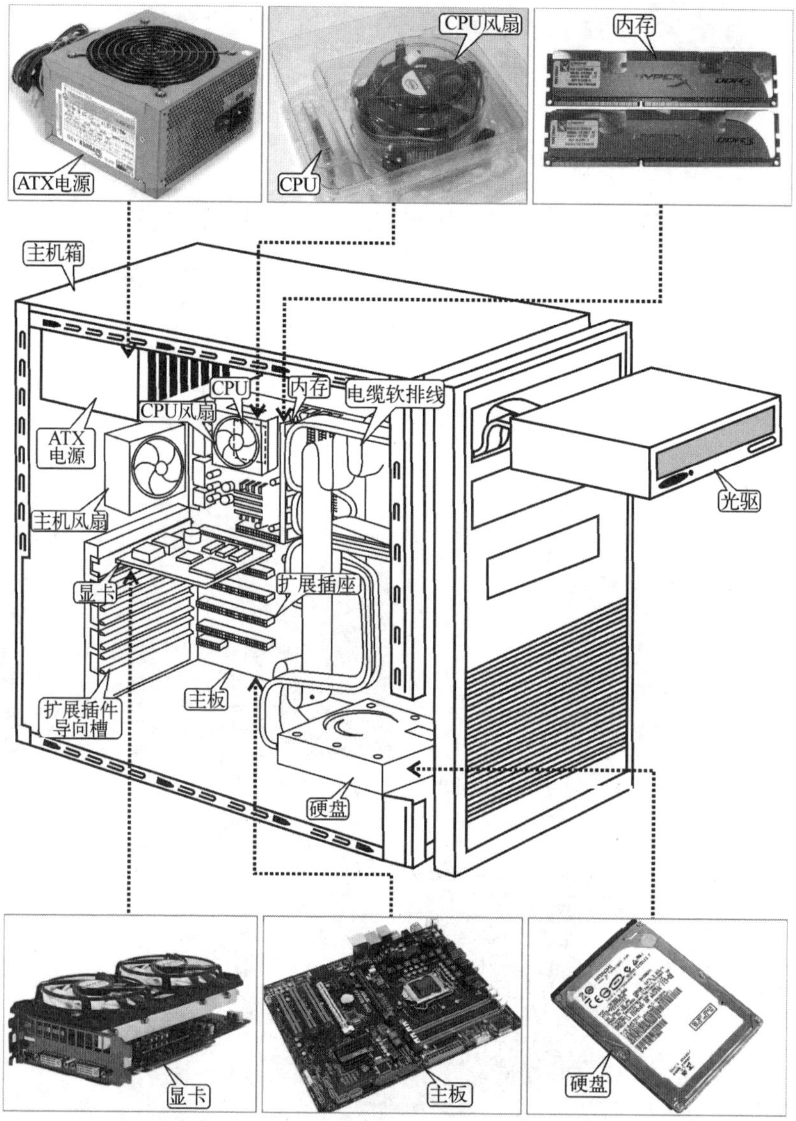

图 1-11　微型台式计算机机箱内部结构示意图

如图 1-12 所示，为计算机软件系统的组成示意图。计算机系统由硬件系统和软件系统两部分组成，台式计算机的硬件系统是看得见、摸得着的实体，如显示器、键盘、鼠标等都是硬件设备；台式计算机的软件系统是指运行在台式计算机硬件上的各种程序的总称，是专门为某一应用领域解决各种实际问题而编制的程序，主要包括操作系统、办公软件和应用软件。

2. 一体台式计算机的结构

如图 1-13 所示，为典型一体台式计算机的整机结构，主要由主机显示部分、键盘、鼠标、电源适配器等构成。一体台式计算机的结构更为紧凑，主机电路与显示器集合在了一起。

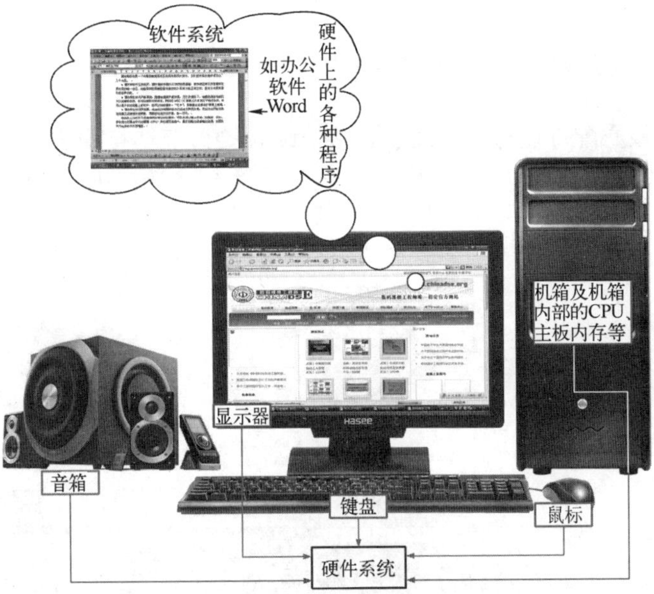

图1-12　计算机软件系统的组成示意图

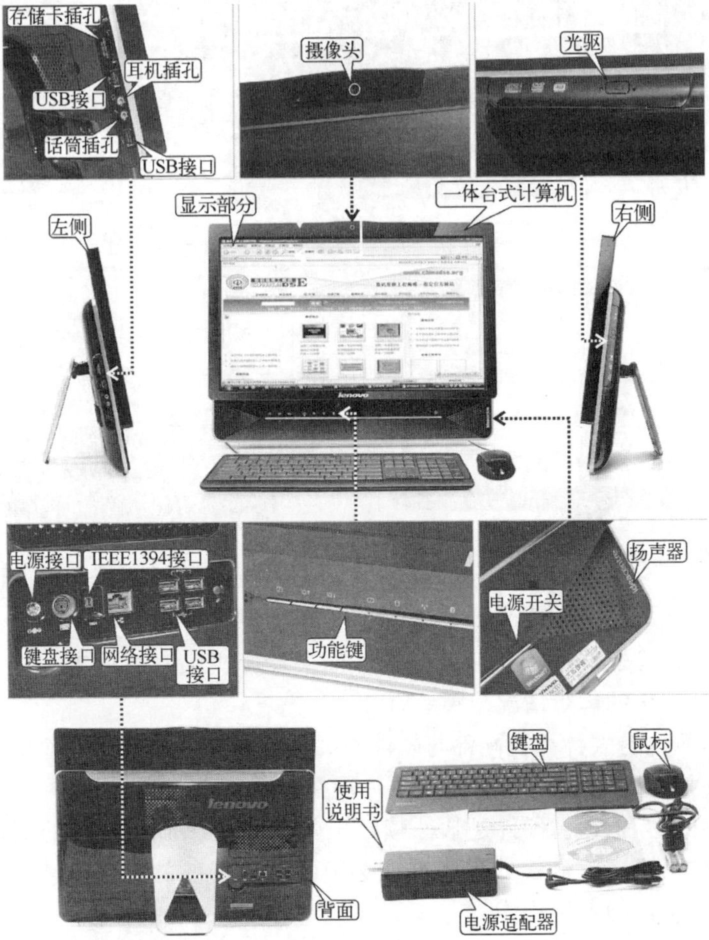

图1-13　典型一体台式计算机的整机结构（联想 B300 劲速型）

1.2.2 台式计算机的工作特点

台式计算机的核心配件通过数据线、连接电缆及接口等连接构成一个计算机系统，完成相互协作，实现计算机的各种功能。如图 1-14 所示为台式计算机核心配件间的连接关系。

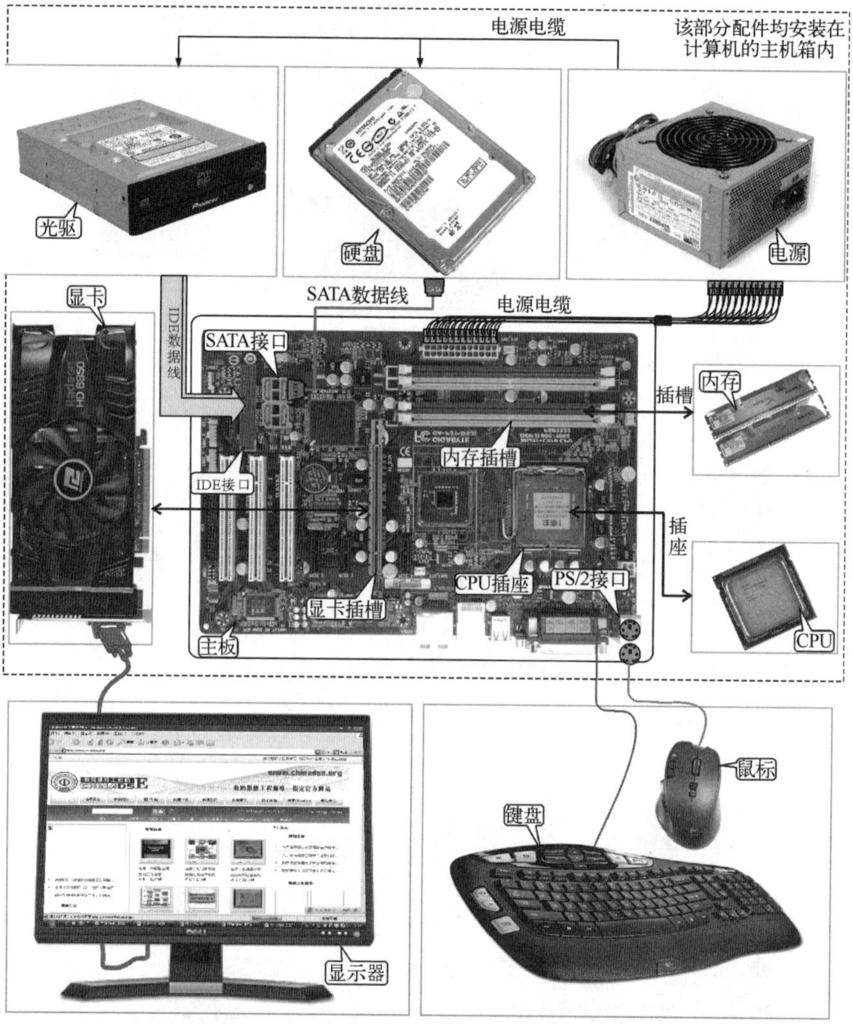

图 1-14　台式计算机核心配件间的连接关系

台式计算机各核心配件间是相互关联的，如果计算机整个系统中的核心配件缺少或损坏，将影响整个计算机的运行情况。

如图 1-15 所示为台式计算机硬件与软件的关系。硬件和软件是一个完整的台式计算机系统相互依存的两大部分，它们的关系主要体现在以下几个方面。

- 硬件和软件相互依存，硬件是软件赖以工作的物质基础，软件的正常工作是硬件发挥作用的唯一途径。台式计算机系统必须配备完善的软件系统才能正常工作，并且充分发挥其硬件的各种功能。
- 硬件和软件无严格界线，随着台式计算机技术的发展，在许多情况下，台式计算机的

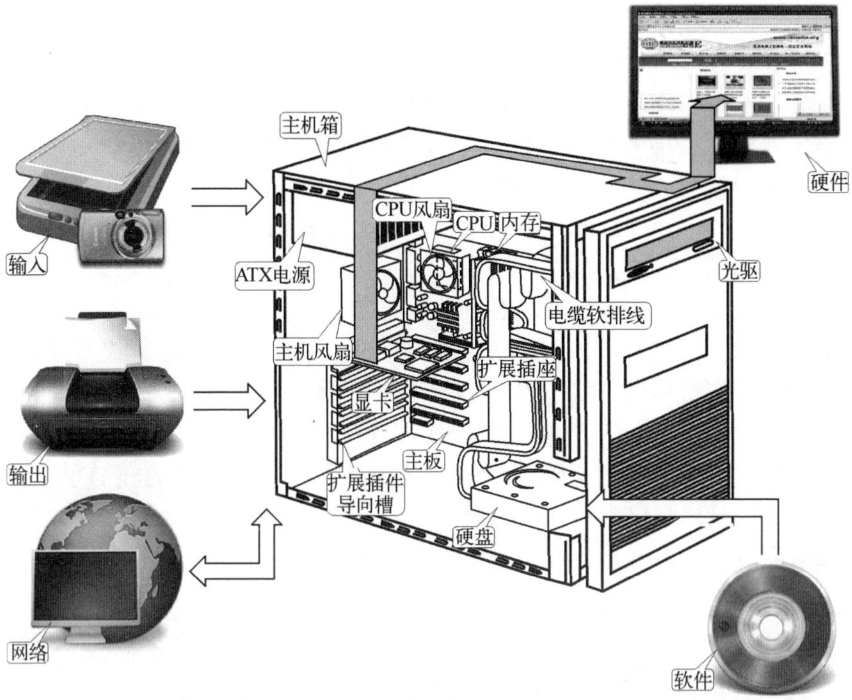

图 1-15　台式计算机硬件与软件的关系

某些功能既可以由硬件实现，也可以由软件实现。

➢ 硬件和软件协同发展，台式计算机软件随硬件技术的迅速发展而发展，而软件的不断发展与完善又促进硬件的更新，两者密切地交织发展，缺一不可。

如图 1-16 所示为台式计算机的工作原理图。

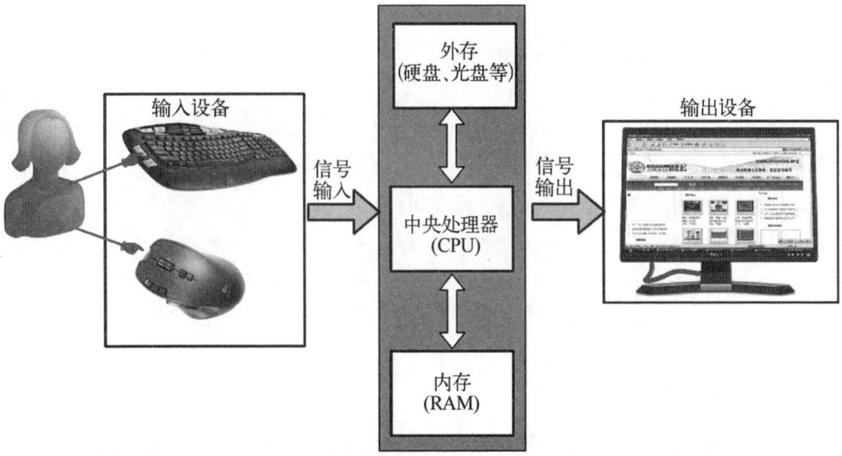

图 1-16　台式计算机的工作原理图

台式计算机系统及外部设备连接好以后，用户操作启动键，电源为主机供电，CPU 首先从内存中读出启动程序，根据启动程序将硬盘中的系统程序读出并写入内存中，于是系统开始进入启动过程。

在进行工作之前，系统要进行必要的初始化工作，进入待机状态后，用户才可以通过键盘或鼠标给台式计算机输入工作指令。

用户需要进行某项工作，便通过键盘或鼠标给台式计算机输入工作指令。该指令信号通过电缆和输入接口电路（IC 芯片）送入 CPU，CPU 输出控制信号，从硬盘中调出（读出）该项工作的应用程序，并送入内存。

内存中的每一个应用程序都是由成百上千条单个指令组合而成的，每一条指令都是由简单的二进制数字表示的。CPU 一条一条地从内存中读出指令，并根据指令内容进行动作，反复地运行，直至完成；同时，还要将运算执行的结果存到内存中。

为了便于人机对话，使用户了解台式计算机内部的运行状态和运算执行的结果，将台式计算机处理的数据、信息和运行状态以图形、图像的形式显示在显示器上。在这个过程中，CPU 输出图形显示数据，然后经传输芯片后将它存到显卡的显示存储器中，显示存储器的信号再经视频图形、图像处理电路形成一场一场视频图像信号，最后经 D/A 变换器输出视频 R、G、B 三基色信号，送到显示器中显示出图像。

台式计算机完成一项任务后，CPU 控制应用程序将处理结果（数据）存入软盘或硬盘中，同时还可以将数据通过打印通道、电缆送到打印机中打印出来。

1.3 台式计算机的选购策略

随着科学技术的发展，台式计算机以其方便、快捷的特征越来越受到人们的欢迎，使用人群也急剧增多，而台式计算机及其相关技术已成为当今社会各行各业不可缺少的工具，应用范围和涉及的领域在近年来得到迅速拓展，市场也因需求的增长日渐活跃。

下面具体介绍台式计算机的选购依据和选购时的注意事项。

1.3.1 台式计算机的选购依据

面对市场上如此多的品牌和型号的台式计算机，能够正确选购一台适合需求的台式计算机是非常关键的环节。一般选购台式计算机时，多将其配置作为重要的参考依据，如 CPU、主板、内存、硬盘、显卡、光驱、电源、显示设备等。

在选购台式计算机时，计算机的配置是十分关键的，若计算机配置较低，则运行的速度也相对比较慢。它们在很大程度上决定了台式计算机的性能和速度，因此在选购台式计算机时应考虑 CPU、主板、内存、硬盘、显卡、光驱、电源、显示设备等部件的配套选择。

1. 选购 CPU 的依据

CPU（中央处理器）是台式计算机的核心部件之一，一台计算机性能的好坏和 CPU 自身的性能有着直接的关系，而且 CPU 的选择也同时关系到主板和内存的搭配问题。目前，市场上的 CPU 更新迅速，型号繁多，选择时主要应从以下几个方面考虑。

性能参数是对 CPU 品质的数字化标注，通常这种标注显示在包装盒外部，如图 1-17 所示。下面就来了解这些性能参数，以便正确地选购 CPU。

图 1-17 CPU 的标准

（1）主频

主频是指 CPU 的时钟频率，即系统总线的工作频率，是衡量 CPU 性能最直观的参数。通常选购 CPU 的主频应在 1 800 GHz 以上。

（2）外频

外频是 CPU 与主板之间同步运行的速度，该速度越高表明 CPU 与 L2 缓存和系统内存的交换速度越快，从而可以提高台式计算机系统的整体运行速度。

（3）倍频

倍频是指 CPU 外频与主频相差的倍数，即倍数 = 主频/外频。在相同的外频下，倍频越高 CPU 的频率也越高。但实际上，在相同外频的前提下，一味追求高倍频的 CPU 是没有意义的，这是因为 CPU 与系统之间的数据传输速度是有限的。

（4）前端总线

前端总线又称 FSB（Front Side Bus）。前端总线是 CPU 与外界沟通的唯一通道，处理器必须通过它才能获得数据，也只能通过它来将运算结果传送给其他对应设备。前端总线的速度越快，CPU 的数据传输就越迅速。

前端总线的速度主要用前端总线的频率来衡量，前端总线的频率有两个概念：一是总线的物理工作频率（即外频）；二是有效工作频率（即 FSB 频率），它直接决定了前端总线的数据传输速度。在选择 CPU 时，前端总线的频率一般有以下几种：2 000 MHz、1 600 MHz、1 333 MHz、1 066 MHz、1 000 MHz、800 MHz。

（5）缓存

CPU 缓存（Cache Memeroy）位于 CPU 与内存之间的临时存储器，其容量比内存小但交换速度快。在缓存中的数据是内存中的一小部分，但这一小部分是短时间内 CPU 即将访问的，当 CPU 调用大量数据时，就可以直接从缓存中调用，从而加快读取速度。

CPU 的缓存分为一级缓存（L1 Cache）和二级缓存（L2 Cache），目前所有产品的一级缓存容量都基本相同，在选购时重点应了解二级缓存的容量。通常二级缓存的容量主要有 6 MB、2 MB×2、1 MB×2、4 MB×2、512 KB×2、2 MB、1 MB、512 MB、256 KB、6MB×2。

2. 选购主板的依据

台式计算机的主板是计算机系统运行环境的基础，主板质量的好坏决定着整个计算机系统的优劣。因此，主板的选购也是不容忽视的，可根据主板技术指标选购，如 CPU、内存、芯片组、结构、接口、总线扩展插槽数、集成产品、可升级性、生产厂商等。如图 1-18 所示为典型主板的实物外形。

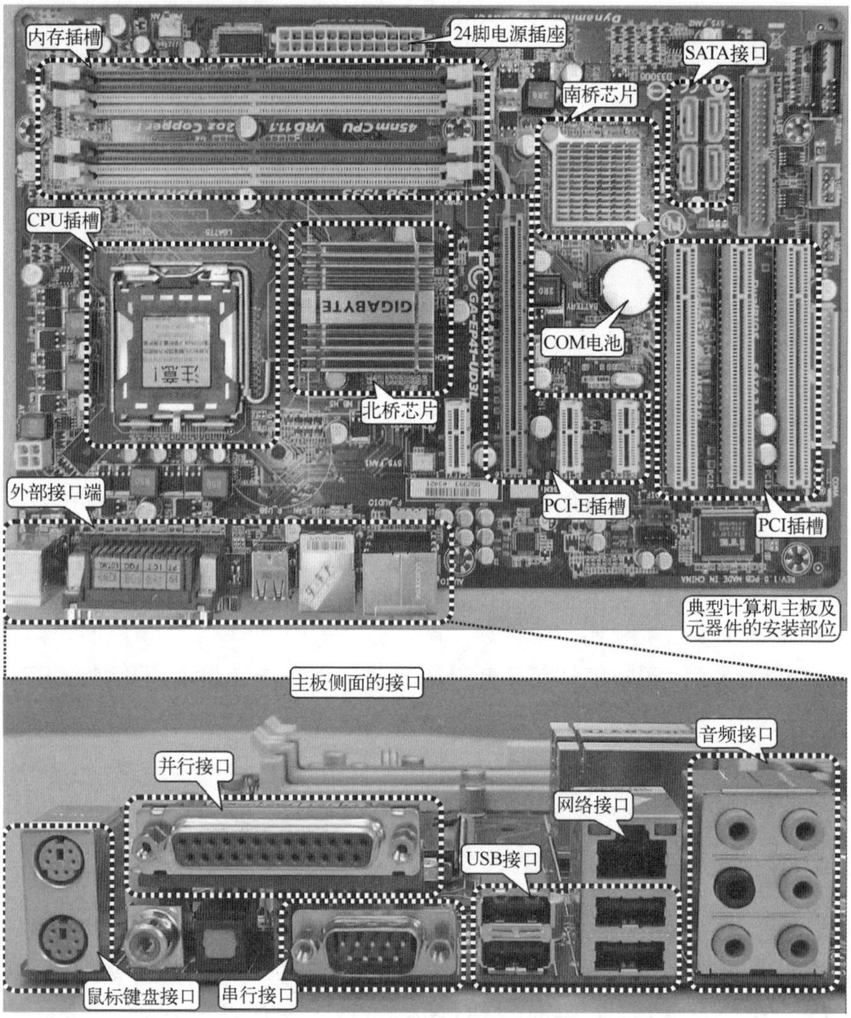

图 1-18　典型主板的实物外形

- CPU：根据 CPU 的类型选购主板，因为不同的主板支持不同的 CPU，不同的 CPU 要求的插座不同。
- 内存：一台计算机必须符合当前内存技术的要求。因此在选购时，主板要支持高速的 SDRAM，以便系统更好地协调工作，同时内存插槽数不少于 4 条。
- 芯片组：芯片组是主板的核心组成部分，其性能的好坏直接关系到主板的性能。在选购时应选用先进的芯片组集成的主板，因为先进的芯片组运行速度快，支持的功能多。
- 结构：ATX 结构的主板具有节能、环保和自动休眠等功能，性能也比较先进，是用户购买的首选产品。
- 接口：由于台式计算机外部设备的迅速发展，如数码音频播放产品、数码相机、DV

摄录机、投影仪、打印机、扫描仪、多功能一体机、网络设备等，连接这些设备的接口也成了选购台式计算机时必须注意的。一般情况下，这些设备都要求使用 USB 接口，因此选购主板时要求具备 USB 和红外通信等功能。

➢ 总线扩展插槽数：在选择主板时，通常选择总线插槽数多的主板。新的主板标准已经规定将 AMR 插槽定位为标准扩展槽，它可以支持 AC97 标准的声卡和 MODEM 等。

➢ 集成产品：主板的集成度并不是越高越好，有些集成的主板是为了降低成本，将显卡也集成在主板上，这时显卡就占用了主内存，从而造成系统性能下降，因此在经济条件允许的情况下，购买主板时要选择独立显卡的主板。

➢ 可升级性：随着台式计算机的不断发展，总会有旧的主板不支持新技术规范的现象发生。因此在购买主板时，用户应尽量选择可升级的主板，以便通过 BIOS 升级和更新主板。

➢ 生产厂商：选购主板时一定要选择名牌产品。例如，华硕、精英、技嘉、映泰、盈通、昂达等都是著名品牌。

3. 选购内存的依据

内存的速度和大小在很大程度上决定了台式计算机的速度，因此在选购时，可根据内存的技术指标选购，如围绕内存的速度和大小进行选择，除此之外还应注意内存类型、配置等方面的问题。如图 1-19 所示为典型内存的实物外形。

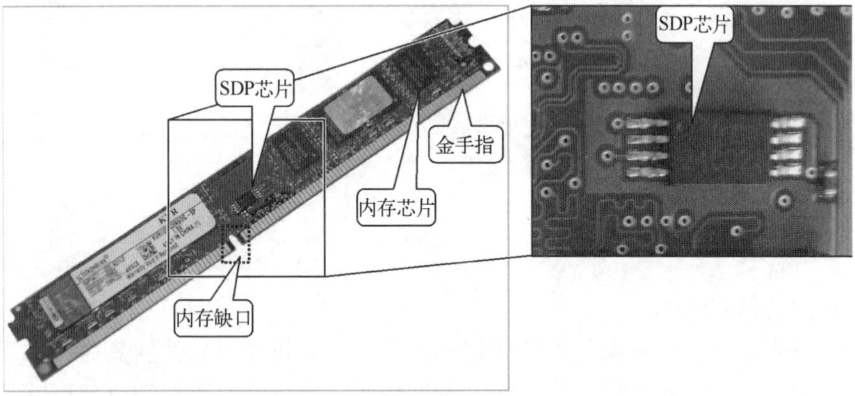

图 1-19　典型内存的实物外形

（1）时钟频率

内存的时钟频率通常表示内存速度，单位为 MHz（兆赫）。目前 DDR 内存频率为 333 MHz/400 MHz，DDR2 内存频率为 533 MHz/667 MHz/800 MHz，DDR3 的内存频率为 800 MHz/1 066 MHz/1 333 MHz。时钟频率越高，内存速度越快。

（2）内存的容量

目前常见的内存容量有 1 GB、2 GB、4 GB 和 6 GB。由于内存价格不断下降，一般推荐配置 1 GB 以上的内存。

（3）CAS 延迟时间

CAS 的全称为 Column Address Strobe，即列地址选通脉冲。CAS 是指要多少个时钟周期后才能找到相应的位置，其速度越快，性能也就越高，它是内存的重要参数之一，用 CAS

Latency（延迟）来衡量这个指标，简称 CL。目前的 DDR 内存主要有 2、2.5、3 这三种 CL 值的产品，同样频率的内存这个值越小越好。

（4）SPD

SPD 的全称为 Serial Presence Detect，它是一个 8 针 EEPROM（电可擦写可编程只读存储器）芯片。一般位于内存条正面的右侧，里面记录了诸如内存的速度、容量、电压与行、列地址、带宽等参数信息。这些内容都是内存厂商预先输入进去的，当开机时，PC 的 BIOS 将自动读取 SPD 中记录的信息。

（5）数据传输

数据传输率也称内存带宽，是指每秒钟访问内存的最大位字节数。数据传输总量(MB)=最大时钟频率(MHz)×总线宽度(b)×每时钟数据段数量/8。

4. 选购硬盘的依据

选购硬盘时，可根据硬盘的技术指标选择，如硬盘容量、转速、接口类型、品牌、缓存容量和速度等。如图 1-20 所示为硬盘的实物外形。

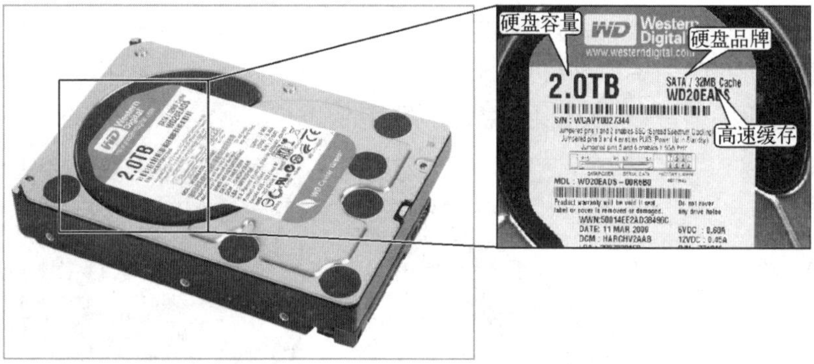

图 1-20　硬盘的实物外形

（1）硬盘的整体容量

硬盘的整体容量是指单片碟所能存储数据的大小，一块大容量的硬盘往往都是由几张碟片组成的。单碟上的容量越大代表扇区间的密度越密，硬盘读取数据的速度也就越快。

目前市面上硬盘的整体容量主要是 120 GB 和 125 GB。在硬盘转速相同的情况下，单碟的容量越大，读取更多文件的传输速度就越快。

（2）硬盘的转速

购买硬盘先要确定转速，硬盘的转速是指硬盘主轴电动机的旋转速度，即硬盘每分钟的转数，单位为 r/min。数字越大，速度越快，整体性能也越高。

（3）接口类型

硬盘按接口可分为两大类，即并行接口和串行接口，串行接口的传输速率要比并行接口快。

（4）缓存容量和速度

缓存是硬盘控制器上的一块内存芯片，具有极快的存取速度，它是硬盘内部存储设备和外接接口之间的缓冲器。缓存的容量与速度直接关系到硬盘的传输速度，在进行大规模数据读取时，可以将部分数据暂存在缓存中，从而减小外系统的负荷，提高数据的输出速度。

（5）硬盘品牌

目前市场上主流的硬盘基本是希捷（Seagate）、日立（HITACHI）、西部数据（WD）、三星（SAMSUNG）、迈拓（Maxtor）等几大厂家生产的。不同品牌在许多方面存在差异，应根据需要购买适合的品牌。

5. 选购显卡的依据

显卡是计算机中既重要又特殊的部件，因为它决定了显示图像的清晰度和真实度，并且显卡是计算机配件中性能和价格差别最大的部件，便宜的显卡只有几十元，昂贵的显卡价格高达几千元。因此在选购显卡时，可根据显卡的技术指标选择。

（1）选择显卡芯片

显卡芯片（GPU）是显卡的核心，相当于CPU在台式计算机中的作用。目前市场上的显卡大多采用AMD显示芯片、nVIDIA显示芯片和ATI显示芯片，例如，AMD迪兰恒进HD6850酷能+1G01、nVIDIA技嘉GV-N590D5-3GD-B02、ATI华硕ARES 2DIS 4GD5 01等就是显卡芯片的名称。如图1-21所示为典型AMD显示芯片、nVIDIA显示芯片和ATI显示芯片的实物外形。

（a）AMD显示芯片　（b）n VIDIA显示芯片　（c）ATI显示芯片

图1-21　典型AMD显示芯片、nVIDIA显示芯片和ATI显示芯片的实物外形

（2）选择显卡显存

如图1-22所示为不同类型的显存芯片，在显卡上可以找到与内存条相似的贴片式集成电路芯片，它的体积较显示芯片略小，多成对出现，这些芯片是显存芯片。购买显卡显存主要应从以下几个方面进行选择。

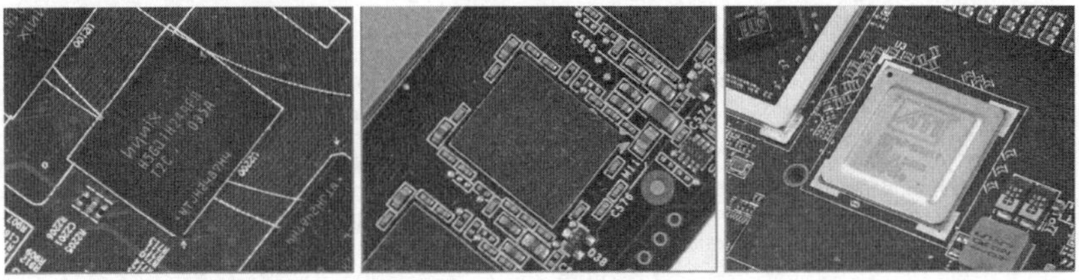

（a）AMG 1G显存　（b）NVIDIA 3GD显存　（c）ATI 4GD显存

图1-22　不同类型的显存芯片

显卡上的显存芯片主要用来存储显示过程中产生的信号数据，可以说，显存的容量和传输速度是显卡性能的重要标志之一，显存越大，表明显卡所能暂存处理的数据量越大，传输速率越高，意味着显卡处理数据的速度越快。

随着技术的不断进步和人们对显卡效果的更高要求，DDR显存也在不断地更新换代，已由最初的DDR逐渐发开出了DDR2、DDR3，甚至对于新一代的显卡已经开始支持DDR4、

DDR5 的显存。

显存的速度直接影响着一块显卡的速度。显存的速度以 ns（纳秒）为计算单位，常见的有 4 ns、2 ns、1.6 ns、1.4 ns、1.2 ns 乃至 1.1 ns。数字越小，说明显存的速度越快。

一般而言，DDR 只能提供 4 ns 的速度，而 DDR2 能达到 2 ns，DDR3 目前已经达到了 0.8 ns。

显存位宽指的是一次可以读入的数据量，即表示显存与显示芯片之间交换数据的速度。位宽越大，显存与显示芯片之间的“通路”就越宽，数据传输就更为顺畅。

显存的容量与位宽直接关系到显卡性能的高低，高速的显卡芯片对应显存的容量相应更高一些。在购买时，如果遇到同等价格和使用同等速度的显存显卡，应尽量选择更高的容量和位宽，从而提高图形图像的处理速度。

目前主流的中端显卡提供 128 MB、128 b 的显存容量和位宽，部分高端的显卡已经将显存容量和位宽增加到了 512 MB 和 512 b。

（3）观察显卡材料

➢ 观察显卡的印制电路板（PCB）。查看显卡采用的是 6 层 PCB 还是 4 层 PCB。购买时应选择 6 层 PCB，因为它的布线合理，电气性能和排除信号干扰能力也比较好。
➢ 观察电容的数量。显存频率越高，供电电路设计越复杂，电容也越多。所以在选购时，要选择电容数量较多的显卡。
➢ 观察贴片电容。在显卡的背部通常会采用贴片式钽电容和贴片式铝电容。

6. 选购光驱的依据

光驱是采用光盘作为存储介质的数据存储装置。在选购光驱时，可根据光驱的技术指标选择，如数据传输率、平均读取时间、缓存容量、接口类型、机芯材料、聚焦、寻迹等。

（1）数据传输率

光驱以“倍速”来标识传输速率，它是衡量光驱性能的一个基本指标。光驱传输速率的单位为 KB/s，即光驱在 1 s 内读取的最大数据量。单倍速的传输速度为 150 KB/s。光驱在数据的传输速度上和单速标准是成倍率的关系，也就是说四速光驱是 600 KB/s，十六速的为 2 400 KB/s。

（2）平均读取时间

平均寻道时间又称为平均读取时间，也是衡量光驱性能的一个重要标准。它是指光驱激光头从原来位置移到要求位置所需要的时间，单位是 ms。一般平均读取时间越小越好。

（3）缓存容量

缓存的作用是提供一个数据的缓冲区域，将读取的数据暂时保存，然后一次性进行传输和转换，目的是解决光驱和台式计算机其他部分速度不匹配的问题。

（4）接口类型

目前市场上常见的光驱接口有 IDE 接口和 SATA 接口，如图 1-23 所示。IDE 接口占用 CPU 资源少，工作稳定；SATA 接口的传输速度较快，而且接口结构简单。

（5）机芯材料

机芯材料有塑料和钢制两种，但是随着光驱速度的不断提高，塑料机芯由于受热老化，寿命缩短，而且标识的倍速与实际倍速不符。钢制机芯很好地解决了这一问题，抗高速和抗高温方面也表现良好。

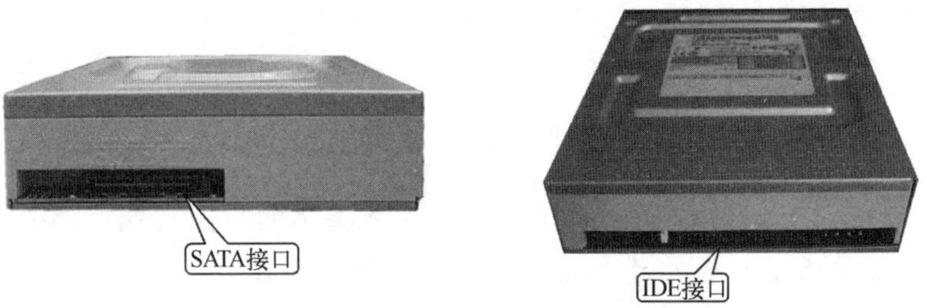

图 1-23　不同类型的光驱接口

7. 选购电源的依据

选购电源的主要依据是质量，ATX 电源质量的好坏直接影响了台式计算机的使用。如果电源的质量较差，输出不稳定，不但会影响台式计算机的工作效率，严重的还会导致死机、自动重新启动，还可能会烧毁内部配件。

电源是计算机中不可缺少的供电设备，一般作为台式计算机的必需品随机箱一起出售。ATX 电源的作用是将高电压的交流电转换为计算机使用的 5 V、12 V 直流电，以供给主机内部设备使用，所以又称为交换式电源。电源同机箱一样，目前的主流是 ATX 电源。选购 ATX 电源时，可根据 ATX 电源的技术指标选择，如电源功率、过压保护、电磁兼容性、输出接口等。

（1）电源功率

电源性能最主要的参数，一般指直流电的输出功率，单位是瓦特（W），现在的电源从 200～500 W 不等，功率越大，代表可连接的设备越多，台式计算机的扩充性就越好。随着台式计算机性能的不断提升，耗电量也越来越大，大功率的电源是台式计算机稳定工作的重要保证。如图 1-24 所示为 ATX 电源上的参数指标。

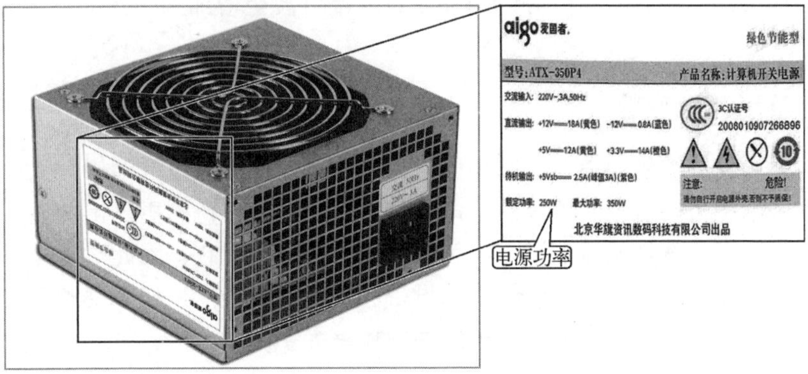

图 1-24　ATX 电源上的参数指标

（2）过压保护

若电源输出的电压过高，则可能会烧坏台式计算机的主板及其插卡，所以市面上的电源大都具有过压保护的功能。即当电源一旦检测到输出电压超过某一值时，就自动中断输出，以保护板卡。过压保护对台式计算机的安全来说很重要，一旦电压过高，造成的损失会很大。

（3）电磁兼容性

电磁兼容性也是衡量电源好坏的重要依据。电源工作时产生的电磁干扰一方面干扰电网和其他电器，另一方面对人体健康不利。为此，有相应的标准推出，即 FCCA 级（国际 A 级）和 FCCB 级（国际 B 级）。A 级指工业标准，B 级指家用电气标准，只有达到 B 级的电源才安全无害。

（4）输出接口

如图 1-25 所示，为 ATX 电源输出接口。进入“奔腾四”时代后，CPU 的供电需求增加，+3.3 V 电源无法满足主板的动力需要，于是，Intel 便在电源上定义出了一组+12 V 输出，专门给 CPU 供电。对于更高端的 CPU 来说，一组+12 V 仍无法满足需要，于是带有两组+12 V 输出的 8 pin CPU 供电接口逐渐诞生，这种接口最初主要是满足服务器平台的需要，现在，不少主板给高端 CPU 也设计了这样的接口。随着显卡功耗的增加，开始设计了 PCI-E 显卡电源线缆接口。

图 1-25　ATX 电源输出接口

随着 SATA 接口标准的诞生，SATA 电源接口开始得到普及。SATA 接口比大 4 pin IDE 设备接口容易插拔，使用方便。部分电源的 SATA 接口甚至增加到 6 个，以满足多个 SATA 设备的需要。

8. 选购显示设备的依据

显示设备是台式计算机的窗口，其功能是输出图形图像文件及其他经台式计算机处理后的文件。作为显示设备来讲，其要求总是向往更大、更清晰、色彩更鲜艳的显示效果。在影响健康方面，最重要的就是显示器了，因为人的眼睛直接看着它，因此对于显示器的选购是非常重要的。选购显示设备时，可根据显示设备的技术指标选择，如亮度和对比度、最佳分辨率、响应时间、最大显示色彩数、可视角度、坏点等。

（1）亮度和对比度

LCD 的亮度以平方烛光（cd/m^2）或者 nits 为单位，市面上的液晶显示器亮度普遍在 150～210 nits 之间，已经大大超过了 CRT 显示器。

对比度是直接体现 LCD 显示器能否展示丰富色阶的参数，对比度越高，还原的画面层次感就越好，即使在观看亮度很高的照片时，黑暗部位的细节也能清晰体现。目前市面上的液晶显示器的对比度普遍在 150∶1～350∶1，高端的液晶显示器还远远不止这个数。

（2）最佳分辨率

LCD 显示器属于数字显示方式，其显示原理是直接把显卡输出的模拟信号处理为带具体“地址”信息的显示信号。任何一个像素的色彩和亮度信息都是与屏幕上的像素点直接对应的，因此，在最佳分辨率设置状态下，显示效果可以达到最佳状态。当然，最佳分辨率分高低，也决定了显示器的最佳显示效果和设备档次。

（3）响应时间

响应时间是 LCD 显示器的一个重要参数，它指的是 LCD 显示器对于输入信号的反应时间。LCD 显示器由于过长的响应时间导致其在还原动态画面时有比较明显的拖尾现象，在播放视频节目的时候，画面没有 CRT 显示器那么生动。目前 15 英寸的液晶显示器响应时间一般在 50 ms 左右。

（4）最大显示色彩数

显示器每个像素的颜色都是由 R、G、B 三基色组成的。低端的液晶显示板，各个基色只能表现 6 位色，即 $2^6=64$ 种颜色；高端液晶显示板利用 FRC 技术使得每个基色可以表现 8 位色，即 $2^8=256$ 种颜色，则每像素能表现的最大颜色数为 16 777 216（256×256×256），这种显示板显示的画面色彩更丰富，层次感也好。

（5）可视角度

液晶显示原理导致液晶显示器只有一个最佳的欣赏角度，即正视。当从其他角度观看时，由于背光可以穿透旁边的像素而进入人眼，所以造成颜色的失真。

液晶显示器的可视角度是指能观看到可接收失真值的视线与屏幕法线的角度，这个数值当然是越大越好，更大的可视角度便于与他人一起讨论问题。现在的液晶显示器可视角度已经可以到达水平和垂直都是 170°。

（6）坏点

坏点是液晶面板上不能正常显示的液晶颗粒的统称。液晶面板由众多液晶颗粒组成，在电信号控制下，液晶颗粒可以改变自己的透光状态。坏点主要是指光线可以透过的亮点和光线不能透过的暗点，暗点对液晶显示器品质的影响相对较小。生产出的液晶显示器成品，如果无任何坏点就是 AA 级产品；有 3 个以下坏点，其中亮点不超过 1 个，而且不在屏幕中央内的为 A 级产品；有 3 个以下坏点，其中亮点不超过 2 个，而且在屏幕中央的为 B 级产品。

1.3.2　台式计算机的选购注意事项

在实际选购台式计算机时，综合各种选购依据和因素，确定需要购买台式计算机的品牌和型号后，还需要了解一些台式计算机实际指标的鉴别方法，或购买时需要注意的各种事项。

1. 选择 CPU 的注意事项

选购 CPU 时应注意以下三个方面，即应用目的、品牌型号、识别真伪，下面就来具体了解一下。

1）应用目的

购买 CPU 最重要的是根据自己的需求来进行选择。对于低端用户来说，如果只是想用台式计算机上网、看电影、了解股市行情等，选购 500 元以内的 CPU 就可以满足需求。对于中低端用户来说，如果购买目的是以办公和游戏为主，对速度和性能的要求较高，可以考虑选择 Intel 的奔腾双核系列、酷睿 i7、AMD 的羿龙 X4 系列等。而对于专业人士来说，需要处理能力较强的 CPU，要能够支持大型的游戏或图形图像处理等，在各方面都支持的情况下可选择四核的 CPU，如酷睿 2 四核。

2）品牌的选择

市场上的台式计算机 CPU 厂家主要是 Intel 和 AMD，它们推出的 CPU 型号有很多。例如：Intel 的酷睿 i7、酷睿 2 双核、酷睿 2 四核、赛扬、赛扬双核、酷睿 2 至尊、奔腾双核等；AMD 的速龙双核、羿龙、羿龙 II、闪龙双核、炫龙、皓龙等。一系列的名称很容易使用户困惑，要求用户在购买前一定要认真查阅相关资料。下面简单介绍几种市面上的主流 CPU，以便参照对比。

（1）Intel 酷睿 2 四核 Q9550 型号 CPU

图 1-26 所示为 Intel 酷睿 2 四核 Q9550 型号的 CPU，表 1-1 所列为该 CPU 的主要参数。

（a）正面　　（b）背面

图 1-26　Intel 酷睿 2 四核 Q9550 型号的 CPU

表 1-1　Intel 酷睿 2 四核 Q9550 型号 CPU 的主要参数

CPU 系列	酷睿 2	L2 缓存	12 MB
核心数量	四核心	主频	2 830 MHz
工作功率	95 W	总线频率	1 333 MHz
内核电压	1. 168 V	倍频	8. 5 倍
制造工艺	45 nm	外频	333 MHz
插槽类型	LGA 775	针脚数	775 pin

（2）AMD 速龙 II X4 640 型号 CPU

图 1-27 所示为 AMD 速龙 II X4 640 型号的 CPU，表 1-2 所列为该 CPU 的主要参数。

（a）正面　　（b）背面

图 1-27　AMD 速龙 II X4 640 型号的 CPU

表 1-2 AMD 速龙 II X4 640 型号 CPU 的主要参数

CPU 系列	AMD 速龙	L2 缓存	256 KB+256 KB
核心数量	双核心	主频	1 800 MHz
插槽类型	Socket AM2	总线频率	800 MHz
针脚数	940 pin	倍频	9 倍
制造工艺	65 nm	外频	200 MHz

3）识别 CPU 的真伪

（1）从外包装识别

正品的外包装看起来字体印刷清楚，颜色不过于暗淡或者过于鲜艳，真正盒装处理器外的塑料薄膜韧性很好，必须用力撕扯才行。盒子上贴的防伪激光标签的颜色层次丰富、字迹清晰，假冒产品一般做不到这种效果。

外包装上都会印有免费的 800 查询热线，拨打该电话然后根据包装上所提供的 CPU 序列号进行查证，可辨别真伪，也可登录 CPU 厂家的网站查询 CPU 信息。

（2）根据 CPU 的外观识别

仔细观察 CPU 表面，看字迹是否清楚，正品都是用激光烧灼的，用手触摸会有凹凸感，而假冒 CPU 表面的文字很光滑；还可以观察芯片上是否有明显的被改动焊接过的痕迹，有的经销商会改动芯片上的电路以达到超频的目的。

（3）CPU 性能测试软件

由于 CPU 外观在不断地变化，CPU 造假水平又在不断地提高，仅仅依靠肉眼已经很难辨别 CPU 真伪，因此需使用专门的测试软件对 CPU 进行检测，这是辨别 CPU 真伪的最主要手段。

CPU-Z 是最常用的 CPU 检测软件之一，它所支持的 CPU 种类相当全面，启动和检测速度都很快。图 1-28 所示是 CPU-Z 界面，能检测 CPU、缓存、主板、内存和 SPD 的性能信息。

图 1-28 CPU-Z 界面

2. 选择主板的注意事项

（1）观察印制电路板（PCB）

主板使用的印制电路板分为四层板和六层板。在购买时，应选六层板的电路板，因为其性能要比四层板强，布线合理，而且抗电磁干扰的能力也强，能够保证主板上的电子元件不受干扰地正常工作，提高了主板的稳定性。

在购买时不仅要注意 PCB 的层数，还要注意 PCB 的边角是否平整，有无异常切割等现象。如果出现这种现象，表明主板质量比较差。

（2）观察主板的布局

主板布局这个环节相当重要，一个合理的布局，会降低电子元件之间的相互干扰，极大地提高台式计算机的工作效率。如图 1-29 所示为主板的布局图。下面根据以下几点来判断主板的布局是否合理。

（a）主板CPU周围有足够的空间

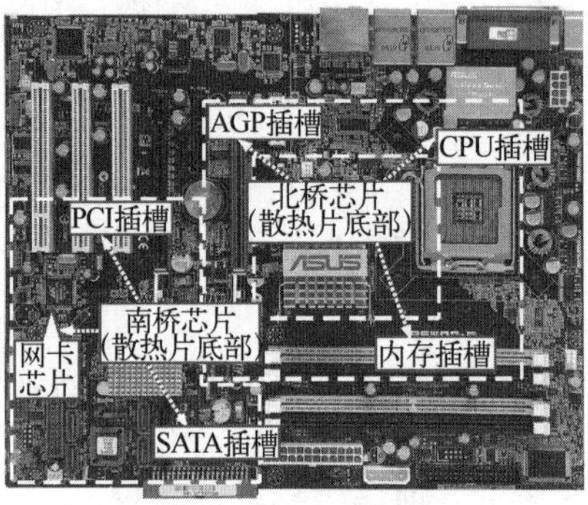

（b）主板芯片之间的关系

图 1-29　主板的布局图

- 查看 CPU 插槽周围的空间是否宽敞。宽敞的空间是为了方便 CPU 和风扇的拆装，同时也会给 CPU 的散热提供帮助。
- 注意主板芯片之间的关系。北桥芯片组周围是否围绕着 CPU、内存和 AGP 插槽等；南桥芯片组周围是否围绕着 PCI、声卡芯片、网卡芯片等，这样的布局会给台式计算机带来更加快捷的运算速度和稳定性。
- CPU 插座的位置是否合理。CPU 插座的位置不能过于靠近主板上边沿，这会影响大型散热器的安装；也不能与周围电解电容靠得太近，防止安装散热器时，造成电解电容损坏。
- ATX 电源插座是否合理。该电源插座应该是在主板上边沿靠右的一侧或在 CPU 接口与内存插槽之间，而不应该出现在 CPU 插座与左侧 I/O 接口之间。

（3）观察主板的焊接质量

焊接质量的好坏，直接影响主板的工作质量。质量好的主板各个元件的焊接紧密，并且电容与电阻的夹角应该在 30°～45°之间；而质量差的主板，元件的焊接比较松散，并容易脱焊，电容与电阻的排列也十分混乱。

（4）观察主板上的元件

观察各种电子元件的焊点是否均匀，有无毛刺、虚焊等现象，而且主板上的贴片电容数量要多，而且要有压敏电阻。

主板中元件的用料也十分讲究，好的主板上，其各个插槽、电容、电感等元件都会采用大公司的元件产品，从而保证主板工作的稳定性。

3. 选择内存的注意事项

（1）确认购买目的

现今流行的台式计算机配机方案中，1 GB 是标准的配置，如果需要更高的配置，可选择 2 GB、4 GB 或 6 GB 的内存条。

（2）认准内存类型

目前市面上常见的内存类型主要有 DDR、DDR2 和 DDR3 三种，在购买这三种类型的内存时要根据主板和CPU所支持的技术进行选择，否则有可能发生不兼容进而影响使用的情况。

需要说明的是，不同的内存插槽其引脚、电压、性能、功能都是不尽相同的，不同的内存在不同的内存插槽上不能互换使用。

(3) 识别打磨的内存条

一些经销商将低档内存芯片上的标识打磨掉，然后重新写上一个新标识以次充好。正品的芯片表面一般都很有质感、有光泽、有荧光感。若觉得芯片的表面色泽不纯甚至比较粗糙、发毛，那么这个芯片的表面一定是受到了磨损。

(4) 金手指工艺

金手指工艺是指在一层铜皮上通过特殊工艺再覆盖上一层金，因为金不容易氧化，而且具有超强的导通性能，所以，在内存触片中都应用了这个工艺，从而提供内存的传输速度。同时，这也是内存成本最为敏感的部分，如图1-30所示。

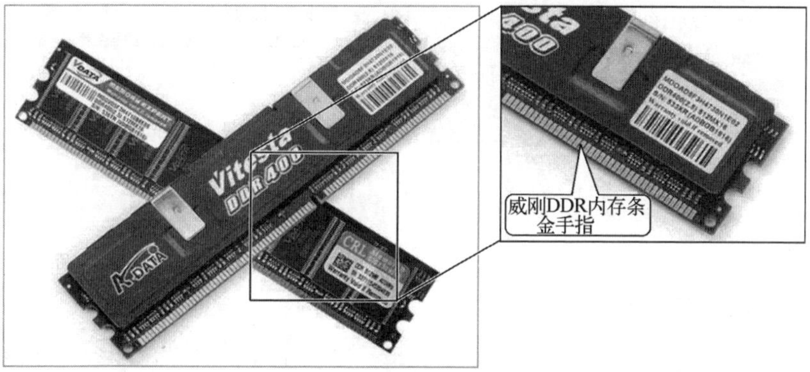

图1-30 典型DDR内存条金手指

金手指的金层有两种工艺标准：化学沉金和电镀金。电镀金工艺比化学沉金工艺先进，而且能够保证台式计算机系统更加稳定地运行。

(5) 查看电路板

电路板的做工要求板面要光洁、色泽均匀，元器件焊接整齐，焊点均匀有光泽，金手指要光亮，不能有发白或发黑的现象；板上应该印刷有厂商的标识。常见的劣质内存经常是芯片标识模糊或混乱，电路板毛糙，金手指色泽晦暗，电容排列不整齐、焊点不干净。

4. 选购硬盘的注意事项

在选购硬盘时应该注意硬盘外包装，选择信誉较好的销售商或者上网查询硬盘编号。

(1) 查看硬盘的外包装

正品的硬盘在包装上十分精美，特别是在包装上特别细致，如图1-31所示。除此之外，在硬盘的外包装上会标有防伪标志，通过该标志可以辨别真伪；而伪劣产品的防伪标志做工

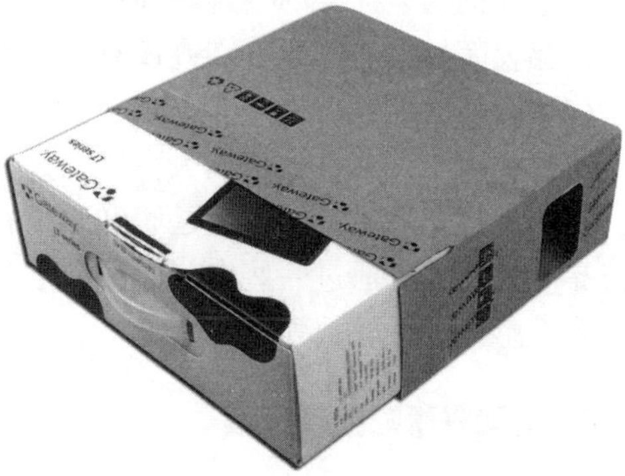

图1-31 硬盘的外包装

粗糙，文字容易脱落。在辨认真伪时，刮一下标签即可辨别。

(2) 选择信誉较好的销售商

购买硬盘时，要选择信誉较好的销售商，这样才能有更好的售后服务。

硬盘的保修期一般都是 3 年，不应购买低于 3 年质保的硬盘。

(3) 查询硬盘编号

用户可以登录到购买硬盘品牌的官方网站，输入硬盘上的序列号即可知道该硬盘的真伪，如图 1-32 所示为硬盘上的序列号。

图 1-32　硬盘上的序列号

5. 选购显卡的注意事项

选购显卡时应该根据需求选择，在选购时应观察显卡的外观、查看显存的字迹或进行软件测试等。

(1) 根据需要选择

根据实际需要确定显卡的性能及价格。如果仅满足一般办公的需求，采用中低端显卡就足够了；如果进行比较复杂的操作，则需要购买中高端的显卡。

(2) 观察显卡的外观

品质好的显卡应该是用料很足、焊点饱满、做工非常精细；另外，显卡零件的布局比较规矩。

(3) 查看显存的字迹

质量优良的显存上的字迹即使掉了，仍能看到字的痕迹，因此，在购买显卡时用橡皮擦一擦显存表面的字迹，看看字迹没有之后是否还存在刻痕。

(4) 进行软件测试

通过使用测试软件，可以大大降低购买到伪劣显卡的风险。首先安装公版的显卡驱动程序，然后观察实际显示的数值是否和显卡标称的数值一致，如果不一致就表明这个显卡为伪劣产品。另外，可通过一些专门的检测软件检测显卡的稳定性，低劣显卡显示的画面会有很大的停顿感，甚至导致死机。

6. 选购光驱的注意事项

选购光驱时，最主要的就是看其播放能力、读盘速度、CPU 占用率、噪声、发热量和纠错能力等技术指标方面的内容。此外，还存在是否兼容读取 CD 光盘、DVD 格式区域编码等问题。

选购光驱时要尽量选购一些品牌机，最好在专卖店或正规的代理商处购买。目前主流的光驱产品主要有三星、Acer、华硕、飞利浦等，它们各有所长，在选购时可以参考相关的资料。

7. 选购电源的注意事项

选择一个好的电源是非常重要的，用户对电源的基本要求就是电源有输出或在装机使用时可以满足主机所有配件的电源供给需求。选择一个合适的电源，需要考虑以下几个因素。

（1）功率的选择

虽然现在大功率的电源越来越多，但是并非电源的功率越大越好，最常用的是 350 W 的。一般要满足整台计算机的供电需要，最好有一定的功率余量，尽量不要选较小功率的电源，如功率为 200 W 的电源，如图 1-33 所示。

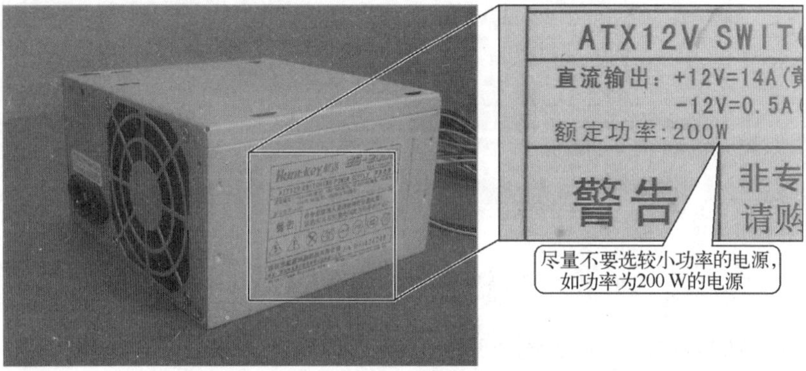

图 1-33　功率为 200 W 的小功率电源

（2）安全认证

电源比较有名的认证标准是 3C 认证，如图 1-34 所示。它是中国国家强制性产品认证的简称，是将 CCEE（长城认证）、CCIB（中国进口电子产品安全认证）和 EMC（电磁兼容认证）三证合一，一般的电源都会符合这个标准，没有 3C 标识的产品最好不要选用。

（3）品牌

目前市场上比较有名的电源品牌有百盛、世纪之星、金河田、航嘉、长城及大水牛等，这些都通过了 3C 认证，选购起来比较放心。

（4）输入技术指标

输入技术指标有输入电源相数、额定输入电压及电压的变化范围、频率、输入电流等。一般这些参数及认证标准在电源的铭牌上都有明显的标注，如图 1-35 所示。

8. 选购显示设备的注意事项

选购显示器时，面对不同类型与款式的显示器，外观个性、设计独特的产品总会吸引人的目光。外观固然重要，但也要兼顾性能，选择性价比和实用价值强的产品。除了考虑规格以外，还应该注意一些局部细节，如显示器的底座与支架的设计是否合理等。如图 1-36 所示为液晶显示器底座和支架的设计外观。

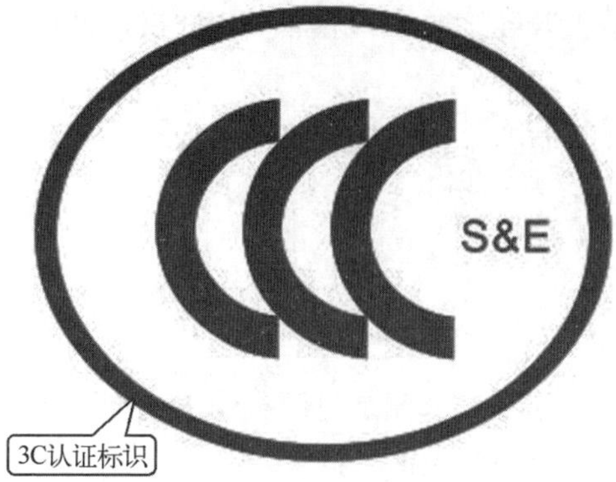

图 1-34　3C 认证标识

图 1-35　电源的铭牌标注

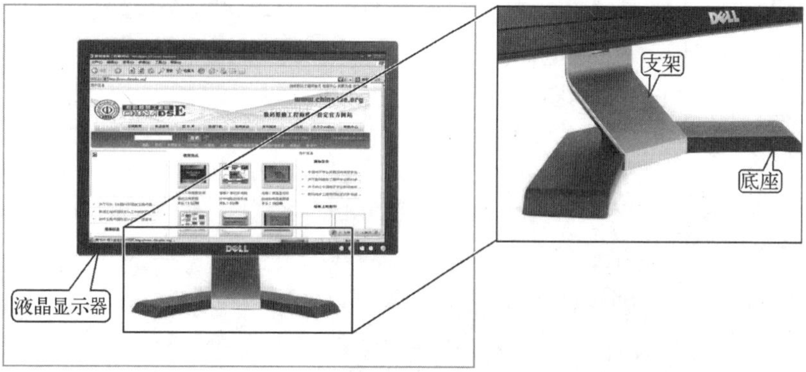

图 1-36　液晶显示器底座和支架的设计外观

另外，显示器的多功能、娱乐化是其发展的大势所趋，也成为消费者选购的一个重要因素。其丰富的娱乐功能为用户提供了广阔的选购平台，如现在很多的液晶显示器都融入了内置音响的设计。如果音响效果达到一定水平，对游戏、影音等娱乐的表现无疑是如虎添翼，既拥有了震撼的效果又节约了成本。如图 1-37 所示为融入内置音响的液晶显示器。

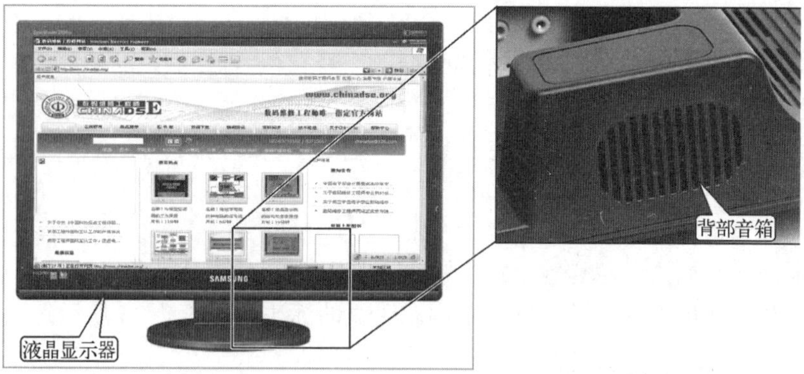

图 1-37　融入内置音响的液晶显示器

除此之外，还应该注意以下几点。

➢ 普通用途应选择普及型显示器，搞设计图形图像处理的用户应选择高档次的显示器。

➢ 选购时，将显示器接上电源后查看显示的文字是否清晰，对比度是否合适。然后将屏幕上的字体设成小字体，查看四周和屏幕边缘的字迹有无明显的模糊或抖动现象。打开图像，看色饱和度及柔和度、层次感、立体感和亮度如何，有无失真等现象。把屏幕设成纯白色，看有无偏色现象。

- 查看显示器的外观，机壳表面不应有明显的凹痕、划伤、裂缝、变形和污染等现象，屏幕玻璃应光洁平整、无气泡；底座转动应灵活；电源插头、信号电缆插座等金属部件不应有锈蚀或其他机械损伤，零部件紧固无松动；面板上的数字和标志都应清晰端正，开关等按键操作灵活、可靠。

1.4　台式计算机的营销要点

1.4.1　展示台式计算机的功能特色

台式计算机（Computer）是一种利用电子学原理根据一系列指令来对数据进行处理的机器。

随着台式计算机行业主要技术发展的日益成熟，如今台式计算机已经深入我们生活的方方面面，在办公、学习和生活等多个领域发挥着重要作用，其产品越来越丰富，功能也越来越完善。

1. 利用台式计算机进行科学计算（或数值计算）

科学计算是指利用计算机来完成科学研究和工程技术中提出的数学问题的计算。在现代科学技术工作中，科学计算问题是大量的和复杂的。利用计算机的高速计算、大存储容量和连续运算的能力，可以实现人工无法解决的各种科学计算问题。如图1-38所示，为科学家利用台式计算机进行科学研究。

2. 用台式计算机进行数据处理（或信息处理）

数据处理是指对各种数据进行收集、存储、整理、分类、统计、加工、利用、传播等一系列活动的统称。如图1-39所示，为医生利用台式计算机进行医学统计。

图1-38　科学家利用台式计算机进行科学研究

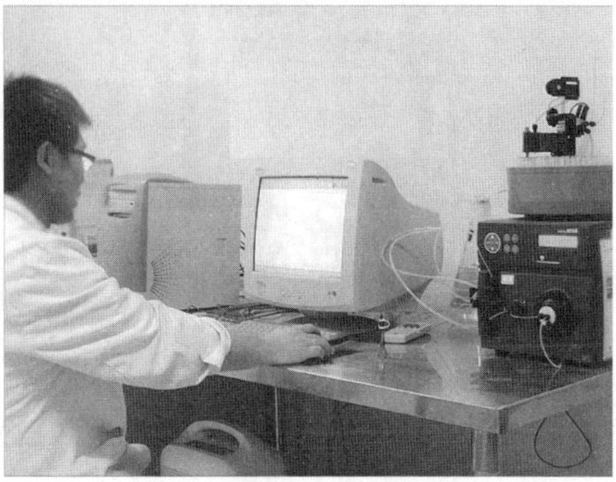

图1-39　医生利用台式计算机进行医学统计

目前，数据处理已广泛地应用于办公自动化、企事业计算机辅助管理与决策、情报检索、图书管理、电影电视动画设计、会计电算化等各行各业。信息正在形成独立的产业，而多媒体技术使信息展现在人们面前的不仅是数字和文字，也有声情并茂的声音和图像信息。

3. 用台式计算机进行辅助技术与制造

台式计算机辅助技术与制造包括 CAD、CAM 和 CAI 等。

（1）台式计算机辅助设计（Computer Aided Design，CAD）

台式计算机辅助设计是利用计算机系统辅助设计人员进行工程或产品设计，以实现最佳设计效果的一种技术。它已广泛地应用于飞机、汽车、机械、电子、建筑和轻工等领域。例如，在电子计算机的设计过程中，利用 CAD 技术进行体系结构模拟、逻辑模拟、插件划分、自动布线等，从而大大提高设计工作的自动化程度。又如，在建筑设计过程中，可以利用 CAD 技术进行力学计算、结构计算、绘制建筑图纸等，这样不但提高了设计速度，而且可以大大提高设计质量。如图 1-40 所示，为利用 CAD 软件设计出的建筑图纸。

（2）台式计算机辅助制造（Computer Aided Manufacturing，CAM）

台式计算机辅助制造是利用计算机系统进行生产设备的管理、控制和操作的过程。例如，在产品的制造过程中，用台式计算机控制机器的运行，处理生产过程中所需的数据，控制和处理材料的流动，以及对产品进行检测等。使用 CAM 技术可以提高产品质量，降低成本，缩短生产周期，提高生产率和改善劳动条件。

将 CAD 和 CAM 技术集成，实现设计生产自动化，这种技术被称为台式计算机集成制造系统（CIMS）。它的实现将真正做到无人化车间（或工厂）。

（3）台式计算机辅助教学（Computer Aided Instruction，CAI）

台式计算机辅助教学是利用计算机系统使用课件来进行教学。课件可以用制作工具或高级语言来开发制作，它能引导学生循环渐进地学习，使学生轻松自如地从课件中学到所需要的知识。如图 1-41 所示，为韩老师利用台式计算机在给学员进行辅助教学。

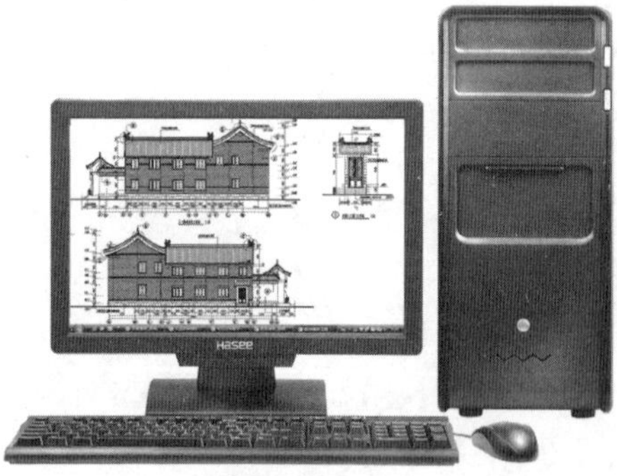

图 1-40　利用 CAD 软件设计出的建筑图纸

图 1-41　韩老师利用台式计算机在给学员进行辅助教学

4. 用台式计算机进行实时控制（过程控制）

过程控制是利用台式计算机及时采集检测数据，按最优值迅速地对控制对象进行自动调节或自动控制。采用计算机进行过程控制，不仅可以大大提高控制的自动化水平，而且可以提高控制的及时性和准确性，从而改善劳动条件、提高产品质量及合格率。因此，台式计算机过程控制已在机械、冶金、石油、化工、纺织、水电、航天等部门得到广泛的应用。

例如，在汽车工业方面，利用台式计算机控制机床、控制整个装配流水线，不仅可以实现精度要求高、形状复杂的零件加工自动化，而且可以使整个车间或工厂实现自动化。如图 1-42 所示，为工业方面利用台式计算机控制机床、控制整个装配流水线。

图 1-42　工业方面利用台式计算机控制机床、控制整个装配流水线

5. 用台式计算机进行人工智能（或智能模拟）

人工智能（Artificial Intelligence，AI），意思是计算机模拟人类的智能活动，诸如感知、判断、理解、学习、问题求解和图像识别等。现在人工智能的研究已取得不少成果，有些已开始走向实用阶段。近 20 多年来，围绕人工智能的应用主要表现在以下两个方面。

（1）机器人（Robots）

机器人诞生于美国，但发展最快的是日本。一类叫“工业机器人”，它由事先编制好的程序控制，通常用于完成重复性的规定操作，如图 1-43 所示，这是一种用于包装的工业机器人；另一类是“智能机器人”，具有感知和识别能力，能说话和回答问题，如图 1-44 所示。

图 1-43　工业机器人

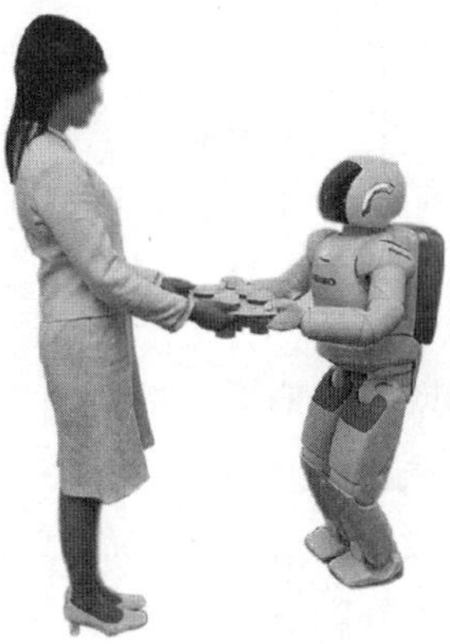

图 1-44　智能机器人和人交流

（2）专家系统（Expert System）

专家系统是用于模拟专家智能的一类软件。专家的丰富知识和经验，是社会的宝贵财富。把它们总结出来预先存入计算机，配上相应的软件，需要时只需由用户输入要查询的问题和有关的数据，上述软件便能通过推理和判断，向用户作出解答。这类软件既能保存专家们的知识经验，又能模仿专家的思想与行为，所以称为专家系统。如图 1-45 所示，为 DOC 医学诊断程序的界面，它模拟了医学专家的诊断思维。

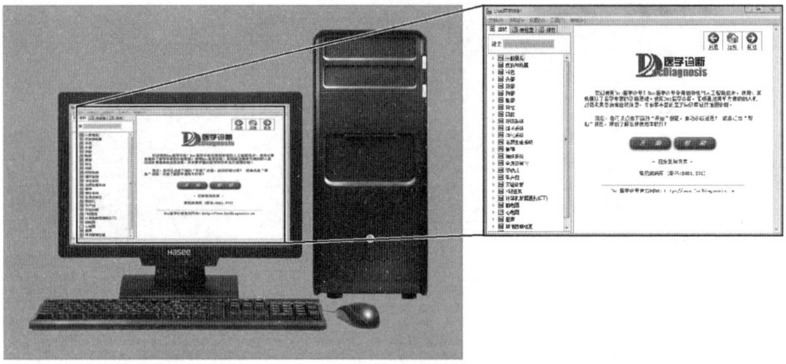

图 1-45　利用台式计算机进行 DOC 医学诊断

6. 用台式计算机进行网络应用

台式计算机技术与现代通信技术的结合构成了计算机网络。计算机网络的建立，不仅解决了一个单位、一个地区、一个国家中台式计算机与另外一台台式计算机之间的通信，各种软、硬件资源的共享，同时大大促进了国际间的文字、图像、视频和声音等各类数据的传输与处理。

1.4.2　演示台式计算机的使用方法

台式计算机的使用与其他电子产品的使用略有不同，台式计算机在使用之前需要进行各类设备的连接、设置等操作，并且应严格按照使用说明书进行。不同类型和品牌的台式计算机的操作方法和步骤基本相似，下面介绍台式计算机最基本的使用方法。

1. 台式计算机的连接

将台式计算机摆放好后，就可以对计算机的外部设备进行连接，如键盘、鼠标、显示器、打印机、扫描仪、网络设备等。台式计算机机箱的背部是主板的 I/O 接口部分，目前所有的接口标准都遵循统一的规范，因此不同的接口都用不同颜色加以标识。如图 1-46 所示为台式计算机机箱背部的 I/O 接口。

（1）鼠标和键盘的连接方法

在机箱上方的两个圆形接口分别为 PS/2 键盘接口和 PS/2 鼠标接口，用于连接 PS/2 键盘和 PS/2 鼠标。根据规定，键盘接口一般都用紫色标识，鼠标接口则用绿色标识。

除此之外，连接时也可遵循键盘靠外、鼠标靠里的原则，即键盘接口的位置一般都会位于靠外的一侧，而鼠标的接口位置相对靠里。键盘和鼠标的接口处也标识了与接头处相同的颜色，这样就不会出错了。如图 1-47 所示，分别为鼠标与键盘及其接头。

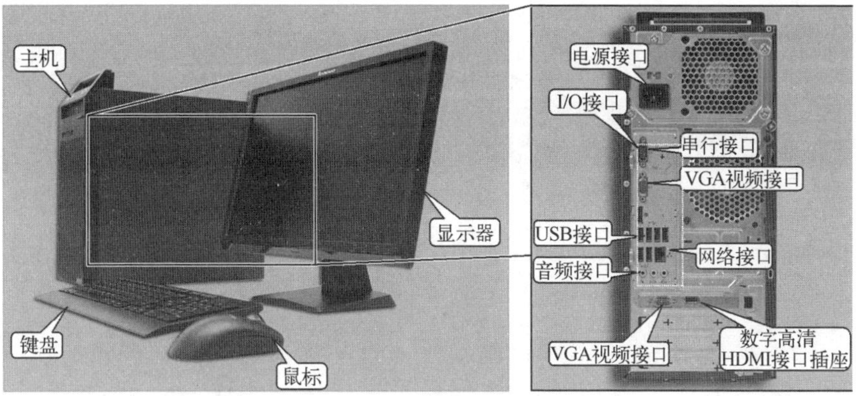

图1-46　台式计算机机箱背部的I/O接口

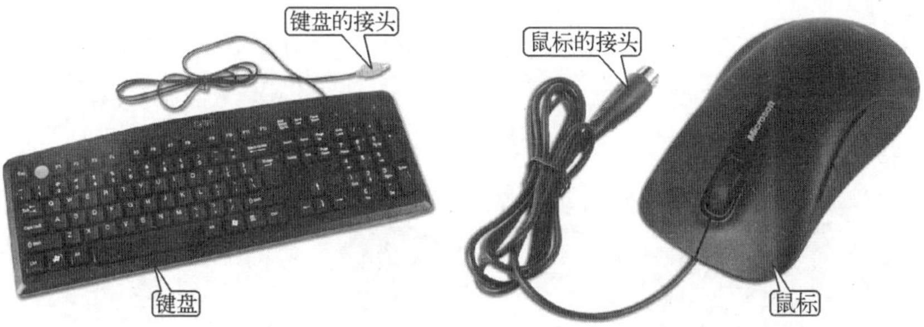

图1-47　鼠标与键盘及其接头

① 键盘接口处的接口形状与键盘接头处的针脚位置相对应，如图1-48所示。

② 小心插入键盘接头，如图1-49所示。如果不能顺利插入说明针脚位置没有对应好，在这种情况下不要用力强行插入，否则会损毁键盘接头或主板接口，适当调整角度再小心插入即可。

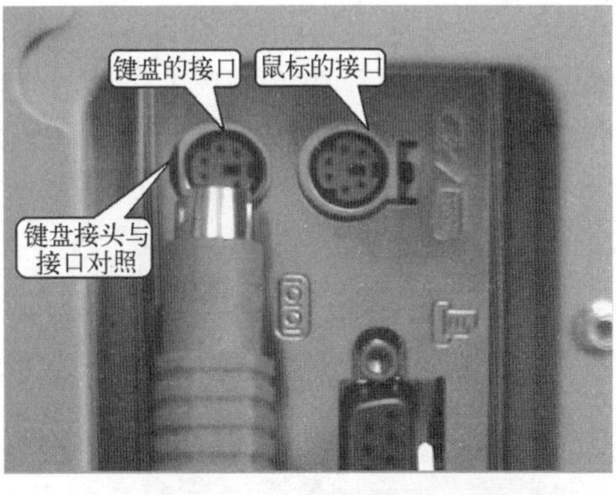

图1-48　键盘接头与接口对照

图1-49　插入键盘接头

③ 鼠标的连接方法与键盘完全一致，其接口处的形状与接头处的针脚位置对照如图1-50所示。

④ 将鼠标的接头小心地插入鼠标接口处，如图1-51所示。

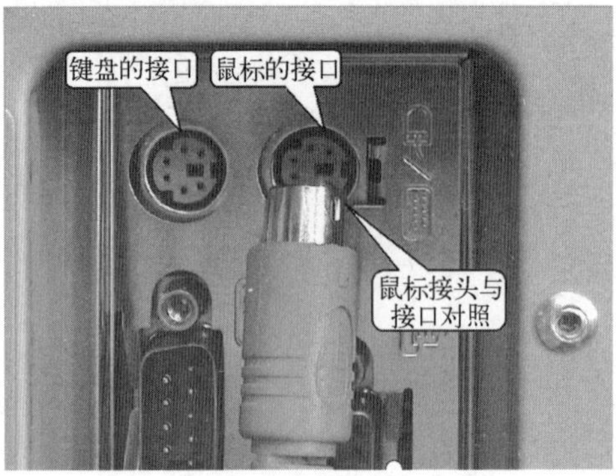

图 1-50　鼠标接头与接口对照

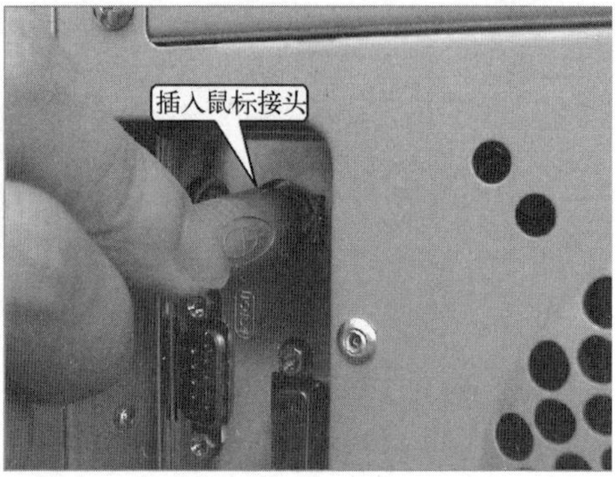

图 1-51　插入鼠标接头

（2）显示器的连接方法

接下来连接显示器，计算机的显示器有两个引线，如图 1-52 所示。其中一根是 15 针的信号线，它需要与显卡连接；另一根是电源线，连接到主机电源上或直接接到电源插座上。目前大多数显示器的电源线都是直接与市电插座相连即可。

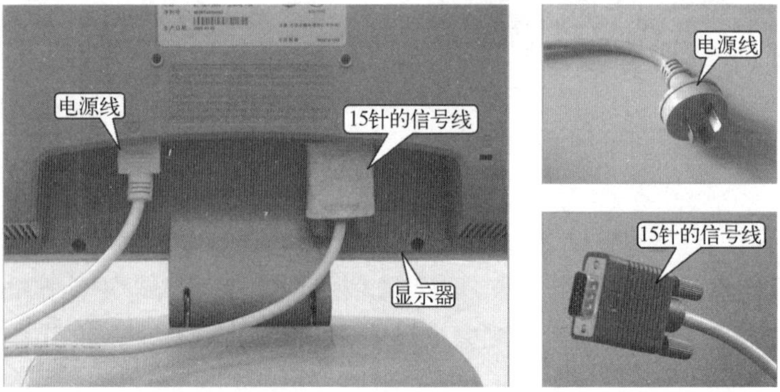

图 1-52　显示器的两个引线

连接显示器的信号线时，将 D 型插头与显示器的 VGA 接口进行连接。对于集成显卡的主板本身带有 VGA 接口，将信号线插头与 VGA 接口对应插好，并将插头两端的固定螺钉拧紧即可，如图 1-53 所示。

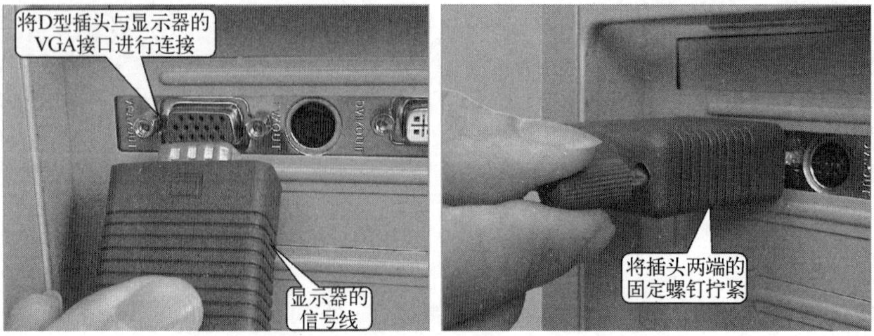

图 1-53　集成显卡式主板显示器信号线的连接

有些独立显卡的主板，如安装的显卡接口为DVI接口，无法与D型插头的显示器直接连接，此时，可选用一个DVI/VGA转接头进行转接。如图1-54所示为普通DVI/VGA转接头的实物外形，其一侧为DVI接口，另一侧为VGA接口。

图1-54　普通DVI/VGA转接头的实物外形

连接时，将转接头DVI接口端与显卡的DVI接口进行连接，另一侧连接显示器信号线的D型插头，如图1-55所示。接口对应好后，再将插头两端的固定螺钉拧紧就可以了。另外，有些显卡自身也带有VGA接口，直接进行连接即可。

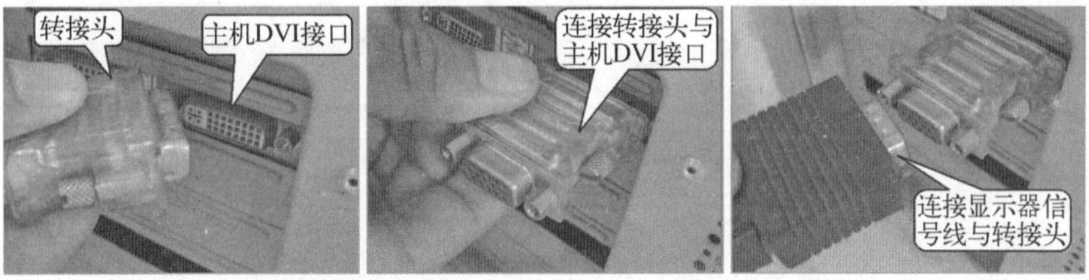

图1-55　独立显卡式主板显示器信号线的连接

2. 台式计算机的开机

连接好计算机引线后，接着对台式计算机进行开机操作，首先打开显示器开关，当显示器指示灯亮起后，再对计算机主机进行开机操作，按下主机上的电源开关。

3. 台式计算机的关机

当台式计算机使用完毕后需要关机，应注意的是，台式计算机的关机操作与一般的电子产品不太一样。使用完毕后，单击“开始”按钮，在弹出的菜单中选择“关闭计算机”命令，然后单击“关闭”按钮，需要等到电源指示灯不再闪烁、机箱内的风扇不再转动，显示器关闭后，才可断开电源。

1.4.3　传授台式计算机的保养维护方法

台式计算机保养维护的目的是以最好的性价比保证计算机系统能正常使用，解除后顾之忧。台式计算机是一种用于高速计算的电子计算机器，其保养和维护不同于一般的电子产品，若保养和维护操作不当，通常会引起台式计算机工作异常或无法正常使用，甚至导致计算机相关部件过早损坏，造成一定的经济损失。

对于台式计算机的保养维护，就是对台式计算机系统进行优化设置。台式计算机系统的优化主要是对操作系统和开机速度等进行优化设置。下面具体了解台式计算机保养与维护的方法。

1. 操作系统的优化设置

安装完成操作系统后，系统会带有许多无用文件，这时就需要对操作系统进行优化设置，否则将影响计算机的运行速度。

1）释放磁盘空间

将长期不用的预留功能取消或删除无用文件，是释放磁盘空间最有效的方法。

（1）卸载无用的程序和组件

在“控制面板”窗口中双击“添加或删除程序”图标，如图1-56所示。弹出“Windows组件向导”对话框，如图1-57所示，在列表框中列出了当前系统所安装的程序，选中需要删除的程序选项，然后单击“下一步”按钮，即可将该程序卸载。

图1-56　“添加或删除程序”图标

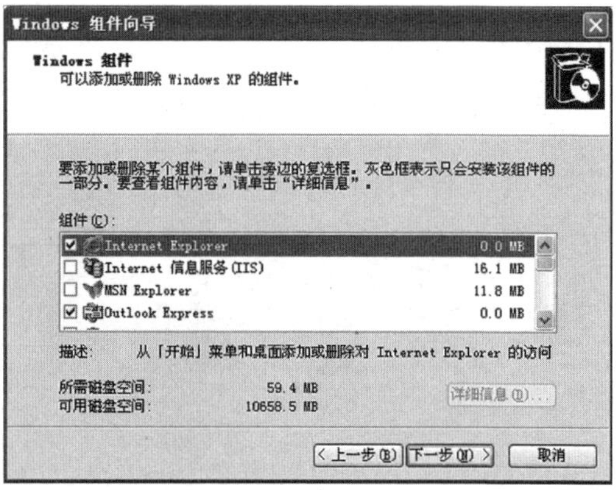

图1-57　“Windows组件向导”对话框

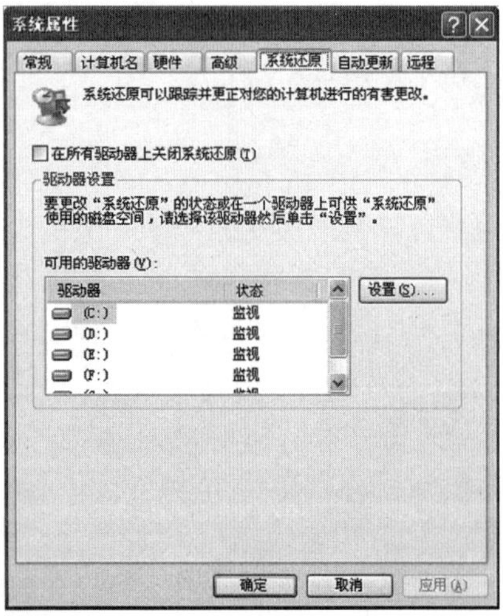

图1-58　“系统属性”对话框

（2）设置系统属性

① 在“控制面板”窗口中双击“系统”图标，弹出“系统属性”对话框，如图1-58所示。

② 选择“系统还原”选项卡，选中“在所有驱动器上关闭系统还原”复选框，在“驱动器设置”区域中选中相应的驱动器。

③ 单击右侧的 设置(S) 按钮，弹出“驱动器（C:）设置”对话框（此处以选中驱动器C为例），如图1-59所示。在对话框的“磁盘空间的使用”区域中移动滑块，可以调整“系统还原”中磁盘空间的大小。

④ 调整完毕后单击“确定”按钮，即完成该驱动器对系统还原空间预留的调节。

用同样的方法可以完成对其他驱动器的空间

调节。

另外，如果选中“在所有驱动器上关闭系统还原”复选框，就会删除备份的系统还原点，释放出硬盘空间，如图1-60所示。

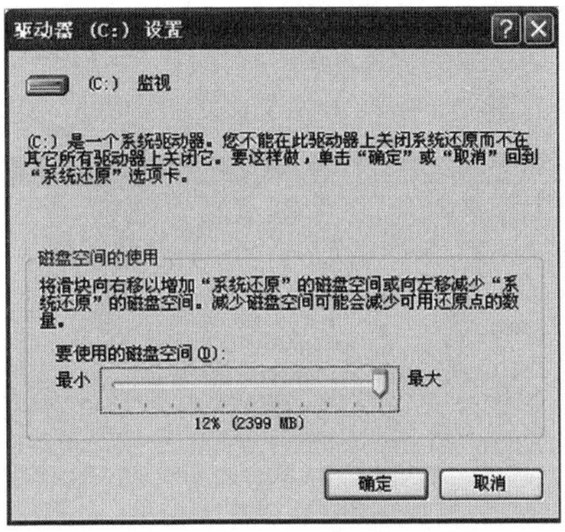

图1-59　“驱动器（C:）设置”对话框

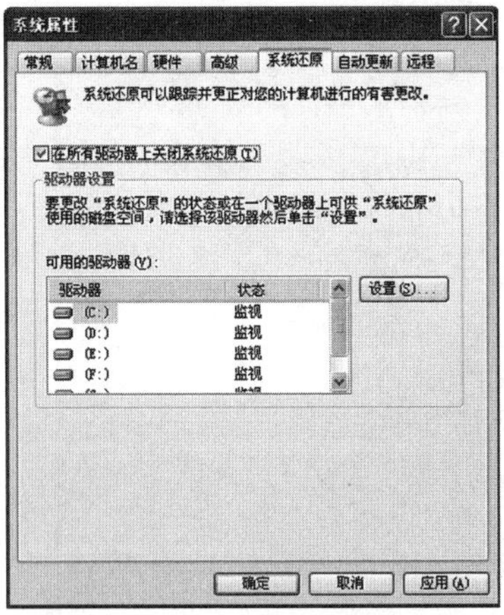

图1-60　选中“在所有驱动器上关闭系统还原”复选框

2）系统优化启动

对启动过程进行优化设置，可以有效缩短系统启动的时间，提高整个系统的效率。

① 在“控制面板”窗口中双击“系统”图标，打开“系统属性”对话框，切换至“高级”选项卡，如图1-61所示。

② 单击对话框右下方的“错误报告(R)”按钮，在弹出的“错误汇报”对话框中选中“禁用错误汇报”并确保“但在发生严重错误时通知我”复选框处于选中状态，如图1-62所示，单击“确定”按钮。

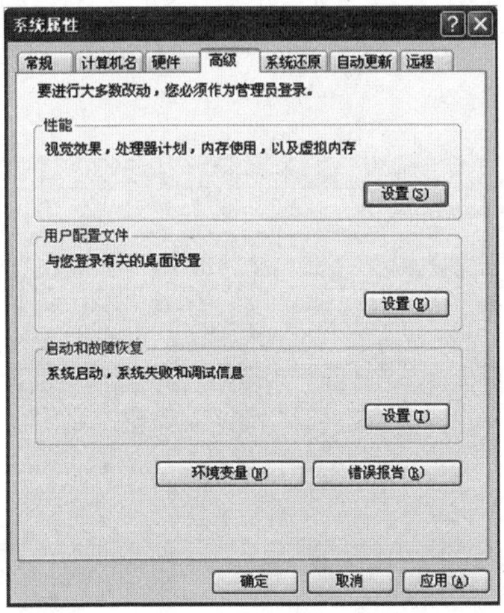

图1-61　“高级”选项卡

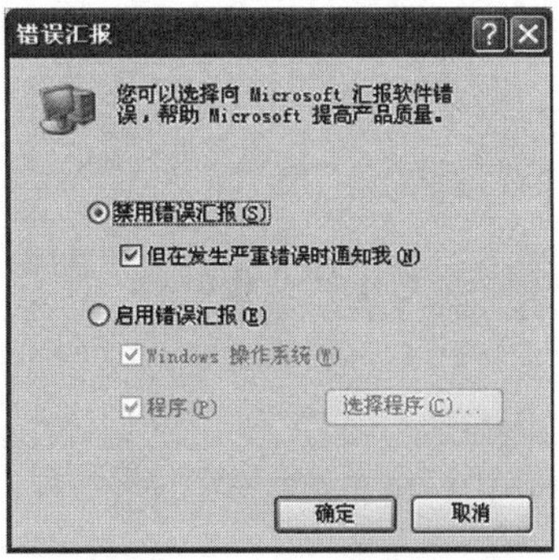

图1-62　禁用错误汇报

③ 单击“启动和故障恢复”区域中的“设置(S)”按钮，弹出“启动和故障恢复”对话框，取消“将事件写入系统日志”、“发送管理警报”和“自动重新启动”选项的选中状态，并

将“写入调试信息”选项设置为“无”，如图 1-63 所示。

④ 单击“系统启动”区域中的 编辑(E) 按钮，弹出记事本编辑窗口，如图 1-64 所示，里面是 boot. ini 文件的内容。对文件进行修改，修改完成关闭并保存当前修改后的文件，完成启动的优化设置。

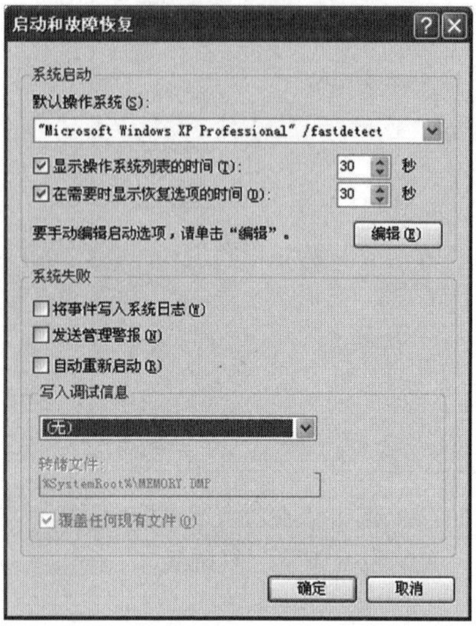

图 1-63 启动和故障恢复设置

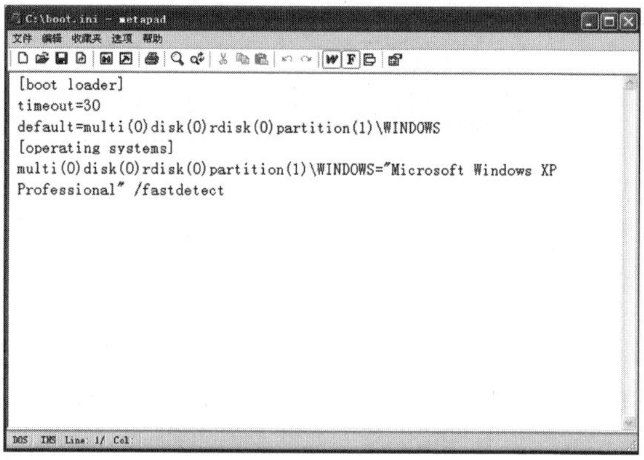

图 1-64 记事本编辑窗口

另外，系统会因为每次启动时都要加载一些应用程序的启动信息，从而延长系统的启动时间，这时可以通过 msconfig 命令来设置选择启动项，以简化启动过程。

① 选择“开始“→“运行”命令，在弹出的对话框中输入“msconfig”命令，然后单击 确定 按钮，如图 1-65 所示。

② 弹出“系统配置应用程序”对话框，并切换到“启动”选项卡，如图 1-66 所示。在“启动项目”列表中显示了系统启动时的所有启动项，将不需要在系统启动时启动的项目取消，即可简化启动过程，缩短启动时间。

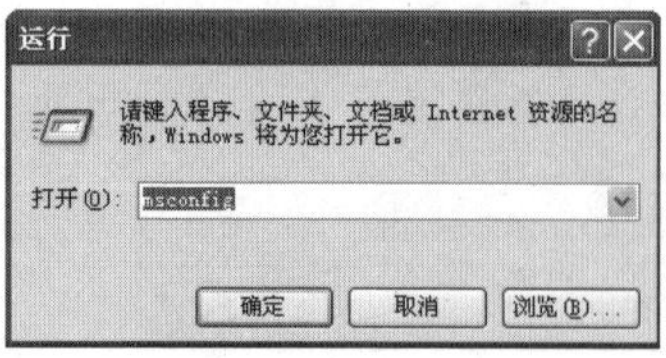

图 1-65 输入“msconfig”命令

图 1-66 服务项目的启动状态

2. 优化计算机开机速度

优化开机速度可以有效快速地启动计算机。

① 在桌面上右击“我的电脑”图标，在弹出的快捷菜单中选择“属性”命令，打开“系统属性”对话框，切换到“高级”选项卡，在“启动和故障恢复”区域中单击“设置”按钮，如图1-67所示。

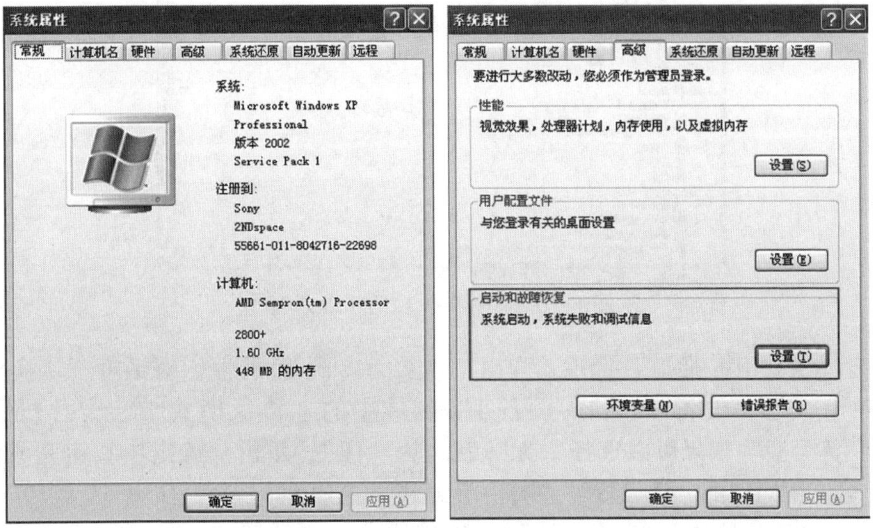

图1-67　“系统属性”对话框

② 弹出“启动和故障恢复”对话框，取消选中“系统启动”区域中的两个复选框，如果是多系统的用户则保留选中“显示操作系统列表的时间”复选框，如图1-68所示。

③ 单击编辑(E)按钮，弹出一个文本编辑窗口，确定启动项的附加属性为“fastdetect”，而不要改为“nodetect”，如图1-69所示。

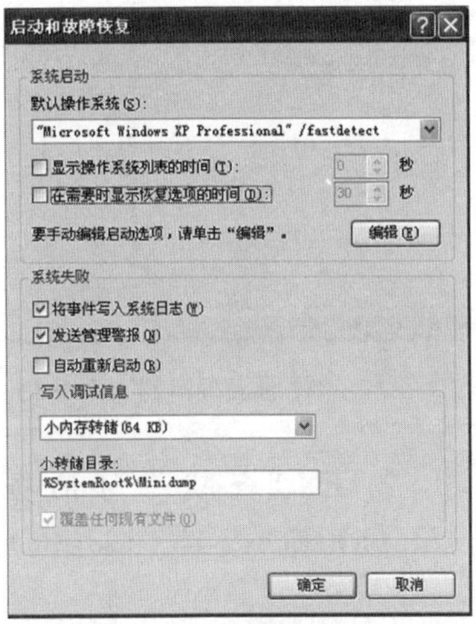

图1-68　“启动和故障恢复”对话框

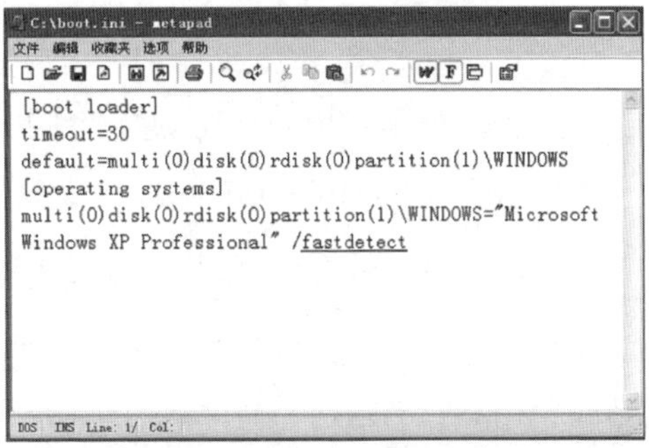

图1-69　文本编辑窗口

④ 在“系统属性”对话框中选择“硬件”选项卡，单击设备管理器(D)按钮，打开“设备管理器”窗口，展开“IDE ATA/ ATAPI 控制器”选项，如图1-70所示。

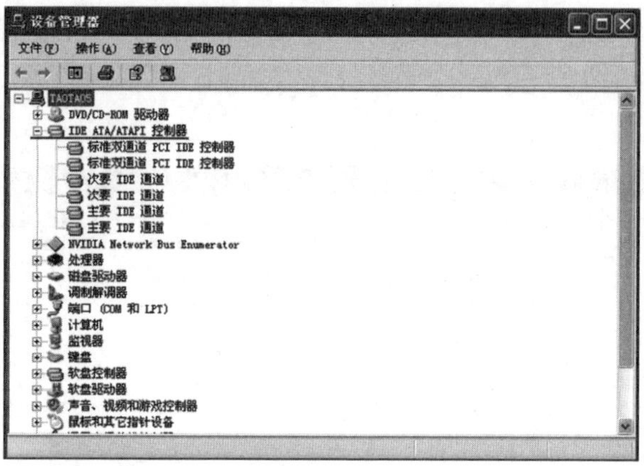

图 1-70　“设备管理器”对话框

⑤ 双击“次要 IDE 通道”选项，弹出“次要 IDE 通道 属性”对话框，切换到“高级设置”选项卡，把“设备 0”和“设备 1”区域中的“传送模式”改为“DMA（若可用）”，“设备类型”如果可以选择“无”就选为“无”，单击“确定”按钮完成设置，如图 1-71 所示。用同样的方法设置“主要 IDE 通道”的属性。

⑥ 单击“开始”按钮，选择 运行(R)...，在弹出的“运行”对话框中输入“regedit”，单击 确定 按钮，弹出“注册表编辑器”对话框，如图 1-72 所示。

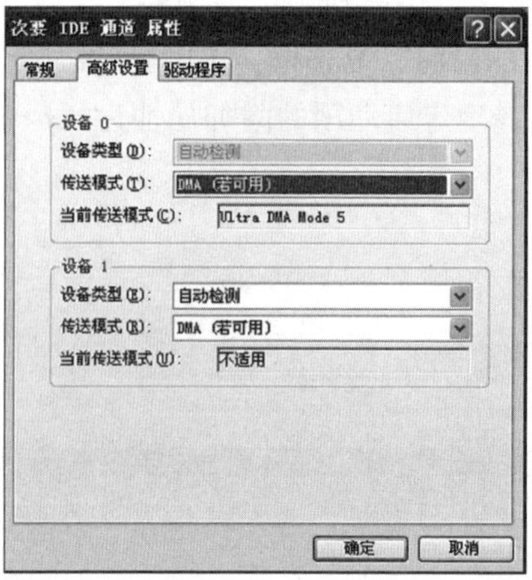

图 1-71　“次要 IDE 通道 属性”对话框

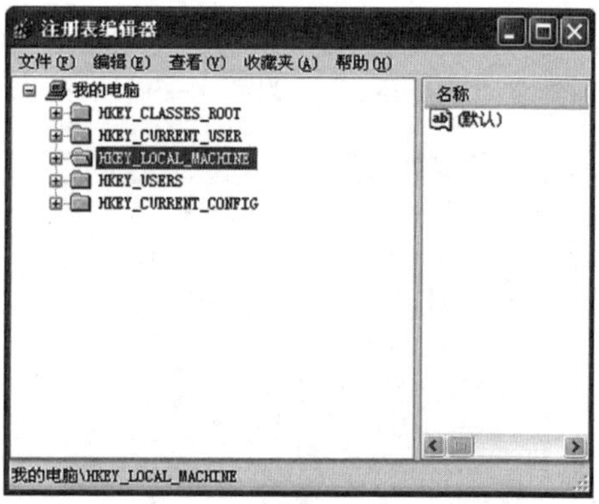

图 1-72　“注册表编辑器”对话框

⑦ 在“编辑”菜单中选择“查找”命令，打开“查找”对话框，输入“AutoEndTasks”，单击“查找下一个”按钮，如图 1-73（a）所示；图 1-73（b）所示是查找到的“AutoEndTasks”文件。

⑧ 双击“AutoEndTasks”文件，弹出“编辑字符串”对话框，在“数值数据”文本对话框中输入“1”，如图 1-74（a）所示。然后再查找“HungAppTimeout”和“WaitToKillAppTimeout”文件，并将“数值数据”设为“1000”，如图 1-74（b）和图 1-74（c）所示。还可以修改菜单延迟的时间，使用同样的方法查找“MenuShowDelay”文件，数值是以 ms 为单位，如果希望去掉菜单延迟将“数值数据”设为 0 即可，如图 1-74（d）所示。

(a) 单击“查找下一个”按钮

(b) 查找结果

图 1-73　查找“AutoEndTasks”文件

(a) 设置“AutoEndTasks”的数值数据

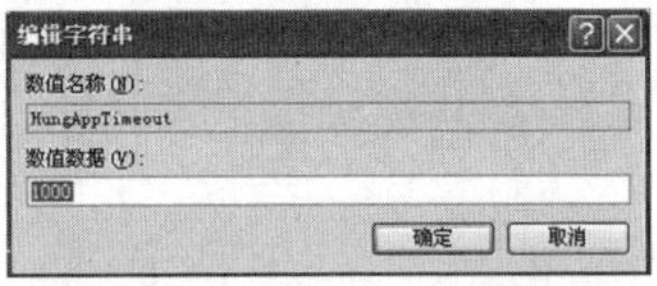

(b) 设置“HoungAppTimeout”的数值数据

(c) 设置“WaitToKillAppTimeout”的数值数据

(d) 设置“MenuShowDelay”的数值数据

图 1-74　编辑自符串

现在加速启动和关机的设置都已经完成，若用户想去掉开机启动界面的滚动条，可在“我的电脑”图标上右击，在弹出的快捷菜单中选择“属性”命令，打开“系统属性”对话框。切换到“高级”选项卡，单击“启动和故障恢复”区域中的“设置”按钮，接着在弹出的对话框中单击“系统启动”区域中的 编辑(E) 按钮，在文本编辑窗口中“fastdetect”的后面加上“/noguiboot”，这样在启动的时候就不会再显示滚动条，如图 1-75 所示。

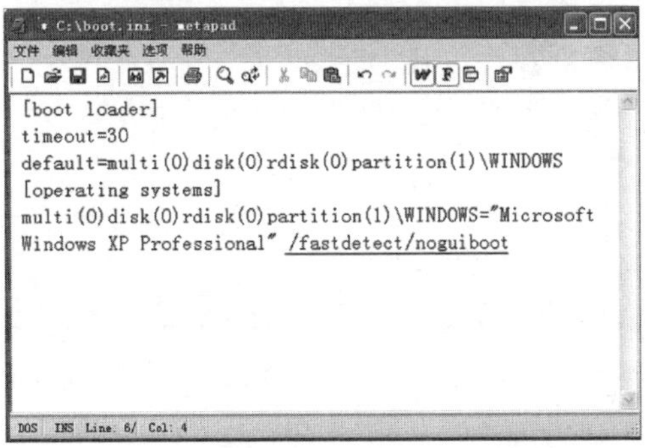

图 1-75　设置开机启动界面的无滚动条

习题1

1. 填空题

（1）图 1-76 所示为 Intel 奔腾双核的 CPU，在该图中 CPU 芯片上会有许多编码，这些编码代表该 CPU 的型号和种类，具体的含义是什么？

图 1-76　Intel 奔腾双核的 CPU

____

____

____

（2）填写图 1-77 中空白处各接口的名称。

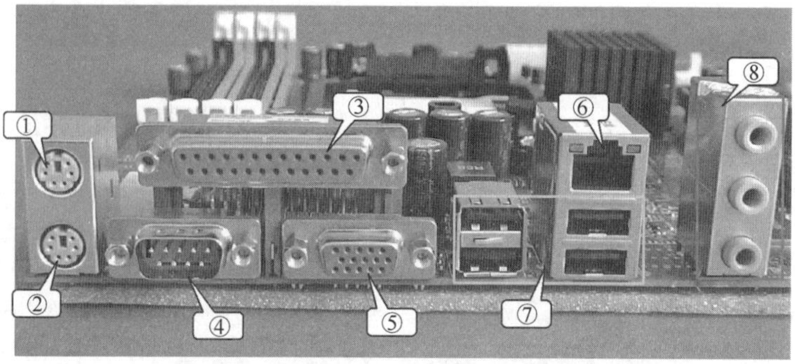

图 1-77　填写空白处各接口的名称

① ______________________________

② ______________________________

③ ______________________________

④ ______________________________

⑤ ______________________________

⑥ ______________________________

⑦ ______________________________

⑧ ______________________________

（3）填写图 1-78 中计算机内部空白处各部件的名称。

图 1-78　填写计算机内部部件的名称

①______________________________

②______________________________

③______________________________

④______________________________

⑤______________________________

⑥______________________________

（4）填写图 1-79 中计算机主板空白处各部件的名称。

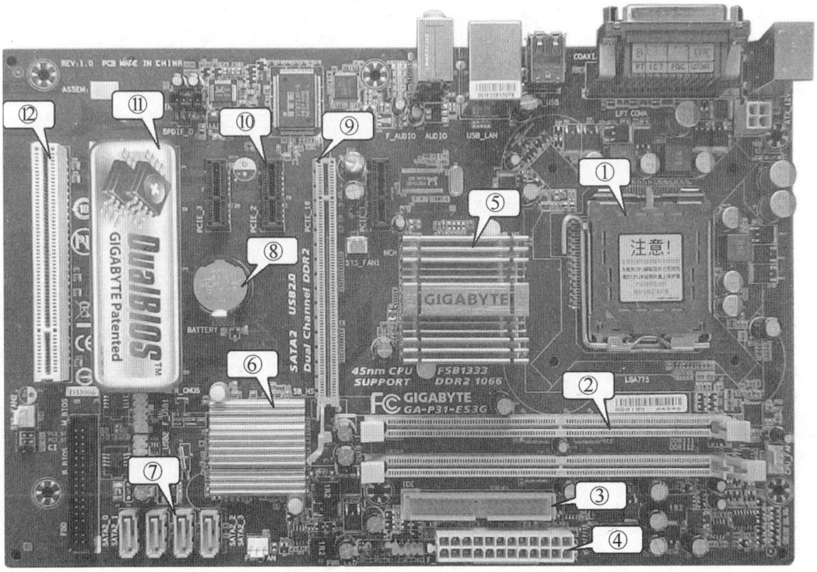

图 1-79　填写计算机主板各部件的名称

①＿＿＿＿＿＿＿＿＿＿＿＿＿＿＿＿＿＿＿＿＿＿＿＿＿＿＿＿＿＿

②＿＿＿＿＿＿＿＿＿＿＿＿＿＿＿＿＿＿＿＿＿＿＿＿＿＿＿＿＿＿

③＿＿＿＿＿＿＿＿＿＿＿＿＿＿＿＿＿＿＿＿＿＿＿＿＿＿＿＿＿＿

④＿＿＿＿＿＿＿＿＿＿＿＿＿＿＿＿＿＿＿＿＿＿＿＿＿＿＿＿＿＿

⑤＿＿＿＿＿＿＿＿＿＿＿＿＿＿＿＿＿＿＿＿＿＿＿＿＿＿＿＿＿＿

⑥＿＿＿＿＿＿＿＿＿＿＿＿＿＿＿＿＿＿＿＿＿＿＿＿＿＿＿＿＿＿

⑦＿＿＿＿＿＿＿＿＿＿＿＿＿＿＿＿＿＿＿＿＿＿＿＿＿＿＿＿＿＿

⑧＿＿＿＿＿＿＿＿＿＿＿＿＿＿＿＿＿＿＿＿＿＿＿＿＿＿＿＿＿＿

⑨＿＿＿＿＿＿＿＿＿＿＿＿＿＿＿＿＿＿＿＿＿＿＿＿＿＿＿＿＿＿

⑩＿＿＿＿＿＿＿＿＿＿＿＿＿＿＿＿＿＿＿＿＿＿＿＿＿＿＿＿＿＿

⑪＿＿＿＿＿＿＿＿＿＿＿＿＿＿＿＿＿＿＿＿＿＿＿＿＿＿＿＿＿＿

⑫＿＿＿＿＿＿＿＿＿＿＿＿＿＿＿＿＿＿＿＿＿＿＿＿＿＿＿＿＿＿

项目2　笔记本电脑的功能特点和营销方案

2.1　笔记本电脑的种类特点及相关产品

笔记本电脑的英文名称是 Notebook Computer，简称 NB，是一种小型、便于携带式个人电脑。笔记本电脑最大的特点就是整体设计非常紧凑，它将计算机的液晶显示器、键盘和主机部分全部集成在了一起，并可以折叠起来，外形像一个笔记本，更便于携带。

2.1.1　笔记本电脑的种类特点

笔记本电脑的种类繁多，分类的方法也很多。例如，可以从笔记本电脑的屏幕尺寸、外观、使用功能等进行分类。

1. 屏幕尺寸分类

从新型笔记本电脑的屏幕尺寸上看，现在的笔记本电脑的屏幕尺寸更大。为了迎合各种人群的需要，笔记本电脑的屏幕尺寸有 11 英寸、12 英寸、13 英寸、14 英寸、15 英寸、16 英寸、17 英寸等不同的比例，如图 2-1 所示。

（a）11英寸笔记本电脑　（b）12英寸笔记本电脑　（c）13英寸笔记本电脑

（d）14英寸笔记本电脑　（e）15英寸笔记本电脑　（f）17英寸笔记本电脑

图 2-1　不同屏幕尺寸的笔记本电脑

2. 外观分类

从外观上看，笔记本电脑的外形更加注重时尚与个性。与传统的黑色外壳相比较，现在的笔记本电脑的外壳增添了更绚丽的色彩和花纹图案，笔记本电脑的外形变化也更加多元化。如图 2-2 所示为不同外观的笔记本电脑。

（a）更绚丽的色彩　（b）花纹图案　（c）显示屏角度可以随意旋转

图 2-2　不同外观的笔记本电脑

3. 使用功能分类

从使用功能上看，现在的笔记本电脑更加注重不同领域的用户需求。例如，有专为满足办公需求而设计的商务型笔记本电脑，还有为游戏及影音爱好者设计的多媒体笔记本电脑。此外，随着网络的普及，还为专门用来随时上网的用户设计了专用的笔记本电脑（上网本）。如图 2-3 所示为不同功能的笔记本电脑。

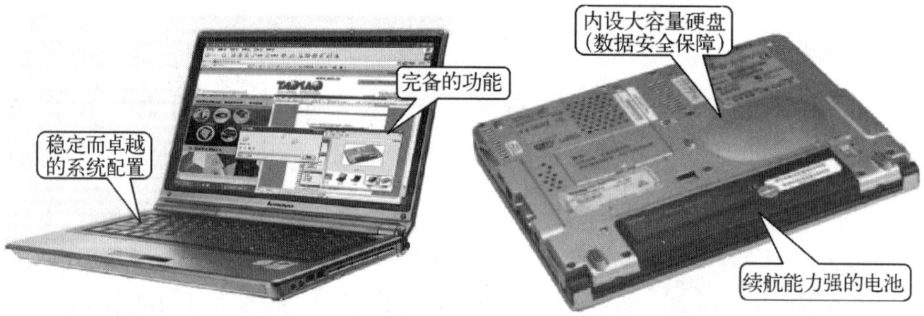

（a）为满足办公需求而设计的商务型笔记本电脑

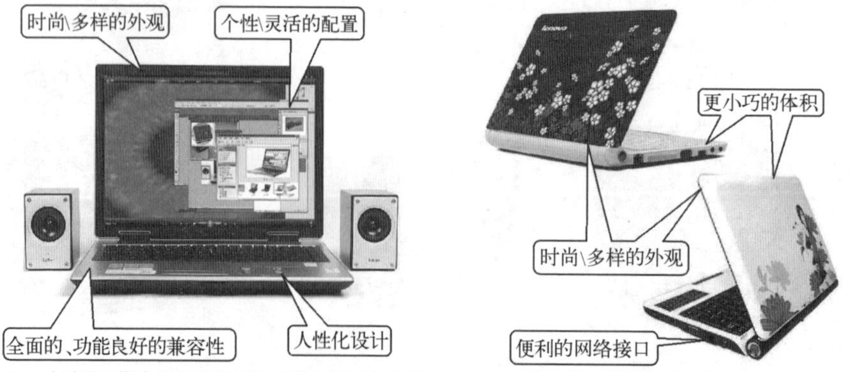

（b）为游戏及影音爱好者设计的多媒体笔记本电脑　（c）为随时上网的用户设计了专用的上网本

图 2-3　不同功能的笔记本电脑

2.1.2　笔记本电脑的相关配套产品

笔记本电脑有很多与其相配套的产品，这些产品都是必不可少的，如办公软件、笔记本电脑包、笔记本电脑电池、散热风扇、笔记本电脑贴膜、电源适配器等。它们对笔记本电脑起着不同的作用，可以使笔记本电脑使用时达到更好的状态和效果。

1. 办公软件

办公软件是指安装在笔记本电脑中可以进行文字处理、表格制作、幻灯片制作、简单数据库的处理等方面工作的软件。如微软 Office 系列、金山 WPS 系列、永中 Office 系列、红旗 2000RedOffice、致力协同 OA 系列等，如图 2-4 所示。

（a）Microsoft Office 2007英文基础版

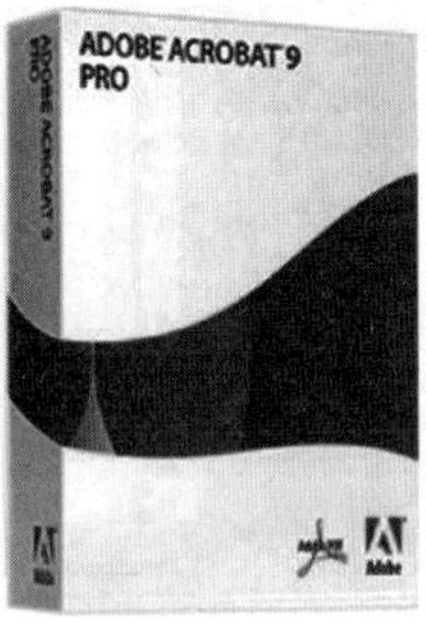

（b）Adobe Acrobat 9

图 2-4　不同类型的办公软件

2. 笔记本电脑包

笔记本电脑包是随着笔记本电脑的出现而出现的，主要用来装笔记本电脑。根据不同尺寸的笔记本电脑，电脑包的尺寸有 10.6 英寸、12.1 英寸、13.3 英寸、14.1 英寸、15.2 英寸、15.4 英寸、17 英寸等，目前市面上一般还是以 13.3～15.2 英寸的笔记本电脑包为主。如图 2-5 所示为不同类型的笔记本电脑包。

（a）手提式电脑包

（b）拉箱式电脑包

图 2-5　不同类型的笔记本电脑包

3. 笔记本电脑电池

笔记本电脑电池也称为可充电电池，使用可充电电池是笔记本电脑相对台式计算机的优势之一，它可以使笔记本电脑十分方便地在各种环境下使用。目前笔记本电脑使用的电池主要分为三种：镍镉电池（Ni-Cd）、镍氢电池（Ni-MH）、锂电池（Li）。如图 2-6 所示为不同型号的笔记本电脑电池。

（a）戴尔310-6321型电池

（b）联相F40系列电池

图 2-6　不同型号的笔记本电脑电池

4. 散热风扇

随着市场的变化、产品的更新，现在已经出现可移动的散热风扇，这种产品的出现，对笔记本电脑的散热有很大的帮助。它可以直接对着机器底部的进风口吹风，把冷空气强制吹进机器内部，增加内部空气密度，从机器出风口出来的空气数量也随之增多，这样的散热原理十分适合笔记本电脑的散热。如图 2-7 所示为不同类型的散热风扇。

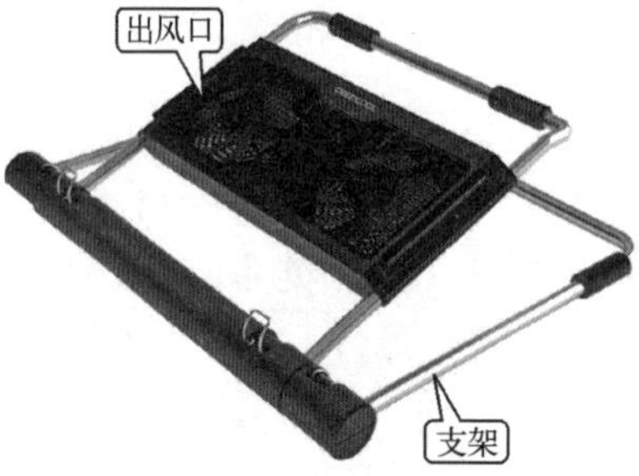

（a）九州风神变形钢

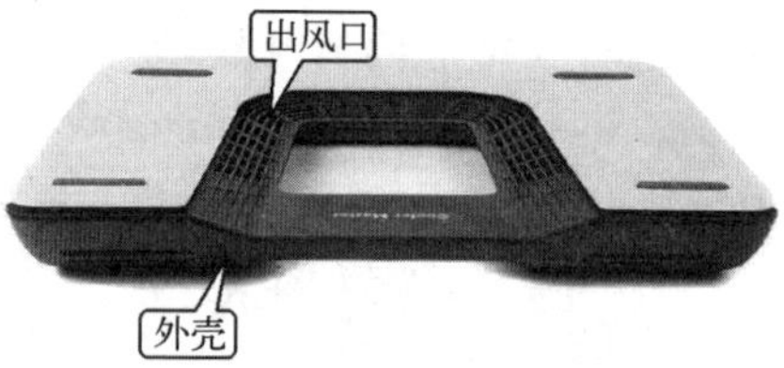

（b）酷冷至尊英菲尼特EVO（R9–NBC-INEV）

图 2-7　不同类型的散热风扇

5. 笔记本电脑贴膜

笔记本电脑贴膜主要有屏幕保护膜、键盘贴膜、外壳贴膜三种。如图 2-8 所示为笔记本电脑贴膜的实物外形。

- 笔记本电脑屏幕保护膜一般采用透光材料制成，主要用于保护屏幕免受划伤。
- 笔记本电脑键盘贴膜是随着笔记本电脑的出现而产生的一种用于保护键盘的产品。经常因为在使用笔记本电脑的过程中，有水或者其他异物进入键盘内部而对笔记本电脑造成很多不必要的损坏。有了键盘贴膜，在很大程度上起到了避免的作用，因而受到笔记本电脑使用者的重视。

- 笔记本电脑外壳贴膜（Laptop Skins），主要应用在笔记本电脑的盖壳和掌托上，笔记本电脑外壳贴膜一般都带有图案，起到美容本本和保护本本免受刮伤的作用。

（a）屏幕保护膜　（b）键盘贴膜　（c）外壳贴膜

图 2-8　笔记本电脑外壳贴膜的实物外形

6. 电源适配器

电源适配器（Power Adapter）是笔记本电脑的供电电源变换设备，一般由外壳、电源变压器和整流电路组成。多数笔记本电脑的电源适配器可以适用于 100 ~ 240V 交流电（50/60 Hz）。基本上大部分的笔记本电脑都把电源外置，用一条电源线和主机连接，这样可以缩小主机的体积和重量，只有极少数的机型把电源内置在主机内。如图 2-9 所示为不同型号的电源适配器。

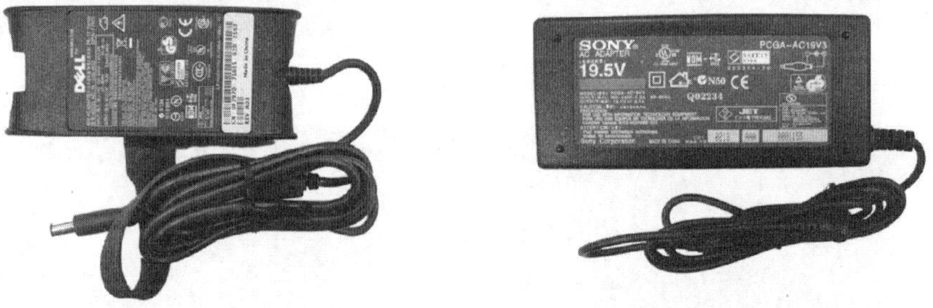

（a）戴尔19.5V电源适配器　（b）索尼19.5V电源适配器

图 2-9　不同型号的电源适配器

2.2　笔记本电脑的结构和工作特点

2.2.1　笔记本电脑的结构组成

虽然笔记本电脑的种类各有不同，但其组成部件基本相同，基本上都是由外部的显示部分和内部的主板、硬盘、光驱、内存、CPU、集成电路板等构成的。这里以目前市场上最常见及代表性强的笔记本电脑为例，介绍其结构组成。

1. 笔记本电脑的外部结构

如图 2-10 所示为笔记本电脑的外部结构，主要是由显示部分（LCD 液晶显示屏）、键盘部分、触摸板、主机部分、状态指示灯、电源开关和快捷键、I/O 接口等构成的。

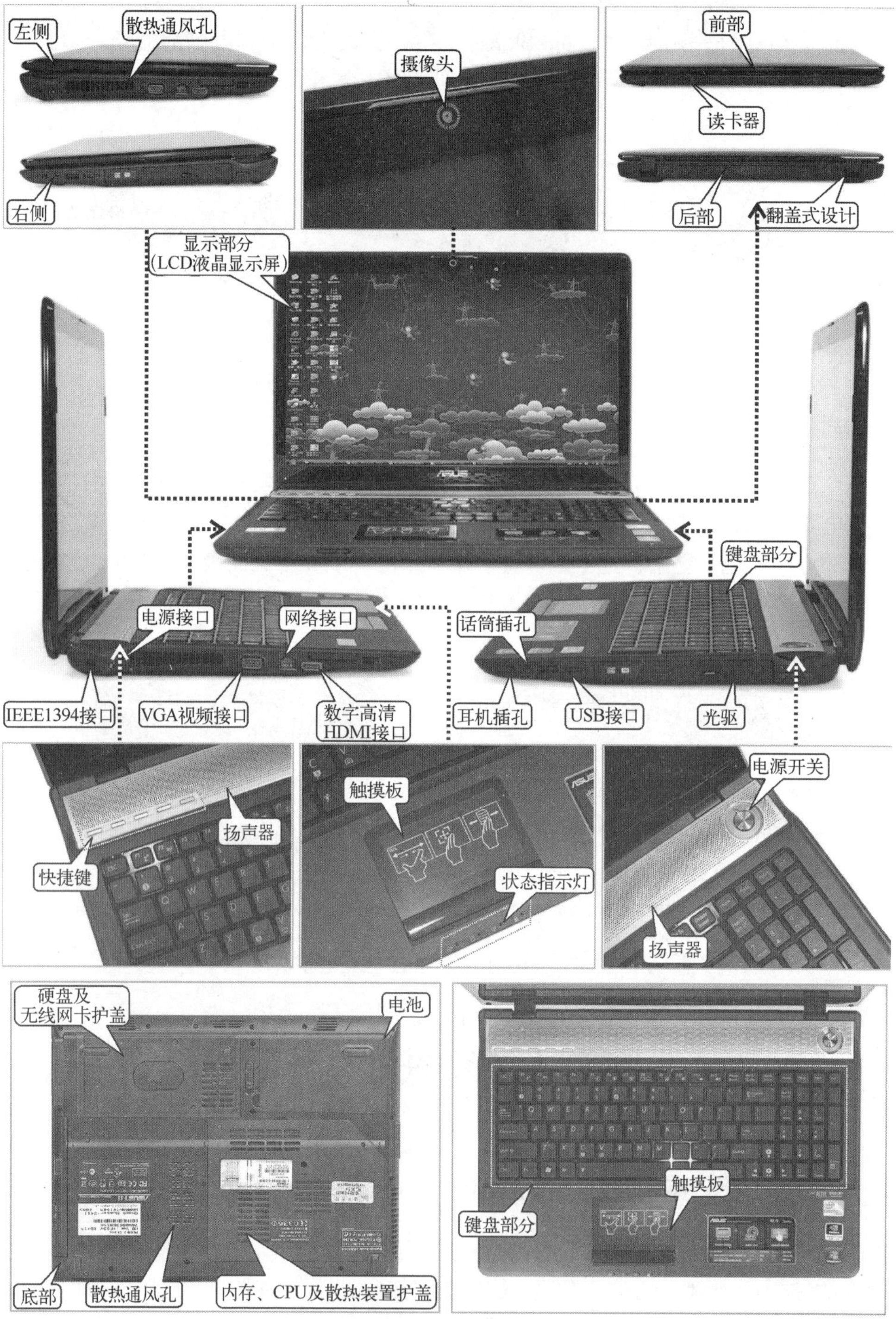

图 2-10　笔记本电脑的外部结构

2. 笔记本电脑的内部结构

如图 2-11 所示为笔记本电脑的内部结构，主要由主板及集成在主板上的各个部件，如CPU、内存、硬盘、光驱等大规模集成电路构成。

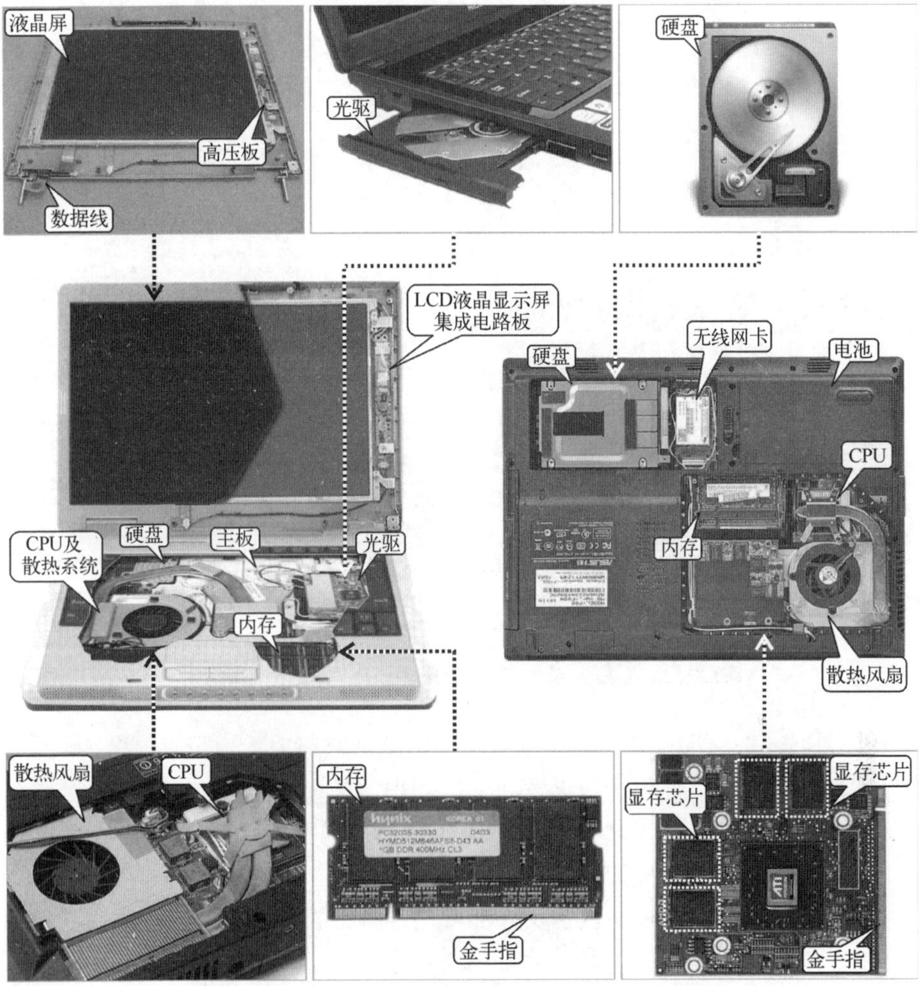

图 2-11　笔记本电脑的内部结构

2.2.2　笔记本电脑的工作特点

笔记本电脑的主板与各主要部件之间的相互关系和工作原理如图 2-12 所示。其中，CPU 是中央处理器的简称，它是整个笔记本电脑的核心器件和控制中心，相当于人的大脑，能够模仿人脑的思维方式，具有分析判断功能，因而属于一种智能化的逻辑电路单元。它可以通过笔记本电脑主板上的数据总线、地址总线和控制总线与其他外部设备相连。CPU 的主要部分是运算器和控制器，还有指令输入、指令译码、总线接口和高速缓冲存储器等部分。

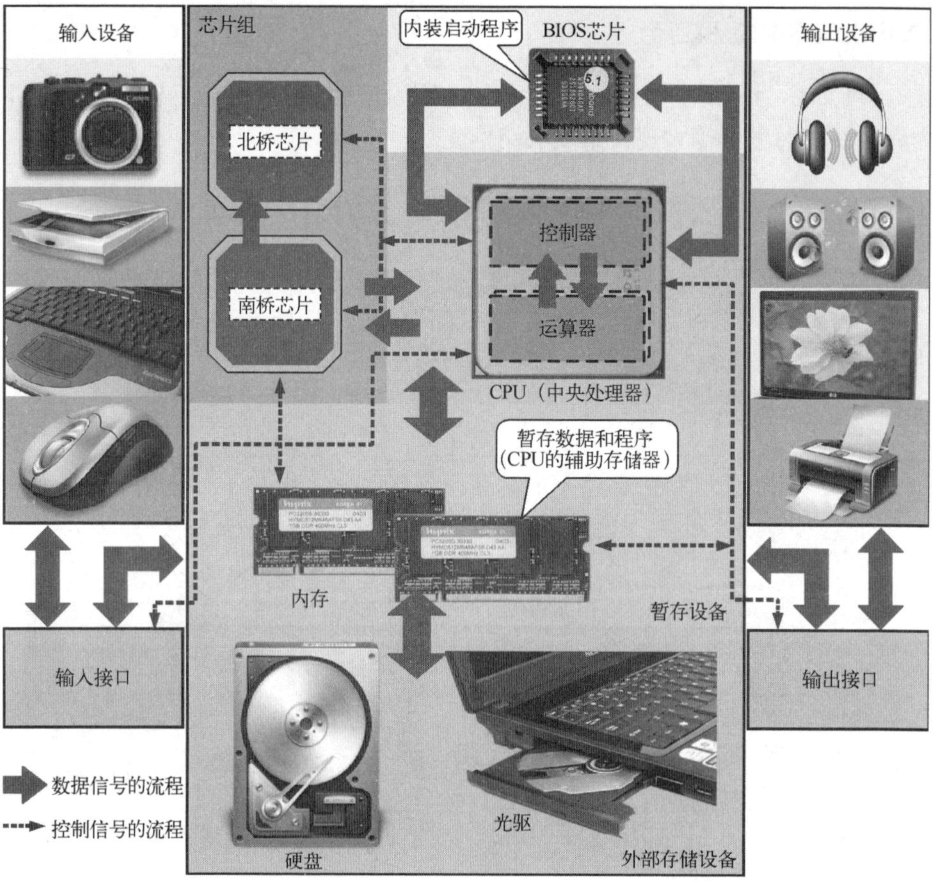

图 2-12 笔记本电脑的主板与各主要部件之间的相互关系和工作原理

内存是笔记本电脑运行过程中用来存储数据和程序的器件。在笔记本电脑的运行中，几乎所有要处理的数据和信息都要从外部存储设备（如硬盘或光驱等）调入到内存中，在内存中进行暂存，等待 CPU 的调用和处理。

笔记本电脑的输入设备、输出设备及外部存储设备都属于外围设备。输入设备通常是指键盘和触摸屏、外接鼠标、扫描仪和数码相机等，而输出设备则是指 LCD 液晶显示屏、打印机、调制解调器等。由输入设备输入的各种数据和信号进入 CPU，CPU 处理之后和处理过程中需要显示或者打印的数据送到输出设备进行显示或打印。

在这些处理过程中，CPU 起到了最重要的控制、运算和数据处理作用，CPU 芯片与一般集成线路的不同在于它是按照程序进行工作的。在工作时，CPU 从内存中顺次读出指令，然后根据指令的要求完成相应的工作。内存中的指令通过总线接口送入 CPU 的指令输入单元和指令译码单元，对指令内容进行解读。由于指令都是由 1 和 0 组成的二进制编码信号，通过读解这些指令编码，即可知道要进行哪项工作。其中包括加减乘除的指令运算、二进制比较的逻辑运算和信息处理，然后向外部设备输出指令。

CPU 虽然是笔记本电脑主板上最为重要的器件，但为了使它与芯片组（南桥芯片和北桥芯片）、内存、存储控制器、接口电路和一些扩展插槽进行连接，能够使笔记本电脑进行工作，需要大量的信息进行传输。为了简化线路，在电脑中采用总线方式，总线方式使多种不同的芯片之间可以进行双向互相传输。如图 2-13 所示为总线与各器件之间的连接关系。

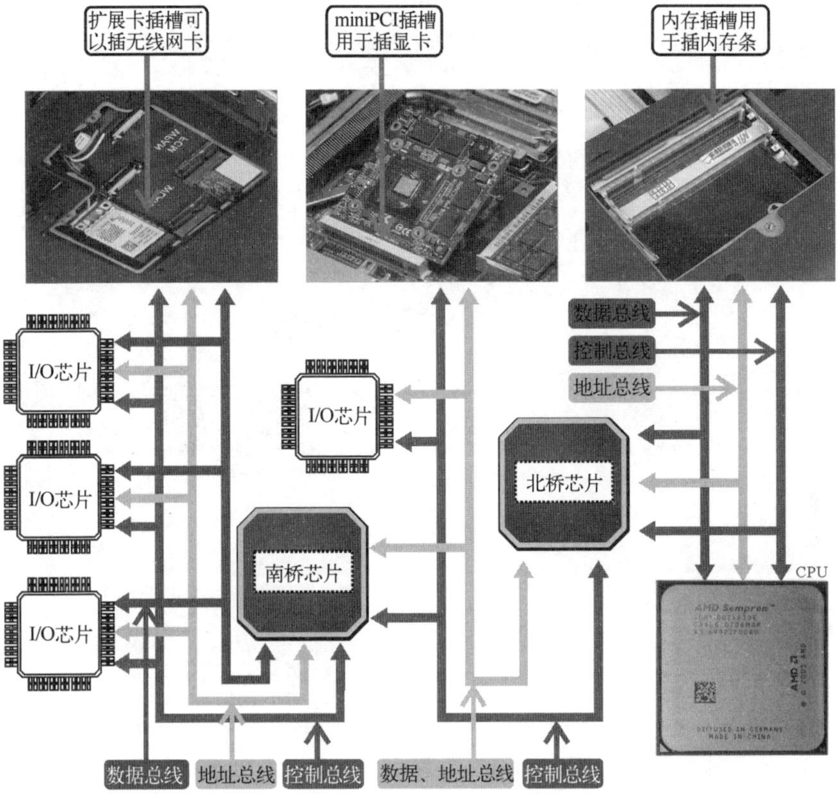

图 2-13 总线与各器件之间的连接关系

笔记本电脑主板上的总线可以分为控制总线、地址总线和数据总线三种，所有主板上的插槽、芯片、输入/输出接口电路与 CPU 之间的信息传输都是通过这些总线完成的。

CPU 与北桥芯片的连接就是通过控制总线、地址总线和数据总线，进行数据信息的传输。需要和接口电路相连的时候，则经过北桥芯片再通过控制总线、地址总线和数据总线，与接口电路、南桥芯片及 miniPCI 插卡进行数据连接。

南桥芯片也是通过控制总线、地址总线和数据总线进行连接，将数据和信息送往各种接口电路（I/O 接口）。这样控制信息、地址信息和数据信息就可以经过接口电路连接其他电路或外部设备，用来进行信息的交换或数据的处理。

注意

控制总线的功能是将 CPU 的控制信号传输到被控制电路中，配合控制总线的是地址总线和数据总线。每种总线又是由很多条引线组成的。例如，有些主板的控制总线是由 4 条引线组成的；地址总线有 8 条、12 条、16 条或 32 条不等。这些控制信号、地址信号和数据信号由各自的引线与被控制的电路和其他电路进行连接。

通过这三种总线，CPU 可以对主板上的任何电路器件和计算机的外部设备进行控制和数据交换。

笔记本电脑的工作流程主要分为 5 个环节，分别为启动运行环节、指令输入与数据调用环节、应用程序执行环节、信息显示环节和数据输出环节，如图 2-14 所示。

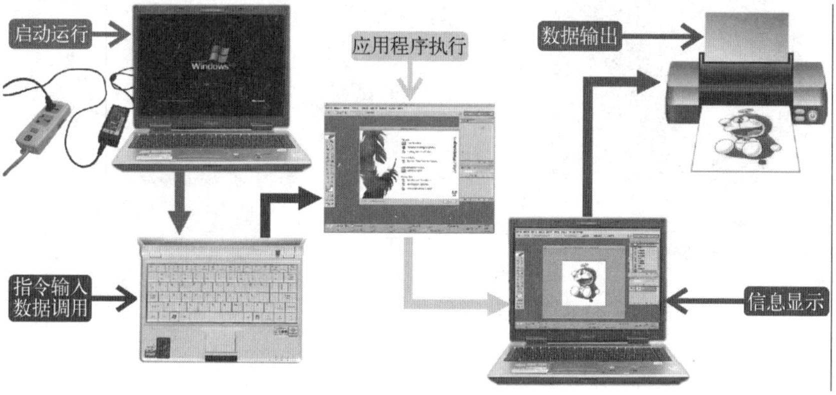

图 2-14 笔记本电脑工作流程中的主要环节

1. 启动运行环节

启动运行环节的工作流程如图 2-15 所示。当用户按动笔记本电脑的电源开关①，开机指令送入开机电路②，由开机电路③命令电源为整机供电④。与此同时，CPU 进行逻辑运算⑤，并从 BIOS 芯片中读出启动程序⑥和控制指令⑦；CPU 根据 BIOS 中的启动程序向硬盘和内存等存储设备发出系统程序调用指令⑧，硬盘中的系统程序会进入内存进行缓冲⑨，再由内存送入 CPU⑩。于是，操作系统开始进入启动环节⑪。

注意

在启动过程中，BIOS 芯片内的启动程序包含对主板上的各种集成电路芯片，以及所连接设备的配置信息，在每次开机启动时，CPU 都会从 BIOS 中调用这些信息以完成初始化操作。因此，如果 BIOS 或 CPU 损坏，整个笔记本电脑将无法启动运行；如果是硬盘损坏，则无法从硬盘上调用操作系统的启动程序，通常会在 LCD 液晶显示器上显示硬盘故障的提示信息；如果是硬盘中的操作系统损坏，则无法实现启动程序的运行，笔记本电脑会显示操作系统错误的提示信息。

2. 指令输入与数据调用环节

笔记本电脑启动并进行初始化后，操作系统运行，整机进入等待状态。此时，用户才可以通过键盘、触摸板或鼠标为笔记本电脑输入人工操作指令。如图 2-16 所示为指令输入与数据调用环节的工作流程。

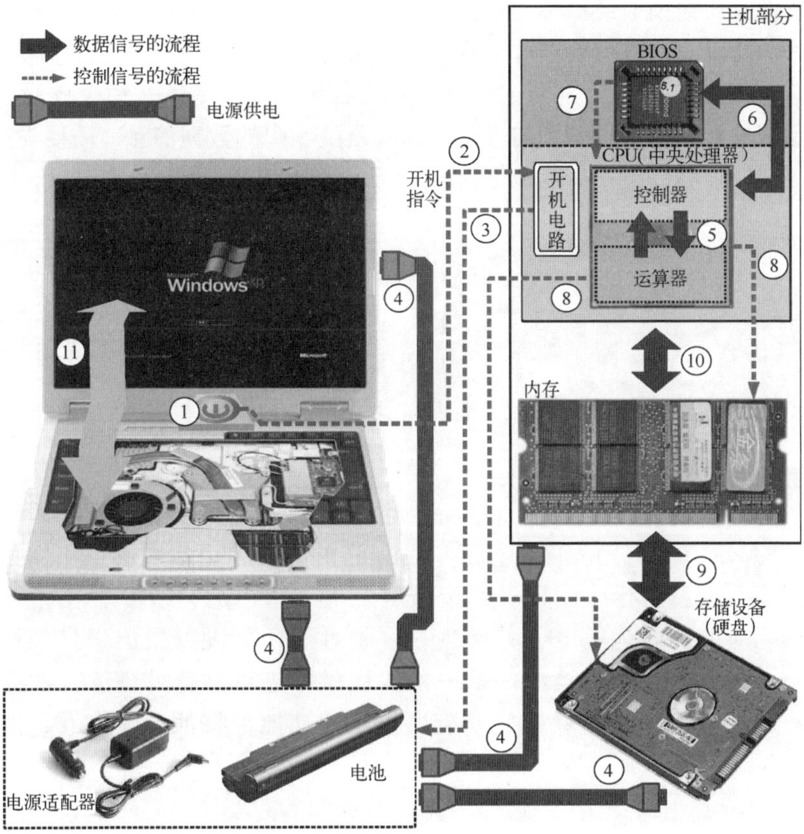

图2-15　启动运行环节的工作流程

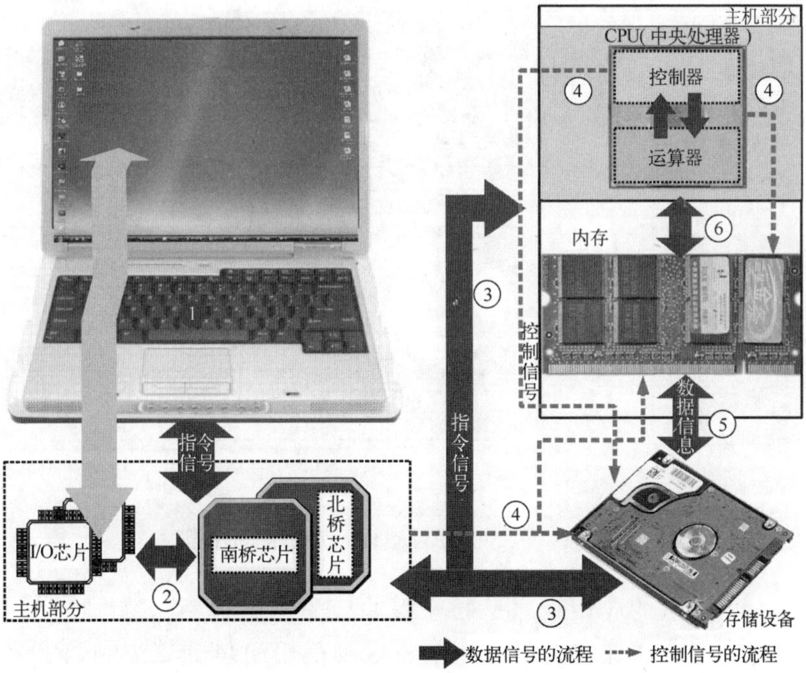

图2-16　指令输入与数据调用环节的工作流程

用户通过键盘、触摸板或鼠标为笔记本电脑输入人工指令信息①，经主机内部的I/O芯片和南桥芯片、北桥芯片进行处理和运算②，并通过接口电路向CPU和存储设备传送指令信息③；在CPU的控制下，分别向存储设备发出各种控制指令④，命令硬盘、内存等存储设备做好指令信息和数据信息调用的准备，尤其是硬盘中的数据信息，需要先进入内存缓冲⑤，由内存缓冲处理后，将指令或数据送入CPU进行运算处理⑥。

注意

CPU不能直接使用硬盘中的数据信息，因此需要内存进行缓冲处理，经过内存缓冲处理的数据信息再由CPU进行调用，因此CPU需要某些数据信息时，会同时向硬盘和内存发出控制指令。

3. 应用程序执行环节

如图2-17所示，为应用程序执行环节的工作流程。笔记本电脑由不同的输入设备①输入各种人工指令信息执行应用程序，指令信息进入整机后，CPU根据指令输入②内容的不同，进行相应的逻辑运算③，并向内存、硬盘等存储设备发出程序调用指令④，在CPU的控制下从内存和硬盘中读出一条一条的程序并进行高速处理⑤，然后通过运算实现命令内容对应的动作，从而最终完成应用程序的功能，将信息输出⑥，由输出设备显示出来⑦。

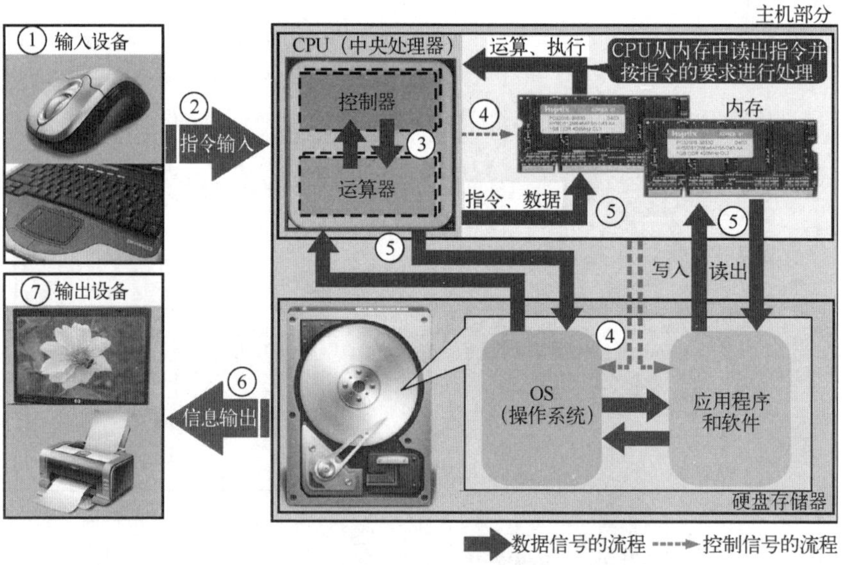

图2-17　应用程序执行环节的工作流程

CPU从内存中读取的应用程序是硬盘缓冲后的应用程序，每个应用程序都是由成百上千条单个命令组合而成的，而每一个命令则是用简单的二进制数字来表示的（在命令中有“算术运算”“逻辑运算”“数据传输”“条件分类”等项，每一个单项的指令其机能动作是非常简单的)，这些应用程序被一个一个地从内存中读出，供 CPU 运算处理。

4. 信息显示环节

CPU 一次次地读出内存中的应用程序，经运算、处理后还要将运算执行的结果写入内存中。而且为了便于人机对话，使用户了解笔记本电脑内部的运行状态和运算执行的结果，笔记本电脑会将处理的数据、信息和运行状态以文字、图形或图像的形式显示在 LCD 显示屏上，其工作流程如图 2-18 所示。

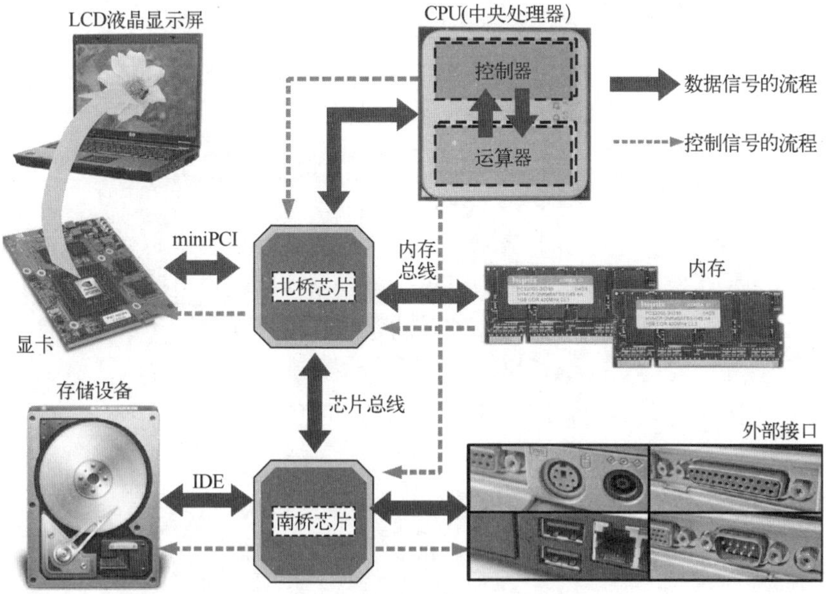

图 2-18　信息显示环节的工作流程

在这个过程中，CPU 输出图形显示数据，经控制芯片后将其存在显卡的显示存储器中。显示存储器的信号再经视频图形、图像处理电路形成视频图像信号，最后经 D/A 变换器输出视频信号，送到 LCD 显示屏中，显示出图像。如果显卡或显示存储器有故障，就会引起无图像的故障。

5. 数据输出环节

当笔记本电脑需要将其存储的信息数据通过外接设备输出时，CPU 会控制应用程序将信息数据通过外部接口输送到与笔记本电脑连接的外部设备中，例如，打印输出或网络发送等。

如图 2-19 所示为数据打印输出的工作流程。在 CPU 的控制下，笔记本电脑从硬盘或其他存储设备中①读出需要打印的数据内容②，然后在控制芯片的控制下，将这些数据通过打印机接口③，传输到与之相连的打印机中，进行打印输出④。

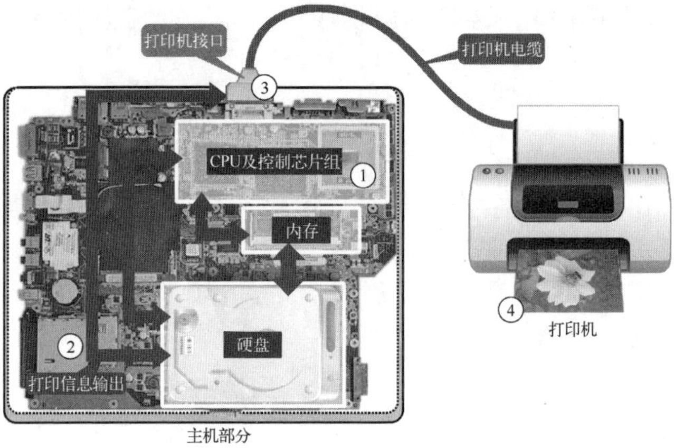

图 2-19　数据打印输出的工作流程

2.3 笔记本电脑的选购策略

随着数字技术的发展，笔记本电脑以其方便、快捷的特征越来越受到人们的欢迎，使用人群也急剧增多，并对速度、显示效果的追求越来越高。笔记本电脑及其相关技术已成为当今各行各业不可缺少的工具，应用范围和涉及的领域在近年来得到迅速拓展，市场也因需求的增长日渐活跃。

下面具体介绍关于笔记本电脑的选购依据和选购时的注意事项。

2.3.1 笔记本电脑的选购依据

面对市场上众多品牌和型号的笔记本电脑，能够正确选购一台适合需求的笔记本电脑是非常关键的环节。一般选购笔记本电脑时，多将其应用环境、配置参数和售后情况等几个方面作为重要的参考依据。

1. 应用环境

选购笔记本电脑时需要根据实际应用场合来决定购买笔记本电脑的类型和档次。现在笔记本电脑的应用场合主要分为在商用环境下使用和家庭环境下使用。

- 商用环境：在一般的商用环境使用时，追求的是很高的稳定性和安全性。尤其安全性，是商用计算机考虑的重要问题，多数商用笔记本电脑会在软件甚至硬件上进行数据的加密和保护，以防止人为破坏和丢失资料。还会考虑笔记本电脑整体的管理方便性和易用性，例如，网管要同时管理多台笔记本电脑，从几台到几百台、几千台，它们各自并不是一个孤立的设备，而是互相连接起来的一个局域网，管理起来非常复杂。所以，商用笔记本的实用、易用、易安装、易维护，能够有效减少企业在管理过程中所消耗的人力和物力。
- 家用环境：在一般的家庭环境使用时，追求多是在多媒体功能、扩展性和外观等方面。例如，功能已经涵盖学习、娱乐、办公各个方面，高清显示、立体声音响、独立显卡都已成为家用笔记本电脑的必备配置。在外观设计上也突出美观和个性化，笔记本外观样式多样、颜色丰富多彩。

2. 配置参数

笔记本电脑的配置参数是选购笔记本电脑时最为重要的考虑依据，是决定一台笔记本电脑性能好坏的重要依据，也是决定购买笔记本电脑档次的一个重要参考依据。一般笔记本电脑的主要配置参数有 CPU 及散热系统、内存、硬盘、显卡、电池、光驱、LCD 液晶屏、键盘、触摸板等。

3. 售后情况

笔记本的价格相对较高，其配置也比较昂贵且多为专用品，维修或更换配件一般都需要到原厂家的售后服务部门，因此，在购买前应事先考察供应商的服务水平，了解服务内容和售后服务质量。

另外，在实际选购笔记本电脑时，除了将以上介绍的三个主要方面作为重要参考依据外，笔记本电脑的散热性能、噪声大小、液晶屏尺寸及规格、性价比、扩展功能、保修时间等也是需要注意和考虑的方面。

2.3.2 笔记本电脑的选购注意事项

在实际选购笔记本电脑时，综合各种选购依据和因素，通过不同品牌相似产品在各方面的比较，确定要购买笔记本电脑的品牌和型号后，还需要掌握实际指标和鉴别方面应注意的各种事项。

1. 前期准备

在选购笔记本电脑之前的细心准备，往往能达到事半功倍的效果。前期准备首先要根据自己的预算，决定合适的品牌及价位，千万别因贪图便宜选择品质、售后都没有保障的小品牌或杂牌。其次就是要知道所购买笔记本电脑的配置情况，以及预装系统和基本售后服务。最后要知道看好机型近期的市场行情、价格走势，甚至是促销活动，这些情况都可以通过相关的媒体找到，如网络媒体、平面媒体等。而且由于网络媒体的反应速度较快，一般能在第一时间知道市场变化，只要在选购前对相关网站保持关注，就能基本摸清市场行情。

除此之外，还可以拨打所中意品牌的售后电话，或者通过访问相关品牌的网站了解情况，这样不仅能掌握最新、最准确的价格信息，还可以避免商家扣留消费者的赠品。

2. 开箱前检查

在选购好笔记本电脑的机型，并与商家谈好价钱后，接下来就是对选购好的笔记本电脑进行验机，验机主要包括检查机箱、检查外观和检查配置三个过程。

（1）检查笔记本电脑机箱

检查机箱就是对产品包装箱的检查，这个过程往往是买家最容易忽视的地方。值得注意的是，机器被商家取出来后，千万不要急着开箱，首先观察箱子的外观，如果发现包装箱发黄或发暗就要慎重，这种箱子很可能被商家积压很久，也可能是一些消费者确定相关产品后，商家再将展示的样机装在箱子里，重新封口。如果机箱崭新，但外面稍有小的破损，这种情况不用太在意，这往往是运输过程中的问题，有时也是无法避免的。

除此之外，包装箱往往还能为消费者提供一些有用的信息，如很多厂商都会在包装箱上粘贴机器的产品序号，还有一些大品牌会提供产品序号的查询方法。

另外要注意的是，产品序号一定要与机箱内的保修卡、笔记本电脑上的号码相符合才行。而对于有些笔记本电脑，通过简单的序号查询和对比是无法辨认的，这时只能借助机身背后的 COA 进行识别。COA 就是机器背面的 Windows 系列号标签，即微软的产品授权许可（Certificate Of Authenticity），行货的 COA 一般为红色，并附有 SimpChn 的字样，而水货则为蓝色。

（2）检查笔记本电脑外观

检查笔记本电脑的外观也是很有必要的，样机是卖场中所展示笔记本电脑的俗称，有时候会因销售人员的保护措施不当，使机身外壳有所损伤。其实大多数样机的硬件质量并无任何问题，因此，如果商家肯便宜点出售，对资金紧缺的朋友来说，是很有诱惑力的。有些商家并不会这样做，而是将样机装在箱子里，重新封口作为新品销售。消费者如果稍不注意，就会被其蒙混过关。

有时候买到样机，因样机出厂时间过长而减少或丧失相关服务。由于某些品牌对国际联保采用了出厂后一段时间自动生效的规定，如 HP 的机器通常在出厂后 59 天自动激活联保服务。如果不小心买到了这些品牌的样机，很可能由于该机出厂时间过长而失去应得的售后服务。

值得注意的是，检查样机也是考验眼神的事情，因为样机往往经过一段时间的展示，所以仔细查看一定会发现蛛丝马迹。首先仔细检查笔记本电脑的顶盖，通过不同角度与光线的组合，查找是否有划痕。另外，还可以检查机器的 I/O 端口、电源插头及电池接口，因为全新的机器一定不会出现尘土、脏物，以及使用过的痕迹。

（3）检查笔记本电脑配置

检查配置也称硬件的辨别，经过上面的包装箱、机器外观检验，下面进入实质性的硬件配置检测。其实通过查看 Windows 的系统属性也能简单了解相关的硬件情况，但是为了更加严谨、准确，检测笔记本电脑时还是推荐消费者使用一些优秀的检测程序。

首先要检查硬件是否符合销售人员所说。了解笔记本电脑机型配置的途径多种多样，可通过 BIOS 了解笔记本电脑各硬件信息，也可通过软件查询得知。

如图 2-20 和图 2-21 所示为通过 BIOS 了解当前笔记本电脑的各种硬件信息，这是最直接真实提供笔记本电脑机型配置详细信息的方法。

如图 2-22 所示为借助鲁大师优化软件，了解当前笔记本电脑的各种硬件配置信息。

接下来就是检查 LCD 屏幕了，相信任何消费者都不想买到 LCD 带有坏点的笔记本，虽然厂商和商家大肆宣扬坏点 3 个以内属于正常标准的现象，但并不能成为我们为其买单的理由。因此，消费者大可不必在乎销售人员的夸夸其谈，验机时一定要多加留意。

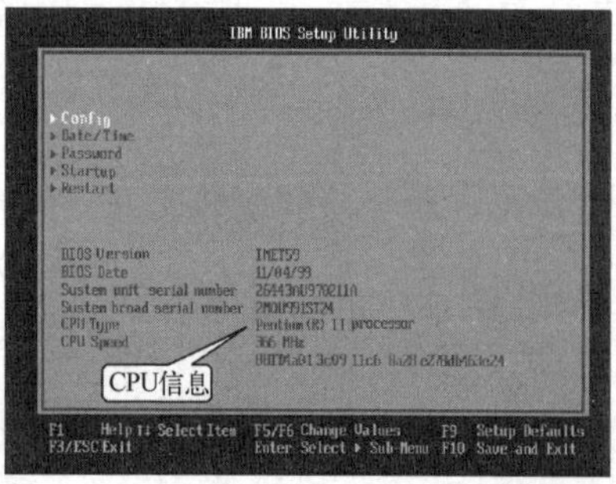

图 2-20　通过 BIOS 了解笔记本电脑 CPU 信息

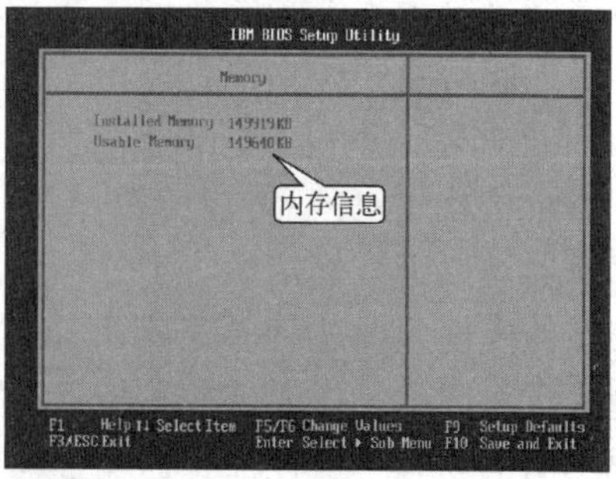

图 2-21　通过 BIOS 了解笔记本电脑各硬件信息

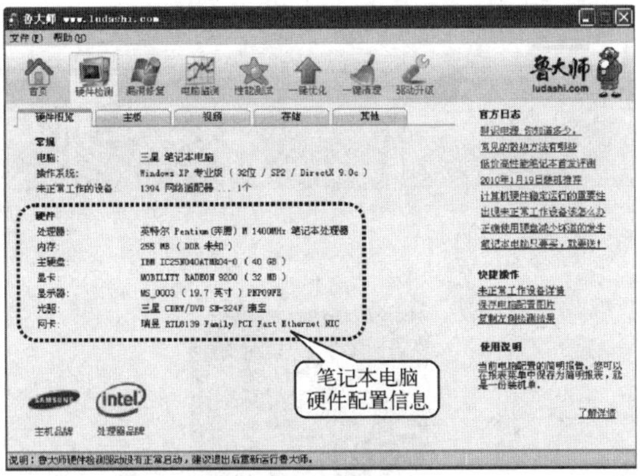

图 2-22　借助优化软件了解笔记本电脑硬件配置信息

我们通常所指的坏点，其实是亮点，它是坏点中的一种，比较明显，也容易发现。目前有少数几个品牌承诺的 LCD 无坏点，就是指无亮点。检测亮点的最好方法是使用专业软件，如 Nokia Ntest，它是专业的显示器测试软件，能够查找亮点、偏色、聚焦不良等问题。消费者可通过控制软件显示不同的图像组合来发现问题，因此在消费者准备购机的时候，一定要准备好检测软件、U 盘及相关资料，并记得携带。

3. 保修卡、发票、售后服务的保障

对笔记本电脑进行检查，如果上面的所有检查都能通过，那么这台机器就可以交钱了。在交钱的过程中索要发票和填写保修卡也是不可忽视的重要环节。发票是商家履行国家三包规定的唯一合法证明，如果消费者相信商家的花言巧语，或贪图一二百元的便宜不要发票，若笔记本电脑在三包规定期内出现问题，就无法享受 7 天退还、15 日内更换的服务。另外，大多数厂商都在自己的售后服务条款中规定，维修时必须同时出示保修卡与发票，否则在机器的合法性上无法予以确认。

在填写发票时还要注意，一定要将机器的型号、产品编码填写在上面，这通常也是厂商保修条款中的规定。保修卡一定要加盖商家的公章，并将附联交由商家邮寄给厂商。

至此，笔记本电脑的选购注意事项介绍完毕，消费者只要在选购笔记本电脑时按照以上介绍的注意事项进行操作，相信一定能买到一台让自己满意的笔记本电脑。

2.4　笔记本电脑的营销要点

2.4.1　展示笔记本电脑的功能特色

随着笔记本电脑行业主要技术的发展日益成熟，笔记本电脑已经成为当今各行各业不可缺少的工具。因为笔记本电脑是为商务旅行或方便从家庭到办公室之间的携带而设计的，它可以使用电池直接供电，具备便捷性、灵活性的优点，因此已逐渐深入到我们的工作和生活中，其产品越来越丰富，功能也越来越完善。

笔记本电脑具有便捷灵活、高速、存储容量大、信息处理自动化、支持人机交互等功

能，这是其他电子产品无法相比的。如图 2-23 所示为笔记本电脑功能特色示意图。

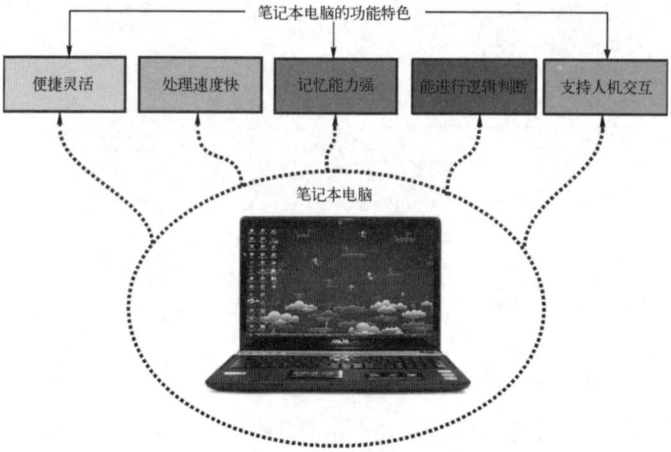

图 2-23　笔记本电脑功能特色示意图

1. 便捷灵活

笔记本电脑与台式计算机相比较，有着类似的结构组成，都是由显示器、键盘/鼠标、CPU、内存和硬盘组成的，但是笔记本电脑的优势还是非常明显的，其主要优点有体积小、重量轻、携带方便。一般来说，便携性是笔记本电脑相对于台式机最大的优势。一般的笔记本电脑重量只有 2 kg 左右，无论外出工作还是旅游，都可以随身携带，非常方便。

2. 处理速度快

笔记本电脑具有很高的处理速度，目前世界上最快的笔记本电脑每秒可运算万亿次，普通笔记本电脑每秒也可处理上百万条指令。这不仅极大地提高了工作效率，而且使时限性强的复杂处理可在限定的时间内完成。

3. 记忆能力强

笔记本电脑的存储器类似于人的大脑，可以记忆大量的数据和电脑程序，随时提供信息查询、处理等服务。现在一台普通的笔记本电脑内存可达 1 ~ 2 GB，能支持运行大多数窗口应用程序。

4. 能进行逻辑判断

逻辑判断是笔记本电脑的又一重要功能特点，是笔记本电脑实现信息处理自动化的重要原因。在程序执行过程中，笔记本电脑根据上一步的处理结果，能运用逻辑判断能力自动决定下一步应该执行哪一条指令，如图 2-24 所示。

5. 支持人机交互

笔记本电脑具有多种输入/输出设备，配上适当的软件后，可支持用户进行方便的人机交互。以鼠标为例，用户手握鼠标，只需将手指轻轻一点，笔记本电脑便能随之完成某种操作功能。当这种交互性与声像技术结合形成多媒体用户界面时，更可使用户的操作达到自然、方便、丰富多彩的效果。如图 2-25 所示为人机交互示意图。

图 2-24 笔记本电脑进行逻辑编辑

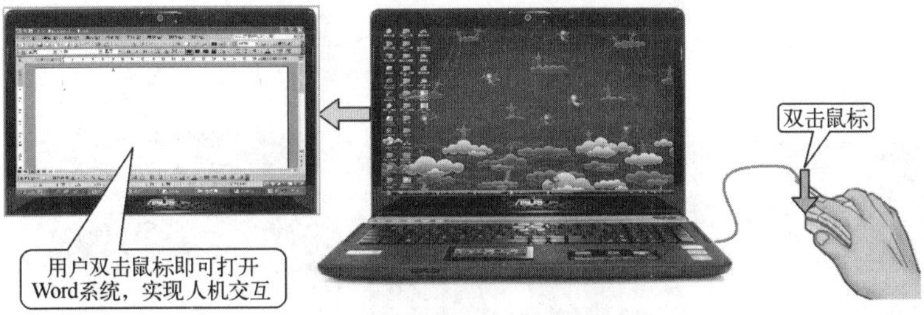

图 2-25 人机交互示意图

2.4.2 演示笔记本电脑的使用方法

笔记本电脑与台式计算机的使用方法基本相同，笔记本电脑在使用之前也需要进行多方面的连接、设置等操作，并应严格按照使用说明书进行。下面介绍典型笔记本电脑最基本的使用方法。

在使用笔记本电脑之前，应阅读使用说明书，按照使用说明书进行操作。首先将笔记本电脑的电池从盒子中取出，打开电池锁按钮，将电池装进笔记本电脑中，如图 2-26 所示。

安装好电池后，将笔记本电脑放在水平、稳定的平台上。确认笔记本电脑放置好后，按随机附带的《笔记本电脑说明书》连接笔记本电脑与电源适配器的电缆连接线。在连接前先检查笔记本电脑背面标签上的电压值，以确认笔记本电脑要求的电压与所插入插头的插座电压相匹配。确认以上三步操作无误后，再连接电源线。如图 2-27 所示为笔记本电脑的连接方法。

连接好笔记本电脑引线后，再对笔记本电脑进行开机操作，按下电源开关。如图 2-28 所示为开机使用笔记本电脑。

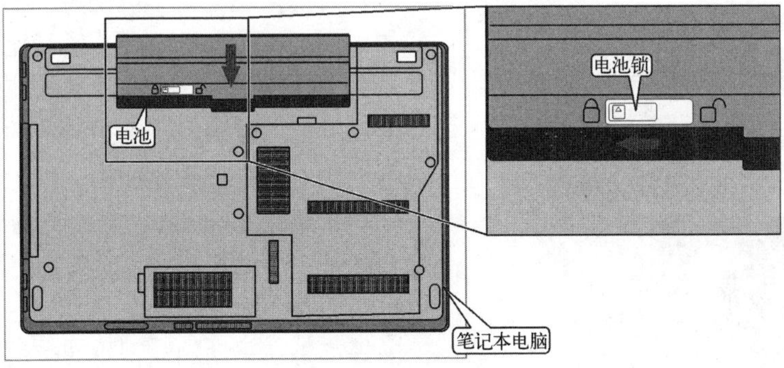

图 2-26 安装电池

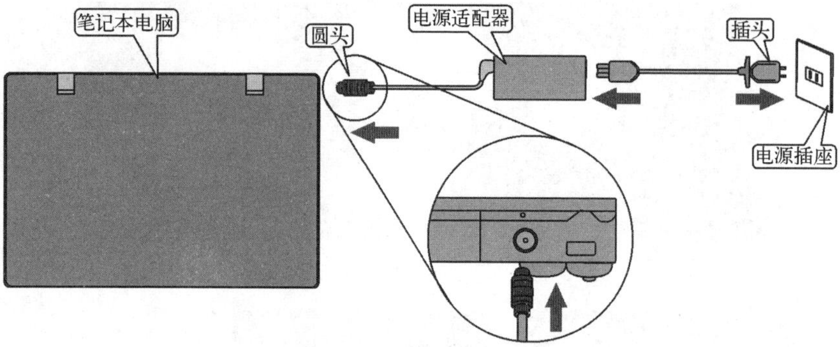

图 2-27　笔记本电脑的连接方法

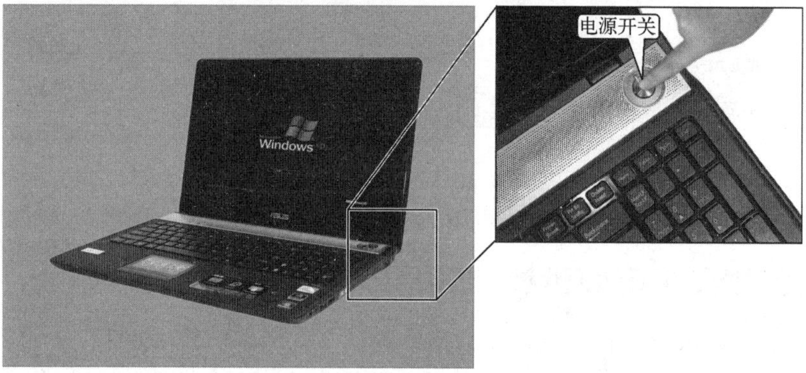

图 2-28　开机使用笔记本电脑

当笔记本电脑使用完毕后需要对其进行关机。笔记本电脑的关机与台式计算机的关机基本相似，这里不再介绍。

2.4.3　传授笔记本电脑的保养维护方法

笔记本电脑在使用时应注意一定的保养维护方法，这是保证笔记本电脑稳定工作和延长使用寿命的重要环节。一般可采取的保养维护方法主要包括以下内容。

1. 外壳的保养维护方法

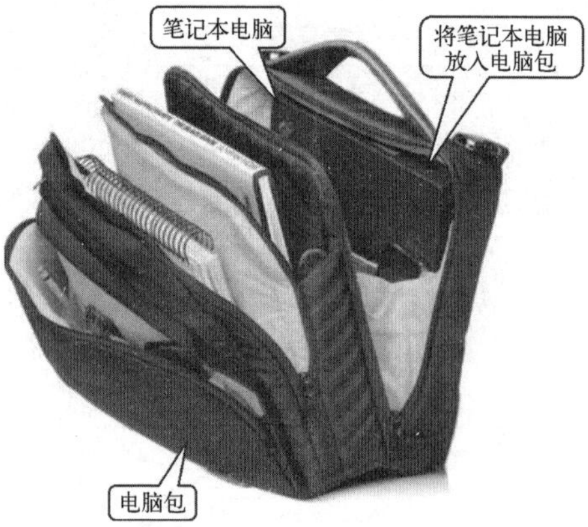

图 2-29　将笔记本电脑放入电脑包

长时间使用笔记本电脑后，其表面会出现一些譬如划痕之类的磨损情况，这是比较正常同时也是比较无奈的事。因此，在日常的使用过程中应养成经常对笔记本电脑进行维护清洁的习惯，这样才能使笔记本电脑更长久地保持一张清新的“脸庞”。

对于笔记本电脑的外壳来说，除了日常维护外，配备一个结实耐用、具有良好防护功能的电脑包也很重要，如图 2-29 所示。因为很多的划痕、侵蚀等都是在移动的过程中产生的，如果使用的是普通的背包或提包，会因为里面的结合不紧密而造成不必要的磨损。

一般外表比较绚丽的笔记本电脑经过长时间的使用后更加容易被磨损，因此，对于不同材料的笔记本电脑外壳，在使用前应先仔细查看，在平时使用过程中多注意一些，尽量不要把笔记本电脑放在不平整的硬物上面，以免刮伤影响美观。

很多笔记本电脑机型对于普通的污痕一般用柔软的纸巾蘸上少量的清水就可以擦除，如图2-30 所示。而顽固一些的则可以考虑用软布蘸上少量的清洁剂擦除。

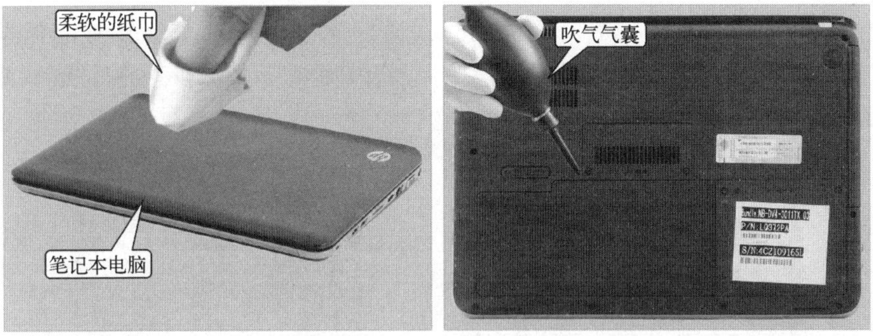

图 2-30　用柔软的纸巾蘸上少量的清水擦除笔记本电脑外壳的灰尘

值得注意的是，在清洁时首先要注意关机操作，为防止意外，最好先切断电源，并拆下电池。

2. 液晶显示屏的保养维护方法

比起外壳的维护，笔记本电脑 LCD 液晶屏幕的保养显得更为重要，因为它不但是整个笔记本电脑中价格最为昂贵的配件，而且它的好坏直接影响着用户的使用舒适度。

1）液晶显示屏的保养

(1) 开关 LCD 上盖要注意

现在很多主流的超轻薄笔记本电脑为了降低整机重量，会将 LCD 上盖做得很薄很软，这个时候开关的方法就显得尤为重要。正确的开关方法可以使 LCD 及固定轴避免因用力不均匀而造成损伤，也可以避免因为长期开关方法不得当而出现一边无法盖严的现象，如图 2-31 所示。

图 2-31　开关 LCD 上盖要注意

（2）合理安排使用时间和调整显示亮度

LCD 液晶显示屏的显示照明来自于装置在显示屏背部的灯管，当使用一段时间后，背灯管的亮度会逐渐地下降，这便是液晶屏显示发黄的根源所在。而且，经过长时间的高负荷使用，还会使液晶颗粒老化失效而产生死点。

因此，在日常的使用过程中尽量不要让 LCD 液晶显示屏长时间地工作，并且尽可能地调低它的显示亮度，当需暂时离开计算机的时候最好通过快捷键将 LCD 液晶显示屏暂时关闭。当然在不用的时候最好将笔记本电脑关闭，此外设置屏幕保护程序也是一种不错的方法，具体操作步骤如图 2-32 所示。

图 2-32　打开“显示属性”对话框并设置屏幕保护

（3）注意防止 LCD 被划伤

手指在笔记本电脑的 LCD 液晶显示屏上划来划去是一个非常不好的习惯。因为，这么做会在 LCD 的表面留下一些很难看的指纹，它同油污一样不易清洁；更重要的一点是手指甲可能会在不经意之间给 LCD 上留下永久的记号。

另外，有些笔记本电脑键盘的键位设计得比较高，因此在关闭笔记本电脑 LCD 液晶显示屏的上盖时会和屏幕表面发生亲密接触，这样很容易给 LCD 液晶显示屏留下不可修复的烙印。因此，在使用过程中应尽量避免这种情况的发生。

2）液晶显示屏的维护

LCD 液晶显示屏在使用一段时间之后会沾染很多灰尘，为了保证整个笔记本电脑的整洁，应定期对它进行擦拭。

（1）软布+清水进行清洗

如果 LCD 液晶显示屏上仅仅有一些灰尘，清洁起来相对简单容易一些。只需用一块比较湿的软布轻轻擦去 LCD 表面的灰尘就可以了。

注意

使用的清洁布不要过于粗糙，否则擦过之后反而会让屏幕伤痕累累；软布也一定要拧干，因为水是 LCD 的天敌。

（2）专用清洁剂进行清洗

当 LCD 液晶显示屏上有很多难以去除的油污时，需要借助一些专用的液晶屏清洁剂进行清洗，如图 2-33 所示。这种清洁剂在笔记本电脑专卖店或者一些大城市的电子市场都可以买到。

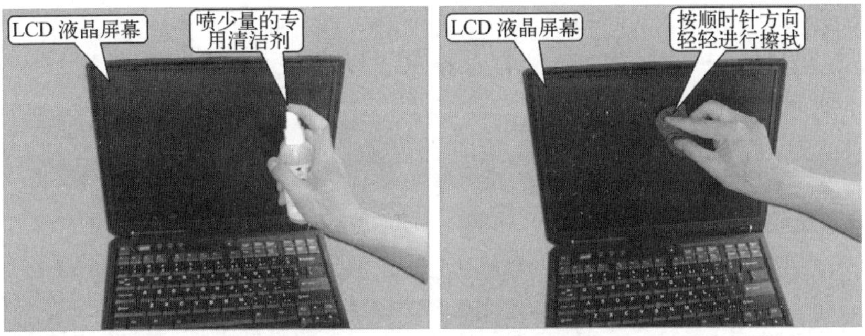

图 2-33 专用清洁剂进行清洗

在擦拭 LCD 液晶屏幕的时候，首先应选用一些比较好的专用布，如高档眼睛布、镜头纸之类。

然后蘸少量的专用清洁剂按顺时针方向轻轻进行擦拭，在操作时一定要注意关掉电源，以免液体流进屏幕下面的缝隙里而导致短路。

注意

不要随便使用一些不知名的清洁剂或酒精等溶剂，因其可能含有一些腐蚀性的化学成分。

3. 键盘和鼠标的保养维护方法

键盘和鼠标是笔记本电脑最重要的外设部件，同时也是磨损度最高的设备，这就要求必须定期进行维护清理，以保证它们能更好地进行工作。

1）键盘的维护

笔记本电脑键盘的保护要点是注意防尘和良好的使用习惯，防尘主要应避免不要在灰尘大的地方使用，不要让烟灰掉入键盘和不要在键盘前面吃东西等，因为这些情况下产生的灰尘会加速腐蚀键盘中的导电橡胶，容易卡住键盘的 X 支架和氧化键盘的印制线路；良好的使用习惯应注意保持在平时的使用过程中，指甲应该经常修剪，更不要用脏手使用键盘，否则会加速键帽上字母的磨损。如图 2-34 所示为键盘的维护。

另外需要注意的是，笔记本电脑键盘在使用一段时间后会在键帽上留下光亮的痕迹，俗称“打油了”，这在任何笔记本电脑包括台式机上都是无法避免的，这时只能在常用的几个键如空格、回车键上贴一些好看的贴纸，尽量将损失降到最低。

2）鼠标的维护

笔记本电脑的鼠标和台式机的鼠标毫无共同之处，而且笔记本电脑的鼠标形式多种多样，每一种都有不同的维护方法，下面逐一对其进行介绍。

（1）触摸板维护

触摸板是在笔记本电脑中应用最广泛的鼠标，它容易上手而且使用简便，同时因为触摸板是感应人体信号的，所以采用全密封设计，并不容易受到污染。一般情况下，只需清理一下触摸板四周边角的灰尘即可，如图 2-35 所示。

（2）指点杆维护

指点杆是笔记本电脑中精度最高的配件，但是它的上手难度也非常高，许多刚刚接触笔记本电脑的用户都不习惯指点杆的使用。

不过，指点杆的维护非常简单，当鼠标帽脏了以后，可以尝试用牙膏和牙刷清理一下，就能得到比较好的效果。

图 2-34　键盘的维护

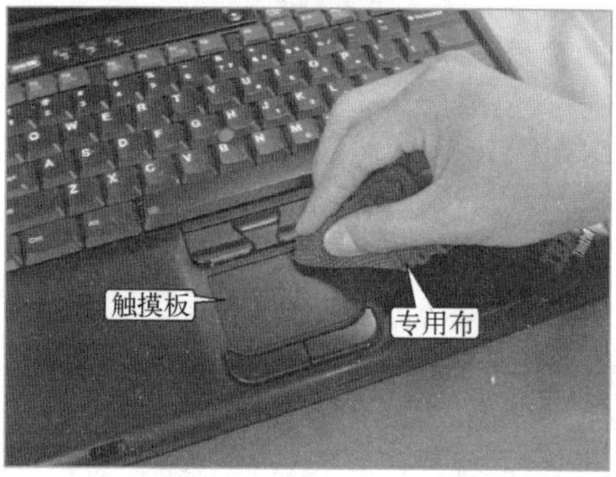

图 2-35　触摸板维护

注意

指点杆有时会发生漂移的现象（就是不触动鼠标的时候它会自动漂移一小段距离），这是无法修复的，不过出现的次数不会太频繁。

4. 电池的保养维护方法

现在主流的笔记本电脑普遍采用的是锂离子电池。锂离子电池由于没有记忆效应，因此即使是断断续续的中途充电也没有问题。虽然锂离子电池没有记忆效应，但使用方法也能极大地影响寿命，这里就使用锂离子电池的注意事项进行讲解。

（1）充满电的状态下不要使用 AC 电源驱动

笔记本电脑电池在充满电的状态下与没有充满电相比，更加容易老化。尤其是充满电时使用 AC 电源驱动，会给电池带来很大的负担。

因此，如果使用笔记本电脑的时间不长，一旦充满了电，最好先使用电池电源，电池电源使用完后再考虑使用 AC 电源。另外，在使用 AC 电源时还应该取下电池。

注意

取下电池后，必须注意发生停电或缆线拔掉等意外时，会丢失没有保存的数据。

（2）使用省电功能

影响笔记本电脑电池寿命的最主要因素是充电与放电的次数。因此，为了尽量减少充电的次数，笔记本电脑在使用电池驱动时，可调暗屏幕亮度、降低 CPU 速度，以减少耗电量。同样，当笔记本电脑电池还有电的时候，尽量不要继续充电，而应该把电池电量全部用完为止。

（3）定时放电一次

使用笔记本电脑电池时还可以每一个月或几个月将电池完全放电一次，这样也可以延长其使用寿命。

具体的做法是将电池用到零电量，到零电量以后停止使用，连接 AC 适配器，然后不要使用笔记本电脑，直到将电充满。

(4) 长时间不用应拔下 AC 适配器

当笔记本电脑超过 8 个小时以上不使用的时候，为了减轻电池的负担，最好拔下 AC 适配器；如果一个月以上不用笔记本电脑，则最好将电池从笔记本电脑上取下，放置在阴凉处。

习题 2

1. 填空题

(1) 笔记本电脑最大的功能特点是____________，它将台式计算机的____________、____________和____________部分全部集成在了一起，并可以折叠起来，外形像一个笔记本，使之便于携带。

(2) 笔记本电脑最基本的功能特点是具有____________、____________、____________、____________、____________等。

(3) 笔记本电脑的接口主要有____________、____________、____________、____________、____________。

(4) 笔记本电脑的内部结构，主要是由____________、____________、____________、____________等构成的。

(5) 填写图 2-36 中笔记本电脑内存空白处各部件的名称。

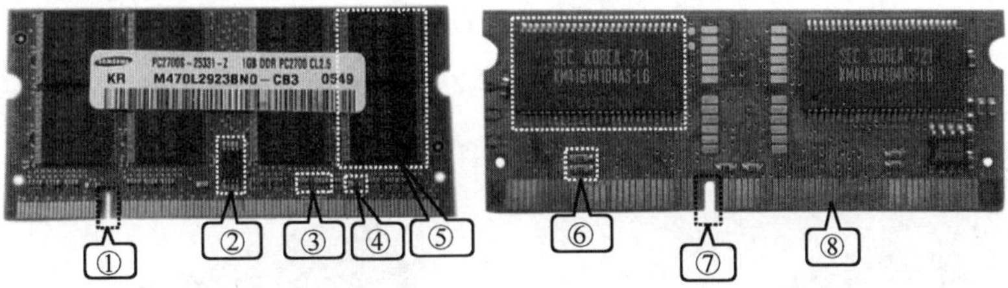

图 2-36　填写笔记本电脑内存空白处各部件的名称

① ____

② ____

③ ____

④ ____

⑤ ____

⑥ ____

⑦ ____

⑧ ____

(6) 一般选购笔记本电脑时，主要参考的依据是____________、____________和____________等几个方面。

(7) 对笔记本电脑进行保养维护时，主要是对笔记本电脑的____________、____________、____________、____________四个方面进行保养维护。

项目3 数码移动存储设备的功能特点和营销方案

3.1 数码移动存储设备的种类特点及相关产品

数码移动存储设备，是指便携式的数据存储装置，可以在不同终端间移动的可以存储数据的设备，这类产品的推出在很大程度上方便了资料的存储。

3.1.1 数码移动存储设备的种类特点

现在的数码移动存储设备主要有移动硬盘、U 盘和数码伴侣等。

1. 移动硬盘

移动硬盘（Mobile Hard Disk），是以硬盘为存储介质，并能与计算机之间交换大容量数据，便携性强的存储产品，其具有容量大、体积小、支持热插拔等特点。如图 3-1 所示为常见移动硬盘的实物外形。

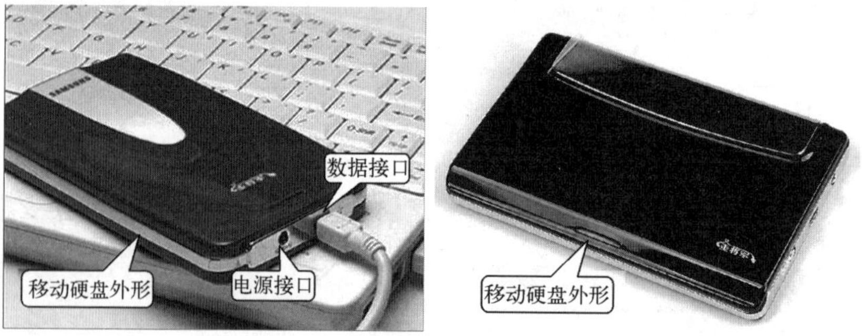

图 3-1 移动硬盘的实物外形

移动硬盘与计算机内置的硬盘一样有多种不同的存储容量可供选择，其采用的接口方式也较多，一般有 IDE、USB 1.0 或 USB 2.0 和 IEEE 1394 火线接口等。

2. U 盘

U 盘（USB flash disk），全称为“USB 闪存盘”。它是一个 USB 接口的不需要物理驱动器的微型高容量移动存储产品，可以通过 USB 接口与计算机进行连接，实现即插即用，是数码移动存储设备之一，如图 3-2 所示。

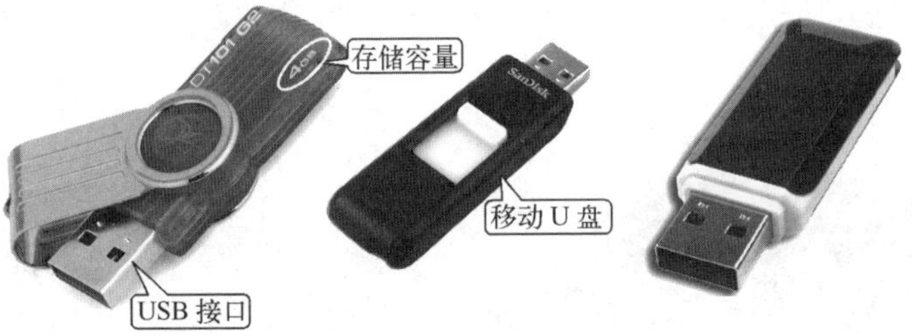

图 3-2　U 盘的实物外形

U 盘的最大特点就是体积小巧，便于携带，存储数据量大，价格较适中，其性能也可靠。

3. 数码伴侣

数码伴侣实际上是由高速大容量的移动硬盘和多种读卡器合二为一的一种数码移动存储设备，可以实现在没有计算机的情况下存入数码存储卡中的数据，在其外壳上还伴有液晶显示，这样就可以将数码卡上的影视、图像信息直接显示到移动硬盘上，如图 3-3 所示。

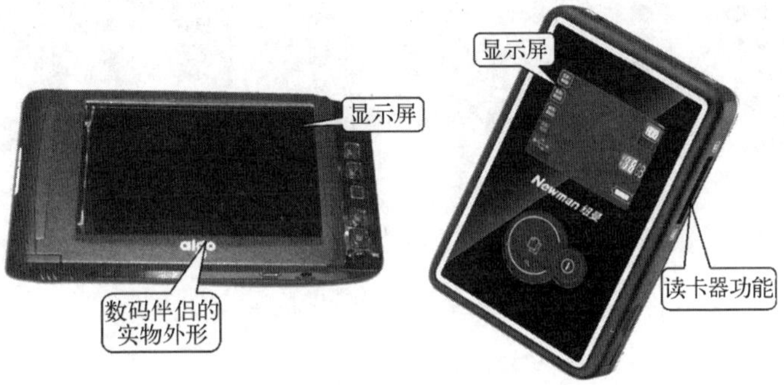

图 3-3　数码伴侣的实物外形

3.1.2　数码移动存储设备的相关配套产品

在使用数码移动存储设备的过程中，有些配套产品是必不可少的，如数据连接线、电源线及 USB 分线器等，它们对数码移动存储设备的正常使用起着重要的作用。

1. 数据连接线

在购买数码移动存储设备时，通常会随机附带与计算机相连接的数据线，主要是用来对数据进行读取和写入。如图 3-4 所示为数码移动存储设备中常用的数据连接线。

2. 电源线

由于数据连接线中的 USB 接口只有 5 V 的电压，而有些数码移动存储设备的容量过大，在移动文件数据时常出现供电不足的现象，所以有些数码移动存储设备中除了使用数据连接线外，还需要外接电源线才可以正常使用，如图 3-5 所示。

3. 读卡器

目前主流的读卡器大部分采用的是 USB 接口，如图 3-6 所示，主要用来使计算机读取存储卡内的相关信息。通过读卡器写入存储卡的速度高达 400 kb/s，读取存储卡内的信息也可以保持在 1 Mb/s 以上。

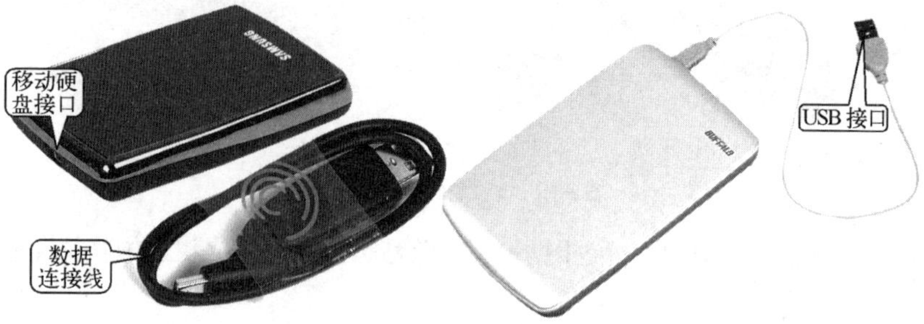

图 3-4　数码移动存储设备中常用的数据连接线

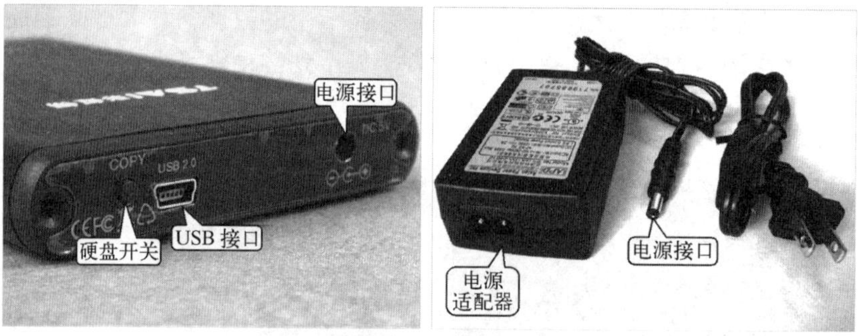

图 3-5　数码移动存储设备中使用的电源线

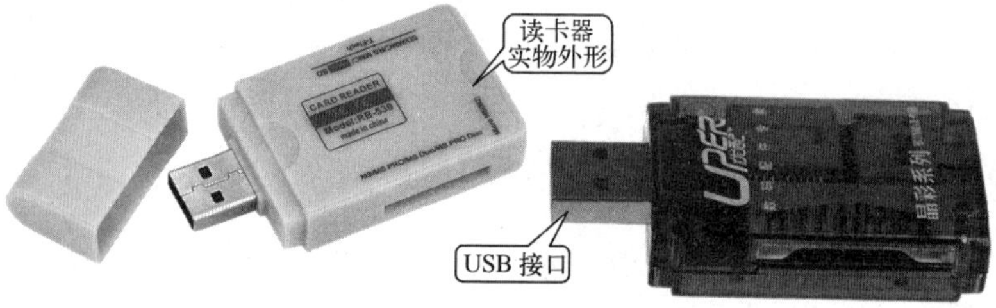

图 3-6　读卡器的实物外形

4. USB 分线器

USB 分线器是 USB 接口的扩展，可以使一个 USB 接口通过该设备扩展为几个可以同时使用的 USB 接口。例如，在日常工作中使用到的设备包括数码移动存储设备、打印机、扫描仪、USB 接口的鼠标键盘等，都需要用到 USB 接口，而计算机主板中自带的 USB 接口很可能不够用，此时就需要用到 USB 分线器进行扩展。如图 3-7 所示为典型 USB 分线器的实物外形。

5. 数码移动存储设备的保护装置

数码移动存储设备中，移动硬盘外壳的作用主要是固定硬盘，减少外部震动对硬盘的直接影响，从而达到保护硬盘的目的，其外形的大小通常也是根据硬盘的尺寸大小来定义的，如图 3-8 所示。除此之外，移动硬盘还会附带一些保护套。

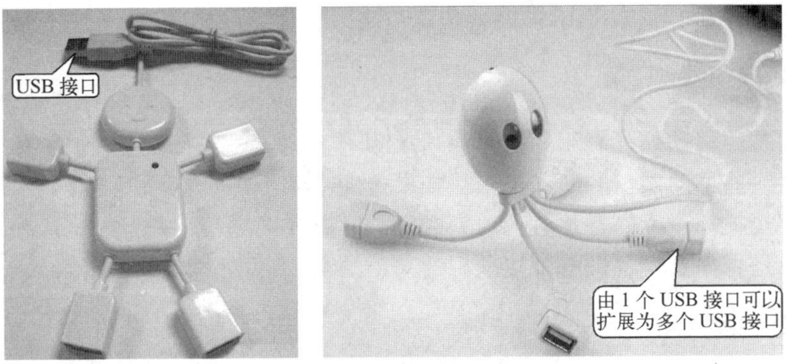

图 3-7 典型 USB 分线器的实物外形

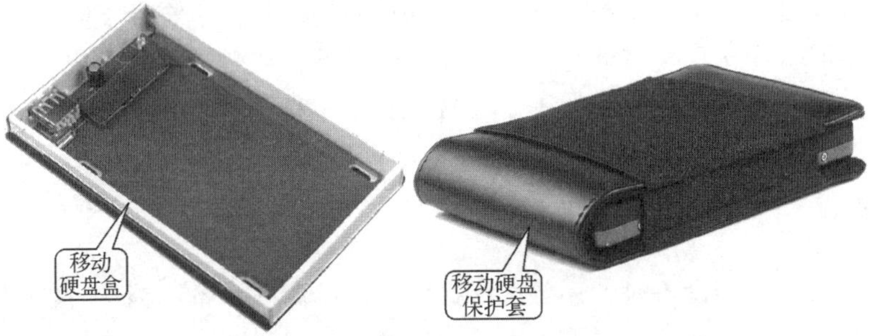

图 3-8 典型移动硬盘中使用的保护设备

3.2 数码移动存储设备的选购策略

3.2.1 数码移动存储设备的选购依据

在对数码移动存储设备进行选购时，可以参考其相关的性能指标，通过对性能指标的选择来选购适合自己的数码移动存储设备。

1. 容量大小

目前数码移动存储设备的品牌越来越多，使得购买者在挑选时眼花缭乱。通常如果只是简单地想存取一些音乐或文档，可以选择容量大小在 1 ~ 4 GB 的 U 盘；如果要存储的文件较大时，也可以选购 40 ~ 80 GB 容量的移动硬盘；若是要存放一些影视作品，则最好选购容量在 160 GB 以上的移动硬盘。容量的大小通常在数码移动存储设备的表面显著地方有标注。

2. 读取数据速度

数码移动存储设备在与计算机进行数据间的传递时，都会涉及读取的速度，因此较高的读取速度是购买移动存储设备的重要参考因素。目前，移动存储设备中主流的读取速度为 15 ~ 25 Mb/s；写入速度为 8 ~ 15 Mb/s。而数码移动存储设备读取的速度是由其内部的硬盘、读写控制芯片、USB 端口这三种关键因素决定的，所以读取速度的快慢也在间接地衡量硬盘、读写控制芯片和USB端口的性能，建议在购买时当场试用一下。

3. 移动硬盘的外接电源

由于目前多数移动硬盘采用的是USB接口供电，其最大的供应电流为500 mA，在有些时候不能满足一些移动硬盘的工作要求，如果长期在低于额定电源下工作，很容易使其内部的数据出错甚至损坏，或格式化时无法完成等。所以在选择移动硬盘时，应根据自己的实际使用情况选择是否需要配备带有外接电源的移动硬盘。

4. 抗震能力的大小

在购买数码移动存储设备时，很多存储设备的外形越来越薄，但是一味地要求外观和成本，使得很多存储设备丢失了防震功能，其数据存储的可靠性也有所下降。

所以在购买时，应选择抗震能力大的移动存储设备，或是拆开看其内部是否设计有缓冲等防震装置，如橡胶垫脚或缓冲支架等。通常情况下，移动存储设备意外摔落的高度在1 m左右，即正常办公桌的高度。

5. 售后服务

在选择数码移动存储设备时，还要选择提供质保厂商的设备，消费者在购买时应问一些相关的保修问题，如什么样的情况下可以进行更换、多长时间可以保修等。一般情况下根据购买移动存储设备的不同，其售后的保修时间也有所差异，应在购买前了解清楚。

也可以根据不同的品牌，选择知名度高、口碑好的产品。例如，移动硬盘中最常见的知名品牌有希捷、迈拓、三星、日立、IBM和富士通等。

3.2.2 数码移动存储设备的选购注意事项

目前市场上，数码移动存储设备主要有移动硬盘、U盘等，其品牌也较多，在选购之前，应根据用户的需求确定购买哪些类型的，然后再根据外观及实用情况进行选择。下面简单介绍在选购数码移动存储设备时应注意的事项。

1. 移动存储设备的外壳

消费者在选购存储设备时，通常会首先考虑其价格是否可以接受，忽略了外壳用料的情况。然而移动存储设备的外壳是其性能好坏的首要考虑因素，因为若外壳的用料过于简省或不牢固，则无法保证移动存储设备在运行中的稳定性，为将来的使用带来隐患，所以在对其进行选购时应首先注意。如图3-9所示为典型移动硬盘的外壳。

2. USB接口需对应

如果需要购买的存储设备使用的接口为USB接口，应注意与计算机相连的USB接口的连接标准是什么。目前主流移动硬盘与计算机连接的USB接口为2.0的标准接口，这就要求与计算机连接的USB接口连接线支持2.0的标准，否则计算机很可能出现无法正确识别移动硬盘的现象。

图 3-9　典型移动硬盘的外壳

除此之外，在连接存储设备与计算机时，尽量不要使用 USB 延长线。

3. 外观

与其他的电子产品一样，数码移动存储设备的外观也有着时尚的元素，尤其是作为一种方便随身携带的产品，除了体积轻巧可爱外，其材质的性能、色彩和手感也是消费者购买时应注意的事项。

3.3　数码移动存储设备的营销要点

3.3.1　展示数码移动存储设备的功能特色

1. 容量较大

目前数码移动存储设备都可以提供较大的存储容量，通常以 MB（兆）、GB（1 GB =1 024 MB）、TB（1 TB=1 024 GB）为单位，使得用户可以大量地释放计算机的自身数据，减轻其负担，增加运行速度。在数码移动存储设备中，最高的容量可达到 5 TB，随着技术的发展，移动硬盘的容量将越来越大，使用起来也更加方便。

2. 便携性

数码移动存储设备的外形尺寸通常有 1.8 英寸、2.5 英寸和 3.5 英寸三种，体积小、重量轻，很容易携带。对于 2.5 英寸的移动存储设备一般只有 USB 接口，随身携带也较方便；对于 3.5 英寸的移动存储设备来说，其体积较大一些，一般还会有电源线为其供电，随身携带性稍差一些，但其存储的数据量相对要大很多，使用起来也是很便捷的。

3. 安全性

很多消费者对于移动存储设备的数据安全性也相当关注，数据的保密性、稳定性也是数码移动存储设备的重要功能之一。如图 3-10 所示为可加密的移动硬盘，只有当输入正确的密码或识别指纹后，才可以正常对其内部的数据进行读取操作，这样就使得数据安全有了保障。

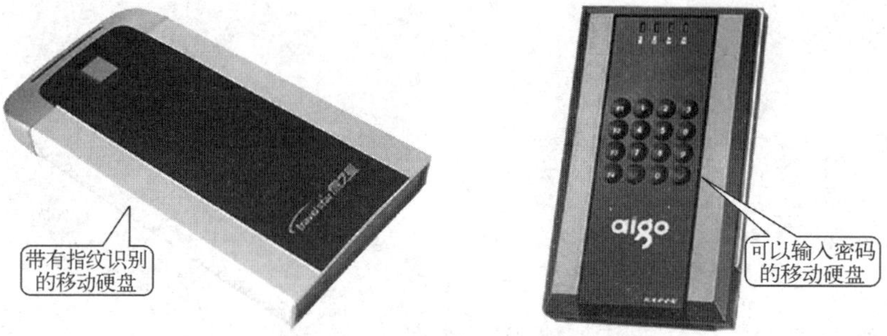

图 3-10　可加密的移动硬盘

4. 影视播放功能

对于数码移动存储设备中的数码伴侣，其本身就有一个液晶显示屏，可以将内部存储的影视文件进行播放，也可以用来浏览播放的音频、视频文件，如图 3-11 所示。

图 3-11　具有影视播放的功能

3.3.2　演示数码移动存储设备的使用方法

使用数码移动存储设备前，首先应考虑其在计算机中运行的条件是否满足，例如，计算机的操作系统是否支持该设备的连接。对于首次连接的数码移动存储设备，计算机的系统还会给出找到新硬件的提示。如图 3-12 所示，将移动存储设备连接至计算机后，计算机自动弹出提示添加新硬件的窗口。

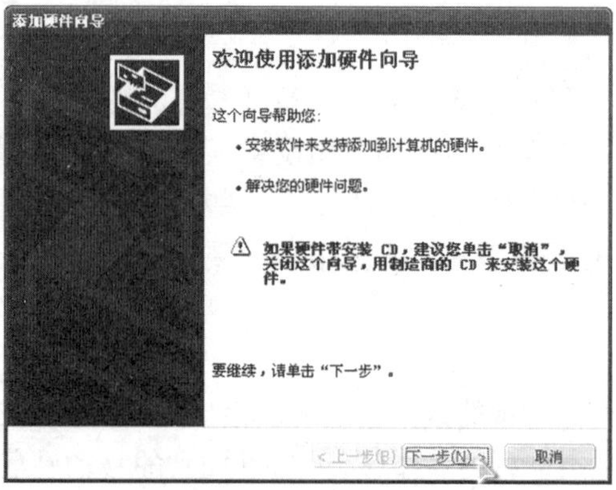

图 3-12　提示添加新硬件

根据提示单击“下一步”按钮，系统进入自动搜索硬件的界面，在新的界面中确定移动存储设备连接到计算机中，并单击“下一步”按钮，如图3-13所示。

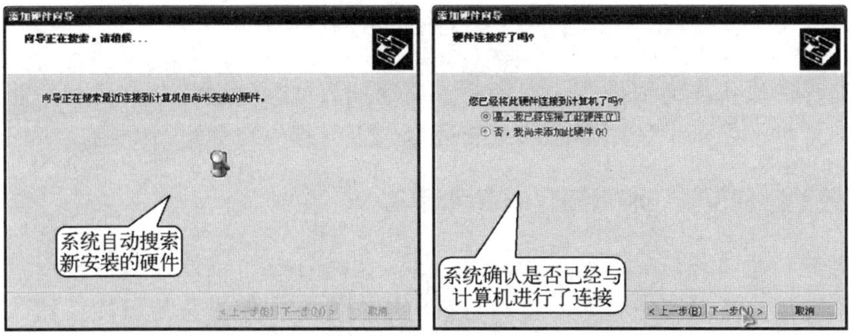

图3-13　确定硬件的连接

选择“添加新的硬件设备”并单击“下一步”按钮，根据系统提示选择“搜索并自动安装硬件（推荐）”项，如图3-14所示。

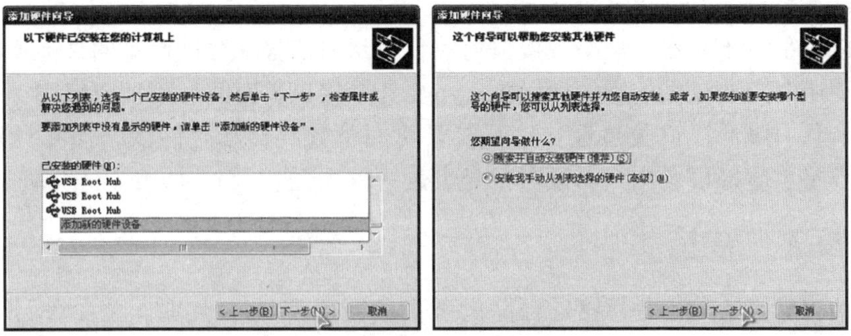

图3-14　对设备进行搜索和安装

当系统搜索到硬件后，会弹出安装完毕的界面，如图3-15所示，此时计算机可以正确地对该移动存储设备进行识别，然后可以通过“我的电脑”找到移动存储设备。

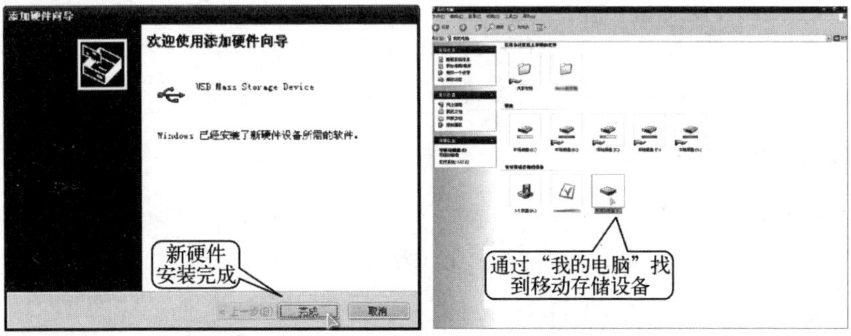

图3-15　找到移动存储设备

其中有一个盘符是计算机识别后的移动存储设备的盘符，这时，可以对其进行读取和写入操作，实现数据的交换。

在一些新的计算机系统中，也可以省略上述步骤，当移动存储设备连接计算机的USB

接口后，系统会对其进行识别，并能直接对该设备中的数据进行读取操作。

3.3.3 传授数码移动存储设备的保养维护方法

数码移动存储设备作为便携式、大容量、高速的数据存储设备，在平时的使用过程中对其进行保养和维护，是延长使用寿命的重要因素，下面逐一对此进行介绍。

1. 数码移动存储设备在读写过程中不宜断电

移动硬盘的转速通常情况下是5 400 r/min或7 200 r/min，当该设备在进行读/写操作时，整个盘片处于高速旋转状态中，如果忽然将其电源切断，将使磁头与盘片猛烈摩擦，从而导致硬盘出现坏道甚至损坏，还可能会造成数据丢失。正常的断电操作是先执行硬件安全删除，删除成功后再将数据线及电源线拔掉。

2. 良好的工作环境

数码移动存储设备对外界环境的要求也比较高，有时严重的灰尘污染或是空气温度过高，都会造成内部电子元器件短路或接口处氧化，从而使移动存储设备的性能不稳定甚至损坏。平时不使用时应放置在干燥的环境中，不要让其接口长时间暴露在空气中，否则容易造成表面金属氧化，降低接口敏感性；也不要长时间将数码移动存储设备插在计算机主机箱中，否则很容易引起接口老化，而且对自身也是一种损耗。

3. 避免震动

由于移动存储设备是十分精密的存储设备，在进行读/写操作时，为了使计算机能正常对其进行操作，应避免震动数码移动存储设备。当其正常工作时，若发生较大的震动很容易使移动硬盘内磁头与资料区相撞击，导致盘片资料区损坏或刮伤磁盘，丢失硬盘内存储的文件数据。

4. 使用稳定的电源供电

在使用数码移动存储设备时，一定要有一个安全、可靠的稳定性强的电源，如果电源的供电不正常，很容易造成数码移动存储设备内的资料丢失甚至损坏存储设备。

5. 正确断开与计算机的连接

使用数码移动存储设备时，若其指示灯一直在闪烁，绝对不要将其拔下，因为这时设备正在读取或写入数据信息，中途拔下可能会造成硬件、数据的损坏。所以应过一段时间后再关闭相应的程序，并通过“删除硬件”的方式将其拔下，以防意外，如图3-16所示。

6. 不要长时间与计算机连接

数码移动存储设备一般都是用来存储备份数据的，但并不是计算机本身的自带硬盘，当用户将数据复制到移动存储设备中，或是读取完后，应及时关闭电源将其取下，不要长时间插在计算机中，因为长时间的待机也会产生较大的热量，缩短其使用寿命。

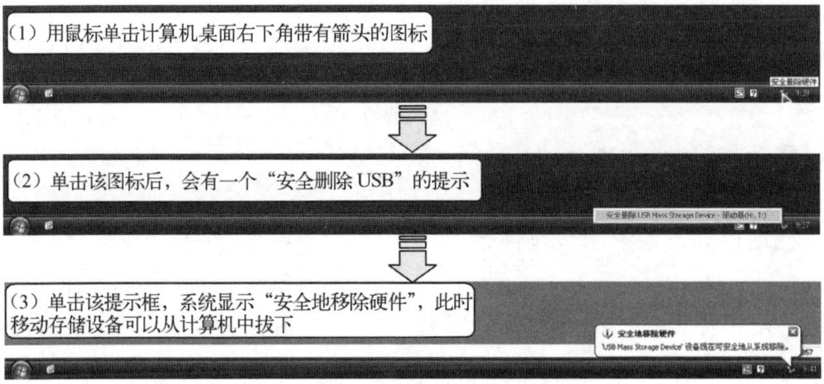

图 3-16　正确断开与计算机的连接

7. 不要频繁进行格式化

对于计算机内的本地硬盘，大家都知道如果经常进行格式化操作，硬盘的寿命会大大缩短。同样的原理，数码移动存储设备也应尽量避免格式化处理，除非是不得已的情况下，因为每格式化一次，都会对存储设备的寿命造成影响，使其寿命缩短。

8. 碎片整理需谨慎

计算机本身的硬盘经碎片整理后，可以提高对数据的读取速度，但不要轻易对数码移动存储设备进行碎片整理，若确实需要进行整理，需将移动存储设备中的数据全部复制到计算机本地硬盘后再进行。

9. 使用前进行杀毒

对于用户来说，数码移动存储设备中存储的数据相对较重要，所以为了保证该数据及计算机的安全，应在每次连接移动存储设备时，使用计算机的杀毒软件对其进行杀毒。除此之外，也不要将移动存储设备到处与其他的计算机进行连接，以免使其他计算机中或网络中的病毒侵入移动存储设备，造成不必要的数据丢失。

10. 不要随意加密

为了使数据的安全性加强，很多移动存储设备具有加密功能，但不建议用户对没有加密功能的硬盘使用软件程序加密的方式，以避免出现密码遗忘或无法解密的现象，从而造成重要数据的丢失。

11. 避免在移动存储设备中编辑数据

许多用户为了快速处理数据，常在移动存储设备中进行文件数据的编辑，其实对于这种情况，一旦出现问题，想要再恢复数据，是很困难的，因为在编辑文件时，会存在碎片，保存时是不连续的，所以在恢复的时候比较麻烦。建议用户可以将数据复制到计算机本身的硬盘中进行处理。

习题 3

1. 填空题

（1）数码移动存储设备主要有________、________和________ 三大类。

（2）移动硬盘以________为存储介质，具有________、________、________ 等特点。

（3）数码移动存储设备中的数码伴侣是一个________ 和多种读卡器合二为一的移动存储设备。

（4）数码移动存储设备的保护设备主要有________ 和________ ，其作用是用来减少外部震动对硬盘的直接影响。

（5）在选购数码移动存储设备时主要是参考其________、________、________、________和________ 等。

（6）移动硬盘的容量和计算机本身的硬盘一样是可选择的，其接口方式也较多，一般有________、________和________ 等。

（7）U 盘的全称是________，它是一个 USB 接口的、不需要物理驱动器的微型高容量移动存储产品，具有________、________、________等特点。

（8）数码移动存储设备具有________、________、________和________等功能。

2. 判断题

（1）由于数码移动存储设备类似于计算机中的硬盘，所以当该设备接入计算机中后，也可以在其中进行文件或数据的编辑。(　　)

（2）在使用数码移动存储设备时，如果不能正常“删除硬件”，可以直接将数码移动存储设备拔下。(　　)

（3）如果长期使用数码移动存储设备，其内部也会像计算机内的硬盘一样产生碎片，所以要定期对其进行碎片整理。(　　)

（4）使用数码伴侣时，主要是用来存储数据，所以不能浏览内部存储的数据。(　　)

（5）数码移动存储设备只是作为数据的存储和读取设备，并不能对数据进行实时的保护。(　　)

（6）在使用数码移动存储设备时，如果需要处理的数据量过大，可以将数据复制到计算机本身的硬盘中进行处理，以免对移动存储设备造成损坏。(　　)

3. 简答题

（1）什么是 USB 分线器？主要的作用是什么？

（2）当数码移动存储设备正在工作时，为什么要避免震动？

项目4　数码影音播放设备的功能特点和营销方案

4.1　数码影音播放设备的结构组成及相关产品

数码影音播放设备是用于播放影像和声音信息的电子产品。近几年来，伴随着数字化技术的迅猛发展，数码影音播放设备在社会上的占有量越来越大，应用范围也越来越广，并以其独特的娱乐特点，逐渐成为人们工作和日常生活中不可缺少的部分。

4.1.1　数码影音播放设备的结构组成

目前，市场中主流的数码影音播放设备主要包括数码音响、数码影碟机、MP4/MP5 数码播放器和数码录音笔等。

1. 数码音响的结构组成

数码音响是一种典型的音频处理和输出设备。目前主流的数码音响主要是由数码音响的主机部分和音箱构成的，如图 4-1 所示为典型数码音响的实物外形和结构组成。

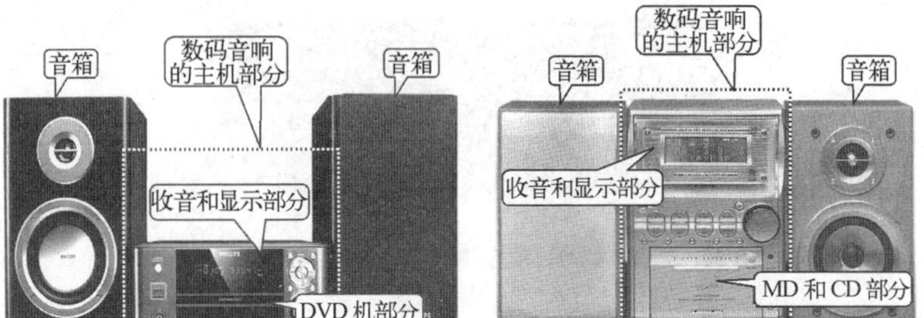

图 4-1　典型数码音响的实物外形和结构组成

数码音响的主机部分是其核心组成部分，根据其功能特点，主要包括收音部分、CD/DVD 机部分、MD 播放器（迷你播放器）等。打开主机部分的外壳即可看到各个部分对应的电路板，如图 4-2 所示，可以看到，其内部主要是由 CD/DVD/MD 机芯的机械部分和电路板部分构成的。

2. 数码影碟机的结构组成

数码影碟机是常见的家用数码影音播放设备之一，主要用于播放多媒体光盘中记录的影

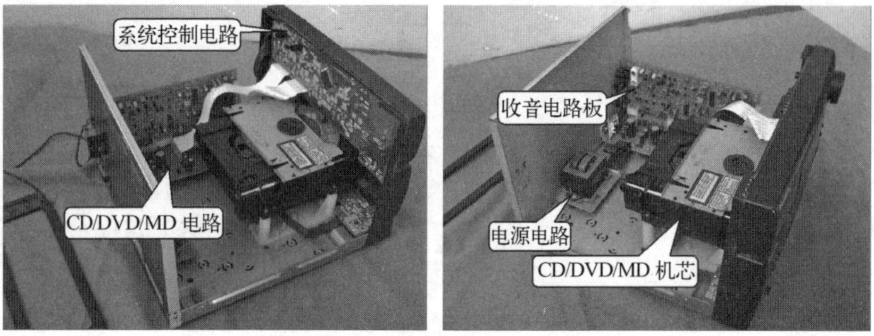

图 4-2　典型数码音响的内部结构

音信息。从外观来看，主要是由光盘仓、操作按键、接口和外壳等部分构成的，打开外壳后，即可看到其内部的机芯和电路板部分，如图 4-3 所示为典型数码影碟机的结构组成。

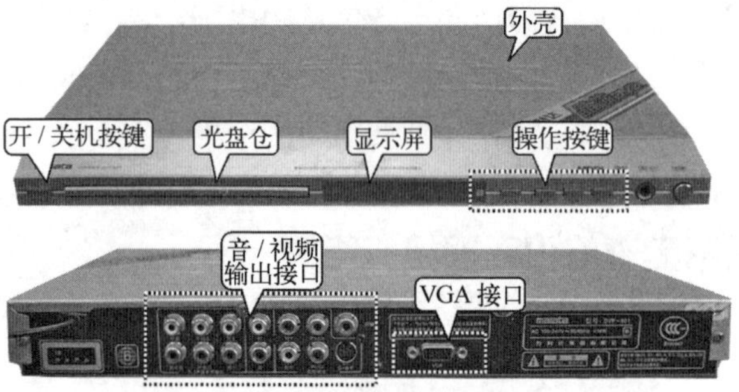

（a）外部结构

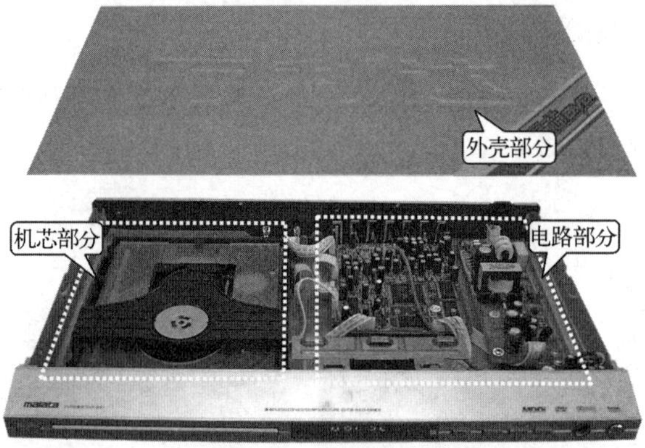

（b）内部结构

图 4-3　典型数码影碟机的结构组成

一般根据播放光盘格式的不同，数码影碟机主要有 VCD、DVD、EVD、HD-DVD 机和蓝光影碟机等几种类型，如图 4-4 所示为典型数码影碟机的实物外形。

- VCD/DVD 影碟机是普及范围最广的数码产品，其全部采用数字技术，具有成本低、节目源极为丰富的特点。其中，由于 VCD 只能播放 VCD 光盘，其存储量少、兼容性较差，因而已面临淘汰，而 DVD 影碟机可以看作 VCD 机的升级版，其 DVD 光盘的容量大大提升，且播放的图像质量比 VCD 高很多，也兼容 VCD 光盘，已成为影碟机的主流产品。

（a）典型DVD数码影碟机

（b）典型EVD数码影碟机

（c）典型HD-DVD数码影碟机

（d）典型蓝光数码影碟机

图4-4　典型数码影碟机的实物外形

- EVD影碟机被称为“新一代高密度数字激光视盘系统”，全称为“增强型多媒体盘片系统（Enhanced Versatile Disk）”，是DVD机的升级版，采用了EVD盘片作为存储介质，并同时兼容VCD和DVD盘片，首次基于光盘实现了高清晰度数字节目的存储和播放。
- HD-DVD（High-Definition DVD）是一种数字光存储格式的蓝色光束光碟产品，现在已发展成为高清DVD的标准之一。
- 蓝光影碟机也是一种高清播放器，与普通DVD影碟机不同的是，它采用蓝色激光读取盘上的文件，由于蓝光波长较短，可以读取密度更高的光盘，由此也实现了光盘容量的大大提高。值得注意的是，蓝光DVD和当前的DVD格式不兼容，因此该类影碟机需要蓝光光盘（BD）与其配合使用。

3. MP4/MP5数码播放器的结构组成

MP4/MP5数码播放器是以播放、记录音/视频节目文件为主的播放设备，具有小巧、便于携带的特点，有很强的娱乐性，也是目前越来越流行的一种小型数码影音播放设备。如图4-5所示为典型MP4/MP5数码播放器的实物外形。

从外观来看，MP4/MP5数码播放器主要是由显示屏、各种操作按键、接口和外壳等部分构成的，如图4-6所示。

打开外壳即可看到其内部结构组成，如图4-7所示，其内部主要是由各个电路板、液晶屏组件及电池等部分构成的。

MP4/MP5数码播放器一般可支持的音频格式主要有MP3、MP4、FLAC、APE等；可支持的视频格式有RM、RMVB、AVI、MPEG、WMV、ASF、3GP等；可支持的图片格式有

JPG、BMP、GIF；可支持的文本格式主要为 TXT、PDF 格式。

图 4-5　典型 MP4/MP5 数码播放器的实物外形

图 4-6　典型 MP4/MP5 数码播放器的外部结构

4. 数码录音笔的结构组成

数码录音笔是一种数字录音设备，它通过数字存储的方法记录音频信息，通常也称为数码录音棒或数码录音机，具有结构简单、携带方便等特点，是目前学生、记者、律师、会议记录员等专业人员最得力的助手，如图 4-8 所示为其典型实物外形。

从外观来看，数码录音笔主要是由显示屏、开机键、操作按键、麦克风、扬声器和接口等部分构成的，如图 4-9 所示。

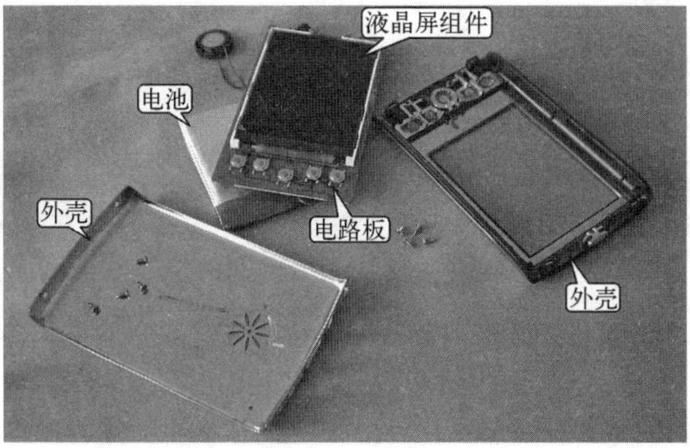

图 4-7　MP4/MP5 数码播放器的内部结构组成

（a）普通数码录音笔　　　　　　　　（b）典型钢笔式数码录音笔

图 4-8　典型数码录音笔实物外形

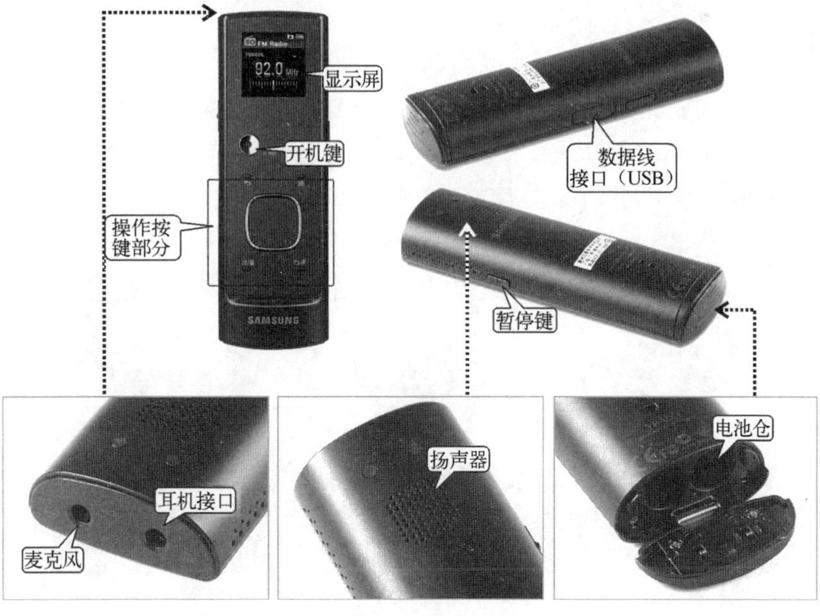

图 4-9　典型数码录音笔的外部结构组成

4.1.2 数码影音播放设备的相关配套产品

数码影音播放设备有很多与其相配套的产品是必不可少的，如充电器、电池、耳机、音箱、扩音器/麦克风，以及最近流行的 ipad、ipod 平板电脑等，它们对数码影音播放设备都起着不同的作用，可以使数码影音播放设备使用时达到更好的状态和效果。

1. 充电器和电池

充电器和电池是数码影音播放设备的电能供应设备，特别是 MP4/MP5 数码播放器和数码录音笔等小型数码影音播放设备的必备配套产品。如图 4-10 所示为应用于数码影音播放设备的充电器和电池的实物外形。

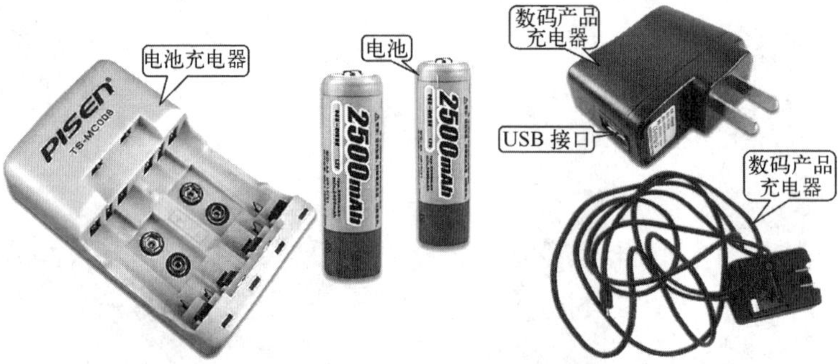

图 4-10　应用于数码影音播放设备的充电器和电池的实物外形

不同类型的数码影音播放设备所采用的供电形式有所不同，与其匹配的充电器及电池的类型和规格也有所不同，需要根据具体的产品参数信息来配置相应的充电器及电池。

2. 耳机

耳机是数码影音播放设备最基本的配套设备，可与数码影音播放设备的音频输出接口连接，音频文件由其两个听筒输出，输出声音较小，一般仅限于使用者个人收听时使用，既可防止外界干扰，也可避免外放声音干扰他人，使用极为方便。如图 4-11 所示为典型耳机的实物外形。

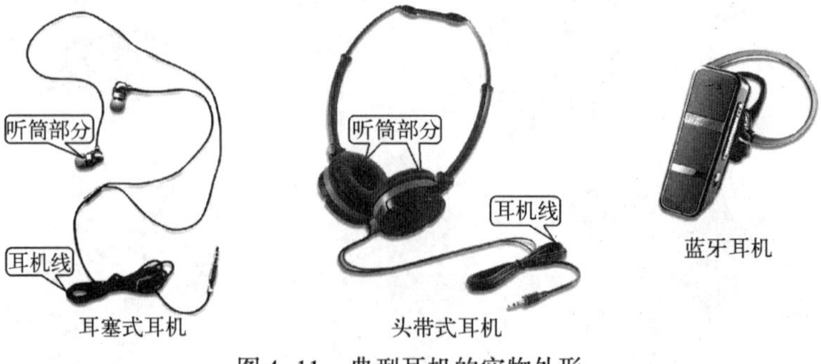

图 4-11　典型耳机的实物外形

3. 音箱

音箱也是一种将音频信号变为声音的输出设备，通常作为数码影音播放设备的终端，具有一定的声音放大和处理能力，是数码影音播放设备中应用最多的配套产品。如图4-12所示为典型音箱的实物外形。

图4-12　典型音箱的实物外形

4. 麦克风

麦克风是一种声音接收设备，常作为数码影音播放设备的辅助设备使用，通常也称其为话筒。如图4-13所示为典型麦克风的实物外形。

5. iPad、iPod

iPad、iPod是近两年来新流行起来的一种数码产品，其也具备音/视频播放功能。如图4-14所示为典型iPad、iPod的实物外形。

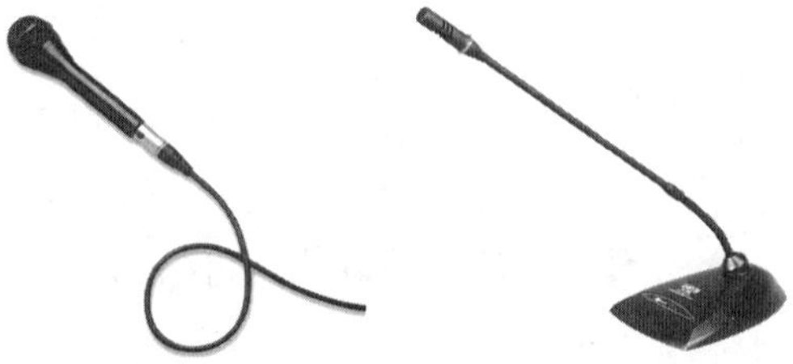

图4-13　典型麦克风的实物外形

图4-14　典型iPad、iPod的实物外形

iPad是一种可播放音/视频文件、浏览互联网、收发电子邮件、观看电子书等的设备，因其具备电脑大多数的功能，因此也称为平板电脑。

iPod可以看作是一种大容量的音乐播放器，可阅读纯文本电子书、显示联系人、日历等。

4.2 数码影音播放设备的选购策略

4.2.1 数码影音播放设备的选购依据

1. 数码音响的选购依据

面对市场上众多款式、品牌和型号的数码音响，能够正确选购一台适合需求的数码音响是非常关键的环节。一般选购数码音响时，多将其品牌、外观、性价比、重量、音质、节能等几个方面作为重要的参考依据。

（1）选购数码音响要考虑其品牌知名度

选购数码音响时，应考虑选择具有一定知名度的大品牌，因为品牌也是产品质量保障的重要因素之一，通常无论从工艺、品质还是从售后服务方面来说，选择大品牌都会比较有保障。比如天龙、索尼、博士、山水、先锋等，选购时可进行多方面的比较或借助互联网，通过查阅其评测结果或评论来初步确定几个品牌作为备选。

（2）选购数码音响要考虑其外观

考虑数码音响的外观包括三个方面：一是，根据个人的喜好选择合适的外观、颜色、做工、大小等。目前，市场上数码音响的样式多种多样，除了传统的箱体式，还有很多个性化、时尚化的外观，如图 4-15 所示。二是，选购的数码音响应与使用环境相搭配。例如，与电视机、家居等的风格、色调应相符合，否则会影响整体审美效果。三是，根据使用环境的空间大小选择合适的款式。如果使用环境的空间较小，通常可选购台式迷你数码音响，一般其体积和功率都较小；若使用空间中等，可选购落地式数码音响，其体积和功率相对较大；而空间较大的环境比较适合选购家庭影院音响设备。

图 4-15　不同于传统数码音响外观的时尚造型

（3）选购数码音响要考虑其性价比

性价比是选购数码音响及其他商品时很关键的一个因素，它是产品价值与价格的比值，通常性价比越高越好。

需要注意的是，选购数码音响不可盲目地追求高价位、高质量，而需要根据实际用途和经济情况选择适合自己的。例如，只是需要听听 CD 或收音机，选择一般性能的数码音响即可，这种情况下盲目追求高价位、高质量的产品，只会造成资源浪费，得不偿失。但也不可仅仅为了追求低价位而牺牲音质的选择，同样也是很不明智的。

（4）选购数码音响要考虑其重量

重量是选购数码音响的一个重要参考依据，通常在材质相同的前提下，音响重量越大，一般其质量越好。

（5）选购数码音响要考虑其音质

音质是决定数码音响好坏的关键因素，它通常是音箱的重要参数，而音箱是数码音响的输出设备，其输出音质的好坏，直接影响数码音响的整体性能。因此选购数码音响时最重要的环节是看其音质的好坏，可通过试听的方法在现场感受，音质越好的音箱其失真度越小，还原出的声音越接近原音。

（6）选购数码音响要考虑其是否节能环保

综合以上因素，对于适合自己的数码音响应有了大致的选择，最后需要考虑的是其是否具备节能环保的特点。应在合适的范围内尽量选择低功耗、低发热量的数码音响，可以大大节约用电量，起到节能环保的作用。

2. 数码影碟机的选购依据

数码影碟机在市场上一直处于高占有率，其相应的供应需求也十分庞大，面对越来越多品牌、型号和功能的数码影碟机，能够正确选购一台适合自己需求的数码影碟机十分关键。

通常选购数码影碟机时，多将其品牌、功能、接口和性能参数等几个方面作为重要的参考依据。

(1) 选购数码影碟机要考虑其品牌性

目前，市场上的数码影碟机“鱼龙混杂”，既有质量优良、价格较贵的进口机，也有货真价实的国产机，同时也充斥着不少假冒伪劣的假货和价格低廉的非法厂家拼装的劣质产品。因此，选购数码影碟机应尽量选择知名品牌的产品，一般品牌产品不仅有很好的质量保证，也具有健全的售后服务体系，是数码影碟机使用过程中的可靠保障。

(2) 选购数码影碟机要考虑其功能

综合前文所述可以了解到，数码影碟机的类型也是多种多样的，不同类型的产品，其侧重的功能也有所不同，因此，选购时应根据实际需求选择功能最为贴近的产品。例如，需要便携性较强时，可选购本身带有显示屏的 EVD 影碟机；对播放画质要求较高，且播放文件十分庞大时，可选择高清播放、高容量蓝光碟片的蓝光影碟机等。

需要注意的是，选购时不可盲目追求多功能，有的功能对一般用户并无多大意义。完全可以用较低的价格选择一些有实用功能的机型。

(3) 选购数码影碟机要考虑其接口类型

选购数码影碟机时应选择接口较齐全的机型，特别是需要根据常用连接设备的类型，选择与之接口类型匹配的机型。如图 4-16 所示为普通影碟机背部的接口类型。

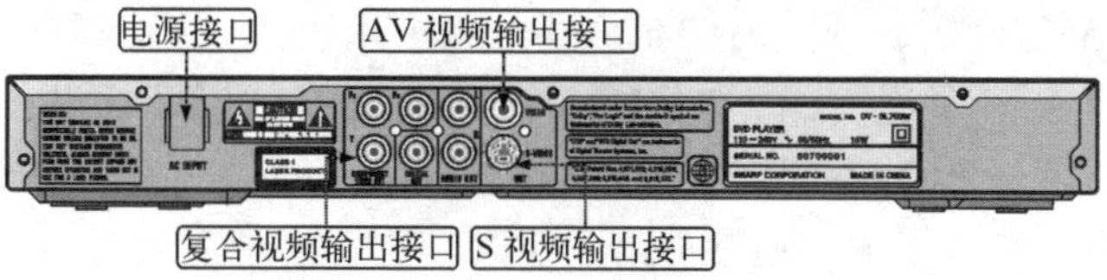

图 4-16 普通影碟机背部的接口类型

通常，数码影碟机的视频输出有三种方式：色彩分量输出，较专业的 DVD 机都有这种方式；S 端子输出，一般与录像机连接时使用；普通 AV 输出，一般与电视机连接时使用。音频输出方式也有三种：音频混合声道输出，即立体声输出，多为红色和白色接口；5.1 声道模拟输出，其对应的连接设备，如功放也应带有 AC-3 接口；光纤输出和同轴数码输出，具有该接口类型的影碟机一般适用于带有 AC-3 解码器的功放或家庭影院系统。

(4) 选购数码影碟机要考虑其性能参数

选购数码影碟机除了上述基本的参考因素外，了解和比较其各项性能参数也是十分必要的，特别是对于不同品牌但价格或功能相近的产品来说，针对其同等参数项参数值的比较和分析，能够更准确地判断出性能更好的一款。如图 4-17 所示为典型数码影碟机的参数说明，可以清晰明了地了解其各项参数。

基本参数项	对应参数值
可播放碟片	DVD/VCD/CD/CD-R/CD-RW/柯达Picture CD等格式碟片
语言支持	中、英文外挂字幕显示
视频特性	网络视频解码 1080P全高清 720P/1080I/1080P
USB接口	支持
同轴输出	支持
其他功能	HDMI高清晰多媒体接口、索尼新一代精确驱动机芯
其他特点	杜比数字(AC-3)，2声道，5.1声道，同轴

图 4-17　典型数码影碟机的参数说明

除此之外，数码影碟机的机芯类型、兼容性、制式等也可作为选购时的参考依据，而且在购买之前，应对市场上同类机型的性能、功能、价格、评价等进行全面的了解和分析，做到心中有数。

3. MP4/MP5 数码播放器的选购依据

MP4/MP5 数码播放器作为一种功能齐全、携带方便的数码影音播放设备，越来越受到人们的喜爱。正确选购一款适合的 MP4/MP5 数码播放器一般可参考以下几个方面。

（1）选购 MP4/MP5 数码播放器要考虑其品牌性

购买 MP4/MP5 数码播放器时应尽量选择品牌的产品，因为品牌机有一定的质量保证和售后服务体系，后期的维修更换和固件升级有保障；但也不可盲目追求大品牌，可将同等性能的产品进行价位、实用性、可靠性、质量、口碑等各方面的综合比较后，进行筛选，初步确定购买的方向。

（2）选购 MP4/MP5 数码播放器要考虑屏幕尺寸和清晰度

MP4/MP5 数码播放器播放视频的功能是其一项突出特点，选购时应根据需求考虑屏幕的尺寸和清晰度。目前市面流行的 MP4/MP5 数码播放器的屏幕多为 2 ~ 5 英寸（1 英寸为 2.5 cm），如图 4-18 所示为不同尺寸屏幕的播放器。屏幕清晰度一般由屏幕的分辨率决定，可通过查看说明书参数了解，通常分辨率越高，屏幕清晰度越好。

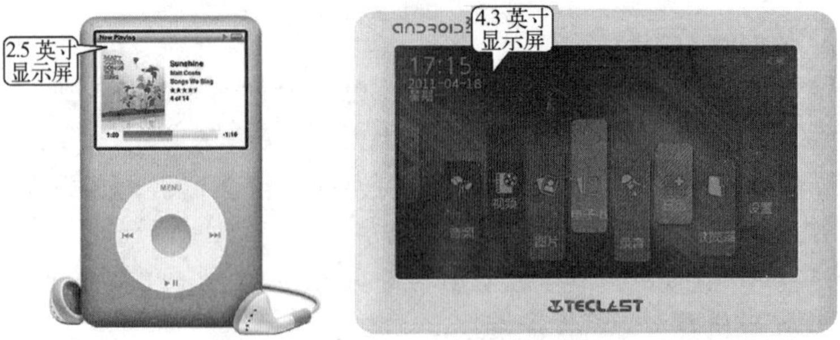

图 4-18　不同尺寸屏幕的数码播放器

通常屏幕越大，视觉冲击力效果越强，但若体积过大会严重影响 MP4 的便携性，耗电量也加大。一般用户选择 2.5 ~ 3 英寸、屏幕长宽比为 4 : 3 较为合适，若是较多用于观看电视节目的用户，可以选择 3 英寸以上、屏幕长宽比为 16 : 9 的播放器。

(3) 选购 MP4/MP5 数码播放器要考虑支持的文件格式

了解 MP4/MP5 数码播放器所支持的文件格式是选购该类产品时的重点环节，MP4/MP5 支持的格式较为广泛，可参考其说明书予以了解，一般支持格式越多，使用起来越方便。

(4) 选购 MP4/MP5 数码播放器要考虑播放时间

MP4/MP5 数码播放器的娱乐性决定其播放时间是选购时的重要参考依据。目前，大多数 MP4/MP5 数码播放器播放视频的最长时间为 4 小时左右，纯音频文件播放可达 10 小时或更长。而决定播放时间的主要部件是电池，因此电池的好坏直接决定整个播放器的性能。

(5) 选购 MP4/MP5 数码播放器要考虑容量

存储容量是 MP4/MP5 数码播放器的重要参数，它是直接决定 MP4/MP5 存储能力的参数。目前市场上的 MP4/MP5 数码播放器容量已由开始的 4 GB、8 GB 发展到 32 GB，甚至更高（一般由扩展存储卡决定其容量），如图 4-19 所示。

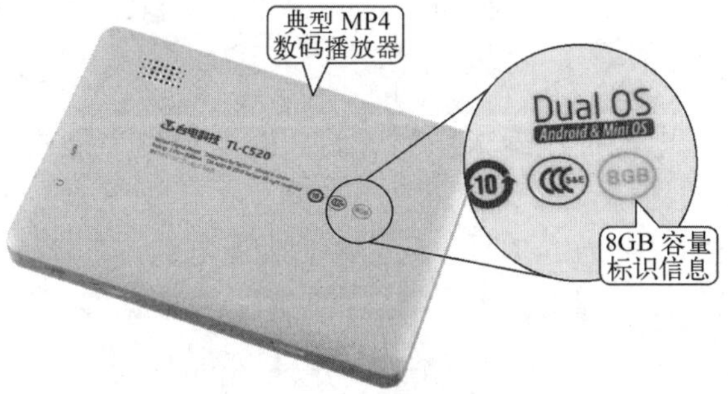

图 4-19　MP4/MP5 数码播放器的容量

通常容量越大，价格也相对越高，可根据实际需要选择适合自己的。一般情况下，一部电影占用的容量约为 200～300 MB，若购买 MP4/MP5 数码播放器主要用于观看电影或电视剧，则可选择容量大一些的。

(6) 选购 MP4/MP5 数码播放器要按需选择扩展功能

目前，大多数 MP4/MP5 数码播放器除了能够进行音/视频文件的播放之外，扩展功能也越来越强大，用户应根据实际需要，考虑购买机器的扩展功能对于自身是否实用。例如，喜欢玩一些小型游戏的用户，可适当选择可装载游戏软件类的播放器；若喜欢当电子书阅读工具使用，应重点选择支持 TXT 格式和 PDF 格式的播放器，等等。

除此之外，是否为手触屏、外观、价格、USB 接口传输速率等也可作为选购时的参考因素。总之，综合多方面因素作为参考依据，仔细比较、分析和了解，是正确选购该类电子产品的必要环节。

4. 数码录音笔的选购依据

数码录音笔作为一种专用的数字录音设备，对其实用性功能的要求较高，在进行选购时需要综合考虑各种因素，如录音效果、录音时间、存储方式等。

(1) 选购数码录音笔首先应考虑录音效果

选购数码录音笔时最应注重其录音效果，若录音效果不好，其他方面再好也无用处。录音效果通过音质予以体现，决定音质好坏的因素有很多，需要综合考虑各因素的影响。判断音质的好坏可参考其参数值，但对于大多数用户来说最有效的方法就是进行试听和通过多次比较进行判别。

一般来说，对音质要求较高的场合如会议室录音等，需要对重要讲话做存档式记录时应选购音质突出的录音笔；若只是普通听课录音，则可选购价格低廉一些、音质一般的数码录音笔。

（2）选购数码录音笔需要考虑录音时间

作为一种常用的现场实时录音设备，数码录音笔录音时间的长短是选购数码录音笔十分受关注的一项技术指标。决定录音时间长短的因素包括其存储容量、电池续航时间、录音模式等多个因素，需要综合考虑。

- 存储容量是指录音笔可存储录音信息的容量，一般在同等技术参数下，存储容量越大，录音时间越长。目前，内存为 1 GB 的数码录音笔录音时间大约为 20 ~ 272 小时。

注意

不同的录音笔，同样的容量，但录音时间可能是不一样的；同一台录音笔，选择不同的录音模式，录音时间也不一样，需要综合考虑其他参数的影响。

- 电池续航时间是指电池可连续工作的时间。以电池作为能量来源的数码录音笔，其能耗是十分重要的指标，选购时需要关注其供电电池的类型和续航时间。目前，数码录音笔多采用的是普通的 7 号、5 号电池或锂电池，7 号、5 号电池电量用完后可随时更换，比较方便，锂电池可充电多次使用，应根据实际需要选购。
- 录音模式主要有 SP、LP（通常会在录音表上标识）。其中，SP 表示 ShotPlay，即短时间模式，这种模式压缩率不高，音质比较好，但录音时间短；LP 表示 LongPlay，即长时间模式，这种模式压缩率高，音质会有一定的降低。

注意

SP 模式下的录音格式为 WAV，可以直接在计算机上播放；LP 模式下的录音格式为 ACT，转换格式后可以在计算机上播放，应根据自身情况和实际需求进行选购。

另外，数码录音笔的扩展功能、操作方式和售后保修等也可作为选购时的参考依据。可以看出，数码录音笔各种性能参数之间有相互制约和影响的特点，选购时切不可片面地追求某一个方面，综合考虑整体性能是选购时十分重要的。

4.2.2 数码影音播放设备的选购注意事项

1. 数码音响的选购注意事项

在实际选购数码音响时，综合各种选购依据和因素，并通过对不同品牌相似产品在各方面的对比，确定需要购买数码音响的品牌、型号和款式后，还要注意掌握现场挑选的各种技巧和注意事项。

1）检查数码音响外包装及机身外观

现场选购数码音响时，首先要确认商家提供商品的外包装完好，没有启封。外包装箱上应印有明确的产品名称、型号、商标和合格认证标志等，且各参数标识应与产品机身上的标识一致，如图4-20所示。

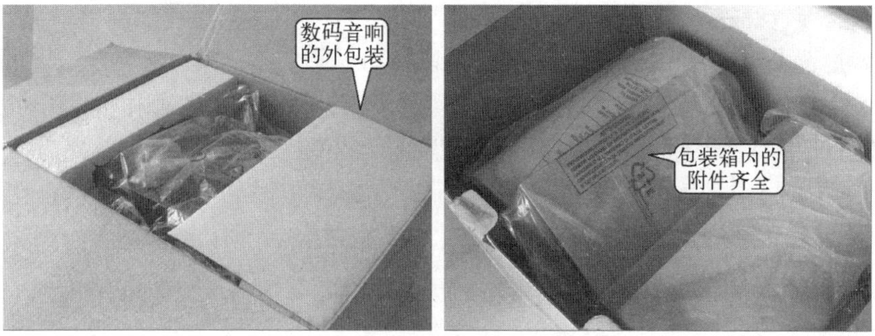

图4-20　检查数码音响外包装

打开包装箱后，检查数码音响的机壳不应有损伤、脱漆、毛刺现象，机身各接缝处应配合良好，光洁度良好，整机线条流畅，引出线接口应平整、无破损，且应有明确的标识。

2）检查噪声是否正常

检查噪声是指对音箱静噪的检查。打开电源，把放大器的音量调至最大，试听整机交流声是否正常，应没有“嗡嗡”声、“沙沙”声及其他异常杂声。在调频波段听背景噪声，噪声应不明显，听立体声节目应具有明显的立体声效果。

3）检查数码音响的使用功能

购买数码音响时，一定要注意现场的试用环节，该环节是确认所购买产品工作是否正常、各功能是否可用等的主要方法。例如，依据产品说明书对产品各功能进行检查，并感觉各功能按键操作起来是否轻松自如，试听在各种模式下的输出音效是否能达到选购时试听样机时效果。

（1）在收音模式下试听

在收音模式下试听时，各波段均应能正常收音，且广播语音自然柔和。用数字调谐的调谐频率应准确，且噪声要小，无串音，无明显的方向性；在收立体声时，数码音响的显示屏上应有立体声指示，且左右两侧音箱均应正常。

（2）分别在CD/DVD/MD模式下试听

放入光盘使机器处于播放状态，检查数码音响内部机芯部分的机械噪声，将音量置于最小位置，按下放音键，仔细听传动机构的噪声，应越小越好。

检查播放声音质量时，应使用正版光盘，音调置于中间位置，此时音质要好，高低音应清晰，噪声要小，并操作相关按键，检查“暂停”“重复播放”“上一曲/下一曲”“搜索”等功能按键是否正常。试听时，最好播放熟悉的乐曲，以便于更好地检查音质情况。

4）检查标准配件是否齐全

选购数码音响最后应注意检查其基本附件是否齐全，如数据线、电源线、说明书、保修卡等，这些配件也是保证数码音响能够正常使用或维护的重要设备。

2. 数码影碟机的选购注意事项

实际选购数码影碟机时，应注意以下几点。

（1）注意查看外观

当确定需要购买的机型后，首先检查产品的外观，重点检查影碟机前面板上的旋钮、各种按键是否安装正常，操作是否方便，后面板上各输出接口安装是否牢固等。

（2）检查音像效果

通电检验是否可正常开/关机，然后检查声音和图像的质量，可否正常工作。可现场播放光盘，连接显示器和功放，用以检查声音效果和图像清晰度，必要时可要求用一台性能稍强一些的影碟机播放同样的光盘作为比较，或选用不同的光盘进行测试比较，检查音像效果是否达到要求。

另外，还可以用一张较粗糙的光盘试机，检查影碟机是否可播放，用以检查其纠错能力，但应注意为防止磨损影碟机机芯，播放时间不宜过长。

3. MP4/MP5 数码播放器的选购注意事项

实际选购 MP4/MP5 数码播放器类产品时，需要注意的方面较多，关键是需要现场进行亲身体验和仔细对各个方面进行操作检查，从而确定机器质量是否完好，各项指标是否达到基本要求。

（1）检查兼容性

实际购买时，最好要求销售人员播放几种不同格式的音频或视频文件，以检查其对不同格式文件的兼容性。伪 MP4 或者视频 MP3 一般都需要通过转换软件将文件转换成其能够识别的专有格式，据此判断可有效防止购买假冒伪劣产品。

（2）检查屏幕规格

屏幕规格的检查是指对显示屏尺寸、分辨率和色彩表现力的检查。对尺寸的检查一般通过对比即可了解，分辨率和色彩表现力需要进行现场测试了解。

例如，检查屏幕的色彩表现力，可以选择一张色彩十分丰富的图像进行显示，色数较低的显示屏，在图像色彩过渡较为丰富的地方，会看到很多的色块，而色数高的显示屏其色彩过渡比较自然。

同样，检查分辨率也可以选择一个高清视频图像进行播放，但注意不要选择产品自带的一些音/视频文件或动画片作为测试用片，最好选择自己熟悉的视频片段或普通电影文件，通过直接观察即可辨别其分辨率的高低及播放过程是否流畅等。

（3）检查电池性能

电池性能一般无法现场测试，用户可通过互联网查看已购买该产品的用户对于待机时间的相关评论，以此作为重要参考依据。

（4）检查音效和耳机性能

耳机是 MP4/MP5 数码播放器的标准配件，耳机的好坏也直接影响输出声音的音质，选购时可将耳机插入接口进行试听，最好选用不同的音效模式，如正常模式、流行模式、重低音模式等，可很好地检验播放器的音效和耳机性能。

（5）检查配件

选购的最后还要检查播放器的配件是否齐全，如充电器、数据线、耳机、说明书和保修卡等，如图 4-21 所示。

4. 数码录音笔的选购注意事项

实际选购数码录音笔时，除了前述的检查外观、配件等基本操作外，最关键的是要检验录音性能的好坏。当确定所要购买录音笔的机型和款式后，应现场针对其录音性能进行检查和实验，一般可先录一段音，然后进行试听，注意重点检查音质好坏、有无噪声等。

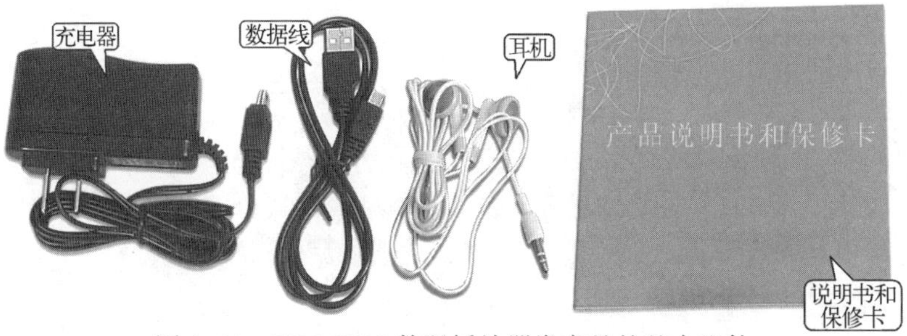

图 4-21　MP4/MP5 数码播放器类产品的基本配件

4.3　数码影音播放设备的营销要点

4.3.1　展示数码影音播放设备的功能特色

1. 数码音响的功能特色

数码音响是一种典型的音频播放设备，其一般具有收、录、放、唱四种基本功能，且随着数码音响技术的发展，其不仅可以播放 CD/DVD 或 MD 光盘中的信息，而且可以读取 USB 设备或存储卡中的音乐文件进行播放，如图 4-22 所示。

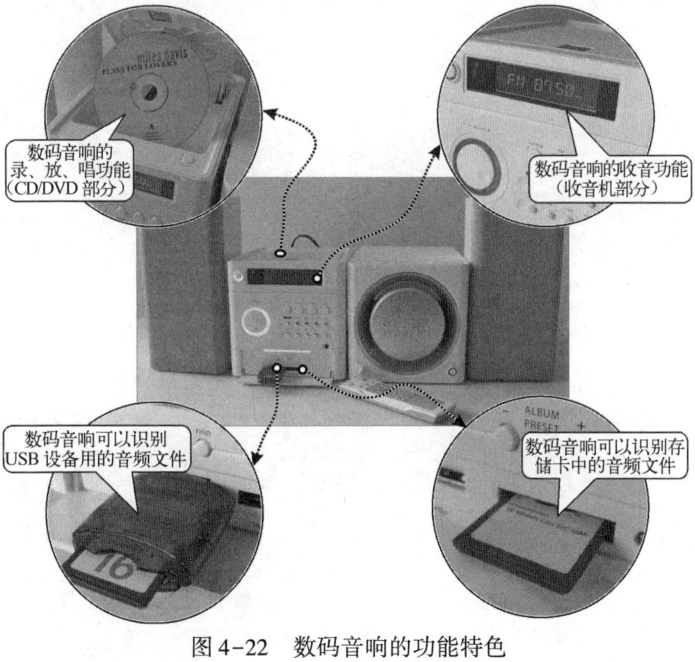

图 4-22　数码音响的功能特色

2. 数码影碟机的功能特色

读取光盘中的音/视频文件，然后通过接口输出高画质、高清晰度和高音质的图像与声音是数码影碟机最基本的功能，如图 4-23 所示。

除此之外，随着影碟机技术的成熟和完善，数码影碟机的一些扩展性功能也越来越多。

图 4-23　数码影碟机的基本功能

例如，目前很多数码影碟机还具有升级功能、杜比数字 AC-3 输出功能、色差输出功能、DTS（数字影院系统）功能、虚拟环绕立体声功能、断点记忆功能（自动记忆当前的中断播放位置，当再次播放此 DVD 碟片时自动从此中断点接下去播放）、状态显示功能、用户图形界面功能、童锁功能、自动关机功能等。数码影碟机本身也随着其功能的逐步完善和扩大，应用的范围和适用性越来越广泛。

3. MP4/MP5 数码播放器的功能特色

MP4/MP5 数码播放器是一种具有很强娱乐性特点的影音播放设备，播放音/视频是其最基本的功能，如图 4-24 所示。

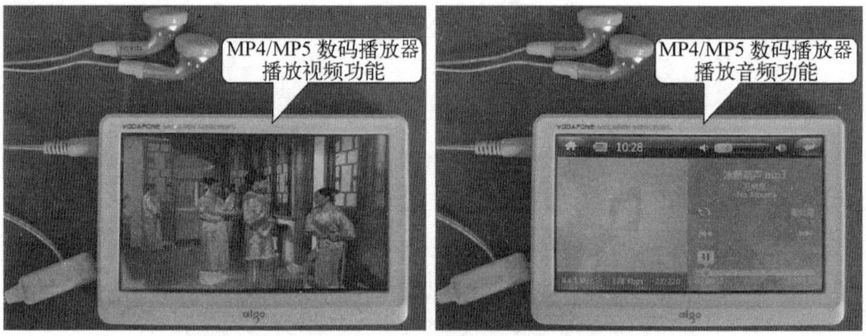

图 4-24　MP4/MP5 数码播放器的基本功能

除此之外，目前市场上流行的很多 MP4/MP5 数码播放器还具有许多实用性的扩展功能，如拍照、摄像、电子书、掌上游戏、图片阅览、数码相机伴侣、FM 收音等，如图 4-25 所示。

图 4-25　MP4/MP5 数码播放器的扩展功能

4. 数码录音笔的功能特色

数码录音笔最基本和最关键的功能就是进行声音的录制、存储和播放，它是一种功能特点比较突出的数码产品。为了增强其实用性，目前大多数厂商在数码录音笔的设计中又添加了一些简单的辅助功能，如 FM 收音功能、声控录音、定时录音及闹钟功能等，一般可通过其说明书进行具体的了解。

4.3.2　演示数码影音播放设备的使用方法

1. 数码音响的使用方法

数码音响的使用方法相对较简单，一般按照使用说明书将数码音响的各个组成部分或与其他设备进行正确连接后，即可开机，根据需要选择相应功能单元使其工作，使用完毕后，按下电源键关机即可。

(1) 数码音响的连接

使用数码音响时首先按照说明书将音响的主机部分与音箱设备、FM/AM收音天线进行连接，若需要使用外接设备，可选择相应的信号线接入匹配的插口中建立连接关系。如图4-26所示为数码音响使用时的各种连接关系。

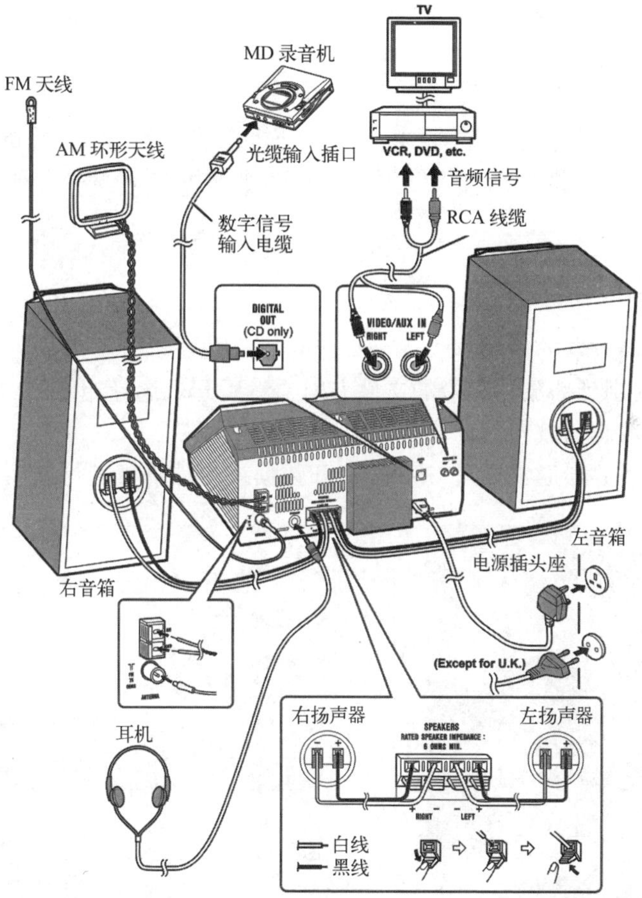

图4-26　数码音响各部件间以及与相关设备间的连接关系

(2) 数码音响的开机和使用

数码音响的相关设备连接好后，即可进行开机操作，一般先开数码音响的主机部分电源，然后开音箱部分（针对分体式的数码音响）。电源供电正常后，即可选择相应的功能单元进行使用，如图4-27所示。

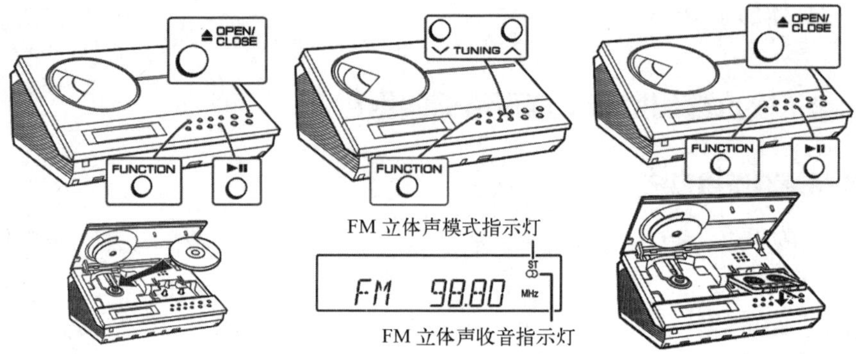

（a）使用 CD 功能　（b）使用收音功能　（c）使用录音功能

图 4-27　数码音响的开机操作

（3）数码音响的关机操作

使用完毕后，首先按下音箱的电源，然后关闭主机部分的电源即可。

2. 数码影碟机的使用方法

数码影碟机与数码音响的使用方法相似，在开机之前需要先将影碟机与相关设备进行连接，然后选择光盘出仓，将光盘放入后关仓，影碟机即可自动读取光盘信息并输出，如图 4-28 所示。

3. MP4/MP5 数码播放器的使用方法

MP4/MP5 数码播放器的使用方法具有一定的规范性要求，一般先将需要的影音等文件通过计算机传送或复制到播放器相应的文件夹内，然后开机选择相应的功能即可。

（1）MP4/MP5 数码播放器与计算机的连接

MP4/MP5 数码播放器通常通过 USB 接口和数据线与计算机进行连接，如图 4-29 所示。

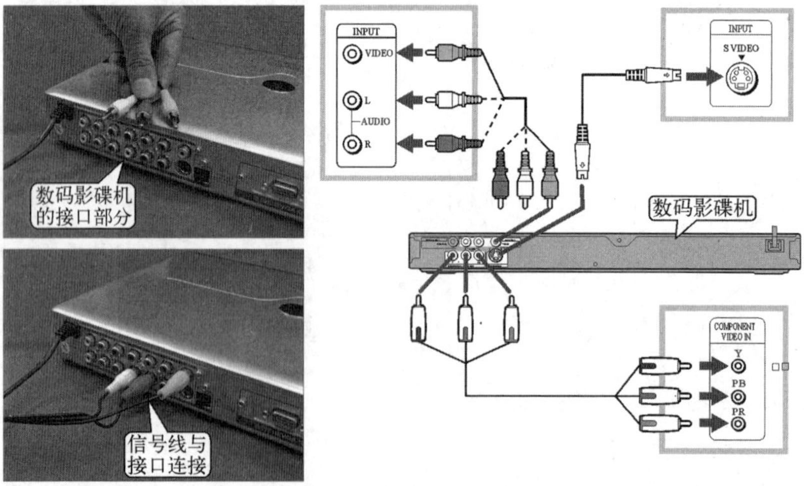

（a）数码影碟机的连接

图 4-28　数码影碟机的连接和使用方法

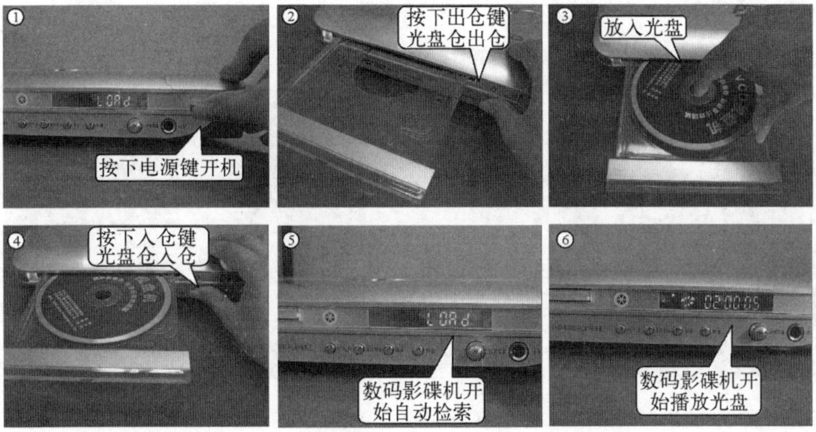

（b）数码影碟机的使用方法

图4-28　数码影碟机的连接和使用方法（续）

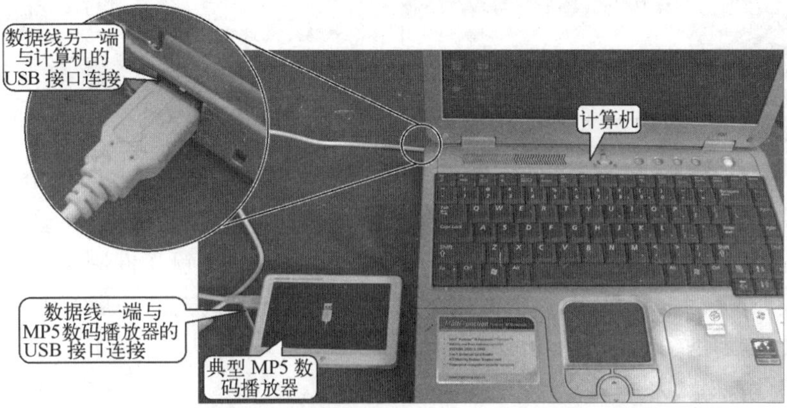

图4-29　MP4/MP5 数码播放器与计算机的连接

连接好数据线后开机，计算机显示找到新硬件，双击“我的电脑”即可看到除计算机本地 C、D、E、F、G 磁盘外，多出两个“可移动磁盘”，如图4-30所示。

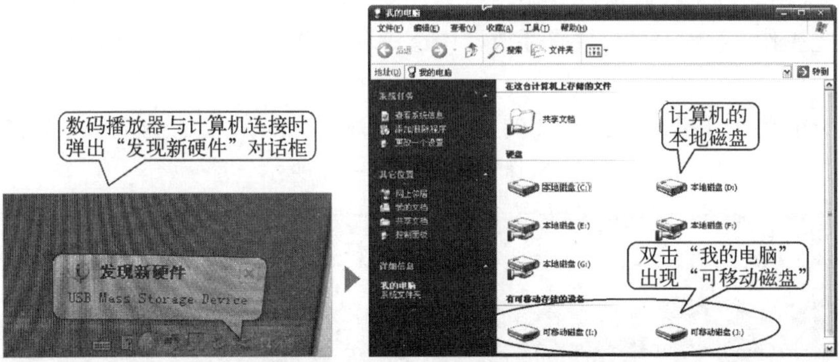

图4-30　在计算机中找到播放器

双击打开计算机中的可移动磁盘文件夹，即可看到播放器中的各个文件夹名称，将计算机中下载或已存储的文件传送或复制到播放器相应的文件夹内即可。例如，从计算机中选择一个电影“电影 1”文件→单击鼠标右键，选择“复制”命令→退回播放器文件夹列表，找到“VIDEO”文件夹→双击打开后进行粘贴，如图 4-31 所示。

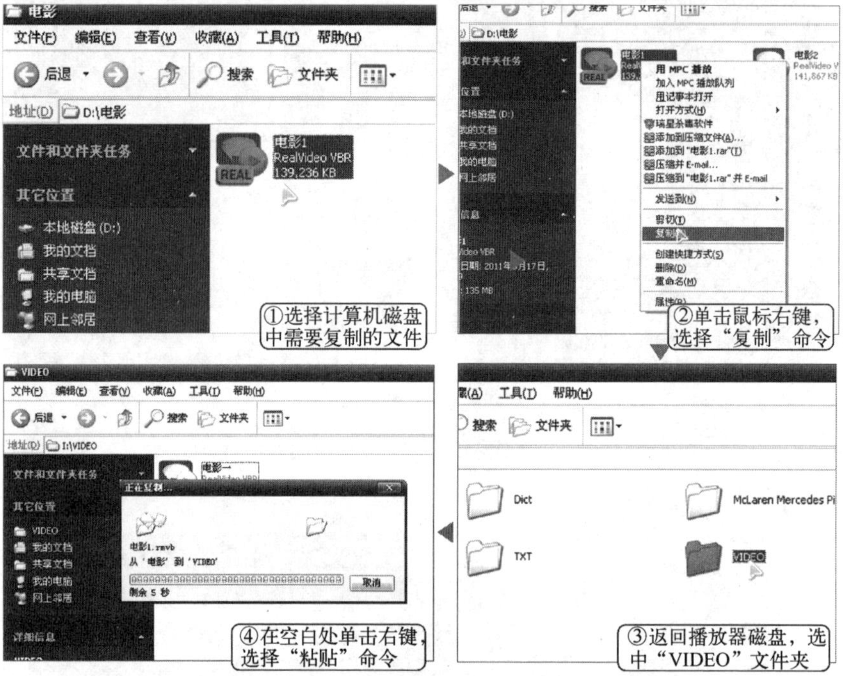

图 4-31　向 MP4/MP5 数码播放器中复制文件

通常情况下，视频文件一般复制到“Video”文件夹，音频文件则复制到“Music”文件夹，图片复制到“Photos”或“images”文件夹，而文本式文件一般复制到“Ebook”文件夹中，以便在使用播放器相应功能时可自动播放对应文件夹中的文件信息，避免寻找路径或引起格式不匹配，无法识读。

需要注意的是，不同品牌的数码播放器其文件夹名称有所不同，通常按照使用说明书进行操作即可。基本原则是：视频文件复制到视频文件夹；音频文件复制到音频文件夹；文本文件复制到电子书文件夹。

（2）MP4/MP5 数码播放器的使用

通过上述操作，MP4/MP5 数码播放器中已存储了相应的文件，接下来便可使用播放器进行播放了。

首先按下电源键开机，选择需要的功能后，单击“OK”或“确定”（触摸式播放器点击一下即可）即可开始播放，具体操作方法如图 4-32 所示。

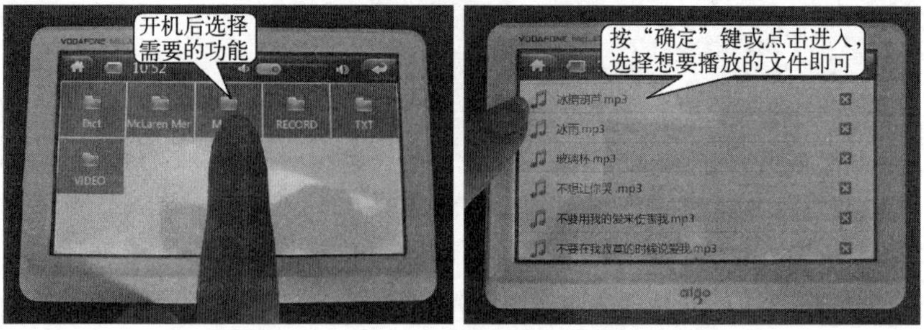

图 4-32　MP4/MP5 数码播放器的使用方法

4. 数码录音笔的使用方法

相较于其他数码影音播放产品来说，数码录音笔的使用方法十分简单，打开电源后，将麦克风朝向音源方向按下录音键即可开始录音，如图4-33所示。当录音完成后，按下停止录音键即可完成一次录制。

播放时，选中音频段，按下播放键即可；也可连接至计算机，将文件复制到计算机中，利用计算机进行播放。

图4-33　数码录音笔的使用方法

4.3.3　传授数码影音播放设备的保养维护方法

1. 数码音响的保养维护方法

数码音响在使用时注意一定的保养维护方法，是保证其稳定工作和延长使用寿命的重要环节，一般可采取的保养维护方法主要包括以下内容。

- 数码音响应避免靠近强磁场、热辐射器具，如大型的家用电子产品、火炉、暖气管等。如果组合音响附近有强磁场存在，可能会产生电磁场感应杂音及交流噪声，影响输出声音效果。
- 数码音响应尽量避免在灰尘过多的地方使用，不用时可用洁净的软布盖住，以防止灰尘进入机器内部，影响其内部的机械零件和电子器件，特别是CD机芯部分。
- 数码音响应尽量避免在高温、高湿度和通风不好的环境下开机运行，且尽量不要使其紧靠墙壁，以保证通风良好。
- 数码音响应放置在阳光直射不到的地方，避免外壳长期日晒；而且不要在音响上部放置重物，以免外壳变形。
- 严格按照使用说明书对数码音响进行操作。一般数码音响的开/关机顺序有一定的要求，特别是分体式的数码音响，通常先开主机部分，再开音箱部分；关机时要先关闭音箱部分，再关闭主机部分。
- 切记不可带电插拔数码音响的电源线、信号线等。
- 初次使用数码音响时，尽量不要马上播放重音乐或将音量调至最大，可以播放一些轻音乐，使音响的音箱部分预热，对音箱音质有一定的保护作用。
- 使用一段时间后，可用柔软、干燥的棉布进行擦拭。特别需要注意的是，音箱表面的灰尘只可用软毛刷清除，不可使用吸尘器清理。

2. 数码影碟机的保养维护方法

对数码影碟机进行适当的保养和维护，不仅可提高其使用寿命，还可有效保障其运行的稳定性。一般可进行的保养维护方法主要包括以下几点。

（1）注意防震、防尘、防热和防潮

- 防震是指防止使用时产生过大的振动，影响激光头读取光盘或造成激光头损伤。使用数码影碟机时必须摆放平稳，不宜经常搬动，尽量不与大功率音箱放在同一平台上。
- 防尘是指数码影碟机的使用环境应尽量保持清洁，必要时在停机状态下利用吸尘器或电吹风（冷风）进行除尘，防止内部集尘过多影响散热或造成部件工作异常。
- 防热是数码影碟机正常工作的基本要求。影碟机不要放置在阳光直射或靠近炉灶、暖器等的地方，也不可用布等盖住其散热孔，防止通风不良，影响散热。
- 防潮是数码影碟机维护中很关键的环节。由于影碟机内部包含机芯组件，若其光学镜头受潮，将导致激光束无法正常拾取信号，因此若长时间不使用影碟机时，应注意经常通电开机，使其工作一段时间。利用机器自身工作发热驱除潮气，是防止元件老化的有效方法。

（2）注意播放光盘的质量

劣质和盗版光盘会使影碟机机芯中的激光头超负荷工作，不仅会导致激光头磨损严重，缩短其使用寿命，而且严重时还可能直接造成激光头损坏而无法识别光盘，从而引起影碟机无法工作的故障。

（3）注意操作的规范性

操作影碟机前面板上的功能按键时应用力适度，不可用力过猛和操作过于频繁，特别是开/关机操作，连续开/关机的时间最好间隔 30 s 以上。数码影碟机连续工作时间最好不要超过 3 小时。另外，较长时间不使用影碟机时，应取出光盘，并将电源线拔离电源插座。

3. MP4/MP5 数码播放器的保养维护方法

MP4/MP5 数码播放器属于经常随身携带的产品，对该类产品的保养维护更要加强，日常得当的保养维护不仅能够大大延长产品的使用寿命，同时也能有效地降低其故障率。

（1）液晶屏的保养维护

MP4/MP5 数码播放器的显示屏大都采用液晶屏，它是数码播放器的重要组成部件之一，由于其通常裸露在外，很容易受到碰触而划伤或损坏（机身部分也有该特点），日常使用中应重点注意对其进行保护。

- 在液晶屏上贴上专用的保护膜，随身携带时最好装入配套的保护套中，如图 4-34 所示，可有效避免液晶屏被随身物品刮伤。

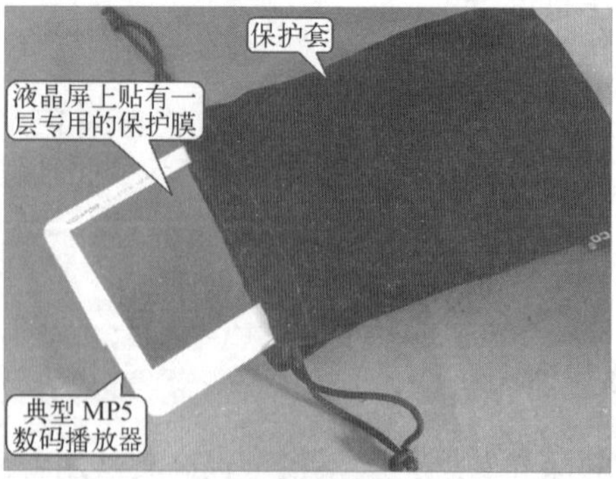

图 4-34　MP4/MP5 数码播放器液晶屏的保养维护措施

➢ 若液晶屏上出现脏污应使用液晶屏专用清洁剂，并用柔软的布进行擦拭。

➢ 注意其使用环境，温度过高或过低都会对液晶屏产生很大影响，应尽量远离热源和避免长时间在低温环境下使用。

（2）电池的保养维护

目前 MP4/MP5 数码播放器大都采用锂离子电池，正确的充电和使用方法对延长电池的使用寿命十分关键。锂离子电池不具有记忆效应，使用时不需要等到电池完全放电后再进行充电，可随时用随时充，且应尽量避免过放电或过充电操作。一般的保养维护方法主要有以下几点。

➢ 若一段时间内不用电池，应将电池取下放置，以防电池破损或氧化而损坏播放器的电路板或机身。

➢ 若 MP4/MP5 数码播放器仅用来听音乐，应设置为黑屏或屏保状态。

➢ 观看视频时液晶屏的亮度和对比度设置不易过高，播放音量也不要过大，如此可有效减少电池电量的消耗。

➢ 温度过高或过低的环境均会导致电池电量下降，应尽量避免在该环境下使用。

（3）耳机的保养维护

耳机是 MP4/MP5 数码播放器的重要配件，也是易损部件之一，耳机损坏或音质下降都将影响 MP4/MP5 数码播放器的正常使用。因此，对于耳机的保养和维护也特别重要，如下所示为一些常见的维护措施。

➢ 拔插耳机时不要直接拉拽耳机线，应握住接口插头部分进行操作，如图 4-35 所示。

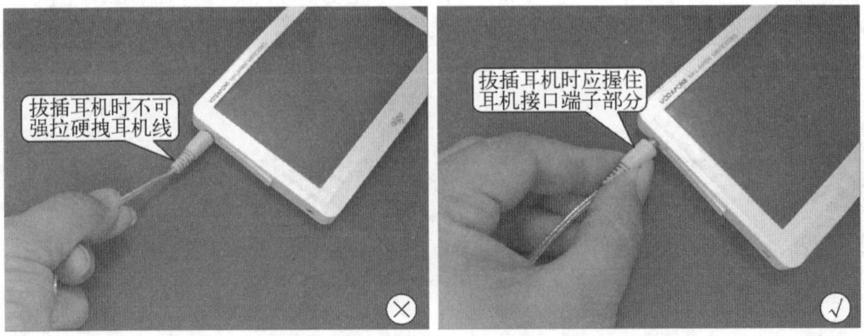

图 4-35　拔插耳机的正确操作方法

➢ 使用时不要摔打耳机，音量不要过大，听音时间也不宜过长，还要注意防潮、防磁。

➢ 使用完 MP4/MP5 数码播放器后不要将耳机线缠绕在机身上，防止内线断开，轻轻折一下放置即可。

➢ 尽量确保耳机不受外力挤压、不要沾水。

（4）接口部分的保养维护

MP4/MP5 数码播放器的接口也是保养的重点部分。由于使用时间较长后，USB 接口或耳机接口都容易形成氧化膜，从而造成接触不良故障，甚至可能引起内部电路短路，造成整机损坏。一般可进行的保养方法主要有以下几点。

➢ 使用接口连接数据线或耳机线时应注意正确的连接方法，切忌硬插硬拔。

➢ 使用一段时间后可用橡皮对接口处进行擦拭，以去除氧化膜。

➢ 接口部分一般都带有防尘帽，使用完后，应将防尘帽盖好，可有效防尘，如图 4-36 所示。

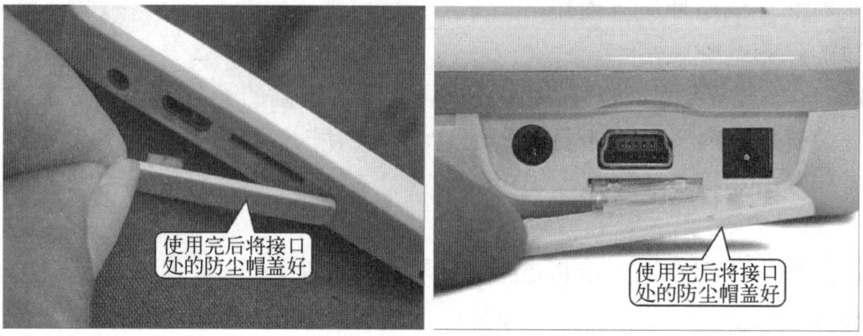

图 4-36　盖好接口处的防尘帽

(5) 整机的保养维护

对于整机的保养维护多是指在使用时应注意的一些操作方法，严格按照正确的方法操作，是维护中的重要环节。

➢ 不要将播放器放在潮湿或有水的台面上。若不小心进水，应立刻打开后盖，将电池取下，并对机器内部进行风干除湿操作，确保内部无水汽后再通电开机。
➢ 尽量不要频繁地对 MP4/MP5 数码播放器进行升级和刷新固件操作，否则对 MP4 的芯片和电路板有损坏。
➢ 在向播放器中传送或复制文件时，一定不要轻易断开其与计算机的连接。
➢ 将播放器从计算机上拔下时，应尽量使用“安全删除硬件”或“弹出”功能，如图 4-37 所示，不要直接拔掉。

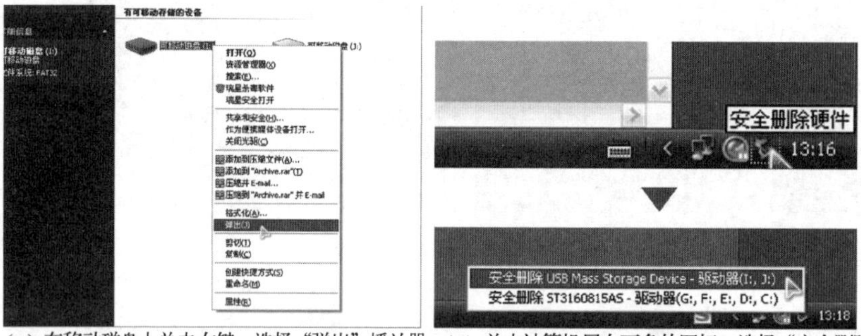

(a) 在移动磁盘上单击右键、选择“弹出”播放器　(b) 单击计算机屏右下角的图标、选择“安全删除硬件”

图 4-37　播放器的安全拔出操作

➢ 使用各功能键时应规范操作，特别是对于纯触摸屏的播放器来说，应尽量避免因用力过猛而损坏按键或液晶屏。
➢ 带有扩展卡的播放器尽量关机后再插拔存储卡。
➢ MP4/MP5 数码播放器不要放置在带有磁性的物品上，应尽量远离磁场。

4. 数码录音笔的保养维护方法

数码录音笔的保养维护可参考上述 MP4/MP5 数码播放器的保养维护方法。另外，由于数码录音笔的麦克风和耳机接口一般位于其顶端位置，因此需要注意防尘，在不使用时应尽量放在洁净的环境下。

总之，按照使用说明进行规范操作，按照要求采取一定的保养维护措施（如外壳清洁、接口去除氧化、除尘等），是提高该类产品使用寿命十分有效和必要的环节。

习题4

1. 填空题

（1）常见的数码影音播放设备主要包括__________、__________、__________、__________等。

（2）选购数码音响时最关键的是需要检查其__________。

（3）现场选购数码影音播放产品时，除了需要对其各项功能进行试用外，检查和了解__________也是十分关键的环节。

（4）MP4/MP5 数码播放器一般随机附带的附件主要包括__________、__________、__________、__________等。

（5）选购 MP4/MP5 数码播放器时，关注的因素主要有__________、__________、__________、__________、__________等几个方面；另外，根据__________选购合适价位的机型也十分关键，切不可为了盲目追求多功能而忽视了其实用性。

（6）作为便携式的数码影音播放产品，数码录音笔一般应用在__________、__________、__________等几个方面，对其进行选购时需要__________地考虑__________、__________、__________、__________、__________等多个方面。

2. 简答题

（1）数码影音播放设备的基本功能有哪些？有何特点？

（2）数码影音播放设备属于精密的电子类产品，对于该类产品需要进行哪些基本的保养和维护？

项目5　数码相机的功能特点和营销方案

5.1 数码相机的种类特点及相关产品

5.1.1 数码相机的种类特点

数码相机的英文全称为 Digital Still Camera（DSC），简称 Digital Camera（DC），是一种利用图像传感器把光学影像转换成电子数据的照相机。随着工艺技术的完善，数码相机的价格越来越趋近平民化，其种类和机型也较多，目前比较流行的数码相机有普通（卡片）、单反、微型单反等。

1. 普通数码相机

普通数码相机是指体积较小、重量较轻的数码相机，人们也常称其为“卡片机”。卡片机由于其机身超薄可以随身携带，外形设计时尚以及价格等优势被大多数消费者喜爱。

普通数码相机拥有拍照、短篇摄像、曝光补偿、区域或点测光、清晰度与对比度调整等各项基本功能，而且其操作较为简便。如图 5-1 所示为普通数码相机（卡片机）。

图 5-1　普通数码相机（卡片机）

因为普通数码相机的造价与体积的局限也将其功能进行了一定的限制，所以较为适合家庭和业余摄影爱好者使用。

2. 单反数码相机

单反数码相机是利用单镜头反光的数码相机，英文全称为 Digital Single Lens Reflex，通常简写为 DSLR。单反数码相机相对于普通数码相机（卡片机）而言，体积较大，重量较重。

单反数码相机最大的特点是拍摄者可以根据自身的需求对数码相机的镜头进行更换。同时，单反数码相机拥有以下特点：高清晰度的 CCD/CMOS 图像传感器；较强的图像处理芯片，可以处理高清晰度的图像信号；敏捷的自动调整功能；强大的手动控制能力等，如图 5-2 所示。

图 5-2 单反数码相机

因为单反数码相机的价格较高、体积较大，并且在使用时需要一定的专业知识与技巧，否则无法发挥其性能，所以单反数码相机并不适合所有的消费者，在对数码相机进行选购时，应当了解个人需求，而不要一味追求高质量的呈像效果。

3. 微型单反数码相机

微型单反数码相机是将普通数码相机的机身与单反相机的镜头进行结合的数码相机，如图 5-3 所示。微型单反数码相机与单反数码相机一样选用了高品质的图像传感器芯片，但由于机身体积的原因，微型单反数码相机取消了光学取景器，即取消了光路中的棱镜与反光镜，使镜头与图像传感器芯片之间的距离缩小。因此，微型单反数码相机拥有比单反数码相机更小巧的机身，也保证了成像画质与单反数码相机基本相同，适合对摄影要求较高而又希望携带便捷的消费者选购。

值得注意的是，有的微型单反数码相机的镜头只能更换该厂商为其特定设计的专用镜头。

单电数码相机与微单数码相机指的都是微型单反数码相机，只是由于不同的生产厂商为其命名有所不同。

图 5-3　微型单反数码相机

5.1.2　数码相机的相关配套产品

数码相机有很多与其相配套的产品，如镜头、三脚架、滤镜、外接快门、手柄、闪光灯、存储卡等。它们对数码相机都起着不同的作用，可以使数码相机的成像达到拍摄者的多种要求。

1. 镜头

镜头一般应用在单反数码相机与微型单反数码相机中。在选购镜头时，应当注意镜头的连接口径与数码相机的镜头卡扣尺寸是否相符，一般是相同品牌的兼容性较大，镜头通常又可以分为定焦镜头、变焦镜头、长焦镜头和广角镜头等。

（1）定焦镜头

图 5-4　佳能 EF 50 mm 定焦镜头

定焦镜头无法通过改变焦距而改变景深，多适用于拍摄人像、室内景观等近距离拍摄。需要拍摄较远的物体时，只能通过拍摄者步行调整景深距离。如图 5-4 所示为佳能 EF 50 mm *F*/1. 8 定焦镜头，它是由 6 片 5 组透镜组成的光学结构，定位于 35 mm 全画幅镜头，镜头卡口为佳能 EF 卡口。

（2）变焦镜头

变焦镜头可以通过改变焦距来改变景深，多用于拍摄风景、室内人像和中距运动等。如图 5-5 所示为尼康 AF-S DX 尼克尔 18-105 mm *F*/3. 5-5. 6 的 5. 8 倍变焦镜头，该镜头是由 11 组 15 片（包含 1 片 ED 玻璃镜片和 1 片非球面镜片）透镜组成的，定位于 APS 画幅镜头，镜头卡口为尼康 F 卡口。该镜头具有防抖功能，内置宁静波动马达（SWM）提供安静、快速的自动对焦功能，并且十分精确。

图 5-5　尼康 AF-S DX 5.8 倍变焦镜头

变焦镜头由聚焦透镜、可变焦距的透镜（变焦透镜）、辅助聚焦透镜和成像透镜等多组透镜组成，所有的透镜都安装在同一轴线上，并可以根据焦距的变化改变透镜组的位置，如图 5-6 所示。

图 5-6　变焦镜头内部结构

变焦镜头是在保持焦距良好的条件下放大和缩小图像，它主要是通过专门控制的变焦镜头驱动电机使镜头前面的部分在轴向伸长和缩短。在短焦距时可以得到广角的效果，即景物范围大；在长焦距时具有特写的效果，放大局部景物。焦距越短所拍摄景物的范围越大，焦距越长能拍摄的景物范围越小，远处的景物被放大，如图 5-7 所示。

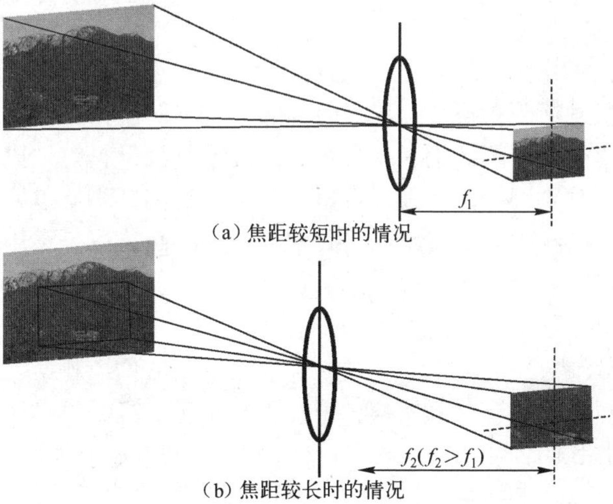

图 5-7　变焦镜头焦点的距离与图像角度的关系

镜头的最长焦距和最短焦距之比称为变焦比。例如，镜头的最短焦距为 18 mm，最长焦距为 105 mm，则变焦比为 105÷18＝5.8，即为 5.8 倍的变焦镜头。

APS 画幅镜头是相对于 135 全画幅镜头而言的，APS 画幅是将原有的 135 全画幅进行截取选择，使其比例改变。APS 画幅的镜头可以使用在全画幅的相机上，而全画幅的镜头则无法在 APS 画幅的相机上发挥其所有的特质。

（3）长焦镜头

长焦镜头在体育摄影、人像摄影、风光摄影等各个领域均有广泛应用，它可以将远处的物体进行放大，但拍摄较近的物体时无法进行聚焦。如图 5-8 所示为佳能 EF 70-200 mm *F/*2.8 的长焦镜头，该镜头由 19 组 23 片镜片组成，定位于 135 mm 全画幅镜头，镜头卡口为佳能 EF 卡口。该镜头是一款明亮的最大光圈大口径远摄变焦镜头，具有防抖功能，内置 USM（超声波马达）驱动可以快速对焦并准确捕捉快门时机。

（4）广角镜头

广角镜头多用于人像摄影与风光摄影等领域，对近景范围拍摄有扩展功能，拍摄的景物范围较宽。但该镜头拍摄较近物体时，会发生失真的现象。如图 5-9 所示为腾龙 SP AF 10-24 mm *F/*3.5-4.5 的广角镜头，该镜头由 9 组 12 片镜片组成，定位于 APS 画幅镜头，镜头卡口为尼康 F 卡口。该镜头是一款大口径广角镜头，具有防抖功能，内置马达驱动可以快速对焦并准确捕捉快门时机。

图 5-8　佳能 EF 70-200 mm 长焦镜头

图 5-9　腾龙 SP AF 10-24 mm 广角镜头

2. 三脚架

三脚架主要用于稳定相机，使其可以达到设定的拍照效果，是摄影爱好者的必备设备。在夜景拍摄、风景拍摄、微距拍摄等需要长时间曝光或长时间拍摄时使用。目前市场上比较常见的三脚架材质有铝合金、不锈钢、镁合金和碳纤维复合材料等。比较受消费者欢迎的材质为铝合金和镁合金，其牢固性能较强，重量相对于不锈钢三脚架也要轻很多，而且价格也低于碳纤维复合材料；碳纤维复合材料的三脚架稳定性极高，而且重量相对于铝合金和镁合金要轻，但其价格较贵。

如图 5-10 所示，三脚架主要由伸缩脚架主体、云台、固定手柄、支脚锁扣等组合而成。不同的三脚架伸缩节数也有所不同，较为稳定的有两节伸缩脚架、三节伸缩脚架、四节伸缩脚架；伸缩的节数过多时，三脚架的稳定性能会有所下降。支脚锁扣也有所不同，比较常见的有拌扣式与螺旋式的锁扣，拌扣式长时间使用会出现松弛的现象，而螺旋式锁扣较为稳定。

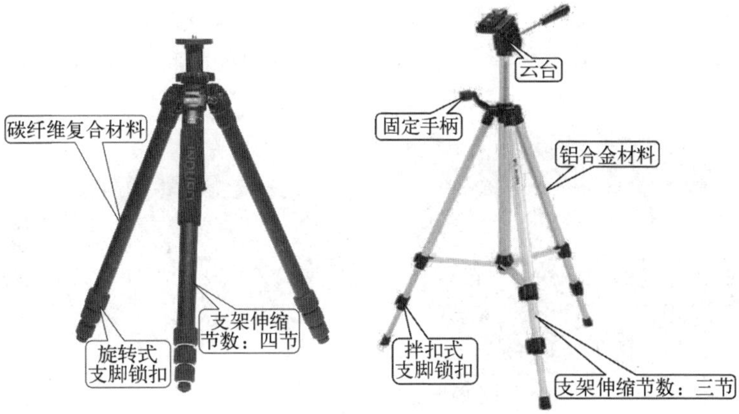

图5-10　三角架

3. 滤镜

对于镜头来说使用滤镜可提高拍摄效果，也可以起到保护镜头的作用。目前比较常见的滤镜有UV滤镜、红外滤镜、近景滤镜、偏振滤光镜等，不同的滤镜达到的拍摄效果不同，可以根据拍摄者的需求进行选择。

（1）UV滤镜

UV滤镜主要吸收紫外线，也可以起到防止镜头沾染灰尘和污渍的作用。该镜片为无色透明，多使用于阴天和雨天，如图5-11所示。由于不同厂商生产的镜头直径不同，所以在选择UV滤镜时，应当根据镜头的尺寸选择UV滤镜口径的大小。

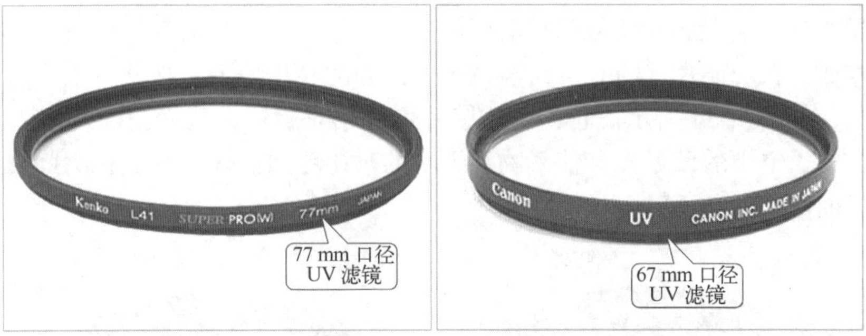

图5-11　UV滤镜

（2）红外滤镜

红外滤镜可以吸收蓝色光线，镜片通常呈现墨色，可用于拍摄浪漫的天空效果，同时也可起到保护镜头的作用，如图5-12所示。

（3）近景滤镜

近景滤镜用于拍摄远景，可以在一定程度上将其距离拉近。近景滤镜正面凸起，背面微微凹进，外形很像放大镜，呈透明无色，如图5-13所示。在标准镜头前附加一枚近景滤镜，其焦距会立刻发生变化，因为近景滤镜微凹的背面可以一定程度地减少像场弯曲。通常近景滤镜按屈光度标定，如+1、+2、+3等。屈光度数值越大，放大倍率就越高。这种镜片在操作时，可不做曝光补偿调整，能够单独或组合使用，非常便利并且价格便宜。但是近景滤镜的像差不能完全消除，由于景深变浅可能还会轻微地影响到照片的清晰度。

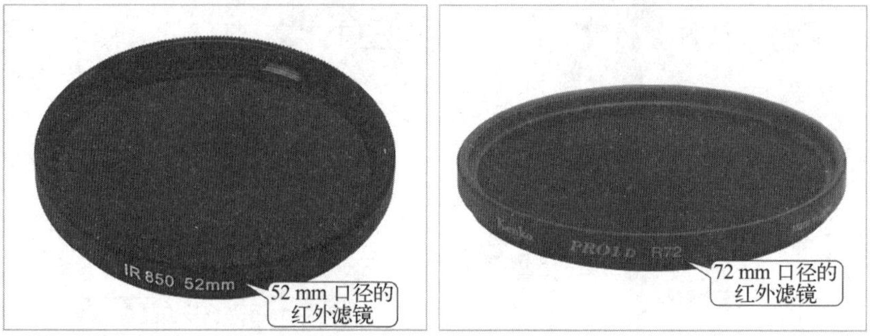

图 5-12　红外滤镜

图 5-13　近景滤镜

（4）偏振滤光镜

在摄影过程中，偏振滤光镜可能是使用最多的一种滤镜，其镜片呈深灰色，由两块平行安置的镜片构成，在玻璃片之间有一层经过定向处理的晶体薄膜，从外形上看它比一般的滤镜略显厚一些，如图 5-14 所示。它的两片镜片可以相对旋转，从而消除反射光和光斑。偏振滤光镜可滤掉天空中的偏振光，使景物和天空的对比更加清晰、真实，除此之外，还可以消除非金属表面的炫光和反射光。

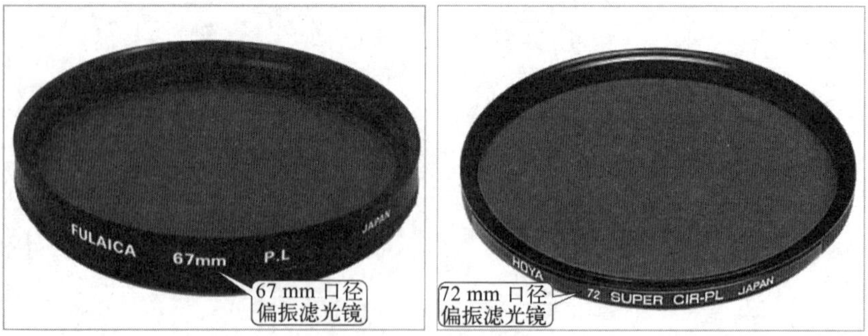

图 5-14　偏振滤光镜

4. 外接快门

如图 5-15 所示为外接快门，可以通过外置的快门远距离控制数码相机进行拍照、曝光、连拍等操作。早期的气压式外接快门，可以通过积压气球产生压力推动远端快门达到拍照目的，该方式稳定性较低，而且只能控制拍照，无法调节曝光参数等。目前市场上比较常见的外置快门是钢索式外接快门，可以配合机身快门线上的螺旋孔紧密结合，而且可以调节曝光、定时拍照等设置，可靠性进一步提高。更为先进的遥控式快门，已经不受控制线的长度限制，可以通过遥控器对其进行操作。

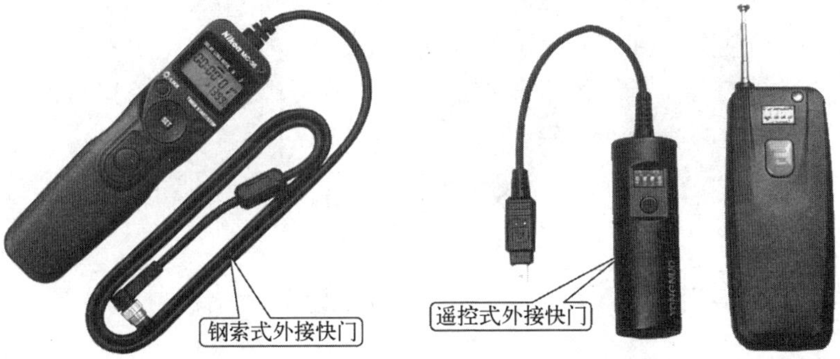

图 5-15　外接快门

5. 外置手柄

外置手柄是用于单反数码相机上的专业配件，主要用于在竖拍时增强相机的稳定性。在手柄上带有快门键，通常可以将其与单反数码相机底部的螺丝扣进行连接，手柄内部一般可以安装电池组，使其续航能力增强，如图 5-16 所示。

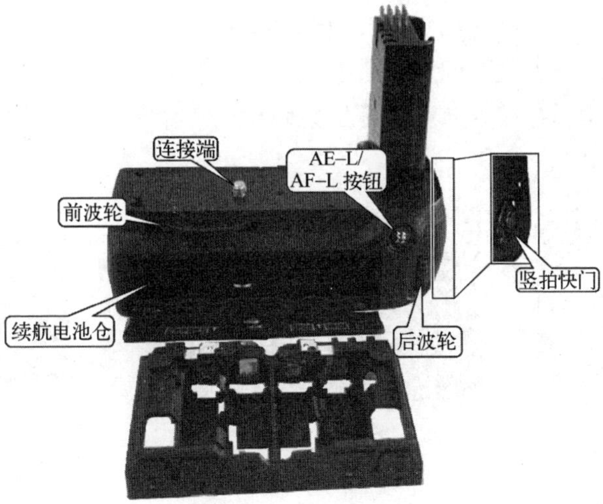

图 5-16　外置手柄

6. 闪光灯

闪光灯可以在短时间内发出高强度的光线，适合使用在光线较暗的场合，可以在光线较差的场合对拍摄对象进行局部补光。可以通过闪光灯改善被拍摄物体的照明条件，还可以减小或加大拍摄物体的反差。在大多数数码相机上都设有内置闪光灯，但由于其闪光量与闪光的有效距离有时无法达到拍摄者的需求，可以通过外置的闪光灯达到所需要的效果。如图 5-17 所示，比较常见的闪光灯分为环形微距闪光灯与普通外置闪光灯，环形微距闪光灯适用于拍摄较小的物体，普通的外置闪光灯可以用于拍摄相对较大的物体。

图 5-17　闪光灯

7. 存储卡

数码相机中的存储卡用来存储拍摄的数码照片，多数数码相机在购买时都会附带一张存储卡，但是由于存储卡的空间有限，所以需要为数码相机添置额外的存储卡。目前数码相机中使用较多的有 SD 卡、SDHC 卡、记忆棒、XD 卡等，如图 5-18 所示。SD 卡是 Secure Digital 卡的缩写，它的特点是通过加密功能，保证数据资料的安全保密，防止数据丢失。SDHC 卡是 Secure Digital High Capacity 卡的缩写，它的特点是高存储量，拥有 2～32GB 存储空间。记忆棒的英文名称为 Memory Stick，带有写保护开关，可以进行高速存储。XD 卡是 eXtreme Digital 卡的缩写，它的读取速度与写入速度较快，而且耗电量较低。不同品牌的存储卡与数码相机之间存在着兼容问题，若不兼容，存储速度较慢、读卡时间较长，容易出现损坏的现象，所以在购买存储卡时应当了解数码相机与存储卡对应的型号及厂家，也可以带数码相机进行亲自试机。

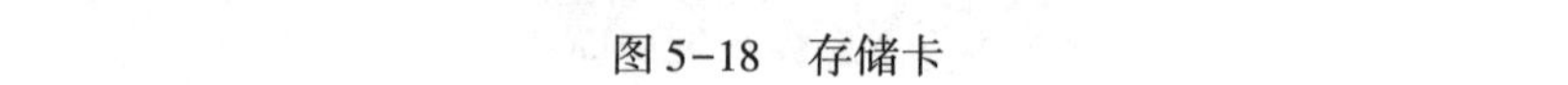

图 5-18　存储卡

8. 电池

如图 5-19 所示，电池是为数码相机提供续航能力的重要设备，由于数码相机工作时需要使用电力，而且很多数码相机拥有一个很大尺寸的液晶屏，因此耗电量也相对较大。所以在选择电池时，应当选择锂电池或镍氢电池，尽量不要用碱性电池。不同的数码相机使用的电池形状、工作电压、接口等存在差异，对其进行选择时应当注意选择合适的电池。

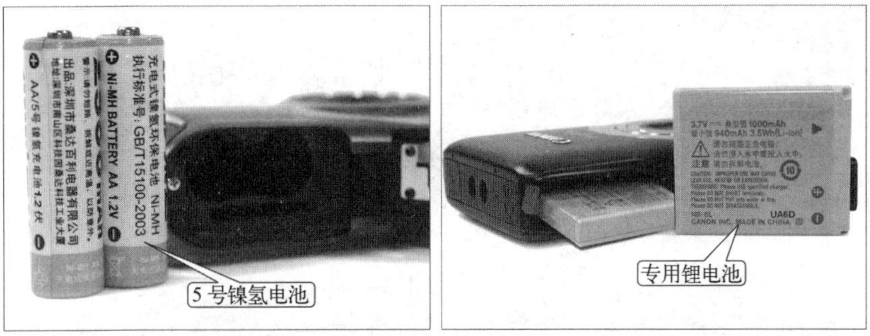

图5-19　电池

注意

有的数码相机可以使用通用的五号电池，但在选择五号电池时，应当注意电池的容量与电压是否可以为数码相机供电。

5.2　数码相机的结构和工作特点

5.2.1　数码相机的结构组成

1. 数码相机的外部结构

数码相机的种类有所不同，但其组成的基本元素大致相同，基本上都是由功能按钮(如模式选择轮、操作按键、快门按键、镜头设置钮)、闪光灯、取景器、电池仓、存储卡仓、数据线接口及LCD液晶屏等部件构成的。

(1) 可伸缩镜头卡片数码相机

如图5-20所示为典型可伸缩镜头卡片数码相机的外部结构，该相机由闪光灯、可伸缩镜头、操作按键、快门键、变焦调整轮、电源按键、电池仓、存储卡仓、三脚架固定槽、数据线接口等构成。

(2) 内置微调镜头卡片数码相机

如图5-21所示为典型内置微调镜头卡片数码相机的外部结构，该相机由内置微调镜头、闪光灯、液晶屏、快门键、变焦调整键、电源按键、电池仓、存储卡仓、数据线接口、三脚架固定槽等构成。

(3) 单反数码相机

如图5-22所示为典型单反数码相机的外部结构，该相机由外置镜头、闪光灯、LCD液晶屏、快门键、模式选择轮与电源按键、操作按键、电池仓、存储卡仓、数据线接口、取景器、参数显示屏、热靴槽等构成。

图 5-20 可伸缩镜头卡片数码相机的外部结构

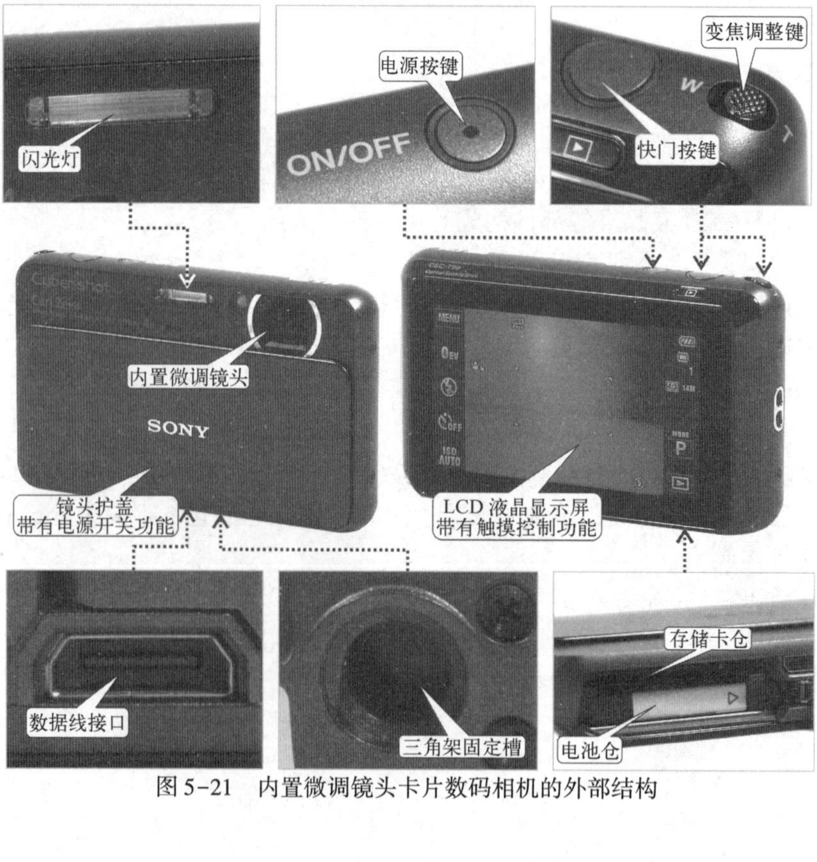

图 5-21 内置微调镜头卡片数码相机的外部结构

图5-22　典型单反数码相机的外部结构

2. 数码相机的内部结构

无论哪种类型的数码相机，在镜头的后面都设有CCD图像处理芯片。当镜头对准景物时，景物的光图像会穿过镜头照射到CCD图像处理芯片的感光面上，CCD图像处理芯片便会将光图像变成电信号，即图像信号。图像信号经过控制电路变成数码图像信号后，存入存储卡中，可以通过LCD显示屏进行查看，也可以通过数据线输出到计算机中，通过计算机显示器进行查看。图5-23所示为可伸缩镜头卡片数码相机内部构造图，图5-24所示为典型内置微调镜头卡片数码相机内部构造图，图5-25所示为典型单反数码相机内部构造图。

3. 数码相机的电路结构

数码相机内部的电路基本形同，并且多功能电路的工作原理也基本相同。数码相机内部的电路主要由成像电路、数字图像处理电路、供电电路、操作显示电路、存储电路和控制电路等构成。但由于生产的厂商不同、型号不同，其内部电路结构和集成芯片的型号有很大的不同，下面以典型可伸缩镜头卡片数码相机为例进行讲解。如图5-26所示为典型数码相机的整机电路结构图（索尼DSC-W220）。

图 5-23　卡片数码相机的内部构造图（可伸缩镜头）

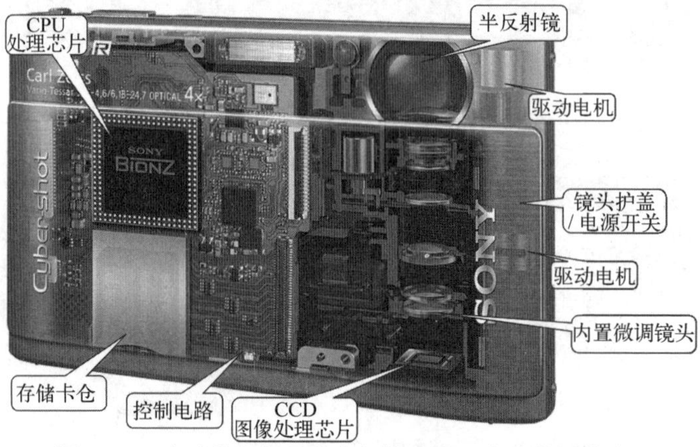

图 5-24　卡片数码相机的内部构造图（内置微调镜头）

图 5-25　单反数码相机的内部构造图

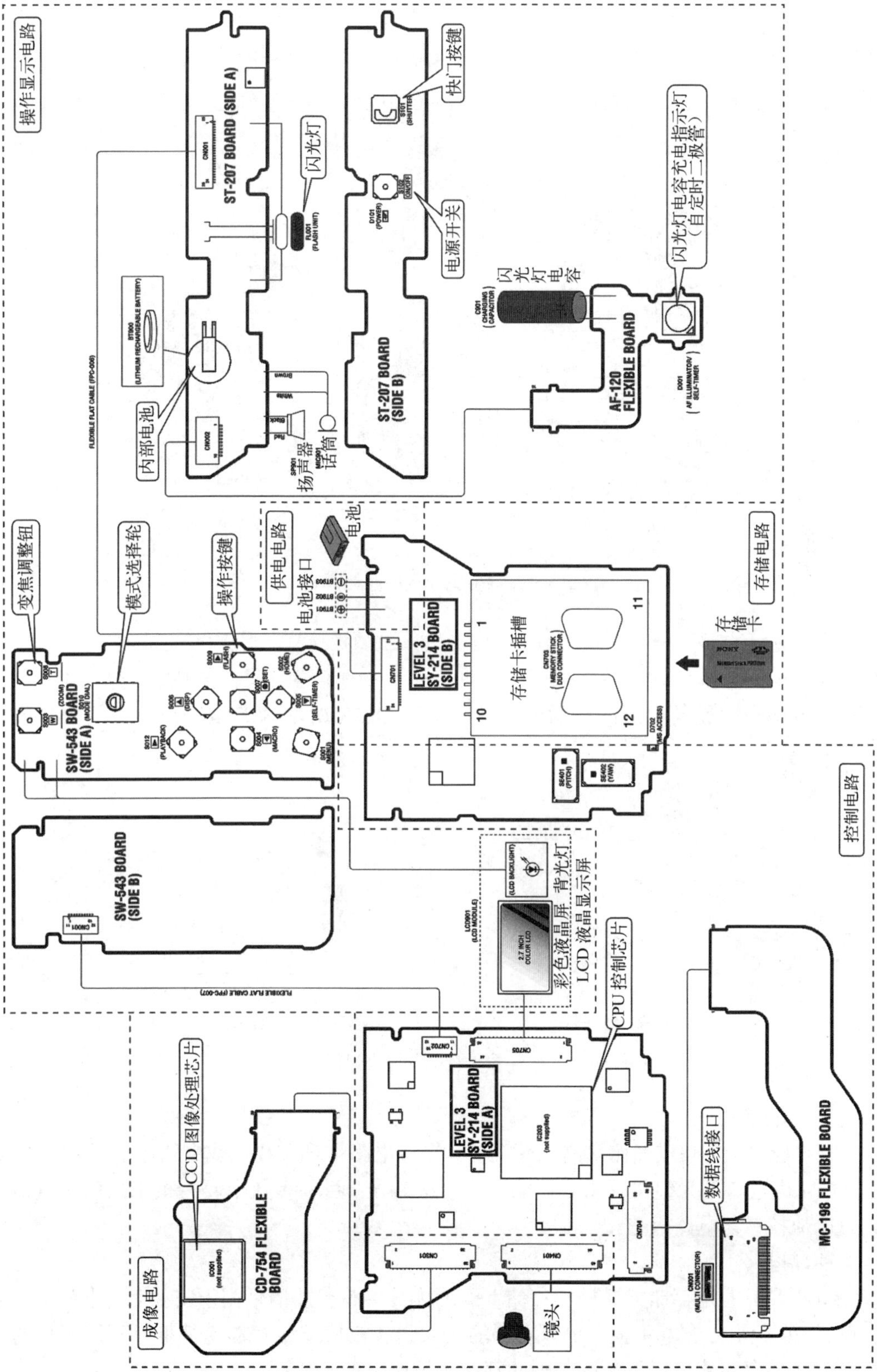

图 5-26　典型数码相机的整机电路结构图

（1）成像电路

数码相机的成像电路包括镜头模块和 CCD 图形处理芯片，如图 5-27 所示。其中镜头模块内部包括快门、光圈、变焦电机、聚焦电机、光圈电机，以及各种传感器。

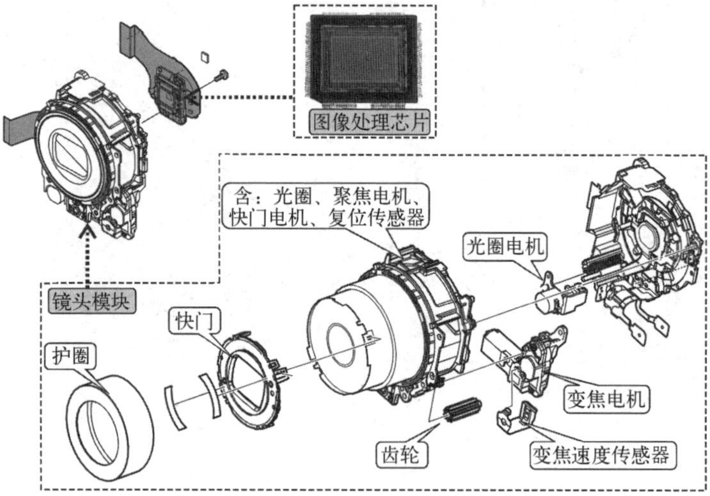

图 5-27　典型数码相机的成像电路

（2）操作显示电路

操作显示电路是数码相机中体积较小、功能较单一的电路单元，主要用于输入人工操作指令信号，调整和设置显示器的显示参数等。如图 5-28 所示为典型数码相机的操作显示电路。

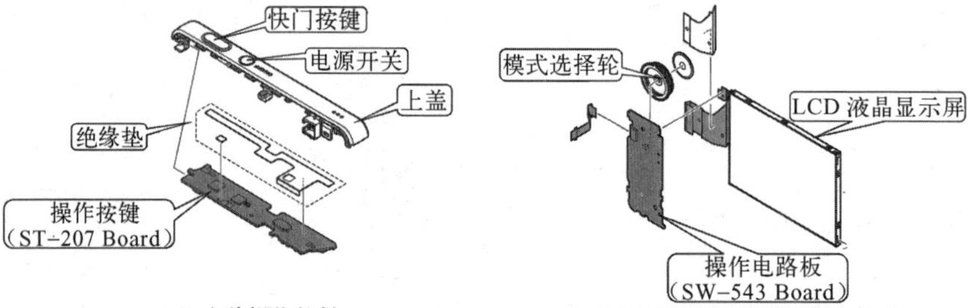

（a）上盖操作按键　　（b）LCD 液晶屏和操作电路板

图 5-28　典型数码相机的操作显示电路

（3）供电电路

数码相机电路板的集成度比较高，通常各个模块电路都分布在一块电路板上，如图 5-29 所示。其中供电电路是为整机提供工作电压的电路部分，目前多数数码相机采用的是电池供电，通过电池接口与电路板连接。

（4）存储电路

存储电路实际上是存储卡插槽和存储卡的统称，存储卡插槽是用于安装存储卡的唯一接口，如图 5-29 所示，在电路板上可以看到的较大金属接口就是存储卡插槽。不同规格的数码相机所使用的存储卡也不尽相同，因此存储卡插槽也各不相同。

（5）控制电路

数码相机控制电路的功能非常强大，包括电机驱动电路、镜头驱动、AV信号处理、数字信号处理、音频电路、视频电路等各种控制功能电路，如图5-29所示。

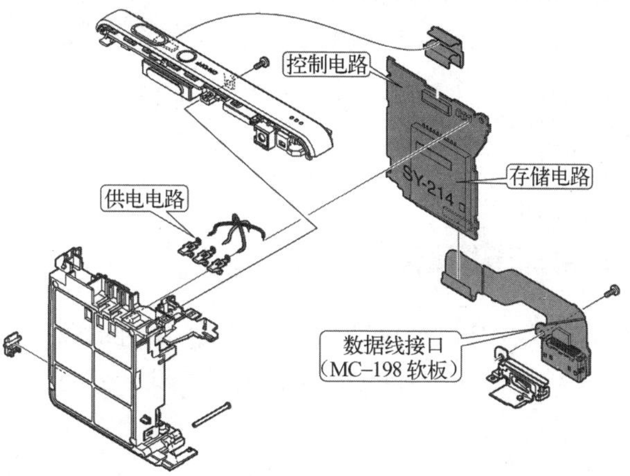

图5-29　典型数码相机的供电电路、存储电路和控制电路

5.2.2　数码相机的工作特点

数码相机整机中的主要电路部件及大致的工作流程基本相同，如图5-30所示为典型数码相机整机电路信号流程图。

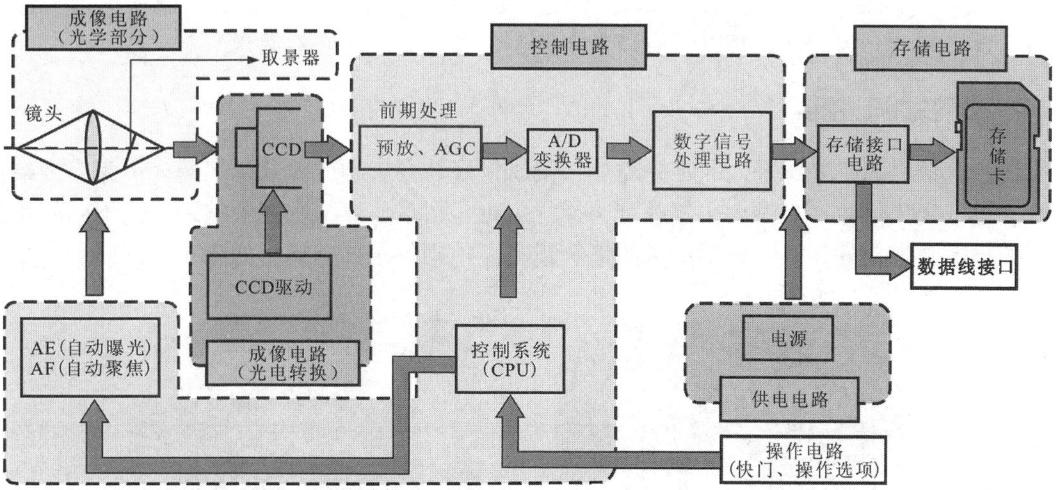

图5-30　数码相机整机电路信号流程图

由图5-30可以看出当数码相机电源开启后，可以通过取景器观察到需要拍摄的景象，当确定景象范围时，按下快门键，操作电路将拍摄信号发送至控制系统（CPU）中，由控制系统（CPU）将控制信号传输至AE自动曝光、AF自动聚焦电路中，将控制信号传输至驱动马达，使镜头的光圈与焦距调整到聚焦的效果，景象通过镜头传输至成像电路中，经CCD图像传感器将其由光图像转换成电信号，由于CCD图像传感器输出的信号比较微弱，

所以经预放电路对其进行稳幅和消除噪声处理。经预放模块处理后的信号经 A/D 转换器将其由模拟信号转变为数字图像信号，经数字信号处理电路进行处理，将信号送至存储卡电路，经存储接口电路，将数字处理之后的信号变为图像信号，可以存储在存储卡中，也可以通过接口直接输出，经不同的显示介质进行显示。

5.3 数码相机的选购策略

5.3.1 数码相机的选购依据

随着数码相机的大量普及，其已经成为一款消费类的家电用品。目前市场上数码相机的价格与品质层出不穷，在对其进行选购时，应当把握好选购原则，选择适合自己的数码相机。

1. 像素与分辨率

在对数码相机进行选购时，首先应当考虑的是该数码相机的像素与分辨率，每个像素就是一个小点，而不同颜色的点（像素）聚集起来就变成一幅动人的图像。数码相机的像素与分辨率成正比，当像素越大时，分辨率越大；当像素越小时，分辨率越小。像素高的数码相机拍摄出的图片分辨率也较高，而且图像尺寸也相对增大，放大的比例也较高。

在购买数码相机时应当分清总像素与有效像素。总像素数是指 CCD 含有的总像素数，但由于 CCD 边缘无法照到光线，所以该部分拍摄时用不上；从总像素数中减去这部分像素就是有效像素数。因此在购买时，应当重点关注该数码相机的有效像素。

2. 数码相机的镜头

镜头是数码相机光源进入的唯一通道，其质量好坏会影响成像效果。选择镜头应当根据焦距、光学变焦倍数、光圈大小等进行选择，焦距是指聚焦点与主镜头的距离，不同的焦距适合拍摄不同类型的物体；光学变焦的倍数越高，拍摄的距离越远，如图 5-31 所示。

图 5-31　镜头的焦距与光学变焦值

光圈大小通常使用 *F* 标示，值得注意的是镜头本身的 *F* 值是由镜头的最大有效口径计算的，通常镜头的口径（直径）越大，入射的光通量越多，图像的亮度就越高。

3. 数码相机的测光系统

数码相机的测光系统是指自动根据拍摄景物来对快门速度和光圈进行设置。目前市场上比较常见的测光系统可以分为“中央重点平均测光”、“区域测光”、“多区域测光”等。“中央重点平均测光”是指测光时重点考虑中心部位，然后与整体画面的测光值进行平均，决定曝光，再根据测光系统的信息决定数码相机的光圈与快门速度，若将该类数码相机对准较暗的对象，会使图像曝光过度。“区域测光”和“多区域测光”是指使数码相机通过测光系统将需要拍摄的景象分为多区域进行测试，并对其分别进行测算，把得到的结果综合起来，决定该数码相机的曝光，再根据测光系统提供的信息决定相机的光圈与快门速度。

4. 数码相机的取景器

数码相机的取景器是可以观看到拍摄景象的器件。比较常见的取景器有独立光学取景器、反射光光学取景器与电子取景器，如图5-32所示。

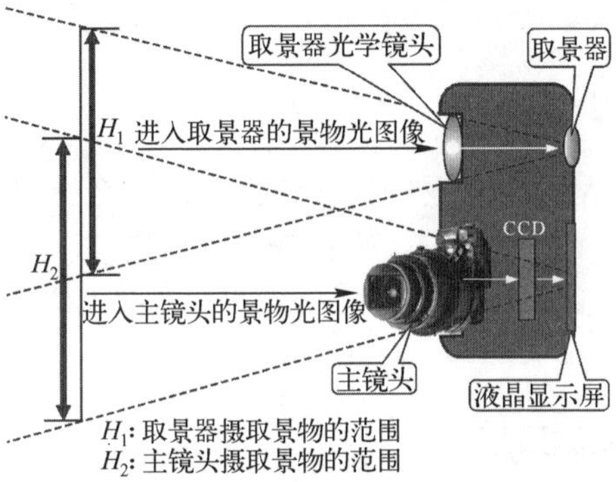

（a）独立光学取景器

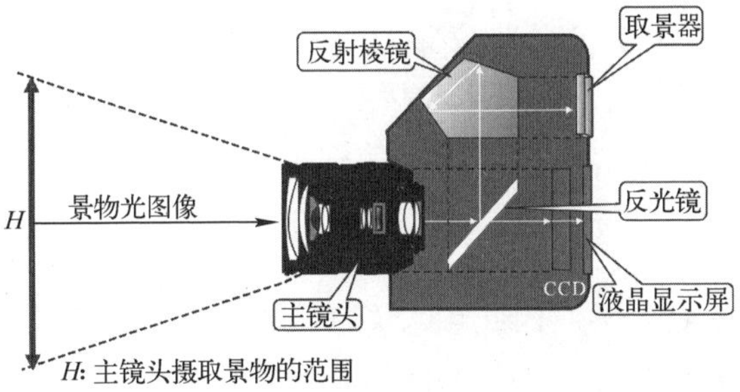

（b）反射光光学取景器

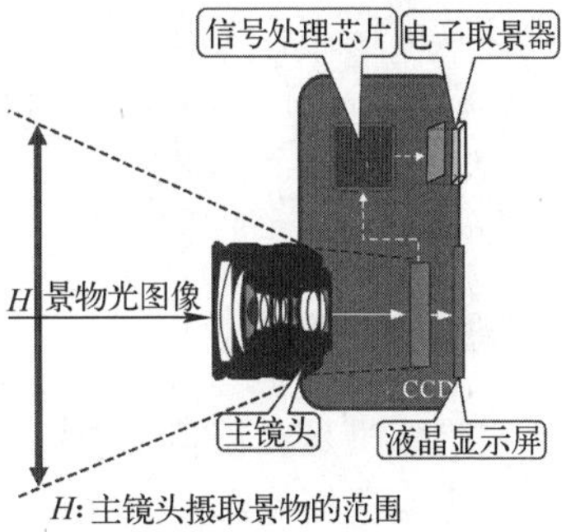

（c）电子取景器

图5-32　数码相机的取景器

（1）独立光学取景器

独立光学取景器是由一套小型的光学系统组成的，其取景器部分为独立的一组镜头。在拍摄时光学图像分别射入主镜头和取景器的光学镜头，但是取景器镜头离开主镜头有一定距离，并不在同一轴线上，因此从取景器中看见的景物图像与实际被拍摄的景物会有一定的位置偏差。

（2）反射光光学取景器

反射光光学取景器是将射入主镜头的景物光图像经反射镜头射到取景器，因而从取景窗观察的景物与实际拍摄的景物是相同的。它克服了独立光学取景器的缺点，又不消耗电能，所以应用比较广泛。但这种方式会使视野变窄，一般只能达到 92%（高档相机可以达到 100%）。

（3）电子取景器

电子取景器是从主图像数字信号处理电路中分出一部分图像信号，经处理后形成视频图像信号，再去驱动电子取景器显示屏。这种方式是卡片型数码相机与摄录机中常用的取景方式，其优点是取景器的图像与所拍摄的图像完全一致，而且在机构设置上比较自由，因此只需要通过电路将信号传输到电子取景器显示屏即可。

注意

有一些普通数码相机（卡片机）由于机身超薄的限制，已经用 LCD 液晶屏完全取代了取景器。

5. 数码相机的闪光灯

数码相机的闪光灯也是较为重要的选购依据，因为在光线不足的地方拍照时，需要闪光灯来补光。应注意选择闪光灯的范围、指数等，有的内置闪光灯由于设计位置的问题无法充分覆盖镜头的最大拍摄角度，会导致照片出现黑角。还应检查该数码相机是否支持外置闪光灯。

6. 数码相机的数据传输方式

目前市场上的数码相机大多使用 USB、IEEE 1394 与 WI-FI 技术（无线传输）进行数据传输。USB 的应用比较普遍，而且现在一般的计算机上都有 USB 插槽，是目前最常见的连接方式；IEEE 1394 主要用在专业机型上，但计算机上必须有 IEEE 1394 的接口；WI-FI 技术（无线传输）是在计算机上安装无线接收端，可以随时接收数码相机拍摄的图片，便于实时传输。

7. 保修及售后服务

由于数码相机是比较容易损坏的高科技产品，因此在购买时保修及售后服务也是必备的选购依据。应当选择保修系统完善的，售后服务成熟、便捷的品牌进行够买，防止后期出现维修难的现象。

5.3.2 数码相机的选购注意事项

对于数码相机的选购，消费者应当注意以下几点。

1. 检查外盒

在对数码相机进行选购时，首先应观察数码相机的外盒是否有破损现象，密封条是否已经被开启过，是否带有防伪标志，应进行防伪查询，如图 5-33 所示。

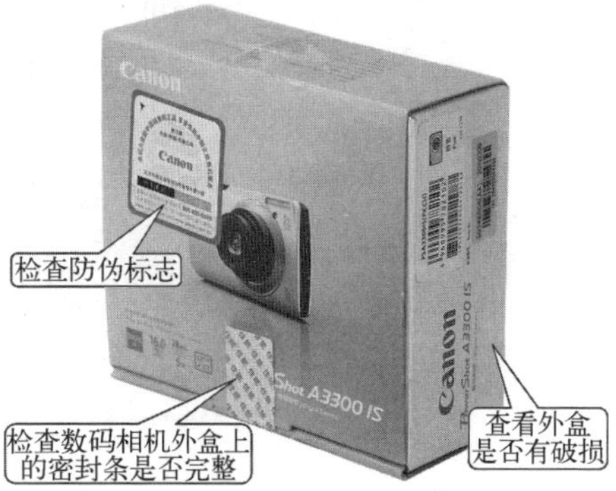

图 5-33　检查数码相机外盒及密封条

2. **检查配件**

将数码相机的外盒打开后，应当对照配件清单检查内部配件是否齐全，如图 5-34 所示。逐一检查配件是否为原装配件，例如，原装电池上的文字字体清晰，接口触点平滑，应当观察接口触点上是否有摩擦的痕迹，若痕迹较多，说明该电池已经多次使用，不宜进行购买。

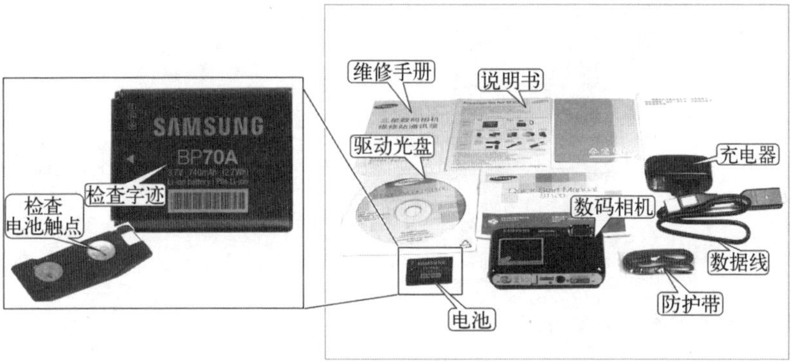

图 5-34　检查配件

3. **检查数码相机的机身**

查看数码相机外壳上是否有划痕，并将镜头对准光源检查镜头表面是否有划痕或内部有灰尘，如图 5-35 所示。

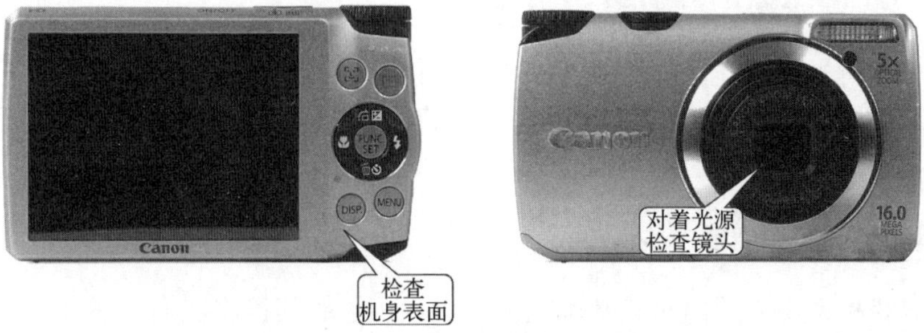

图 5-35　检查数码相机外壳与镜头

检查电池与存储卡是否可以灵活取出，并检查电池仓与存储卡仓的仓盖是否可以锁紧，如图 5-36 所示。

将数码相机开机，用镜头对准一个单一颜色的背景，检查 LCD 液晶屏是否有坏点，如图 5-37 所示。

用数码相机拍摄照片后选择照片浏览模式，放大图像观察是否有亮点或者黑线等出现，若存在上述情况，说明该数码相机的图像传感器可能出现故障，不宜购买，如图 5-38 所示。

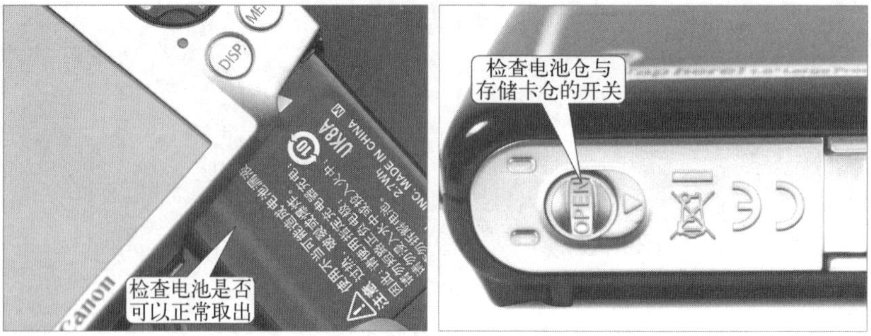

图 5-36　检查电池仓与存储卡仓

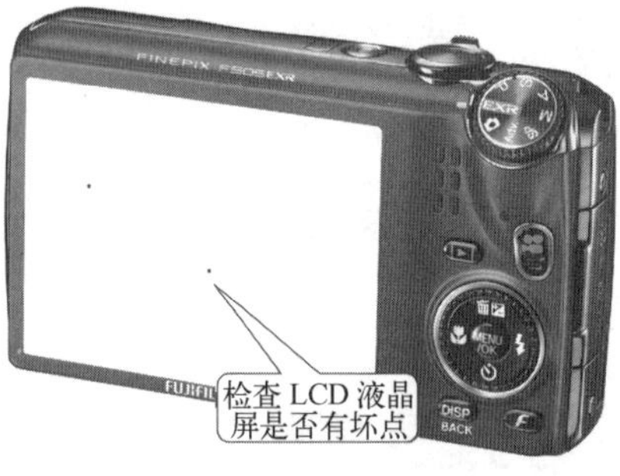

图 5-37　检查 LCD 液晶屏

图 5-38　通过照片检查图像传感器

5.4　数码相机的营销要点

5.4.1　展示数码相机的功能特色

数码相机是将平面或立体的景物转换为数字信号进行保存或通过介质将其输出，数码相机拍摄图片或者短篇的视频，可以进行永久性的保存，而胶片式相机的底片无法长时间保存，这一点是数码相机最大的功能特点。

1. 数码相机的拍照功能

对于数码相机来说，拍照是其基础功能，可以用数码相机将我们所需要的景象转换成数字信号显示在液晶屏上，还可以将数字信号进行长时间存储。数码相机的技术在不断地更新，有的数码相机已经推出自拍功能，即在数码相机的前端（镜头端）设有小的液晶屏，便于在自拍时观察拍摄范围；还有一些数码相机的 LCD 液晶屏可以旋转，便于观察拍摄的景物，如图 5-39 所示。

用数码相机拍摄的照片可以通过打印机打印为纸质介质的照片；也可以通过不同的显示媒介进行显示；还可以通过编辑软件对其进行编辑，使其效果达到最好。

图5-39　带有自拍和旋转功能的数码相机

2. 数码相机的摄录功能

现在多数的数码相机已经带有摄录功能，并且摄录的像素也已经达到高清的水平。可以使用数码相机的摄录功能拍摄有声的视频景象，但由于数码相机存储卡的容量有限，拍摄的视频时间较短，无法存储时间较长的视频片段。

3. 数码相机的传输功能

数码相机可以通过数据线与其他设备进行连接，有的数码相机带有摄像头功能，可以使其替代低像素的摄像头；还有一些高端的数码相机带有WI-FI技术（无线传输）功能，可与计算机之间进行快速的无线传输，但该类数码相机的成本较高，多用于专业的新闻报道与体育赛事报道等。

5.4.2　演示数码相机的使用方法

数码相机的型号、种类各有不同，但其基本功能操作键与使用方法基本相同，下面以尼康的D90为例，讲解其使用方法。

1. 数码相机的按键功能及显示符号

数码相机上有很多不同的按键，每个不同的按键功能有所不同，如图5-40所示为该数码相机上按键的功能。

每个数码相机都设有不同的拍摄模式，但其使用的标识基本相同，如图5-41所示为模式选择轮上标识的定义。

数码相机的一些设置，通过控制面板进行观察，即可知道某些功能是否打开，如图5-42所示。

该数码相机带有取景器，在拍摄时，可以通过取景器观察到需要拍摄的景象，在取景器中有一些构图网格与参数值，图5-43所示为识读取景器中的参数。

2. 使用数码相机进行拍照

在使用数码相机进行拍照之前，应当将电力充足的电池放置到电池仓中，并将存储卡放置到存储卡仓中，如图5-44所示。

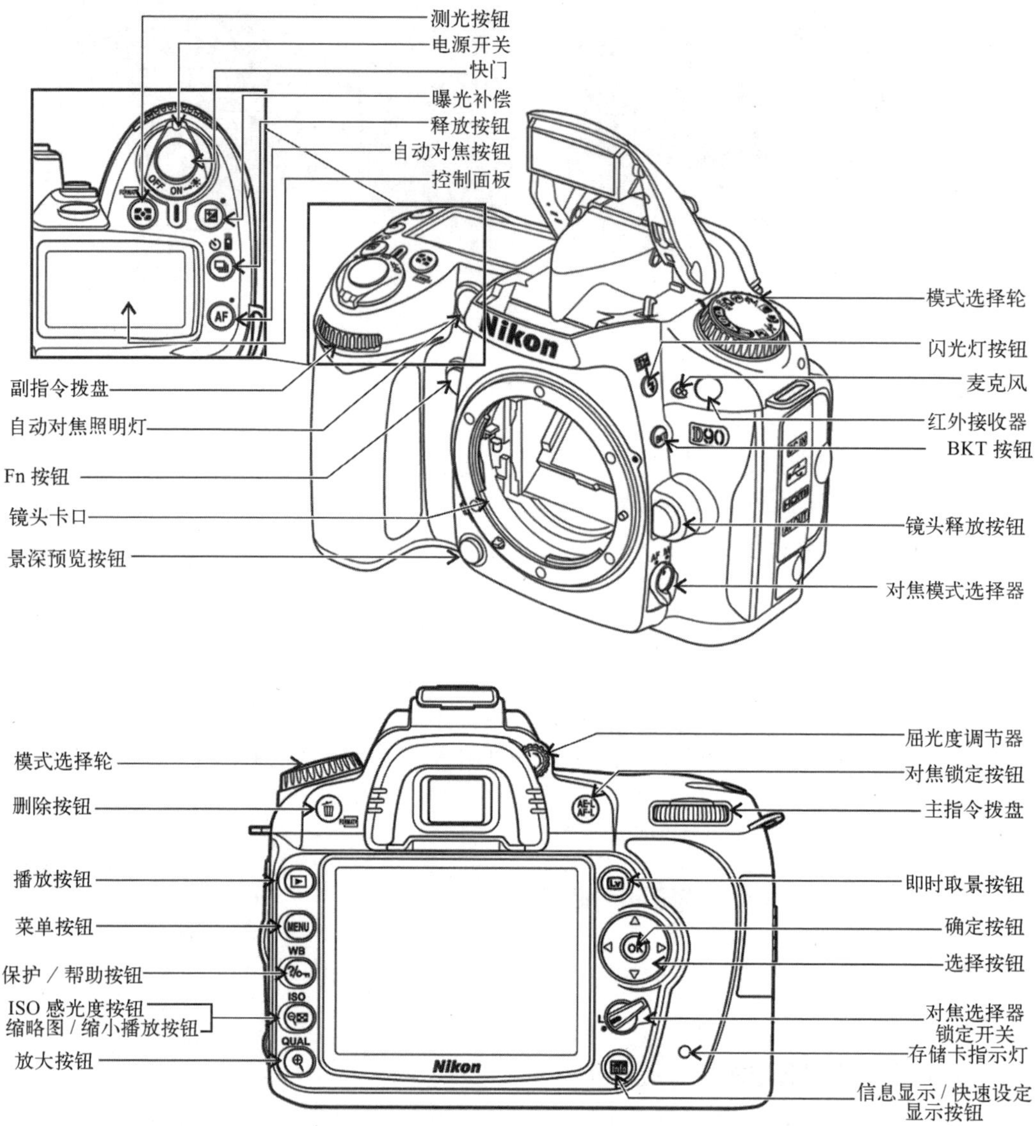

图 5-40　数码相机上按键的功能

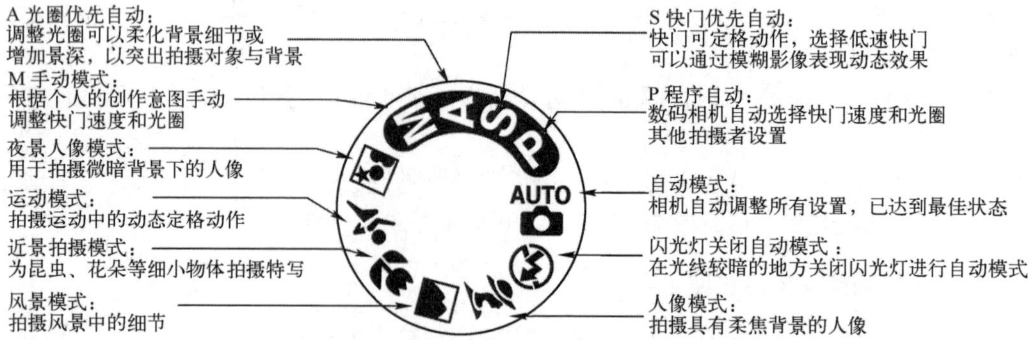

图 5-41　模式选择论标识定义

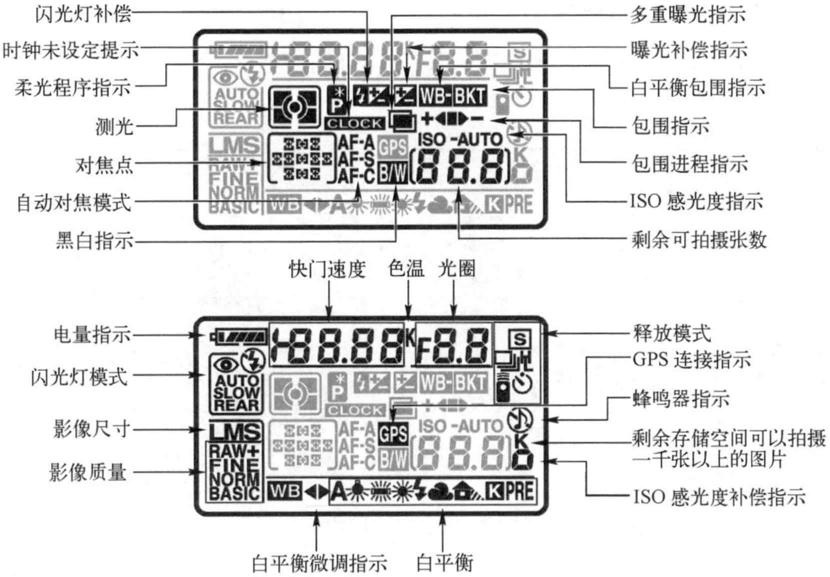

图 5-42　数码相机控制面板

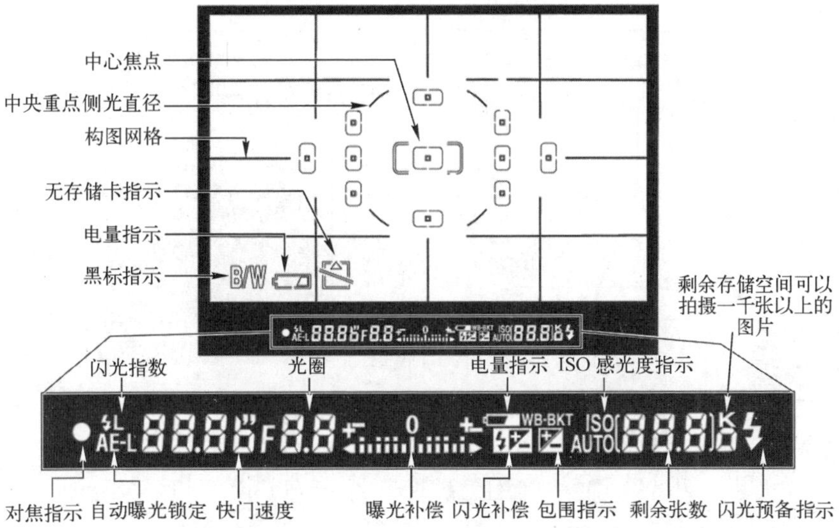

图 5-43　识读取景器中的参数

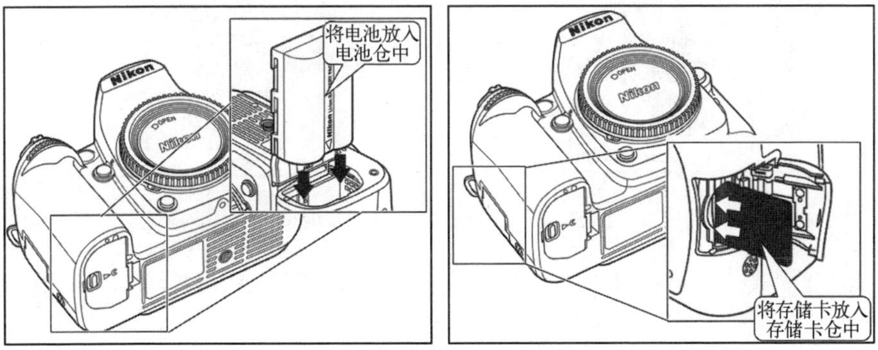

图 5-44　安装电池与存储卡

将镜头上的后盖取下，再将数码相机机身上的前盖取下，并将镜头上的安装标记与机身上的安装标记对齐，然后将镜头放入卡口中，旋转镜头直至听到“咔嗒”声，如图 5-45 所示。

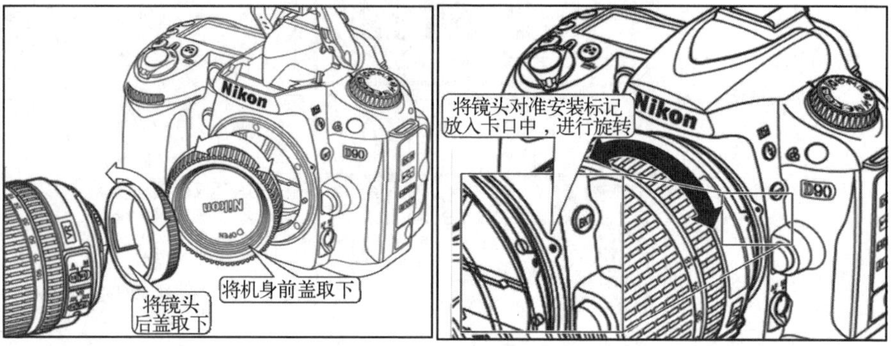

图 5-45　安装镜头

打开数码相机电源开关，将语言设置为可以识别的语言（中文），再将日期、时间设置为当地时间，设置完成后半按下按钮可以返回拍摄状态，如图 5-46 所示。

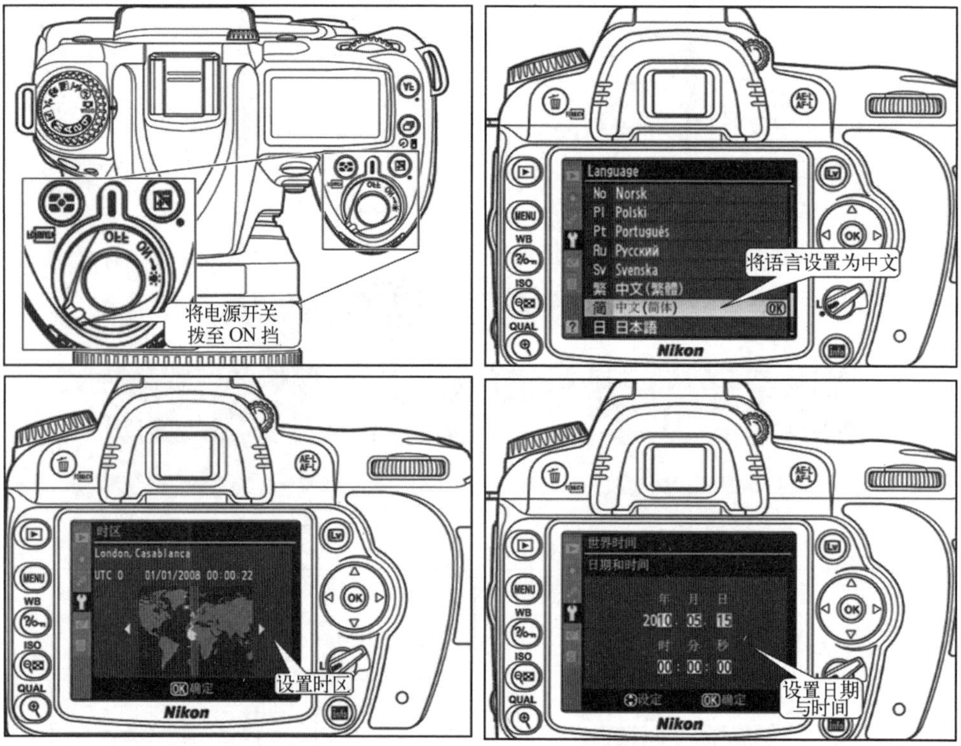

图 5-46　设置语言、日期、时间

选择 AUTO 模式，并将机身上的对焦模式选择器旋转至 AF 模式（自动对焦模式），如图 5-47 所示。

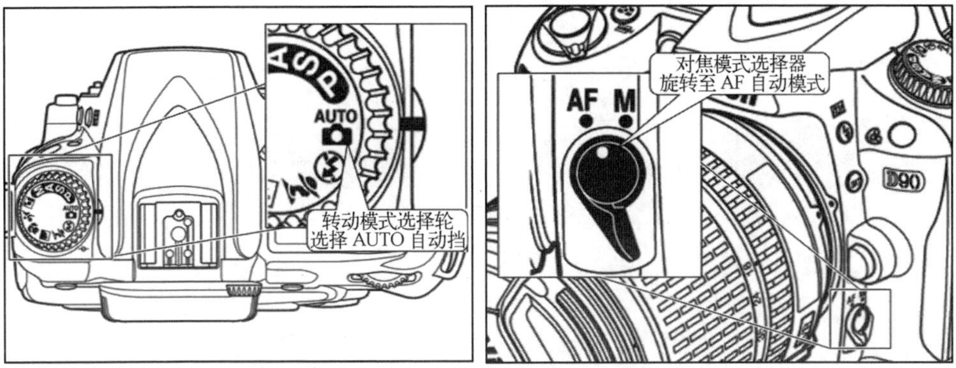

图 5-47　选择模式并将数码相机调整至自动对焦的状态

用右手握住数码相机的操作手柄，左手托住机身与镜头，观察取景器进行构图，应当将主拍摄物体放置于 11 个对焦焦点钟的一个焦点上，如图 5-48 所示。

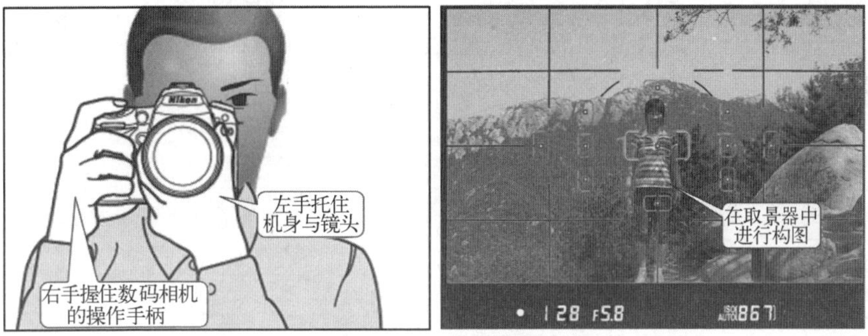

图 5-48　进行拍摄前的构图

拍摄前可以通过镜头上的变焦环，选择拍摄画面的区域，可以对画面进行放大或缩小，如图 5-49 所示。

图 5-49　调整焦距、选择最终拍摄的画面

当确定拍摄范围后，此时应当半按下快门键，使数码相机自动进行对焦，此时应当可以通过取景器观察到清楚的画面，再将快门键完全按下，即可完成拍照，如图 5-50 所示。

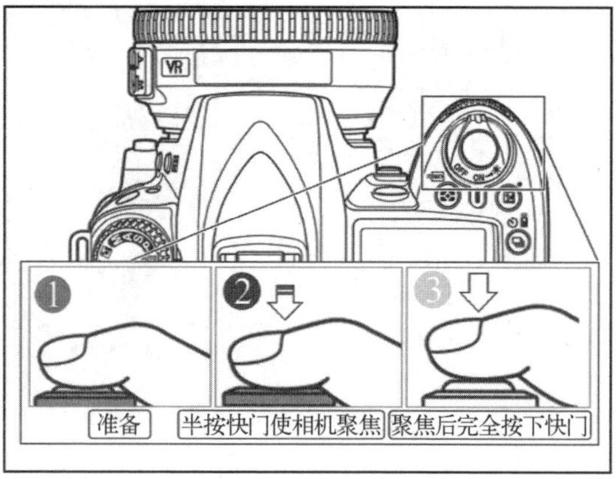

图 5-50　快门的使用方法

注意

该数码相机不仅可以通过取景器进行取景，也可以通过 LCD 液晶屏进行构图取景，如图 5-51 所示。

图 5-51　使用 LCD 液晶屏取景

当需要查看已拍好的照片时，按下播放按钮即可在 LCD 液晶屏中显示一张照片，可以通过左、右调节按钮显示其他照片；当确定显示某一张照片时，可通过放大或缩小按钮观察该照片上的细节，如图 5-52 所示。

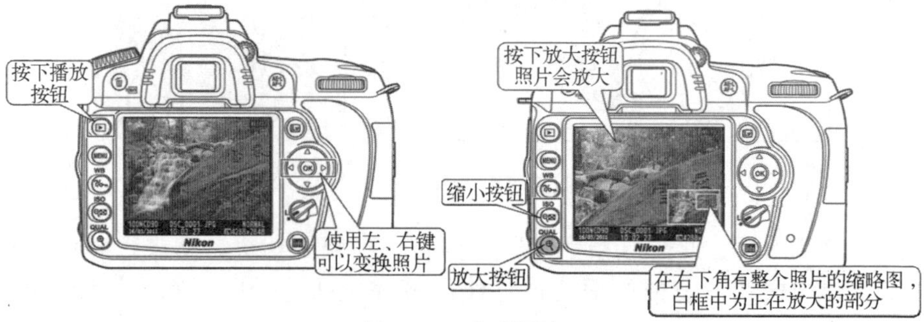

图 5-52　查看照片

当观察到拍摄效果不满意的照片时，可以按下删除按钮，在 LCD 液晶屏上可看到“是否删除”的提示框，再次按下删除按钮即可将该照片删除；若不需要进行删除，可按下播放按钮退出，如图 5-53 所示。

图 5-53　删除照片

由于数码相机的拍摄模式还有很多，在这里就不对其一一进行介绍了，消费者可以通过产品说明书对其他的拍摄模式做进一步了解。

3. 使用数码相机进行摄像

当需要使用数码相机进行摄像时，可以按下即时取景按钮，数码相机中的反光板升起，镜头中的视野出现在相机的显示屏中，如图 5-54 所示。

当构图完成后，可以用半按快门的方式，使画面聚焦，按下确定按键后开始进行录像，如图 5-55 所示。

图 5-54　将数码相机调至摄录状态

图 5-55　录制视频

当完成视频录制后，可以按下确认按键结束录制。需要观看拍摄的短片时，可以按下播放按钮，看到 LCD 液晶屏上有“短片”指示时，再次按下播放按钮进行播放；调节左、右按钮可以快进或快退，按下放大或缩小按钮可以调节声音；再次按下快门时，可以退出摄录模式，重新进入照片拍摄模式，如图 5-56 所示。

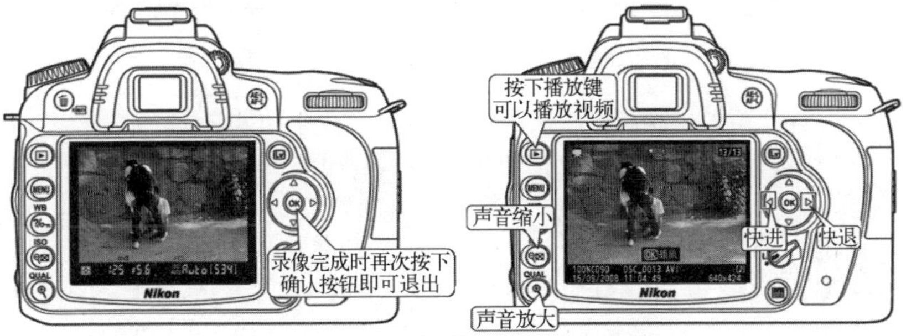

图 5-56　查看视频并退出视频拍摄模式

5.4.3 传授数码相机的保养维护方法

数码相机是非常精密的设备，若不经常对其进行保养和维护，可能会造成镜头、CCD/COMS 等脏污，影响拍照质量，也有可能会造成部件损坏等。所以应当经常对数码相机进行保养和维护，这样可以增加数码相机的使用寿命，减少故障的发生。

1. 数码相机整机的保养维护

1）数码相机使用和存放的注意事项

(1) 湿度

数码相机在使用和保存中对湿度有一定的要求，当数码相机的使用环境或存放环境湿度过大时，容易导致数码相机的电路故障，也会使某些部件失灵。因此在阴天或雨天拍摄时应当对其进行防水处理。可以为数码相机选择配套的防水壳，也可以使用浴帽为其防水，如图 5-57 所示。

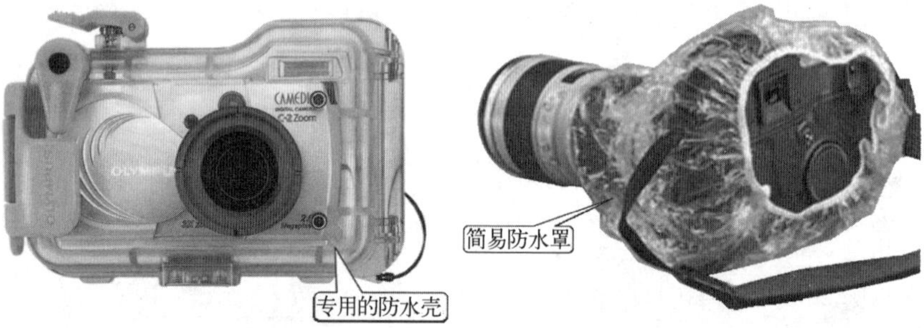

图 5-57 数码相机的防水

在存放数码相机时，应将其放置到防水、防潮的环境中，可以选择合适体积的塑料箱进行存放，经济条件允许的情况下可以选择专业的电子防潮箱来长期保存，如图 5-58 所示。

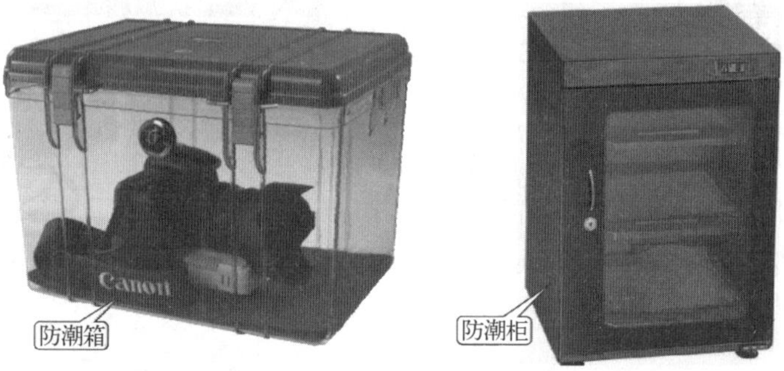

图 5-58 防潮箱

注意

当数码相机不小心进水时，不要触按任何按键，应当马上将其电池取出，再用吸水纸将水擦干，并进行烘干，使其内部的水分蒸发。可以用 40W 左右的日光灯进行烘干，若功率过高会导致数码相机内部元件因温度过高而损坏。烘干完毕后将电池放回，开机测试，若仍不能使用，经将其送至维修站进行修理。

（2）温度

数码相机对湿度有要求，对周围的温度同样有要求。注意，一定不要将数码相机直接放置于温度过高的环境中，更要避免强光对相机的直接照射。数码相机所采用的CCD或CMOS固体成像器件接收强光和高温的能力也是有限的，如果直接用数码相机来拍摄太阳或非常强烈的光源，有可能造成成像器件的灼伤损坏。若因特殊需要无法避免时也应尽量将拍摄时间缩短，尽可能快速完成拍摄。另外，长时间的强光照射或周围温度过高很容易导致数码相机机身变形。特别是长时间存放数码相机时，切勿将数码相机直接放置于强光之下或温度过高之处。

注意

在天气非常寒冷时，对数码相机的存放保管也应十分注意。要尽量保证数码相机的正常温度，尤其是从低温处突然转至温暖处时，数码相机内部会产生冷凝液或雾气，容易造成镜头和机内电路的损坏。

（3）防止烟尘

数码相机应在清洁的环境中使用和保存，在灰尘较多的环境里，尽量不要将相机暴露出来。即使必须使用，也应在拍摄完毕后立即将数码相机的镜头盖盖好，放入防尘的数码相机保护套内，这样可以在一定程度上避免外界的灰尘对数码相机造成的污染。因为，外界灰尘较多，很容易使污染物掉落到数码相机的镜头上，从而弄脏镜头，直接影响拍摄的清晰度，严重时还会影响数码相机的整体性能。因此，外界环境的清洁对数码相机也是很重要的。保持数码相机使用环境和存放环境的干净、清洁，可以大大降低数码相机因外界灰尘、污物等污染而导致故障的可能性。

注意

在更换单反数码相机的镜头时，应当避免在灰尘过大的环境中进行，因为灰尘会通过镜头卡口进入相机内部，当灰尘沾染到CCD或CMOS图相传感器上时会对成像质量产生很大的影响。

（4）远离电、磁场

由于数码相机工作时是将所拍摄景物的光信号通过CCD、DSP等光电转换部件转换成电信号，因此，像CCD、DSP芯片等一些光电转换部件对强磁场和电场很敏感，这极易导致数码相机故障，直接影响拍摄质量。所以，在使用和存放数码相机时应尽量远离强磁场和电场。存放时，应注意不要将相数码机放置在如音响、电视机、电磁灶及大功率变压器等可能产生强磁场和电场的设备附近。

（5）避免剧烈震动

数码相机中复杂的成像系统、光学镜头及精密的电子器件等都是极易受到损坏的部分。剧烈的震动和碰撞很容易导致相机机械结构性能的损坏。因此，在实际使用时要特别注意，为数码相机配置合适的手带、颈带或肩带，如图5-59所示。拍摄过程中始终将相机套在手腕或脖颈上，不要将相机随意甩来甩去，避免无意间掉落。

携带出行时，应将数码相机放在相机保护套内。如图5-60所示，必要时还可购置一个较能防震的摄影包，大小最好刚刚能够容纳相机。放置地点也要绝对牢固，确保不会受到意外的撞击。不要将数码相机装在有很大活动余地的箱包内，因为这样容易使相机在颠簸中发生意外的碰撞。

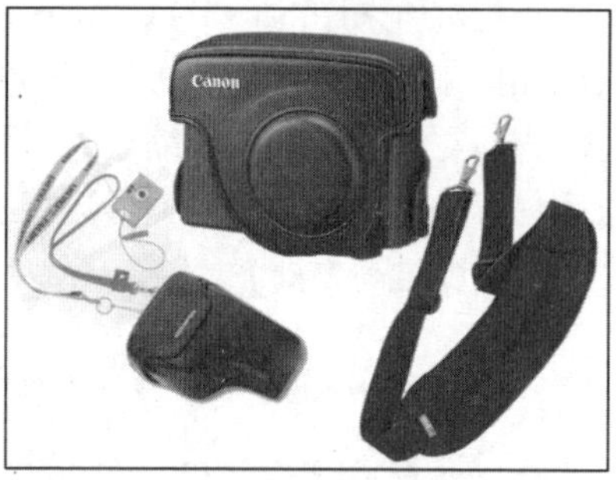

图 5-59　数码相机防护带

图 5-60　数码相机防震包

2）数码相机整机外壳的清洁

由于数码相机的外壳大多为塑料材质，对其进行清洁时，不应使用酒精或化学清洁剂，防止外壳变色或受损。应当先用吹气皮囊将其表面的灰尘清洁掉，再使用干净的清洁布对其进行擦拭。当外壳上有不易清除的污渍时，可使用 50% 的镜头清洁液与 50% 的水进行勾兑，将其滴至清洁布上，对脏污处进行清洁，清洁后还应该用干净的清洁布将残留的清洁液擦除，如图 5-61 所示。最后将数码相机放置在干燥的通风处进行干燥即可。

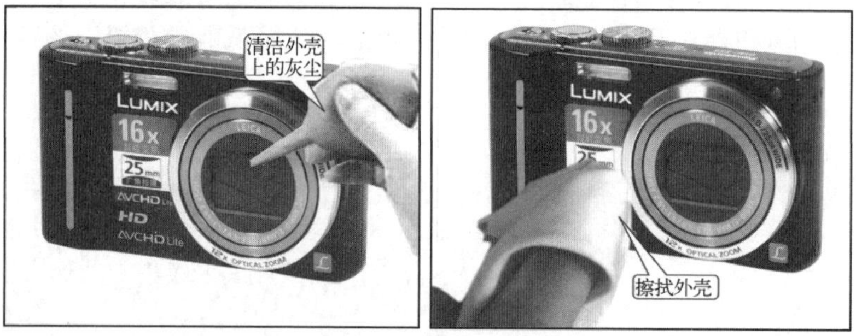

图 5-61　清洁数码相机整机外壳

注意

在使用吹气皮囊进行清洁时，应选择后面进气前面出气、带单向气阀的皮囊，最好不要用出气、进气一个口的普通吹气皮囊，如图 5-62 所示。这种吹气皮囊会把灰尘吸进来再喷到数码相机上，使其难以清洁干净。

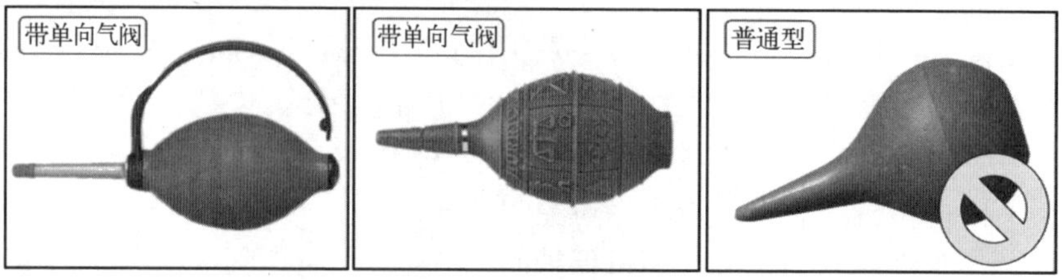

图 5-62　吹气皮囊

2. 镜头的保养维护

1）镜头使用的注意事项

（1）不到万不得已不要擦拭镜头

镜头表面的指印、灰尘、水渍对于成像并无太大影响，不要经常擦拭镜头。如果镜头表面有沙粒、油污或硬性颗粒时，应当及时对其进行清洁，防止刮伤镜头表面的反射膜。

（2）清洁镜头不超过 30 s

每次清洁镜头的时间最好不要超过 30 s，因为过长时间的擦拭也会造成镜头不必要的损伤，如果那样就有些得不偿失了。

（3）使用 UV 镜或者遮光罩保护镜头

在日常的使用中，应当注意对数码相机的镜头进行保养。例如：可以通过对镜头加装 UV 保护镜，防止灰尘和污物等，也可以过滤一部分紫外线；在灰尘及阳光较大的地方可以通过添加遮光罩，将灰尘挡在镜头之外，并将光线聚合，如图 5-63 所示。

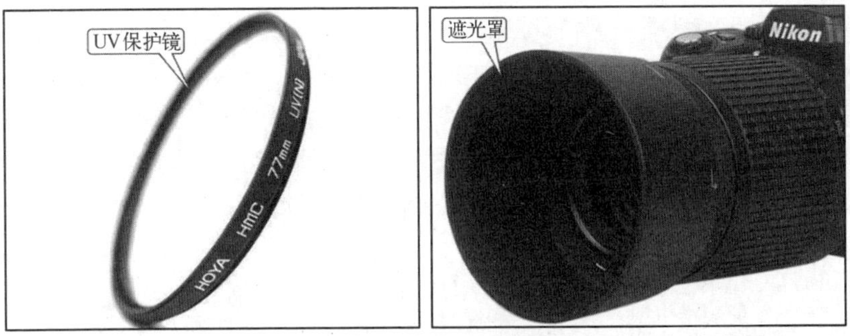

图 5-63　UV 保护镜和遮光罩

2）镜头的清洁方法

在对镜头进行清洁时，应当先使用单向气阀带有挂钩的吹气皮囊对镜头表面的灰尘进行清洁，将挂钩挂至手背上端，手握吹气皮囊，使其与镜头形成一定的距离，防止吹气皮囊碰到镜头表面，如图 5-64 所示。

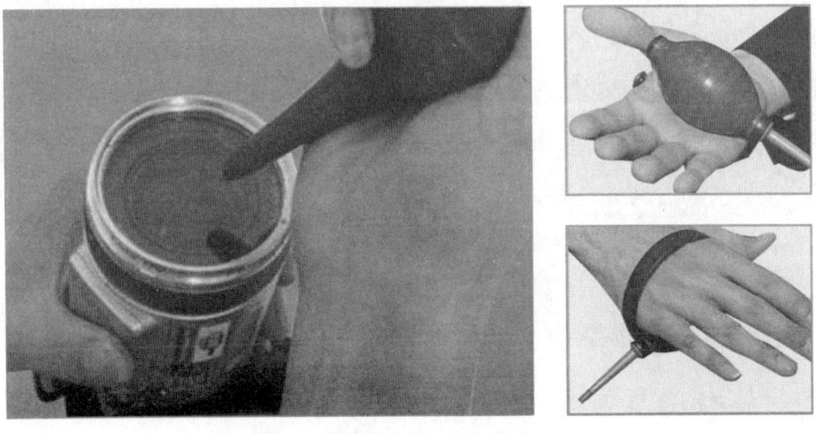

图 5-64　使用吹气皮囊清洁镜头表面

当镜头表面带有油污时，可以通过镜头纸、专用镜头清洁液与镜头笔等对油污进行擦拭。镜头纸与清洁液可以配套使用，如图 5-65 所示，将一小滴镜头清洗液滴在镜头纸上，注意不要将清洗液直接滴在镜头上，使用镜头纸轻轻擦拭镜头表面，然后用一张干净的镜头纸擦净，直至镜头干爽为止。

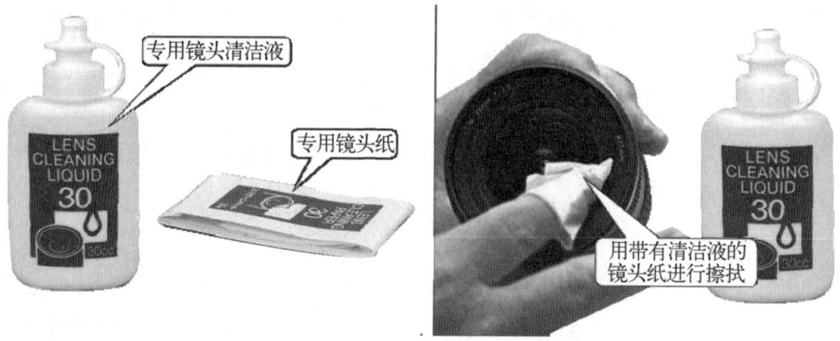

图 5-65 用镜头纸和清洁液擦拭镜头

如图 5-66 所示，镜头笔一般有两头，一头是炭的（炭粉，球形的微小颗粒，粒径通常为 30～50 μm），能很好地吸附灰尘，同时具有抛光效果，炭粉表面还吸附有纳米颗粒氧化硅球；另一头是刷，可以刷掉大灰尘。使用镜头笔前务必保证吹净镜头表面，确保没有任何灰尘颗粒，再竖直轻压镜头笔从镜头中间顺时针向外赶。擦拭一次后注意清洁脱落的镜头炭粉，反复 4～5 次擦拭后即可完成镜头的清洁，使其光亮如新。

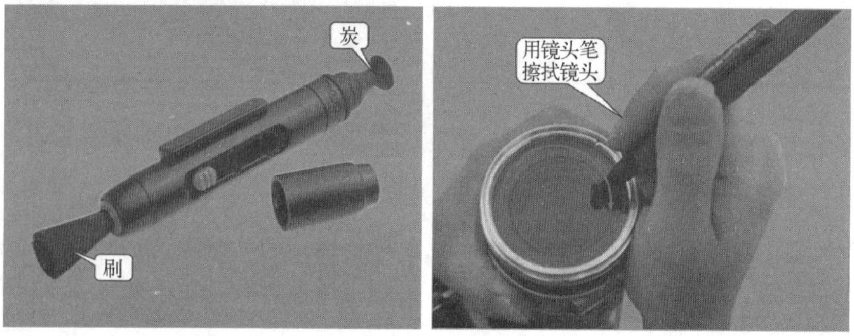

图 5-66 镜头笔

注意

在选购清洁器材时，应当到正规的专业摄影商店去买，不要贪图便宜而购买劣质的清洁产品。而且任何擦镜头的行为都会伤害镜头镀膜，镜头笔虽是比较安全的工具，但也要小心使用；对镜头永远要多吹少擦，镜头笔也是有使用寿命的，当炭刷毛磨平之后，就必须更换。

3. LCD 液晶屏的保养维护

（1）LCD 液晶屏的注意事项

LCD 液晶屏是数码相机重要的部件，也是镜头之外另一个价格昂贵的装置。在使用时应当注意，显示屏为液晶不可以置于阳光下直射；还要注意不要让液晶屏表面受重物挤压，防止 LCD 液晶屏破碎；不可以用有机溶剂对其进行清洁，因为会影响 LCD 液晶屏的亮度；LCD 液晶屏的亮度会随温度的变化而变化。如图 5-67 所示，在温度降低时，LCD 液晶屏所显示的影像亮度会随之降低；当温度恢复时，LCD 液晶屏会恢复正常。这些都是正常的现象，不必担心是 LCD 液晶屏出现故障。

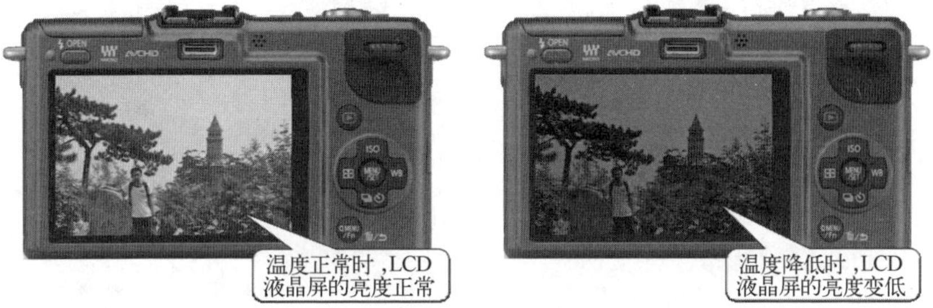

图 5-67　液晶屏在不同温度下显示亮度的差异

（2）LCD 液晶屏的清洁方法

在对 LCD 液晶屏进行清洁时，可以使用麂皮、软布轻轻擦拭液晶屏，当遇到顽固的污渍时，不应用力过猛，可以使用专用的液晶屏清洁液对其进行清洁，如图 5-68 所示。

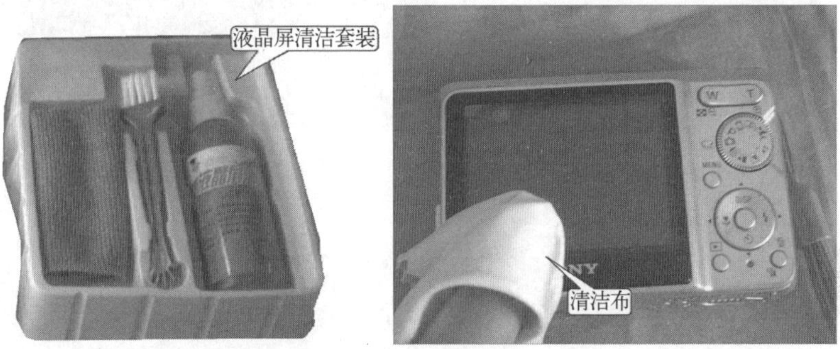

图 5-68　LCD 液晶屏的清洁方法

4. 图像传感器 CCD/COMS 的保养维护

（1）图像传感器 CCD/COMS 的注意事项

数码相机中的图像传感器 CCD/COMS 是成像系统中的关键，若被灰尘污染会严重影响成像效果。在更换单反数码相机的镜头时，应当在灰尘较小的空间中进行，防止灰尘污染图像传感器 CCD/COMS。

由于图像传感器 CCD/COMS 是较为昂贵的器件，所以不要擅自对其进行清洁，防止将其损坏，导致数码相机整体无法使用。在一些数码相机中带有专业的 CCD/COMS 清洁系统，就是以抖动的方式，将灰尘自 CCD/COMS 图形处理芯片上振落，然后被周围的胶带吸附，这也是最安全便捷的清洁方式。对于没有该清洁系统的数码相机而言，除了送到售后维修部以外，还可以使用一些专业的工具进行清洁，但清洁过程中一定要谨慎操作，以免损坏图像处理芯片，造成不必要的损失。

（2）图像传感器 CCD/COMS 的清洁方法

图 5-69　CCD/COMS 观察镜实物图

首先选择在比较干净的房间内进行，使用 CCD/COMS 观察镜观察数码相机的 CCD/COMS 图像处理芯片表面或相机腔内的灰尘分布情况。由于采用的是特殊的光学设计，不会产生眩光，因此可以清晰地观察到图像处理芯片，更便于清洁、维护。如图 5-69 所示为 CCD/COMS 观察镜实物图。

当观察到灰尘后，可以用清洁笔以沾的方式清除灰尘，清洁笔上的清洁头不可与 CCD/COMS 表面横向摩擦；当清洁笔沾满灰尘后，将其放在清洁纸上按几下，就可以将灰尘转移走。在清洁的过程中不可以用手触摸清洁头，防止清洁头被污染或损坏，如图 5-70 所示。

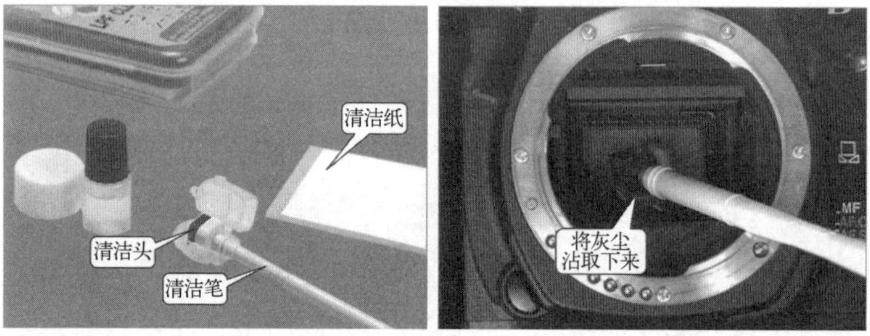

图 5-70　CCD/COMS 清洁笔

注意

在条件允许的情况下还可以使用 DD PRO 低通滤镜清洁器，如图 5-71 所示。它实际上是一个超小型的吸尘器，具有可更换的前部毛刷和可以吸尘的中心吸管，使用时首先用毛刷擦拭低通滤镜上的污物使其松动，然后再通过吸管将灰尘等清除出数码相机。

图 5-71　DD PRO 低通滤镜清洁器

5. 电池的保养维护

数码相机工作时，需要使用电力。在使用电池时，应当选用锂电池、镍镉电池等，不要使用一般的碱性电池。锂电池与镍镉电池比一般的碱性电池容量大很多，使用时间也长，最主要的是它能重复使用，降低了使用成本。在使用电池时应当注意以下几点，可以对电池起到保护效果。

- 购买新电池后，最初几次充电最好采用慢充方式，充电时间稍长一些，保证电池完全充满。
- 在平时的使用过程中，尽量关掉 LCD 显示屏或调小它的亮度，以减小耗电量。
- 应将电池完全放电后再对其进行充电，也可使用调节充电器或脉冲充电器。
- 定期用蘸有酒精的棉签清洁电池的接触点，保证充电畅通无阻，如图 5-72 所示。

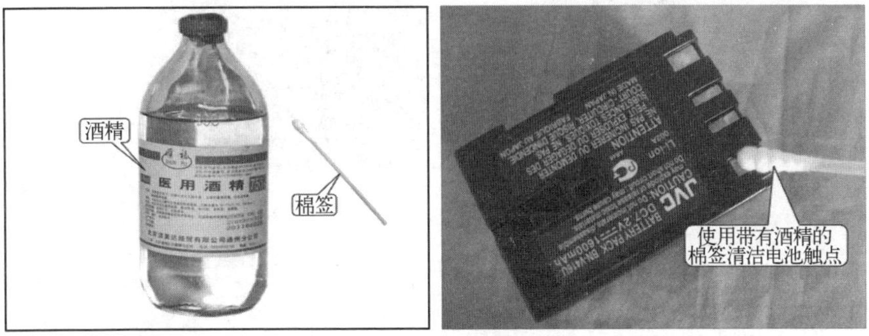

图 5-72　使用酒精对电池触点进行清洁

- 如果长时间不使用相机，应将电池从相机中取出，并放在阴冷干燥的地方保存。
- 注意电池的使用年限，并及时进行更换。不同类型的充电电池，其循环充电使用次数与寿命都不尽相同，一般循环充电使用次数在 400 ~ 700 次之间，寿命约为 1 ~ 2 年。

6. 存储卡的保养维护

存储卡是用来存放数码相机拍摄照片的，在使用中应注意不要在通电的状态下将其取出，否则会导致数据丢失或烧毁存储卡；对存储卡进行存放时，应将其放置于数码相机中一起放入防潮箱中进行保存，若有多张存储卡也应一起放入防潮箱中，没有防潮箱时，应将其放置阴凉处保存，并避开磁场干扰的环境，远离高温发热源；在对存储卡进行格式化时，应使用数码相机上的格式化对其进行操作，并应保证数码相机的电力充足，防止中途断电导致存储卡烧毁等故障。

习题 5

1. 填空题

（1）数码相机可分为__________、__________、__________等。

（2）数码相机的镜头可大致分为__________、__________、__________与__________等。

（3）__________可以保护镜头不沾染灰尘或划伤；__________可以吸收蓝色光线，镜片通常呈现墨色，可用于拍摄浪漫的天空效果；__________用于拍摄远景，可将景物距离拉近。

（4）数码相机中的取景器可以分为__________、__________及__________三种。

（5）数码相机的测光系统是指__________对__________进行设置；数码相机中的测光系统可以分为__________、__________、__________等。

（6）填写图 5-73 中标号处各部件的名称。

图 5-73　填写标号各部件名称

① ____________________

② ____________________

③ ____________________

④ ____________________

⑤ ____________________

⑥ ____________________

⑦ ____________________

⑧ ____________________

⑨ ____________________

2. 简答题

（1）选购数码相机时有哪些注意事项？

（2）数码相机使用与存放时有哪些注意事项？

（3）数码相机镜头的清洁方法是什么？

项目6　DV摄录机的功能特点和营销方案

6.1　DV 摄录机的种类特点及相关产品

6.1.1　DV 摄录机的种类特点

DV 摄录机的英文名称为 Digital Video（DV），它是一种集电、磁、声、光等多种学科技术为一体的高档家用电子产品。DV 摄录机与数码相机非常相似，同样是将拍摄的影像快速地转换为数码信号，将其存储在存储介质上，可以通过数据线的连接将其传输到显示媒介中进行显示或将其输入计算机中进行编辑。目前比较常见的 DV 摄录机分类方式是通过存储介质的不同进行划分，例如，可以分为磁带式 DV 摄录机、存储卡式 DV 摄录机、硬盘式 DV 摄录机与光盘式 DV 摄录机等。

1. 磁带式 DV 摄录机

如图 6-1 所示为磁带式 DV 摄录机，磁带式 DV 摄录机是以磁带作为存储介质的摄录机，它是最早推出的 DV 摄录机，清晰度高。可以对 DV 磁带上的信号进行多次转录，并不会对其质量产生影响。当 DV 磁带录制后需要通过专业的编辑录像机对其进行编辑。在使用中同样需要一些专业的技巧进行操作，所以目前市场上比较常见的磁带式 DV 摄录机属于中高端机型。

图 6-1　磁带式 DV 摄录机

2. 存储卡式 DV 摄录机

如图 6-2 所示为存储卡式 DV 摄录机，存储卡式 DV 摄录机是以存储卡作为存储介质的摄录机，它是目前市场上比较流行的类型。存储卡式 DV 摄录机的抗震性能较强，而且存储卡可以反复进行读写，不会像磁带式 DV 摄录机覆盖原有已录制好的视频图像。当视频图像录制好以后，可以通过音/视频线缆与显示仪器进行连接，观看拍摄的视频图像，也可以通过数据线与计算机相连，将录制好的数字信号输出。随着存储卡技术的成熟，存储卡的容量也逐渐增大，有一些高端存储卡的容量可以达到微型硬盘的存储量，所以使存储卡式 DV 摄录机更受到消费者的欢迎。

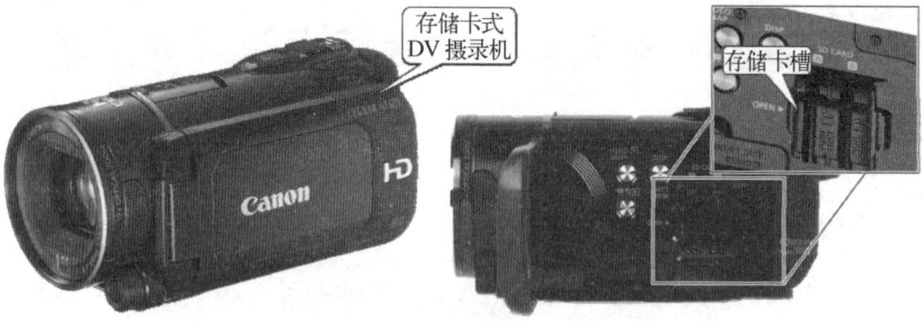

图 6-2　存储卡式 DV 摄录机

3. 硬盘式 DV 摄录机

如图 6-3 所示为硬盘式 DV 摄录机，硬盘式 DV 摄录机是指采用硬盘作为存储介质的 DV 摄录机，其拥有大容量的存储空间，可以用来拍摄长时间的视频。可以通过数据线将录制好的视频图像直接传输到计算机中进行播放，或利用计算机对视频直接进行编辑。但由于硬盘式 DV 摄录机的防震性能未能得到完善，所以在使用中要注意防震，以免使其损坏。

图 6-3　硬盘式 DV 摄录机

4. 光盘式 DV 摄录机

如图 6-4 所示为光盘式 DV 摄录机，光盘式 DV 摄录机是指采用 DVD 光盘作为存储介质的摄录机，其操作较为简单、携带方便，在拍摄过程中不必担心重叠拍摄将原有已经录制好的视频覆盖掉。光盘式 DV 摄录机录制后的光盘可以直接放在 DVD 影碟机中进行播放，用户对视频的使用和保存更为便利。

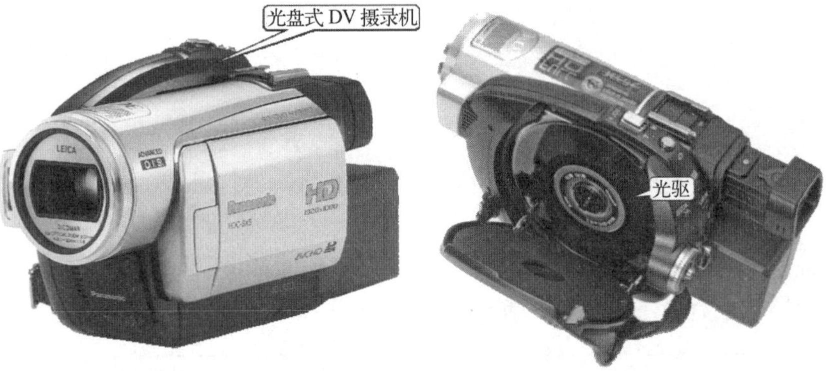

图 6-4　光盘式 DV 摄录机

注意

目前市场上一些商家已经将两种或多种存储介质设计在一台 DV 摄录机上，使存储容量得到提升，并且使用更为方便。例如，光盘与硬盘两种存储介质在同一台 DV 摄录机上出现，如图 6-5 所示。

图 6-5　光盘与硬盘两种存储介质的 DV 摄录机

注意

DV 摄录机还可以按照“高清”和“标清”进行分类，对于“高清”和“标清”的划分首先来自于所能看到的视频效果。所谓“标清”（Standard Definition），是物理分辨率在 720 p 以下（一般在 400 p 左右）的一种视频格式（720 p 是指视频的垂直分辨率为 720 线逐行扫描）。而物理分辨率达到 720 p 以上，则称作“高清”（High Definition，HD）。关于高清的标准，国际上公认的有两条：视频垂直分辨率超过 720 p 或 1 080 i；视频宽纵比为 16 :9。i（interlace）是指隔行扫描；p（progressive）代表逐行扫描，这两者在画面的精细度上有着很大的差别。高清 DV 摄录机带有高清接口，使用高清数据线（HDMI）与液晶电视的高清接口连接，可以直接观看高清画面。

6. 1. 2　DV 摄录机的相关配套产品

在使用 DV 摄录机时有很多相关的配套产品是必不可少的，如摄影灯、DV 磁带、光盘、三脚架、UV 滤镜、存储卡、读卡器、高清数据线等。它们都起着不同的作用，可以使 DV 摄录机使用便捷，成像达到所需要的要求。

1. 摄影灯

摄影灯用在光线不足的拍摄环境中，可以对拍摄物体进行补光。DV 摄录机与数码相机在拍摄时需要的补光效果不同，数码相机需要的补光效果是瞬时间补光，而 DV 摄录机需要面积较大而且是长时间的补光效果，所以摄影灯可以长时间进行照明补光。由于补光效果不同，摄影灯的样式也有所不同，如图 6-6 所示。

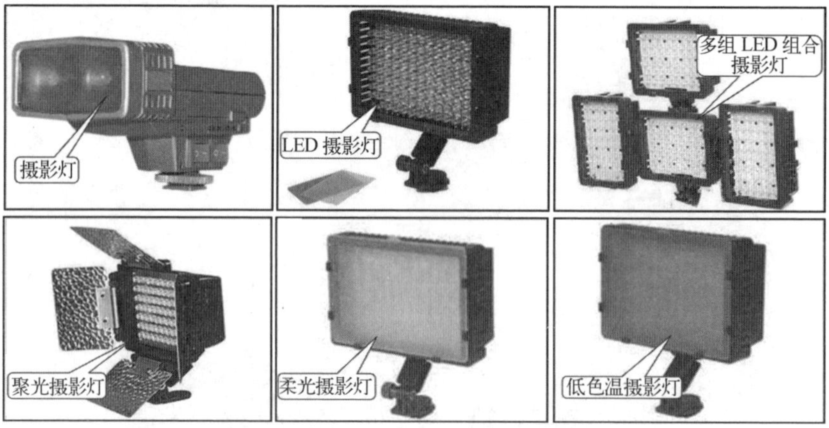

图 6-6　摄影灯

注意

在使用摄影灯进行补光拍摄时，LED 摄影灯的电能消耗较大，供电电池一般可以持续拍摄 2 个小时左右，若需要较长的工作时间，应当备好备用电池。

2. DV 磁带

DV 摄录机中使用的磁带体积小巧，它的宽度为 6.35 mm，录制的影像清晰，水平解析度高达 500 线，可产生无抖动的稳定画面。不同厂家的 DV 磁带可以录制的时间也有所不同，如图 6-7 所示。

图 6-7　DV 磁带

3. 光盘

光盘式 DV 摄录机可以使用 DVD-R、DVD+R、DVD-RW、DVD+RW 光盘来存储录制的视频图像，如图 6-8 所示。DVD-R 与 DVD+R 相同，为可写入式光盘，DVD-RW 与 DVD+RW 为可反复写入式光盘。

图 6-8 光盘

4. 三脚架

三脚架不仅是数码相机必备的辅助工具，它也是 DV 摄录机的重要辅助工具。在选择 DV 摄录机所使用的三脚架时，一定要考虑该三脚架的承重能力和稳定性能，若需要移动拍摄时，应当选择带有滑轮的三脚架。

5. UV 滤镜

UV 滤镜可以保护 DV 摄录机的镜头防止沾染灰尘或镜面损伤，还带有滤除紫外线的功能。不同的 DV 摄录机镜头口径不相同，所以在选择 UV 滤镜时，应当根据镜头的内径选择，如图 6-9 所示。

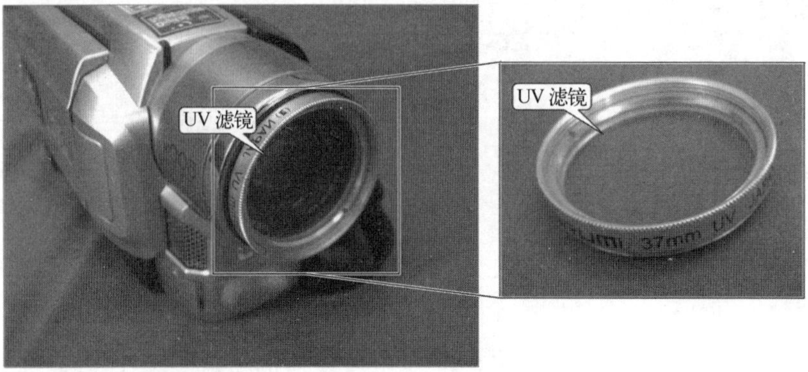

图 6-9 UV 滤镜

注意

有的 DV 摄录机的镜头保护盖为内置护盖，无法通过安装 UV 滤镜对其进行保护，所以在使用后，应尽快将镜头护盖闭合，防止对镜头造成损害，如图 6-10 所示。

图 6-10　内置镜头护盖

6. 存储卡

DV 摄录机中的存储卡可以用来存储拍摄的视频信息和照片。由于 DV 摄录机录制视频时需要较大的存储空间，所以在选择存储卡时应当选择存储容量较大的，也可以购买备用存储卡，当一张存储卡存满后，可以使用另一张存储卡继续录制。DV 摄录机中常用的存储卡类型有 MMC、MS、MS PRO、SD 四种，如图 6-11 所示。MMC 卡的全称为 MultiMedia Card 卡，尺寸为 32 mm×24 mm×1.4 mm，采用 7 针的接口，没有读/写保护开关；MS 卡为 SONY 公司推出的记忆棒，采用 10 针接口结构，并内置有写保护开关；MS PRO 卡为增强型记忆棒，它的最高传输速度可达 160 Mb/s，但是 MS PRO 卡不向下兼容原有的记忆棒，因此购买产品时必须看清楚是否支持这种类型的记忆棒；SD 卡的全称为 Secure Digital 卡，可以通过加密功能保证数据资料的安全保密，使用 SD 卡的卡槽可以装载 MMC 卡。

（a）MMC 卡　（b）MS 卡　（c）MS RPO 卡　（d）SD 卡

图 6-11　存储卡

7. 读卡器

读卡器可以用来插接存储卡，利用 USB 接口与计算机连接，使计算机可以读取存储卡上的信息。由于存储卡的类型不同，所以读卡器的接口也有所不同，有一些读卡器设有多种存储卡接口，便于读取不同存储卡上的信息，如图 6-12 所示。

8. 高清数据线

随着 DV 摄录机高清技术的推出，可以通过高清数据线（HDMI）与高清数字电视连接，播放 DV 摄录机拍摄的高清视频与多声道数字音频。所以高清数据线（HDMI）也成为 DV

摄录机的重要配件之一，如图 6-13 所示。

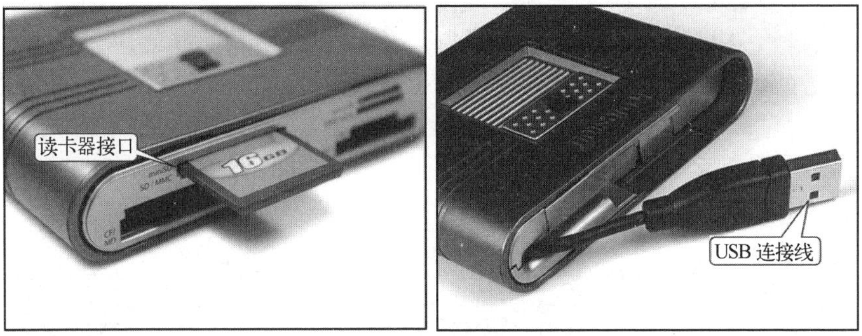

图 6-12 读卡器

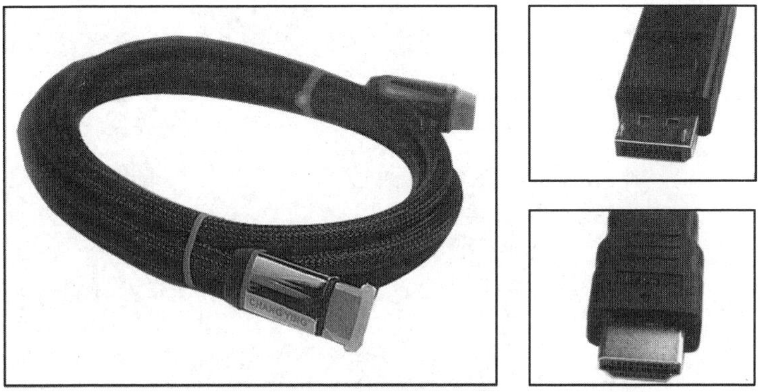

图 6-13 高清数据线（HDMI）

6.2 DV 摄录机的结构和工作特点

6.2.1 DV 摄录机的结构组成

1. DV 摄录机的外部结构

DV 摄录机的种类有所不同，但其组成的基本元素大致相同，基本上都是由镜头、操作按钮（如播放按钮、焦距按钮）、LCD 液晶屏、电池仓、取景器、麦克风（扬声器）、存储介质仓（磁带仓、硬盘、存储卡仓、光盘仓）及接口等构成。如图 6-14 所示为典型 DV 摄录机的外部结构。有一些 DV 摄录机由于机身大小的限制已取消了取景器，取景功能完全交由 LCD 液晶屏来实现。

2. DV 摄录机的内部结构

无论哪种类型的 DV 摄录机，其内部结构基本相似，都是在镜头的后面设有 CCD 图像处理芯片。当镜头对准景物时，景物的光图像会穿过镜头照射到 CCD 图像处理芯片的感光面上，CCD 图像处理芯片便将光图像变成电信号，即图像信号。图像信号经过 A/D 转换器电路变成数码图像信号后，再进行记录压缩编码处理，以适应于不同的介质（磁带、存储卡、光盘、硬盘），不同介质需要不同的信号处理电路。音频信号需要与视频信号同步处理。为了能从介质上播放图像和伴音信号，还设有播放和输出电路。与此同时，图像信号还可以经驱动电路显示在 LCD 液晶显示屏上。如图 6-15 所示为典型 DV 摄录机的内部结构。

图 6-14　典型 DV 摄录机的外部结构

3. DV 摄录机的电路结构

DV 摄录机的内部电路通常设置有成像电路、供电电路、操作显示电路、存储电路和控制电路等部分。如图 6-16 所示为典型磁带式 DV 摄录机的整机电路结构图（夏普 VL-Z800）。不同品牌、不同型号 DV 摄录机的设计方案各有特点，其内部电路板的布局也不尽相同。

图 6-15　典型 DV 摄录机的内部结构

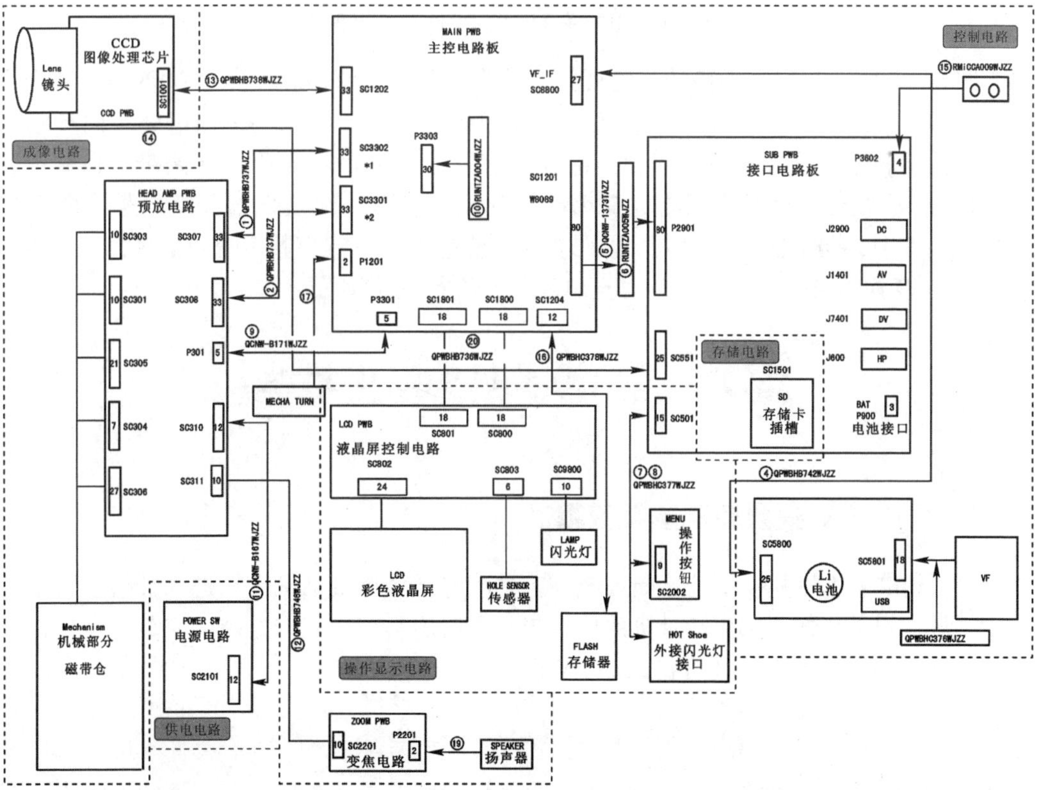

图 6-16　典型磁带式 DV 摄录机的整机电路结构图（夏普 VL-Z800）

6.2.2 DV 摄录机的工作特点

DV 摄录机大致的工作流程基本相同，如图 6-17 所示为典型 DV 摄录机整机电路信号流程图。

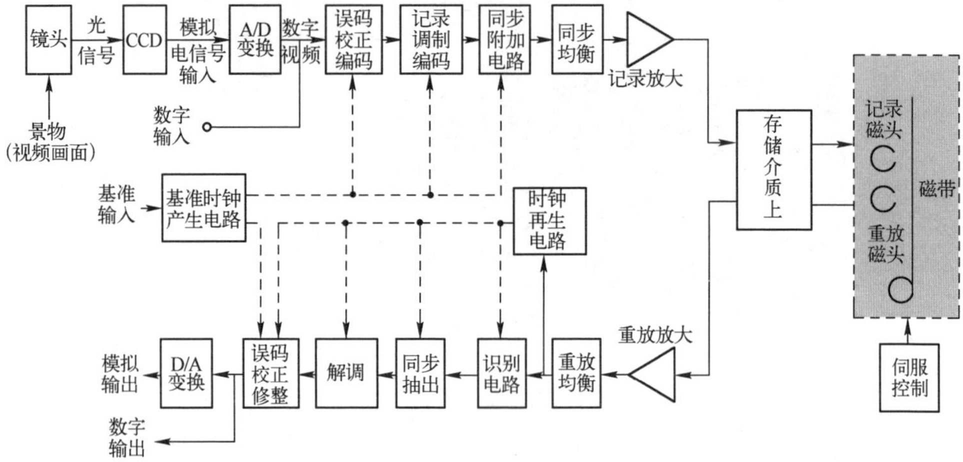

图 6-17 DV 摄录机整机电路信号流程图

由图 6-17 可以看到，拍摄的景物视频经镜头、图像传感器芯片和 A/D 变换电路变成数字视频信号，数字视频信号经误码校正和压缩编码电路、记录调制编码电路、同步附加电路、同步均衡和记录放大电路处理后，将数字信号记录到存储介质上（磁带、存储卡、光盘、硬盘)。重放时，存储介质上（磁带、存储卡、光盘、硬盘）的数字信号读取后经放大、均衡、识别、同步抽出、解调、误码校正和修整处理后输出数字视频信号，数字视频信号再经 D/A 变换电路，输出模拟信号至电视机，进行视频浏览。

6.3 DV 摄录机的选购策略

6.3.1 DV 摄录机的选购依据

随着 DV 摄录机相关技术的不断成熟，各种型号的 DV 摄录机已经进入社会、生活的各种应用领域。目前市场上 DV 摄录机的价格与品质层出不穷，在选购时，应综合考虑以下因素，把握好选购原则，选择适合自己的 DV 摄录机。

1. CCD

在选购 DV 摄录机时，首先应当考虑的是该 DV 摄录机的 CCD。因为 CCD 的像素决定 DV 摄录机的成像效果、色彩及拍摄的流畅程度。CCD 面积的大小对成像效果至关重要，应选择 CCD 面积相对较大的产品，对拍摄视频的清晰度、颜色还原都是可靠的保证。

注意

有些高端 DV 摄录机会采用 3 CCD 来进行成像，如图 6-18 所示，可以分别对 R、G、B 三色图像进行处理，使其成像的色彩更丰富，细节更突出，图像更为清晰。

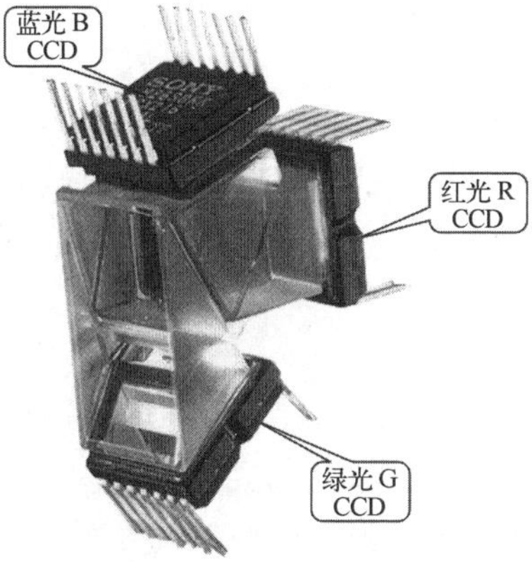

图 6-18　3 CCD 图像传感器

2. DV 摄录机的镜头

DV 摄录机的镜头同样是决定其成像质量的重要因素。DV 摄录机镜头的光学变焦倍数越大时，拍摄远景的距离就越大，会给构图带来更多的选择空间；DV 摄录机镜头的口径也是一个重要的选择条件，较大口径才能保证较充足的光线通过量，保证更多景物细节被捕捉，从而进一步保证高质量的视频画面。所以在选择 DV 摄录机的镜头时，应选择光学变焦倍数较高、口径较大的镜头，如图 6-19 所示。

图 6-19　DV 摄录机的镜头

3. 数据存储介质

DV 摄录机的存储介质比较常见的有硬盘、磁带、光盘、存储卡四种，在选购时应当衡量各自的利弊：硬盘的存储容量大，不需要购买存储耗材，但其防震性能较差；磁带的存储容量相对有限，但可以反复进行录制，录制中容易抹去原有的数据，在录制后需要一些专业的采集设备才可将数据导入计算机中进行编辑，适合比较专业的摄像人员使用；光盘的单张存储空间有限但其可以随时进行更换，因为光盘无法进行反复刻录，光盘式 DV 摄录机的存储耗材消费较大，但光盘式 DV 摄录机的防震性能优越而且不会抹去原有的数据；存储卡的存储空间相对于磁带与光盘要大很多，而且存储卡可以进行反复的存储与读写，不需要购买耗材，是目前市场上较为流行的存储类型。

4. DV 摄录机的液晶屏

DV 摄录机的液晶屏是除了取景器以外可以直接观察到拍摄画面的器件，在选择时应考虑高亮度、像素大而且面积也相对较大的液晶屏，这样可以清晰地观察到拍摄画面。而且液晶屏最好采用透光反射处理，使其可以在阳光照射下清晰取景，不用担心屏幕亮度受到影响无法观察到清晰的景象。

5. 保修及售后服务

DV 摄录机与数码相机同样是比较容易损坏的高科技产品，出现故障，普通用户一般无法自己解决，所以在购买时保修及售后服务也是必须关注的选购依据。

6.3.2 DV 摄录机的选购注意事项

消费者选购 DV 摄录机时应当注意以下几点。

1. 检查 DV 摄录机的外包装盒

在选购 DV 摄录机时，首先应观察 DV 摄录机的外包装盒是否有破损现象，打开外包装盒前应观察密封条是否已经被开启，并应检查外包装盒是否带有防伪标志，对其防伪标志要进行查询以确认真伪，如图 6-20 所示。

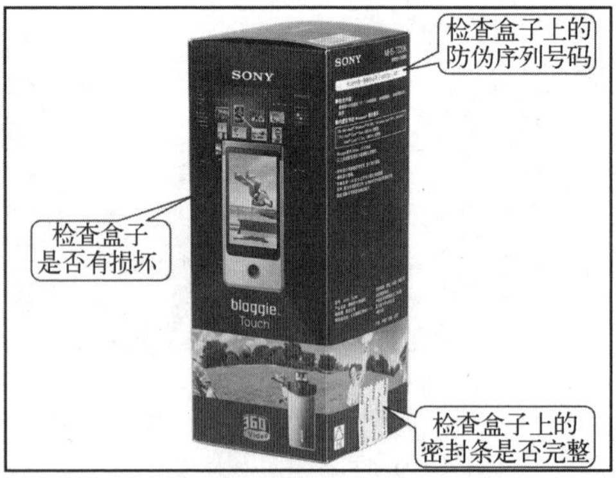

图 6-20　检查 DV 摄录机外包装盒、密封条及防伪标志

2. 检查配件

当 DV 摄录机的外包装盒打开后，应对照配件清单检查内部配件是否齐全。逐一检查配件是否为原装配件，如图 6-21 所示，并检查电池的触点上是否有剐蹭或磨损的痕迹，若有

磨损的痕迹说明该电池已经使用，不宜购买。

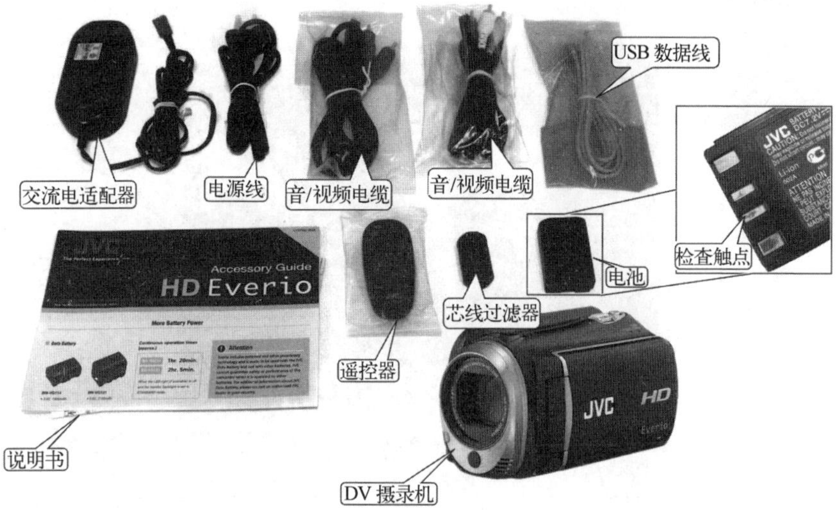

图 6-21　检查配件

3. 检查 DV 摄录机的机身

查看 DV 摄录机外壳上是否有划痕，并将镜头对准光源检查镜头表面是否有划痕或内部有灰尘，LCD 液晶屏是否有划痕，如图 6-22 所示。

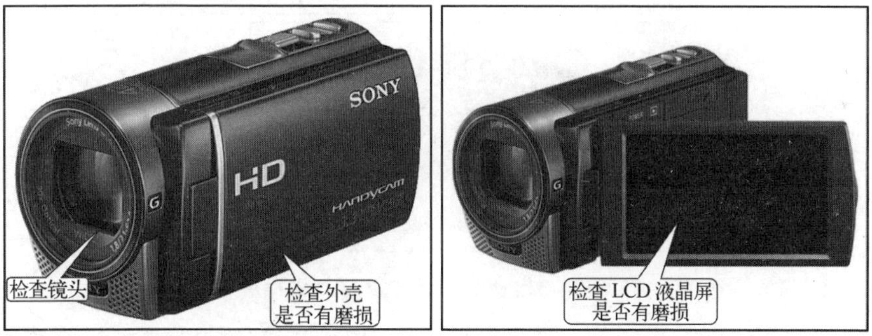

图 6-22　检查 DV 摄录机外壳、镜头、LCD 液晶屏

若为光盘式 DV 摄录机，应当检查光驱是否可以顺畅地打开和闭合；若为磁带式 DV 摄录机，应当检查磁带仓是否可以正常开启，放入磁带后是否可以顺畅地关闭；若为硬盘式 DV 摄录机，应当开机检查其容量是否与标称相符；若为存储卡式 DV 摄录机，应当检查存储卡槽是否灵活。

4. 开机检测

将电源适配器连接到 DV 摄录机上，检查供电是否正常，如图 6-23 所示。

将 DV 摄录机开机，使镜头对准一个方向，通过变焦键改变焦距，观察在变焦过程中是否出现图像滞后的现象，若出现此类故障现象说明该 DV 摄录机内部电路有问题，不宜购买。再将 DV 摄录机的镜头对准一个单一颜色的背景，观看 LCD 液晶屏上的颜色和屏幕上是否有坏点，如图 6-24 所示。

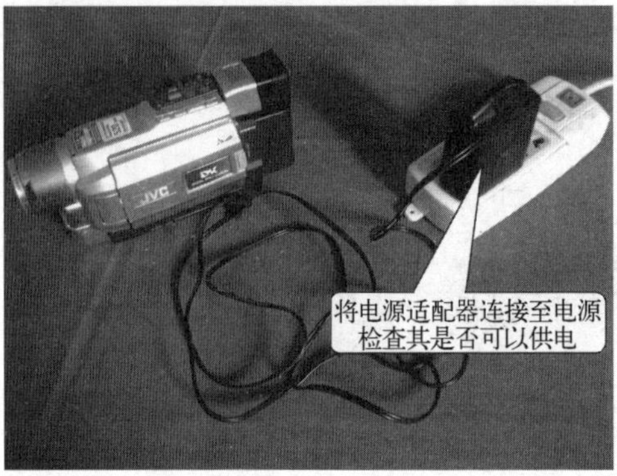

图 6-23　检查电源适配器

图 6-24　检查变焦能力和 LCD 液晶屏

使用 DV 摄录机录制一段视频，并进行播放，观看其播放效果。若条件允许可以将其与大屏幕高清电视机连接，观看拍摄的视频效果，质量较好的 DV 摄录机拍摄出的画面较为清晰而且无马赛克出现，如图 6-25 所示。

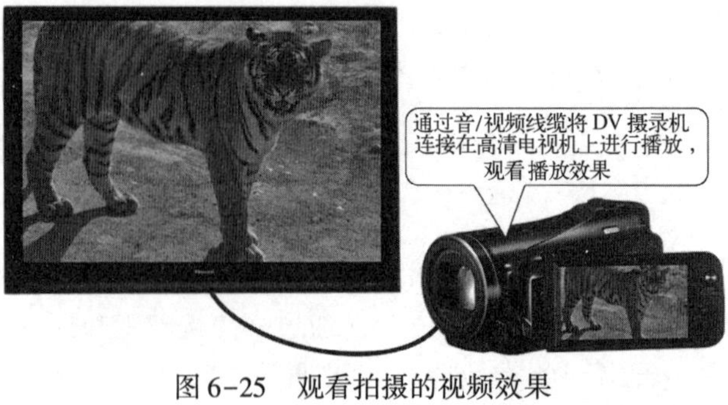

图 6-25　观看拍摄的视频效果

用遥控器遥控 DV 摄录机进行播放或停止，检查遥控器是否可以正常使用，如图 6-26 所示。

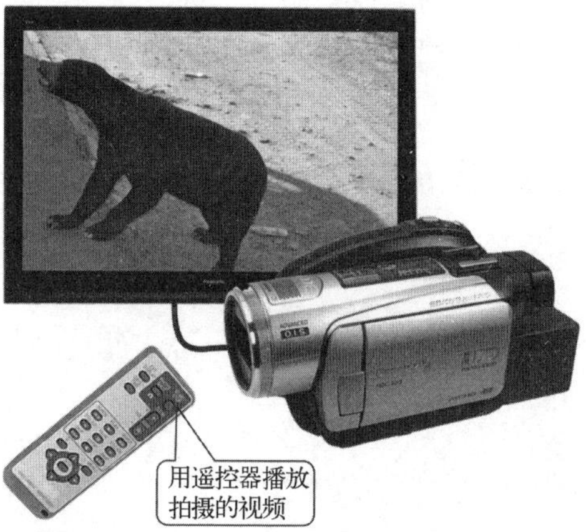

图 6-26　检查遥控器

6.4　DV 摄录机的营销要点

6.4.1　展示 DV 摄录机的功能特色

DV 摄录机可以将动态的画面与景物转换为数字信号存储在存储介质上，可以通过液晶屏与显示媒介播放拍摄的视频信号，将画面与声音完美地重现；也可以像数码相机一样拍摄图片。

1. DV 摄录机的摄录功能

DV 摄录机最基础的功能为摄录功能，它可以将画面与声音同时进行收录，将其转换成数字信号予以存储，再通过 LCD 液晶屏将存储的数字信号进行播放。也可以将数字信号输出到计算机中，使用计算机中的编辑软件对录制的画面与声音进行处理。DV 摄录机的摄录功能经常被用来进行婚礼现场的拍摄，可以将婚礼当天的景象进行摄录；还可以用来拍摄家庭聚会，留下家庭中美好的时刻；或者用于出外游玩拍摄沿途美丽的风景作为纪念；还有很多场合都可以使用 DV 摄录机记录下重要的时刻。

2. DV 摄录机的拍照功能

大部分 DV 摄录机都带有拍照功能，外出拍摄时，只需带上 DV 摄录机即可，它的 LCD 液晶屏要比一些数码相机的液晶屏使用方便；多数 DV 摄录机的 LCD 液晶屏带有旋转功能，可以进行自拍，这样也给拍照添加了一定的乐趣。

3. DV 摄录机的附加功能

随着技术的不断提高，DV 摄像机也附带了一些附加功能，有一些 DV 摄录机带有网络功能，可以将拍摄的视频与照片随时上传至网络中；有的 DV 摄录机带有摄像头功能，可以在视频会议中使用；有的 DV 摄录机可以播放一些比较常见的视频格式如 MPEG、3GP 等，这样可以将一些电影存放在存储卡中，使用 DV 摄录机进行播放；也可以将 DV 摄录机作为一个媒介，把编辑好的视频放入 DV 摄录机中，将其与高清数字电视机连接，播放高清画面。

6.4.2 演示 DV 摄录机的使用方法

DV 摄录机的型号种类各有不同，但其基本功能、操作按键与使用方法基本相同。下面以 JVC 的 gz-mg330 摄录机为例，讲解其使用方法。

1. DV 摄录机的按键功能及显示符号

DV 摄录机上有很多不同的按键，每个按键的功能有所不同，如图 6-27 所示为该 DV 摄录机上按键的功能。

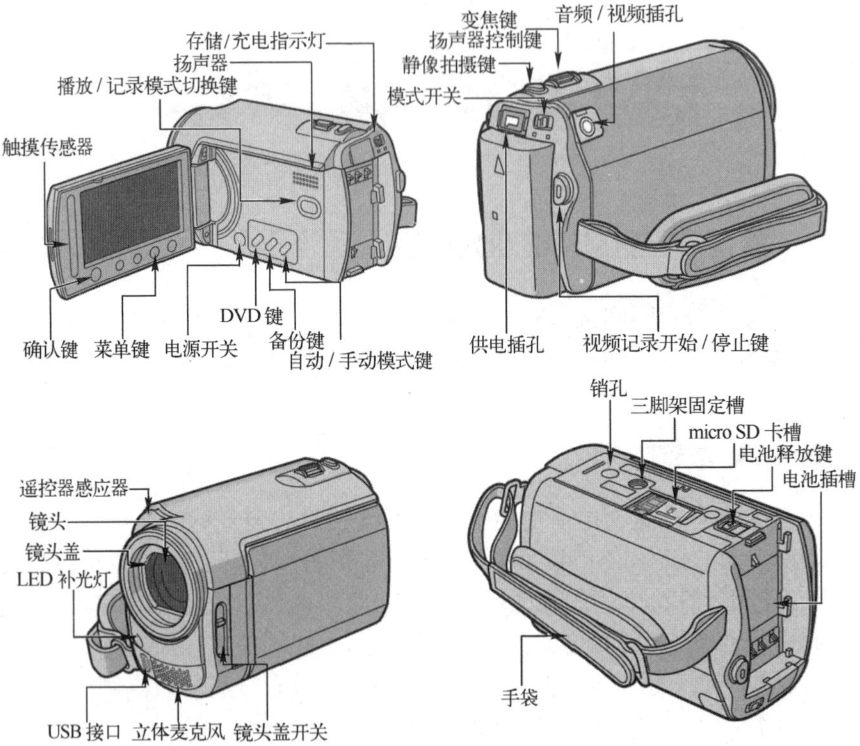

图 6-27　DV 摄录机上按键的功能

DV 摄录机在进行相关的拍摄设置后，在 LCD 液晶显示屏上会有相对应的图标显示，提醒用户当前设置所处的状态。如图 6-28 所示为 DV 摄录机 LCD 液晶屏上显示图标的含义。

2. 使用 DV 摄录机进行摄像

在使用 DV 摄录机进行摄像之前，应当将电池安装到 DV 摄录机中，连接电源线为其供电，因为该 DV 摄录机为硬盘式，所以不需要安装存储介质，如图 6-29 所示。

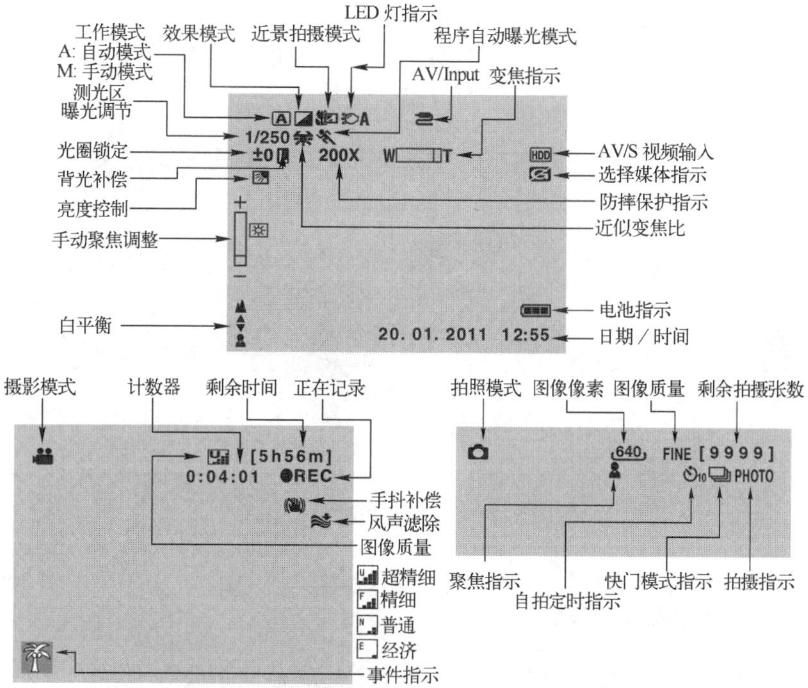

图 6-28　DV 摄录机 LCD 液晶屏上显示图标的含义

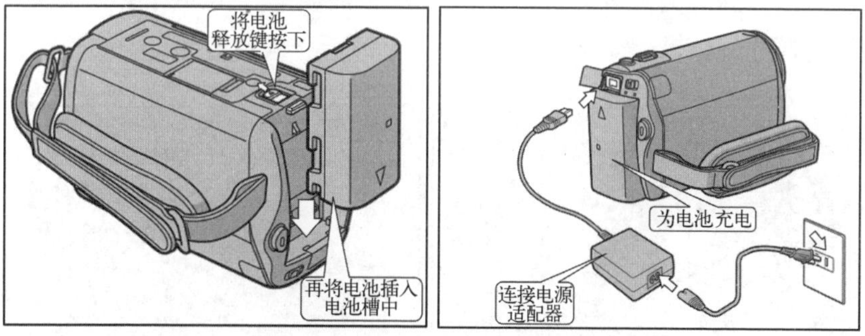

图 6-29　安装电池对其进行充电

按下镜头盖控制键将镜头盖打开，在播放与记录模式中选择记录模式，再将模式开关切换到视频模式，即可从 LCD 液晶屏中观察到景象，如图 6-30 所示。

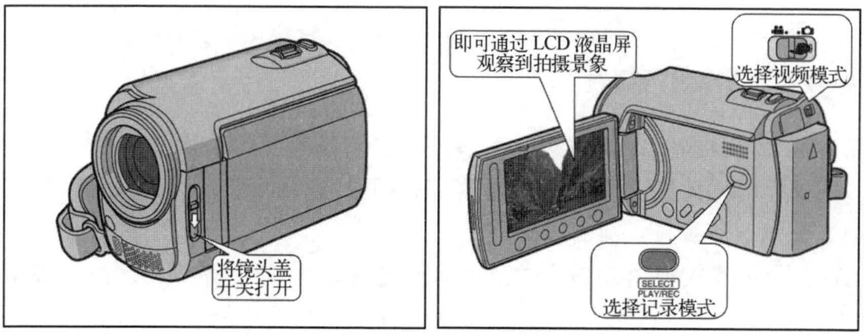

图 6-30　打开镜头盖、调整到视频记录模式

当通过 LCD 液晶屏进行构图时，可以通过变焦键调整景深，将变焦键推向 W 端时，所看到的景象较为宽广，将变焦键推向 T 端时，所看到的景象较为局部，如图 6-31 所示。当确定景深范围后，按下视频记录开始键即可录制视频。

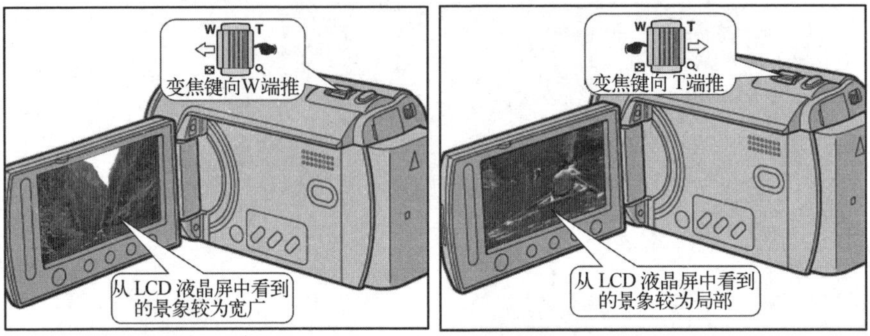

图 6-31　通过变焦键改变景深

3. 使用 DV 摄录机进行拍照

当需要使用 DV 摄录机拍照时，首先将存储照片的存储卡放入卡仓中，并将模式开关切换至拍照模式，播放与记录模式仍选择记录模式。此时可以通过 LCD 液晶屏进行构图，当构图确定后，半按下静像拍摄键进行聚焦，当 LCD 液晶屏上出现对焦框后，再将拍摄键完全按下即可完成照片的拍摄，如图 6-32 所示。

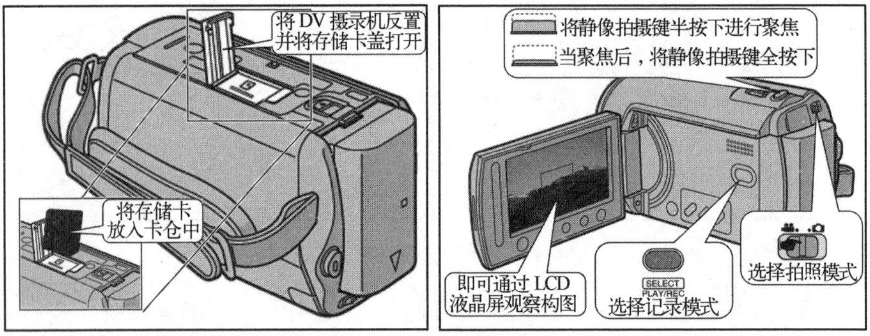

图 6-32　调整到拍照记录模式

4. 使用 DV 摄录机进行播放

需要播放视频文件时，应当将播放与记录模式选择为播放模式，将模式选择开关调节至视频模式，选择需要播放的文件，进行播放，如图 6-33 所示。若需要播放图片，应将模式选择开关调节至拍照模式。

使用 DV 摄录机播放视频或图片时，可以通过调节 LCD 液晶屏上的触摸按键调节画面，如图 6-34 所示。

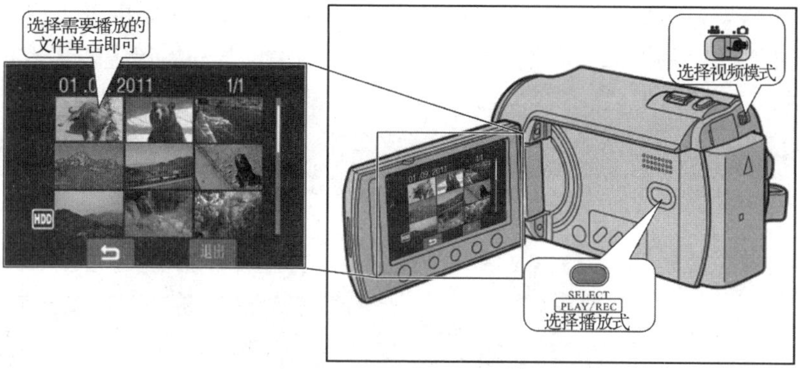

图 6-33　播放文件

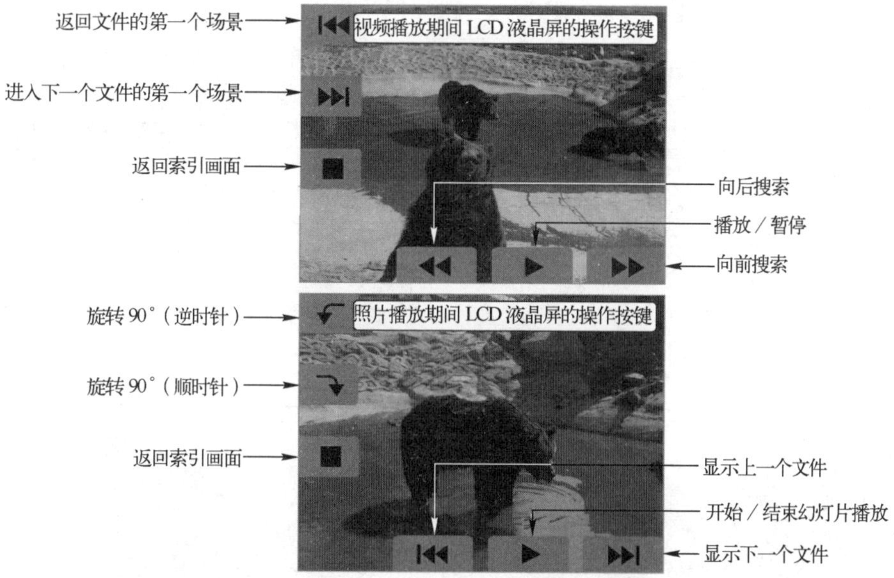

图 6-34　LCD 液晶屏上的触摸按键

5. 使用外接设备播放 DV 摄录机中的文件

可以将 DV 摄录机与电视机通过 AV 线缆进行连接，为 DV 摄录机接通电源后，将电视机与 DV 摄录机的电源打开，并将电视机调为视频模式，即可通过遥控器遥控 DV 摄录机开始播放文件，如图 6-35 所示。

6.4.3　传授 DV 摄录机的保养维护方法

DV 摄录机与数码相机一样，都是非常精密的设备，因此也应经常对其进行保养和维护。这样可以增加 DV 摄录机的使用寿命，预防其出现故障。

1. DV 摄录机的注意事项

（1）DV 摄录机整机使用与存放的注意事项

DV 摄录机与数码相机的注意事项基本相同。存放 DV 摄录机时应注意防潮和控制存放空间的温度，不宜将其放置在温度过高的存储空间，否则易导致DV摄录机内部图像传感器损坏、电路板出现短路的故障。在使用中应注意防止烟尘，若外界灰尘较多，很容易使污染物掉落到DV摄录机的镜头上，从而弄脏镜头，直接影响成像效果。DV摄录机中有很多光电器件，所以应当远离电、磁场，防止对其造成损坏。还要注意防止DV摄录机遭到剧烈碰撞，以免剧烈震动造成DV摄录机中的机械器件发生损坏。在使用中应当对其安装防护罩与防护包，如图6-36所示。

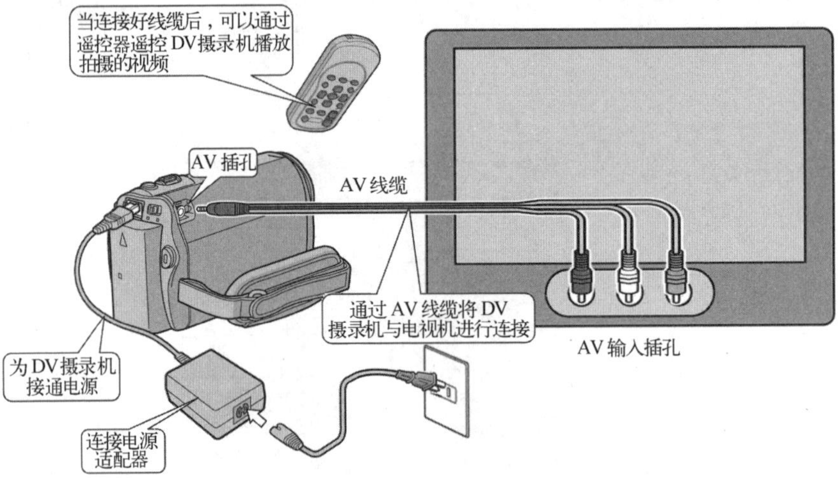

图6-35　使用电视机播放DV摄录机中的文件

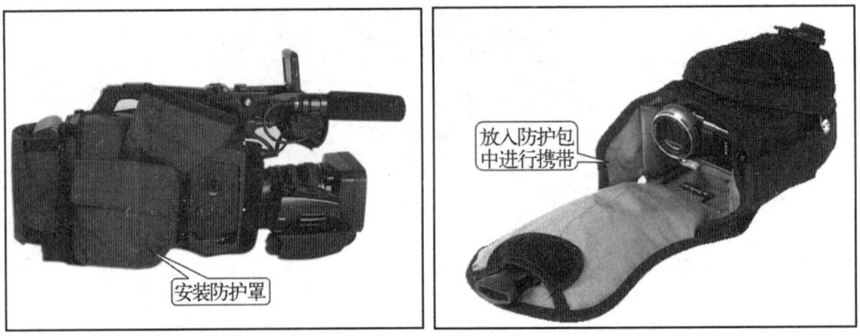

图6-36　DV摄录机安装防护罩与防护包

(2) DV摄录机镜头使用与存放的注意事项

DV摄录机的镜头不宜长时间暴露在空气中，在不使用时应将镜头盖盖好，防止镜头脏污，影响拍摄质量。不应随意对镜头进行擦拭，因为随意擦拭镜头会导致镜头表面的镀膜刮花，应使用专业的清洁工具对镜头进行清洁。

(3) DV摄录机LCD液晶屏使用与存放的注意事项

DV摄录机的LCD液晶屏不可以置于阳光下进行直射；不可以受到重物挤压，以防止LCD液晶屏破碎；不可以使用有机溶剂对其进行清洁，因为会影响LCD液晶屏的亮度。

(4) DV摄录机电池的充电与使用注意事项

DV摄像机放入新电池后，在最初几次充电最好采用慢充方式，充电时间稍长一些，保证电池完全充满。并且，在每次充电前确保电池，而电池没有电量（即可将电池完全放电后在进行充电），也可以使用调节充电器或脉冲充电器。若长时间不使用 DV 摄像机，应当将电池从 DV 摄像机中取出，并将电池放置在阴冷干燥的环境中进行保存。在使用电池时应当注意到电池的使用寿命，当其到达使用寿命时，应当及时对其进行更换。

2. DV 摄录机的清洁

（1）DV 摄录机外壳的清洁

DV 摄录机的外壳多为喷漆的塑料材质，当表面有污渍时，可以先用吹气皮囊进行清洁，然后将镜头清洁液与水进行 1∶1 的勾兑，将其滴至清洁布上，对 DV 摄录机的机身清洁擦拭，最后，再用干燥的清洁布反复擦拭，并将其放置到干燥的通风处进行干燥，具体操作如图 6-37 所示。

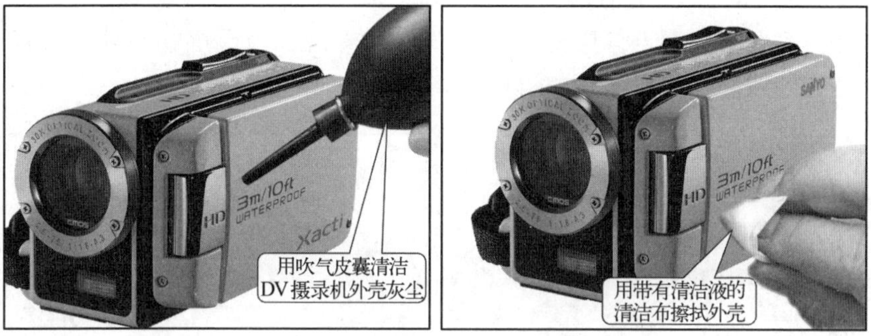

图 6-37　清洁 DV 摄录机的外壳

（2）镜头的清洁方法

DV 摄录机镜头的清洁方法与数码相机镜头的清洁方法基本相同，都是先用带有单向气阀的吹气皮囊吹去镜头表面的灰尘，再用镜头笔对镜头表面由内向外进行擦拭，在擦拭过程中应对镜头笔上脱落的炭粉进行清洁，反复擦拭即可，如图 6-38 所示。

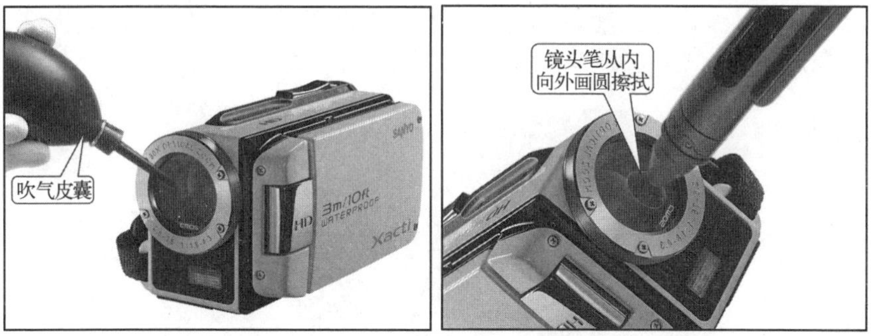

图 6-38　清洁镜头

也可用镜头清洁液与镜头纸对镜头进行清洁。当镜头表面的灰尘除去后，将镜头清洁液滴至镜头纸上，用镜头纸轻轻擦拭镜头表面，再用干燥的镜头纸反复擦拭，直至镜头表面干净为止，如图 6-39 所示。

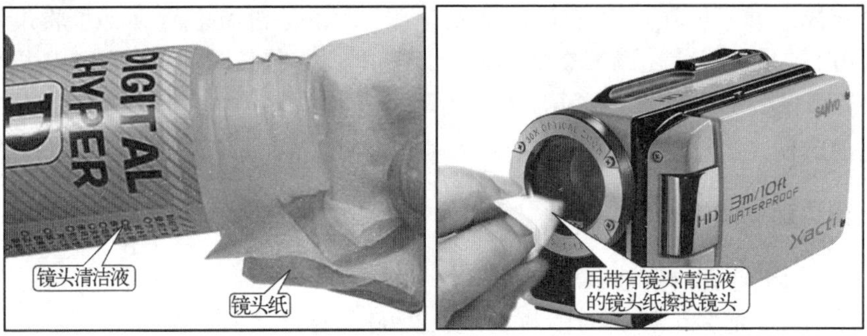

图 6-39 用镜头纸与镜头清洁液清洁镜头

（3）LCD 液晶屏的清洁方法

对 DV 摄录机上的 LCD 液晶屏进行清洁时，应使用小刷子将液晶屏表面的灰尘去除，将液晶屏清洁液喷到清洁布上，用清洁布小心地擦拭 LCD 液晶屏，在擦拭过程中不要用力过猛，否则容易导致液晶屏损坏，如图 6-40 所示。

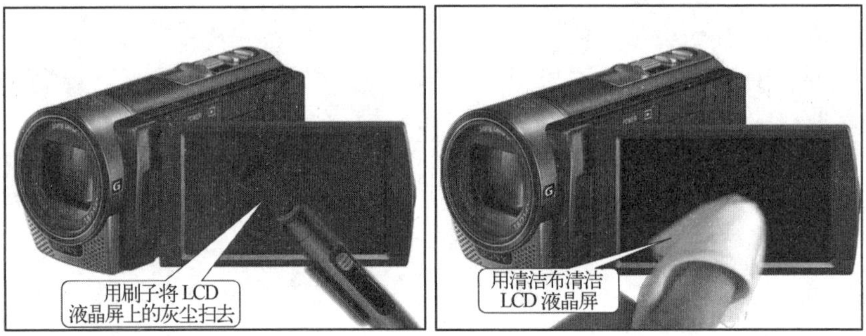

图 6-40 LCD 液晶屏的清洁方法

（4）电池的清洁方法

DV 摄录机中的电池是通过触点进行供电的，应定期对电池的触点进行清洁。如图 6-41 所示，用棉签蘸取酒精，清洁触点表面，以保证其供电正常。

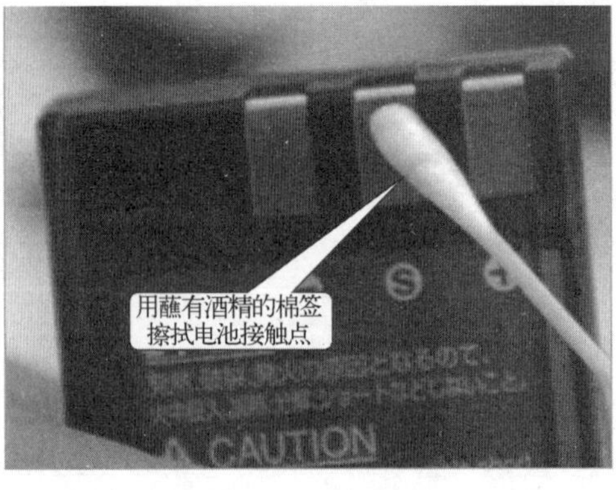

图 6-41 清洁电池触点

注意

在条件允许的情况下可以购买引脚擦拭笔，它是将电解液涂抹在电池的引脚上，使其导电性能提高，如图 6-42 所示。

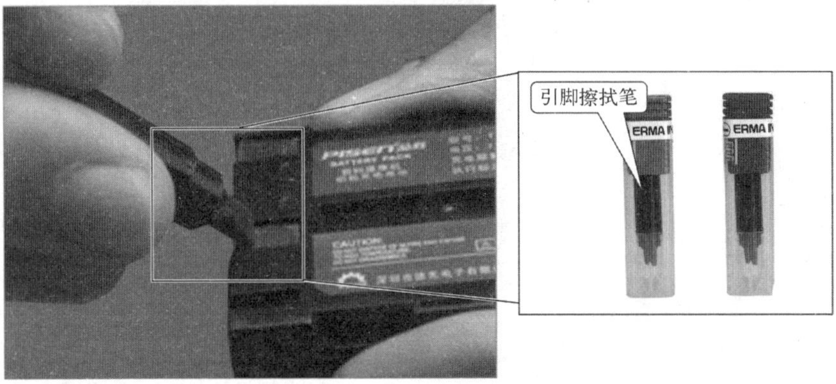

图 6-42　引脚擦拭笔

习题 6

1. 填空题

(1) DV 摄录机根据安装的存储介质可以分为＿＿＿＿＿＿、＿＿＿＿＿＿、＿＿＿＿＿＿与＿＿＿＿＿＿等。

(2) 最受欢迎的 DV 摄录机为＿＿＿＿＿＿，它的存储空间＿＿＿＿＿＿，而且＿＿＿＿＿＿优异，无须购买＿＿＿＿＿＿。

(3) DV 摄录机在黑暗的地方拍摄时需要使用＿＿＿＿＿＿进行补光，LED 外置摄影灯的电池一般可以使用＿＿＿＿＿＿小时左右。

(4) DV 摄录机基本是由＿＿＿＿＿＿、＿＿＿＿＿＿、＿＿＿＿＿＿、＿＿＿＿＿＿、＿＿＿＿＿＿、＿＿＿＿＿＿、＿＿＿＿＿＿及＿＿＿＿＿＿等构成的。

(5) 在选购 DV 摄录机时，应熟记四大注意事项，即检查＿＿＿＿＿＿、检查＿＿＿＿＿＿、检查＿＿＿＿＿＿、＿＿＿＿＿＿检测。

(6) 光盘式 DV 摄录机拍摄后的 DVD 光盘可以直接通过＿＿＿＿＿＿进行播放。

(7) DV 摄录机的主要功能是＿＿＿＿＿＿与＿＿＿＿＿＿。

(8) 填写图 6-43 中标号处部件的名称。

①＿＿＿＿＿＿＿＿＿＿＿＿＿＿＿＿＿＿＿＿

②＿＿＿＿＿＿＿＿＿＿＿＿＿＿＿＿＿＿＿＿

③＿＿＿＿＿＿＿＿＿＿＿＿＿＿＿＿＿＿＿＿

④＿＿＿＿＿＿＿＿＿＿＿＿＿＿＿＿＿＿＿＿

⑤＿＿＿＿＿＿＿＿＿＿＿＿＿＿＿＿＿＿＿＿

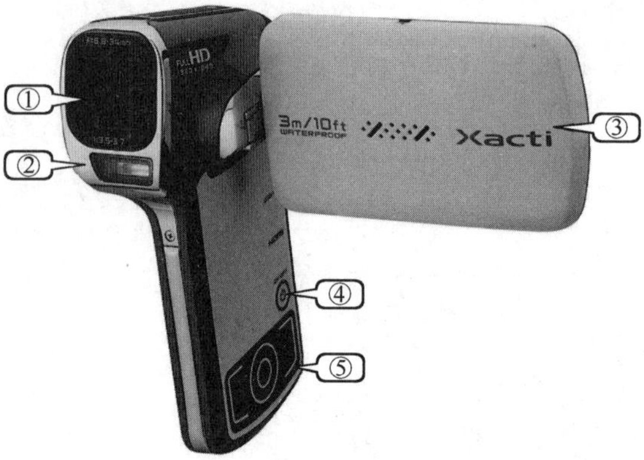

图 6-43　填写标号处部件的名称

2. 简答题

（1）如何现场选购 DV 摄录机？

（2）DV 摄录机基本的保养和维护方法是什么？日常维护一般可对哪些部件进行维护？

项目7 投影机的功能特点和营销方案

7.1 投影机的种类特点及相关产品

投影机是目前流行的计算机输出和演示设备，用于将计算机中的图像或视频传输和放大后投影在屏幕上。投影机广泛应用于社会的各个领域，军事指挥、企业生产管理、交通调度、会议中心、商业博览、多媒体教室及娱乐场所等，投影机均成为最佳的演示设备。

7.1.1 投影机的种类特点

目前，市场上的投影机品牌和型号很多，根据其投影方式的不同主要分为 LCD 投影机、DLP 投影机和 CRT 投影机三种。

1. LCD 投影机

LCD（Liquid Crystal Display）投影机，即液晶投影机，它是利用透射式投影技术被动发光从而成像的，其核心部件为 LCD 液晶板。如图 7-1 所示为不同品牌和型号的 LCD 投影机实物外形。

图 7-1　不同品牌和型号的 LCD 投影机实物外形

LCD 投影机是目前市场上使用最广泛的投影机类型，具有投影画面色彩还原真实、色彩饱和度高、动态画面展现力强等特点，多适合于家用。不过该类型的投影机黑色层次表现不是很好，对比度较低（一般都在 500∶1 左右），投影画面的像素结构可以明显地看到。如图 7-2 所示为 LCD 投影机的投影效果。

图 7-2　LCD 投影机的投影效果

注意

LCD 投影机根据成像器件不同，可分为液晶板投影机和液晶光阀投影机两类，其中液晶板投影机按照液晶板的片数还可分为三片机和单片机。目前市场上流行的 LCD 投影机多为三片板投影机，即我们常见的 3LCD 投影机。

另外，目前市场上出现了一种 LCOS 投影机，它采用反射型的液晶显示面板作为显像部件，属于新型的反射式投影技术，具有利用光效率高、体积小、分辨率高和色彩表现充分等优点。

2. DLP 投影机

DLP（Digital Light Processor）投影机，即数字光处理器投影机，它是利用全数字反射式投影技术成像的。DLP 投影机的核心部件为 DMD（Digital Micromirror Device）芯片，它是一种由数十万至数百万个微米级的微小型反射镜组成的半导体，通过反射来自光源的光线来投影图像。如图 7-3 所示为不同品牌和型号 DLP 投影机的实物外形。

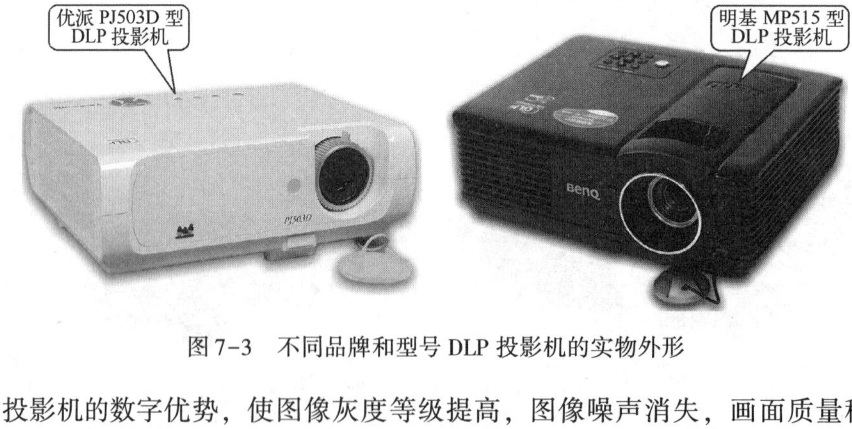

图 7-3　不同品牌和型号 DLP 投影机的实物外形

DLP 投影机的数字优势，使图像灰度等级提高，图像噪声消失，画面质量稳定，数字图像非常精确，光能的利用率远远高于传统的光学系统；配合先进的光学架构与高品质的光学镜头设计，该类投影机还具有清晰度高、画面均匀、色彩还原性好、对比度及亮度均匀性好、出现条纹和重影的情况比 LCD 投影机少等特点，多适合商用及教育场合使用。但在图像颜色的还原上比采用三原色混合 LCD 投影机稍逊一筹，视频显示效果有些失真，色彩不够鲜艳生动。如图 7-4 所示为 DLP 投影机的投影效果。

图 7-4　DLP 投影机的投影效果

注意

DLP 投影机根据采用的 DMD 芯片不同，可以分为单片 DMD 机（主要应用于便携式投影产品）、两片 DMD 机（应用于大型拼接显示墙）、三片 DMD 机（应用于超高亮度投影机）。

3. CRT 投影机

CRT（Cathode Ray Tuber）投影机，即阴极射管式投影机，它是一种采用阴极射线管作为成像器件的投影机，与 CRT 显示器很相似，是早期常见的一种投影机类型。如图 7-5 所示为典型 CRT 投影机的实物外形。

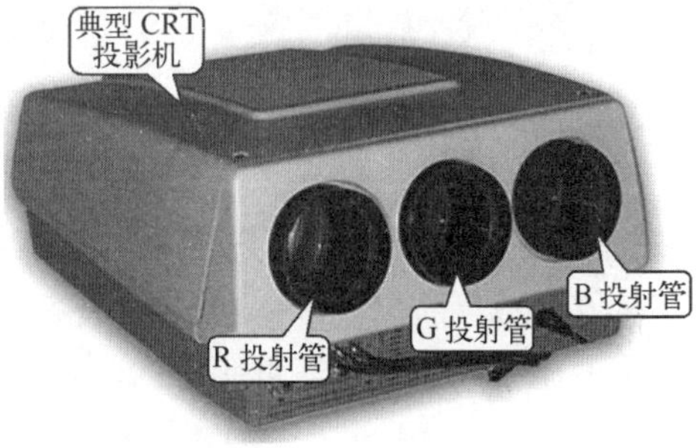

图 7-5　典型 CRT 投影机的实物外形

CRT 投影机具有使用寿命长、显示的图像色彩丰富、还原性好、有丰富的几何失真调整能力等优点，但由于其重要技术指标图像分辨率与亮度相互制约，造成亮度较低，而且 CRT 投影机操作复杂，机身体积大，对安装环境要求也较高，只适合安装于环境光较弱、相对固定的场所。目前，CRT 投影机的占有量相对较少，已逐渐退出市场。

上述三种投影机采用了不同的投影技术和显像部件，如图 7-6 所示，使其带有各自独特的特点和优势，也有自身的局限性。随着投影技术的日益成熟，投影机的性能也将日益完善。

（a）LCD 投影机显像部件　（b）DLP 投影机显像部件　（c）CRT 投影机显像部件

图 7-6　三种类型投影机的显像部件

7.1.2 投影机的相关配套产品

投影机有很多与其相配套的产品是必不可少的，如银幕、遥控器、支架、线缆等。它们对投影机都起着不同的作用，可以使投影机使用时达到更好的状态和效果。

1. 银幕

银幕是供投影机投影放大的影片或图像画面用的屏幕，其主要是由支架或幕盒、幕布等构成的。在实际应用中，投影机银幕主要有左右伸缩式银幕、上下收放式银幕和支架固定式银幕等几种，如图 7-7 所示。

（a）左右伸缩式银幕　（b）上下收放式银幕　（c）支架固定银幕

图 7-7　投影机的银幕

2. 遥控器

遥控器是目前流行投影机的标准配套产品之一，可用于遥控设置投影机的亮度、对比度、大小等参数，同时还可用于对收放形式银幕的收放控制等，如图 7-8 所示。

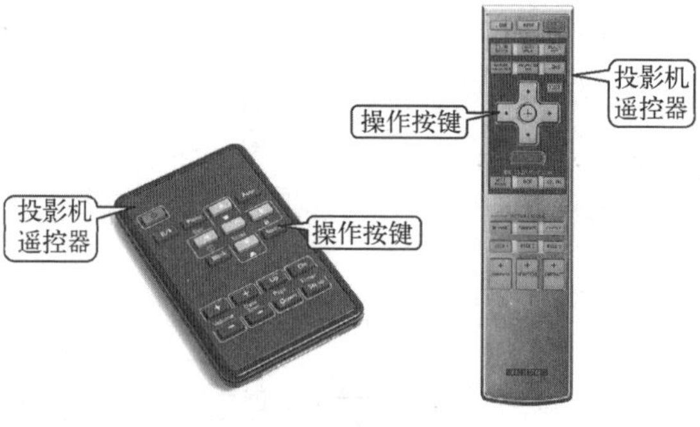

图 7-8　投影机的遥控器

3. 支架

支架是投影机的支撑设备，常见的投影机支架主要有三角架、吊箱、吊篮、吊架和升降吊架等，如图 7-9 所示。这些设备可用于将投影机固定在适当的位置，使投影画面准确、稳定地投射在银幕上。

(a) 三角架　(b) 吊箱　(c) 吊篮

(d) 吊架　(e) 升降吊架

图 7-9　投影机各种支架的实物外形

4. 线缆

线缆是实现投影机与其他设备连接的标配部件，主要包括各类接口的数据连接线、电源线等，如图 7-10 所示。

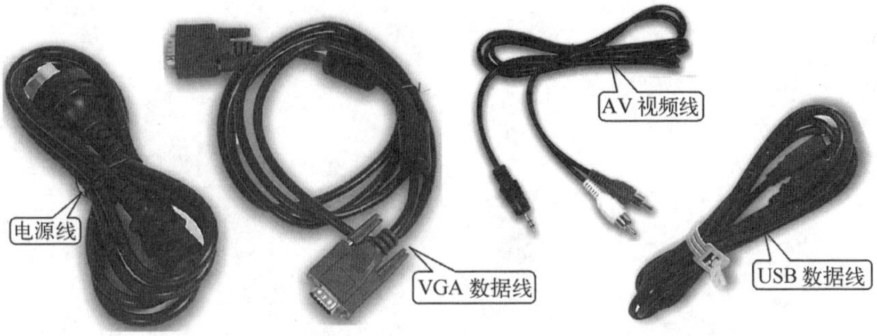

图 7-10　投影机的各种线缆

7.2 投影机的结构和工作特点

7.2.1 投影机的结构组成

投影机的种类有所不同，但其组成的基本元素大致相同，基本上都是由外部的外壳、接口、操作按键和内部的电路及光学系统等构成的。下面以目前市场上最常见的 LCD 和 DLP

投影机为例，介绍其结构组成。

1. 投影机的外部结构

（1）LCD 投影机的外部结构

如图7-11 所示为典型LCD 投影机的外部结构，其主要是由外壳、散热风扇、散热孔、镜头、进气口、排风口、过滤网、接口、操作按键、指示灯、聚焦环及前端高度调节部件等构成的。

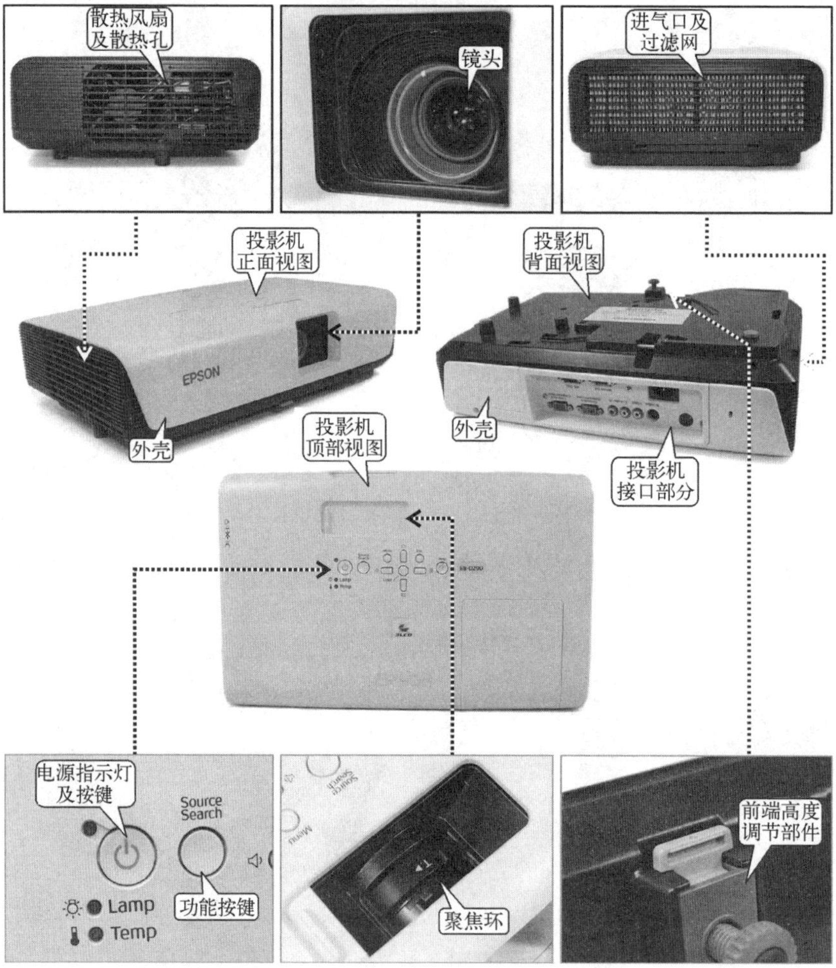

图7-11　典型LCD 投影机的外部结构

如图7-12 所示为该LCD 投影机背部的接口类型，可以看到主要有电源接口、S 视频接口、AV 视频接口、音频接口、监视器接口、RS-232C 串口和VGA 输入/输出接口，通过这些接口可以实现投影机与不同设备的连接。

其中，S 视频接口可用于连接带有S 端子的DVD 影碟机、录像机等设备；AV 视频接口可用于连接DVD 机、电视机等设备；音频接口可用于连接音箱等设备；VGA 接口为RGB 模拟信号输入接口，主要用于连接计算机；RS-232C 串口属于控制端子，用于连接计算机以控制投影机。

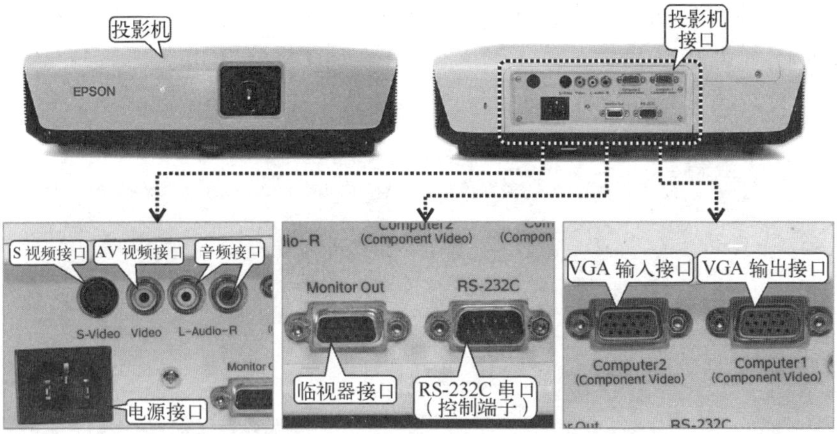

图7-12　典型LCD投影机背部的接口类型

（2）DLP投影机的外部结构

如图7-13所示为典型DLP投影机的外部结构，其主要是由操作按键、聚焦环、散热部件、镜头及高度调节部件等构成的。

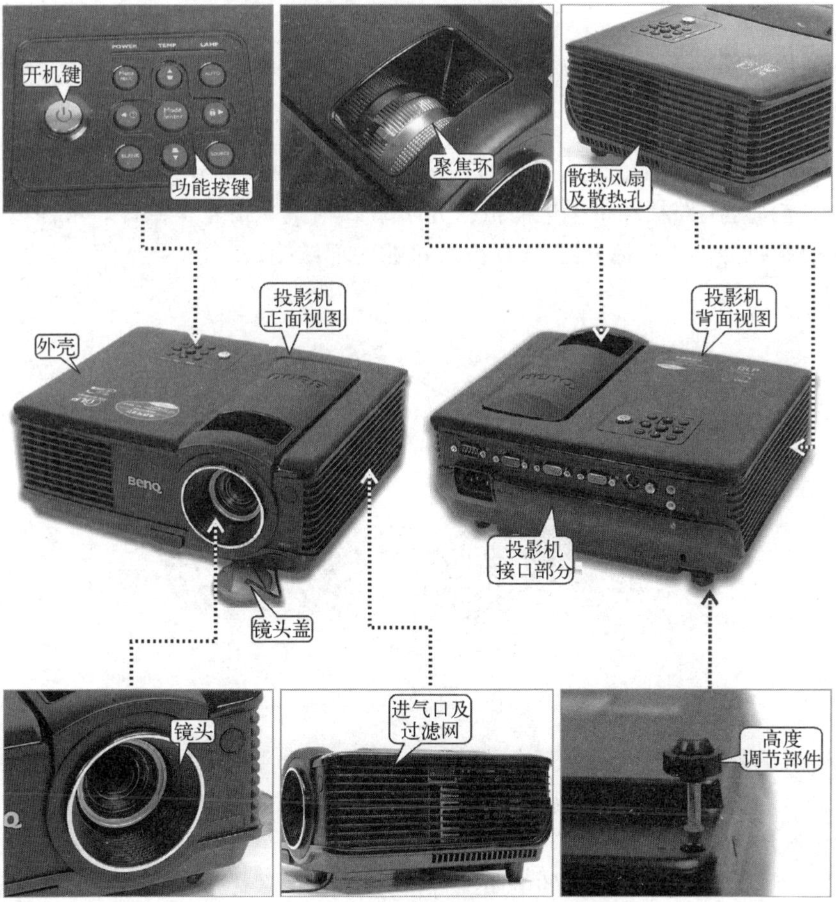

图7-13　典型DLP投影机的外部结构

如图 7-14 所示为该 DLP 投影机背部的接口类型，可以看到主要有电源接口、RS-232C 串口（控制端子）、监视器接口、VGA 输入/输出接口（模拟 RGB 信号接口）、S 视频接口、AV 视频接口、音频输入/输出接口，通过这些接口可以实现投影机与不同设备的连接。

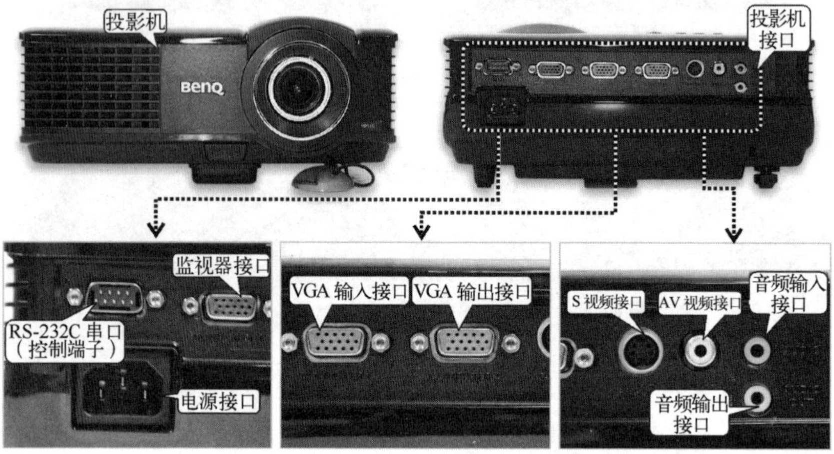

图 7-14　典型 DLP 投影机背部的接口类型

2. 投影机的内部结构

（1）LCD 投影机的内部结构

LCD 投影机的内部一般可分为电路部分和光学系统两大部分，其中电路部分主要包括主电路板、操作按键电路板和供电电路板；光学系统则主要指光学组件。下面以图 7-15 所示典型 LCD 投影机为例，具体介绍 LCD 投影机的内部结构。

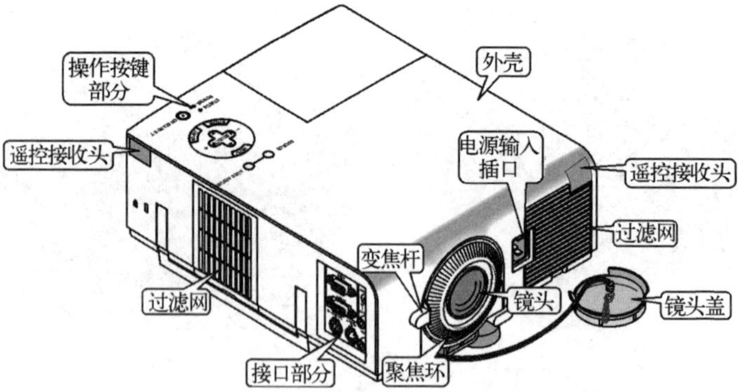

图 7-15　典型 LCD 投影机

打开投影机的外壳，即可看到其内部结构，如图 7-16 所示，可以看到 LCD 投影机的内部主要是由主电路板、操作按键电路板、光学系统、电源组件（供电电路板部分）、金属灯仓组件等部分构成的。

如图 7-17 所示为 LCD 投影机的电源组件部分和光学系统。

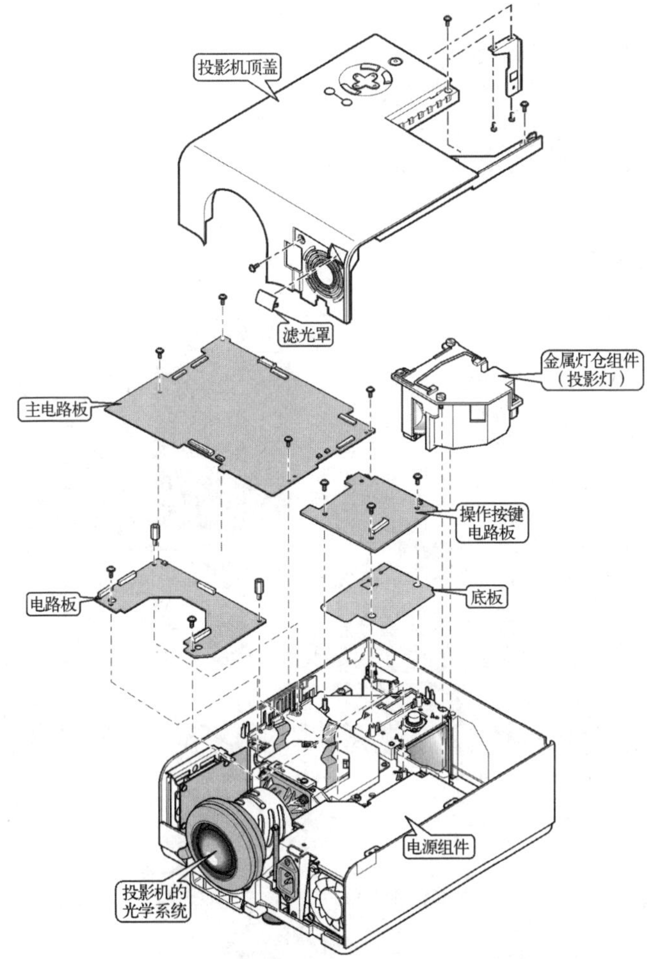

图 7-16　典型 LCD 投影机的内部结构

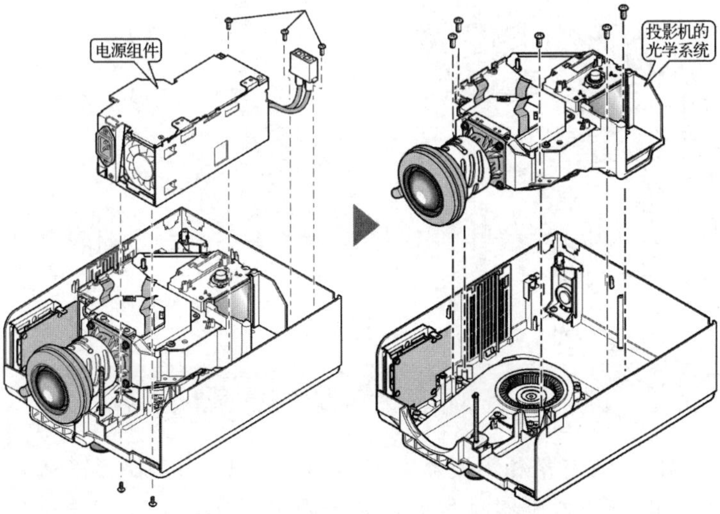

图 7-17　LCD 投影机的电源组件部分和光学系统

主电路板是LCD投影机的主要控制部分，其主要包括视频信号处理电路、液晶板驱动电路、系统控制电路等主要电路部分。

操作按键电路是接收人工指令进行自动控制的电路，通过调整该电路上的各功能按键即可实现对投影机各项参数的设定。

LCD投影机的光学系统是其核心部件。如图7-18所示为该典型LCD投影机光学系统的结构组成，可以看到，其主要是由液晶板光学组件、RGB液晶板组件、分色镜、反光镜、聚光透镜组件、滤光镜组件、挡板、基板等部分构成的。

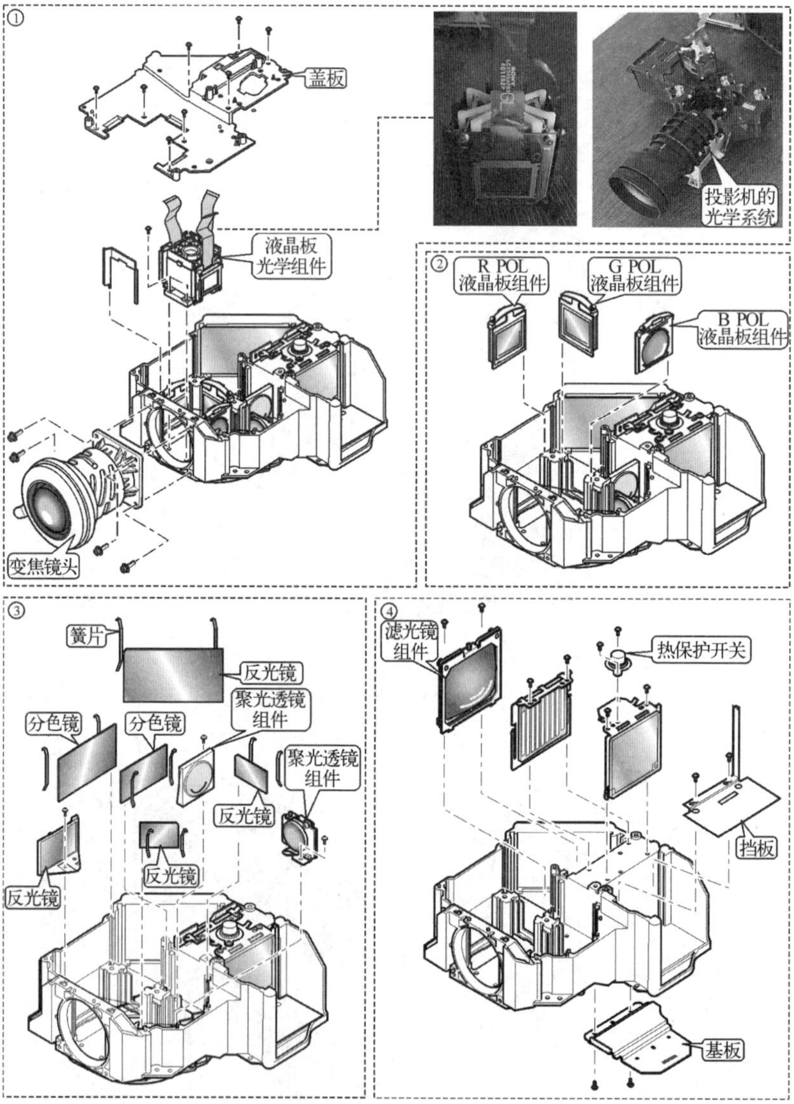

图7-18　典型LCD投影机光学系统的结构组成

电源组件一般包括电源电路和镇流器电路两部分，其中电源电路是为LCD投影机各电路元器件提供电源的电路；镇流器电路主要为光源（投影灯）提供电流，使其恒定发光。如图7-19所示为不同LCD投影机中的电源及镇流器电路。

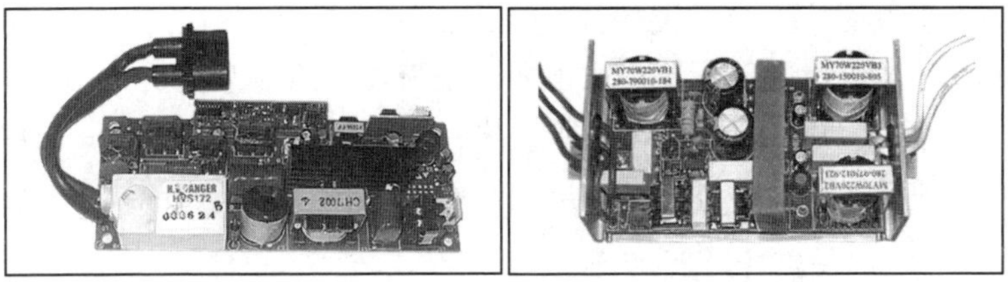

图 7-19 不同 LCD 投影机中的电源及镇流器电路

（2）DLP 投影机的内部结构

DLP 投影机的内部结构与 LCD 投影机的内部结构基本相似。下面以图 7-20 所示典型 DLP 投影机为例，具体介绍其内部结构组成。

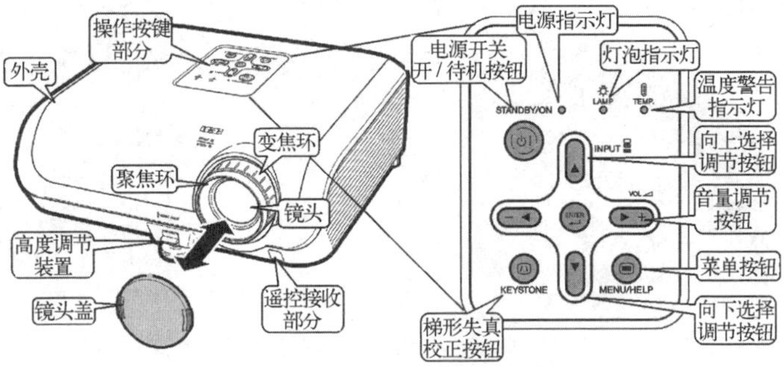

图 7-20 典型 DLP 投影机

打开投影机的外壳，即可看到其内部结构，如图 7-21 所示，可以看到 DLP 投影机的内部主要是由灯泡组件、主电路板、光学系统、电源和镇流器组件等部分构成的。

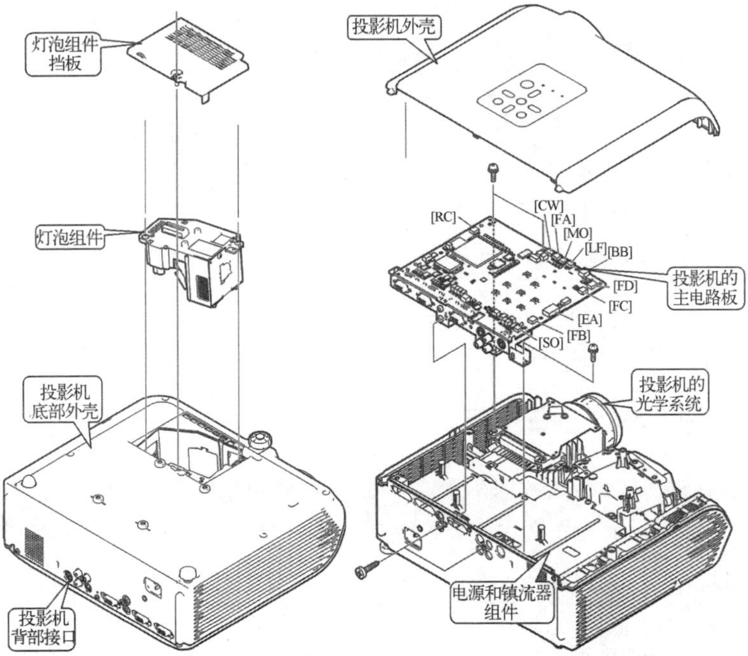

图 7-21 典型 DLP 投影机的内部结构

将电源和镇流器组件、光学系统的挡板取下，即可看到其内部的组成部分，如图 7-22 所示。其中，电源和镇流器组件主要是由电源、镇流器电路板及上、下挡板构成的；光学系统部分主要是由风扇、DMD 弹簧、DMD 散热片、安装板、DMD 电路板、DMD 插座、DMD 芯片、光电传感器和光学组件等部分构成的。

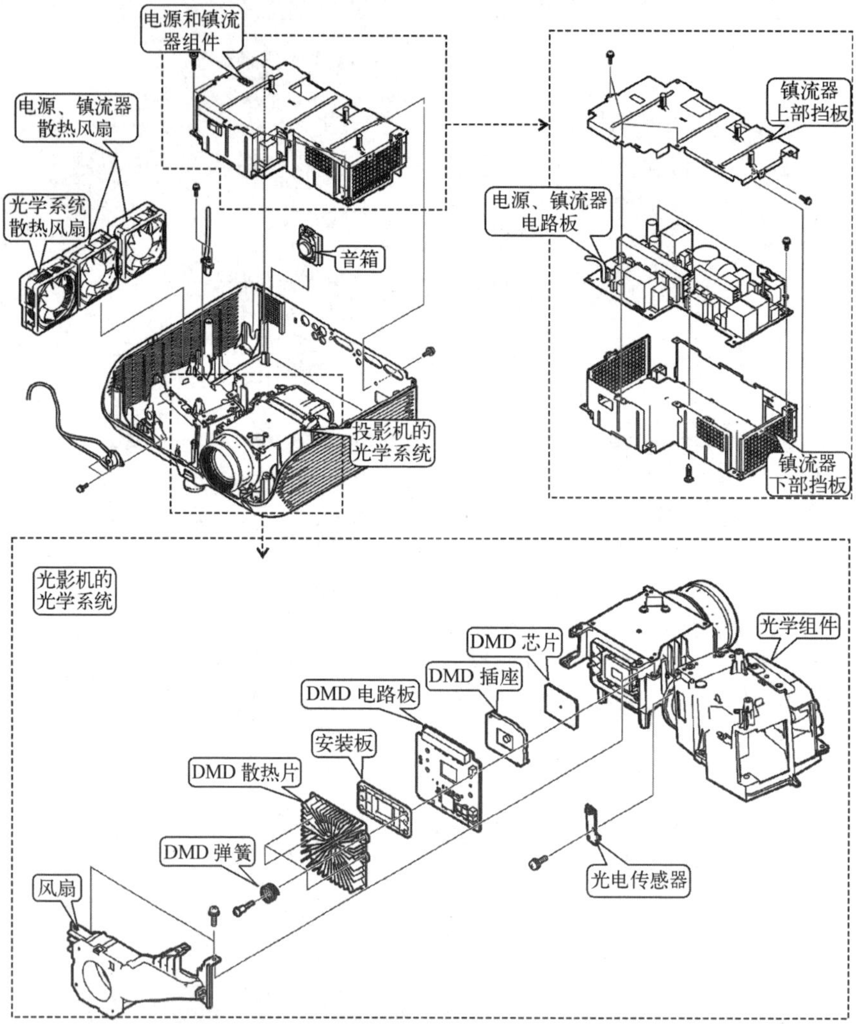

图 7-22　典型 DLP 投影机电源和镇流器组件、光学系统部分

7.2.2　投影机的工作特点

投影机的工作就是将一些视频输出设备，如计算机显卡、DVD 影碟机等送来的图像画面或视频进行传输和处理后由其光学系统投射到银幕上，这一过程有些类似幻灯机的工作过程。

1. LCD 投影机的工作特点

如图 7-23 所示为 LCD 投影机的整机工作流程示意图。可以看到，LCD 投影机很像一台幻灯机，幻灯机的灯光通过会聚镜将光通过幻灯片照到银幕上，绘有图画的幻灯片具有不同的透光性，于是在银幕上就出现了幻灯片的图案。

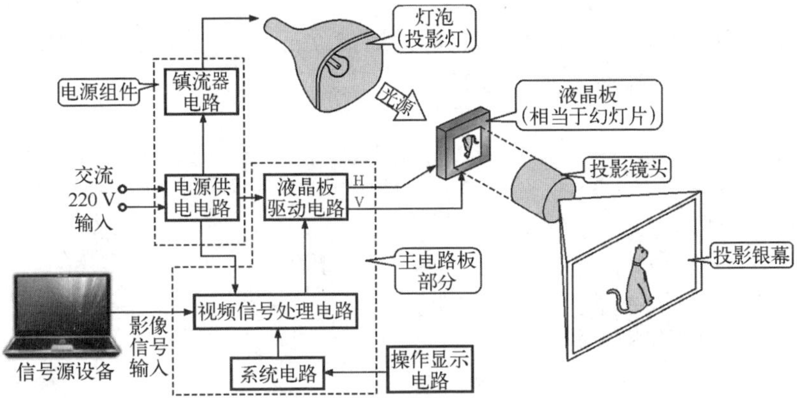

图 7-23　LCD 投影机的整机工作流程示意图

LCD 投影机可以说是将幻灯机中的幻灯片用液晶板代替，液晶板在前级设备输入的图像信号的作用下透光性发生改变，在液晶板上出现图像信号相应的图案，即形成类似幻灯片的图案，当光源发出的光通过液晶板和镜头投射到银幕时，银幕上就出现了与液晶板图像相同的画面。若投影机接收的是视频信号，视频信号实质上是多幅静态图片信号的集合，液晶板的透光连续不断变化，银幕上就出现了动态的视频画面。

LCD 投影机是被动发光从而成像的，其核心部件为液晶板，该类投影机利用液晶的光电效应，即液晶分子的排列在电场作用下发生变化，影响液晶单元的透光率或反射率，从而影响其光学性质，产生具有不同灰度层次及颜色的图像。其成像过程示意图如图 7-24 所示。

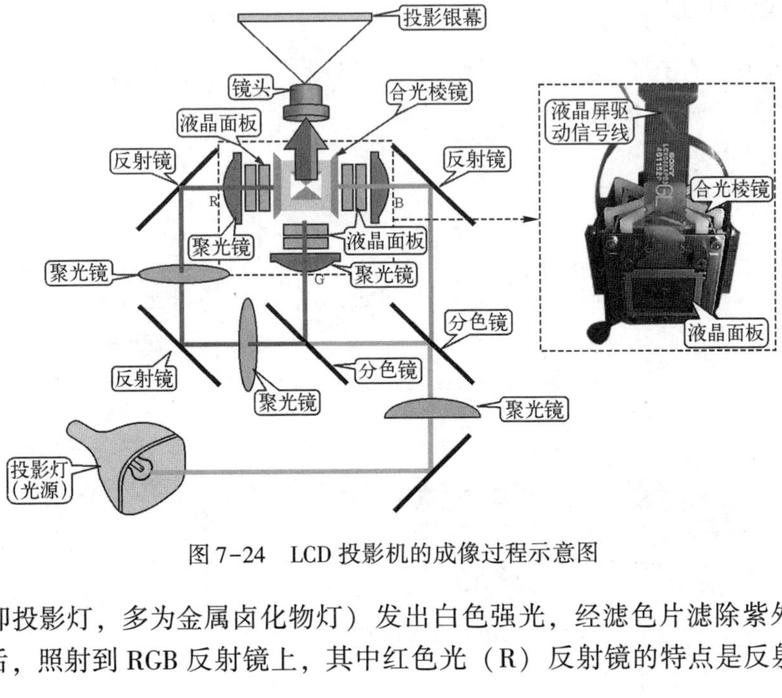

图 7-24　LCD 投影机的成像过程示意图

光源（即投影灯，多为金属卤化物灯）发出白色强光，经滤色片滤除紫外线和红外光等不可见光后，照射到 RGB 反射镜上，其中红色光（R）反射镜的特点是反射红光，但可以透过蓝光和绿光，蓝色光和绿色光反射镜同样具有该特点。

经反射后，光源发出的白色强光被分解为 R、G、B 三基色，该三基色在视频信号的控制下在液晶板上成像，最后通过镜头投射到银幕上。

图 7-25 所示为一台典型 LCD 投影机的整机方框图，由此方框图不难看出该类型投影机各组成部分的相互关系和基本流程。

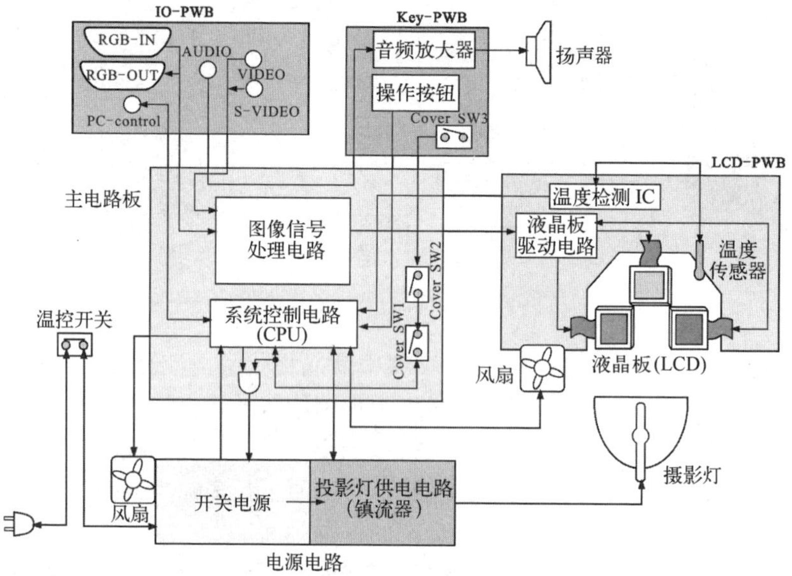

图 7-25　典型 LCD 投影机的整机方框图

2. DLP 投影机的工作特点

如图 7-26 所示为 DLP 投影机的工作过程示意图。可以看到，它与 LCD 投影机不同的主要是其光学系统部分，即成像原理有所不同。

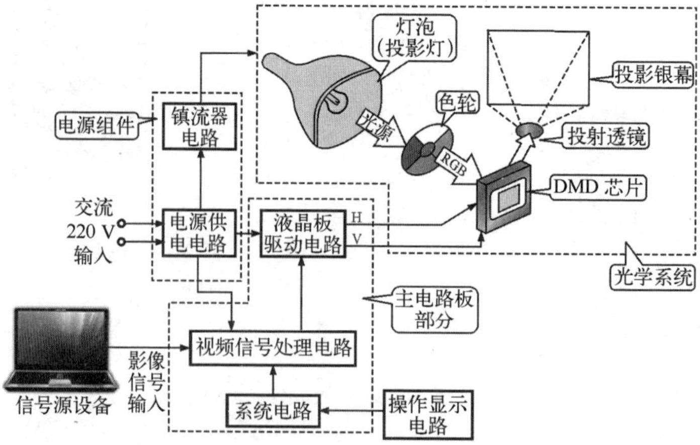

图 7-26　DLP 投影机的工作过程示意图

DLP 投影机的成像过程与 LCD 投影机有很大的不同，LCD 投影机光学系统的核心部件为液晶板，而 DLP 投影机的核心部件是 DMD 芯片。DMD 芯片是由许多个微小的正方形反射镜片（简称微镜）按行、列紧密排列在一起，贴在一块硅晶片的电子节点上形成的，每个微镜都对应着生成图像的一个像素。

图 7-27 所示为 DLP 投影机的成像过程示意图，其基本原理是，由光源发出的强光，经过聚光镜会聚投射到高速旋转的三色透镜（色轮）上，完成对色彩的分离和处理，再投射到 DMD 芯片上成像，最后通过光学透镜（镜头）投射在银幕上，实现图像的投影过程。

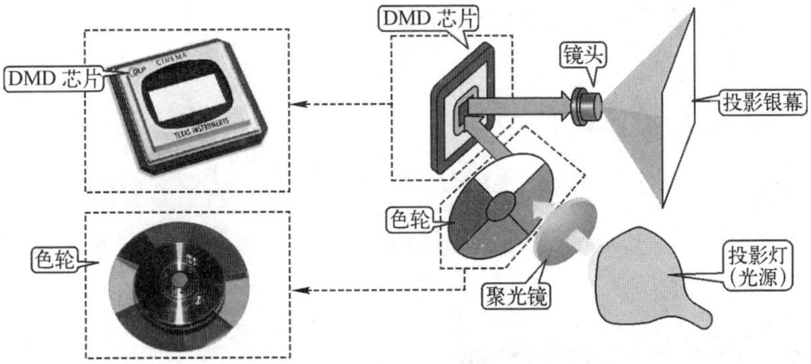

图 7-27　DLP 投影机的成像过程示意图

DLP 投影机产生色彩的原理是：由 DMD 上的反射镜片负责在投影面上反射红、绿、蓝光，由于反射镜片的晃动及色轮的旋转速度较快，给人的视觉器官造成错觉，人的肉眼错将这三种快速闪动的有色光混在一起，于是在投影的图像上看到混合后的颜色。

图 7-28 所示为一台典型 DLP 投影机的整机方框图，由此方框图不难看出该类型投影机各组成部分的相互关系和基本流程。

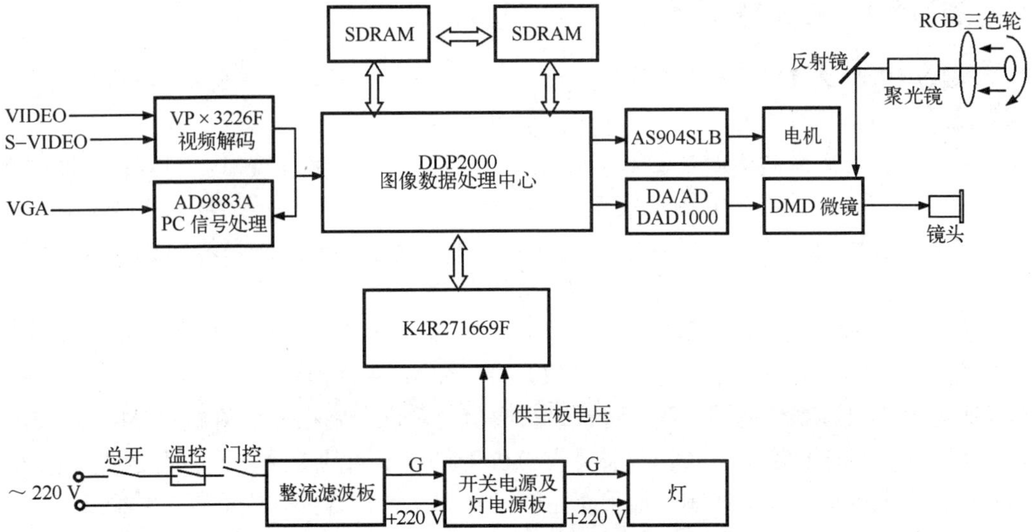

图 7-28　典型 DLP 投影机的整机方框图

7.3 投影机的选购策略

随着计算机多媒体技术的迅猛发展，大到指挥监控中心、交通调度中心的建立，小到商业会议、多媒体教室的应用，对大画面、多彩色、高分辨率、高亮度的显示效果的追求越来越高，传统CRT或液晶显示器的尺寸问题一般很难满足人们这方面的要求。而投影机及其相关技术已成为解决彩色大画面显示的有效途径，其应用范围和涉及的领域在近年来得到迅速拓展，市场也因需求的增长日渐活跃。

下面具体介绍关于投影机的选购依据和选购时的注意事项。

7.3.1 投影机的选购依据

面对市场上众多品牌和型号的投影机，能够正确选购一台适合需求的投影机是非常关键的环节。一般选购投影机时，多将其输入信号源类型、需求环境、性能参数和售后情况等几个方面作为重要的参考依据。

1. 选购投影机要考虑输入信号源类型

目前，可作为投影机的输入信号源主要有三种：普通视频信号、静态图像信号和高清图形信号。不同类型的信号源其适用的投影机也有所不同。

例如，当只显示普通视频信号时，如播放卡拉OK录像带、DVD影像等时，可选择色彩还原真实、色彩饱和度高、动态画面展现力强的LCD投影机；而若显示静态图像信号时，如要显示计算机输出的VGA信号，一般可选择行频在60kHz以下的高清晰度、高对比度和高亮度的DLP投影机；当显示高分辨率的高清图形信号时，则需要选择行频在60kHz以上的DLP投影机。

2. 选购投影机要分析需求环境

选购投影机时要根据实际需求环境的特点、使用方式、应用场合或实际的投影内容来决定购买投影机的类型和档次。

- 需求环境是指投影机所显示环境的空间大小、照明情况等特点。例如，一般如果环境面积较小，对环境光要求不高，可选LCD投影机；若显示环境面积较大，没有日光照射，照明灯光较暗，可选择传统的CRT投影机；若显示环境面积一般，但要求显示画面的均匀性和色彩的锐利性，可选择DLP投影机。
- 使用方式是指用户对投影机固定方式的一个需求因素。一般投影机使用方式分为桌式正投、吊顶正投、桌式背投、吊顶背投，如图7-29所示。

正投是投影机在观众的同一侧；背投是投影机与观众分别在屏幕两端。若长期在某个特定环境下使用，可选择吊顶方式；若需要投影机工作在不同的应用场合，可选择桌面方式，移动方便，但易受周围环境影响；如果有足够的空间，选择背投方式整体效果最好。

- 应用场合或实际的投影内容是决定购买投影机档次的一个重要参考依据。例如，在一般的教育机构使用时，所投影的内容是以一般教学及文字处理为主的幻灯片，选

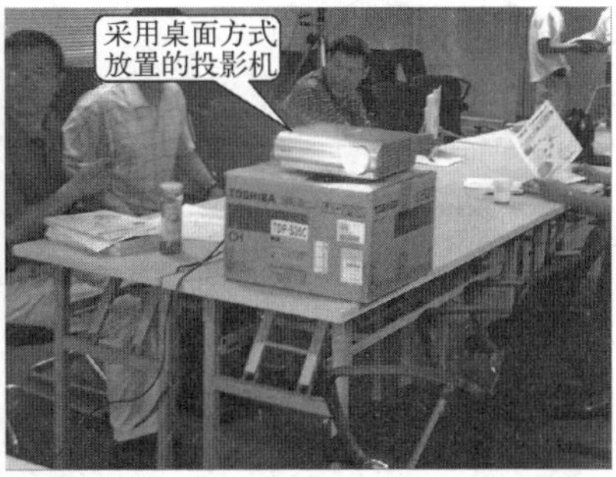

图 7-29　投影机的固定方式

购分辨率为 800×600 的即可满足需求，若此时盲目选择高分辨率投影机将造成资源的浪费；而若在一些指挥调度等场合使用时，对画面的清晰度要求很高，可选择一些高分辨率的投影机，如图 7-30 所示。

图 7-30　投影机的应用场合或投影内容因素

3. 选购投影机要注重关键的性能参数

投影机的性能参数是选购投影机时最为重要的参考依据，也是决定一台投影机性能好坏的重要依据。一般投影机的性能参数有分辨率、亮度、对比度、均匀度、灯泡使用寿命等。

（1）分辨率（Reslution）

分辨率是指投影机投出的图像原始分辨率，也称物理分辨率，它是决定图像清晰程度的主要参数。一般投影机的分辨率越高，可接收分辨率的范围越大，则投影机的适应范围越广。通常用物理分辨率来评价液晶投影机的档次。

目前市场上应用最多的为 SVGA（分辨率为 800×600）和 XGA（分辨率为 1 024×768），XGA 的产品价格比 SVGA 的价格要高出一些。投影分辨率的选择，可按实际投影内容决定购买何种档次的投影机，若所演示的内容以一般教学及文字处理为主，则选择 SVGA（800×600）；若演示精细图像（如图形设计），则要选购 XGA（1 024×768）。

注意

由于现在笔记本和台式机的主流分辨率都已达到 XGA（1 024×768）的标准，建议在预算容许的情况下尽量选购 XGA（1 024×768）分辨率的投影机。

（2）亮度（Light out）

亮度是投影机主要的技术指标，通常以光通量来表示，光通量是描述单位时间内光源辐射产生视觉响应强弱的能力，单位是流明。投影机中表示光通量的国际标准单位是 ANSI 流明。

亮度是投影机极为关键的性能指标，一般亮度高的产品图像更清晰、色彩的明锐度更高、亮部和暗部的灰度表现更完整，但过高的亮度也会刺激眼睛，而且，亮度越高价格也越高。因此，在选择投影机时应坚持亮度够用就好，不要盲目追求高亮度。通常来说，对于一般的日常和商务需求，若投射到 100～120 英寸（2.13～2.44 m）宽的银幕上，1 500 流明的效果就已经非常理想了。

一般在选购投影机时，亮度指标可通过产品说明书的规格介绍进行查询，也可通过互联网相关网站查询该产品的评测信息来获取，如图 7-31 所示。

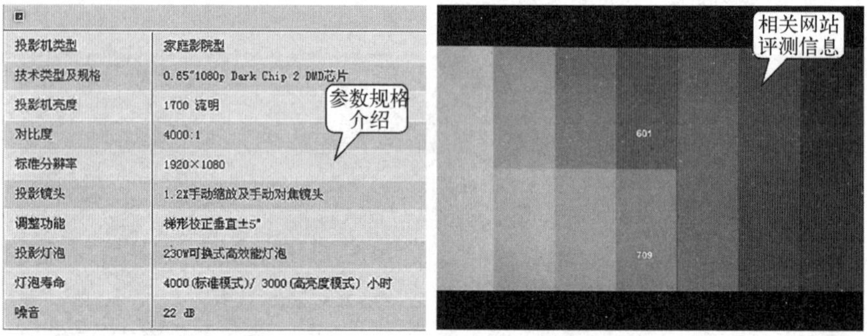

投影机类型	家庭影院型
技术类型及规格	0.65"1080p Dark Chip 2 DMD芯片
投影机亮度	1700 流明
对比度	4000:1
标准分辨率	1920×1080
投影镜头	1.2X手动缩放及手动对焦镜头
调整功能	梯形校正垂直±5°
投影灯泡	230W可换式高效能灯泡
灯泡寿命	4000(标准模式)/ 3000(高亮度模式) 小时
噪音	22 dB

图 7-31　投影机相关参数规格介绍及评测信息

（3）对比度（Resolution）

对比度是反映投影机所投影出的画面最亮与最暗区域的比值，也就是从黑到白的渐变层次。比值越大，从黑到白的渐变层次越多，从而色彩表现越丰富。对比度对视觉效果的影响非常关键。一般来说对比度越大，图像越清晰醒目，色彩也越鲜明艳丽；而对比度小，则会让整个画面都灰蒙蒙的。如图 7-32 所示为不同对比度时投影机的视觉效果对比。

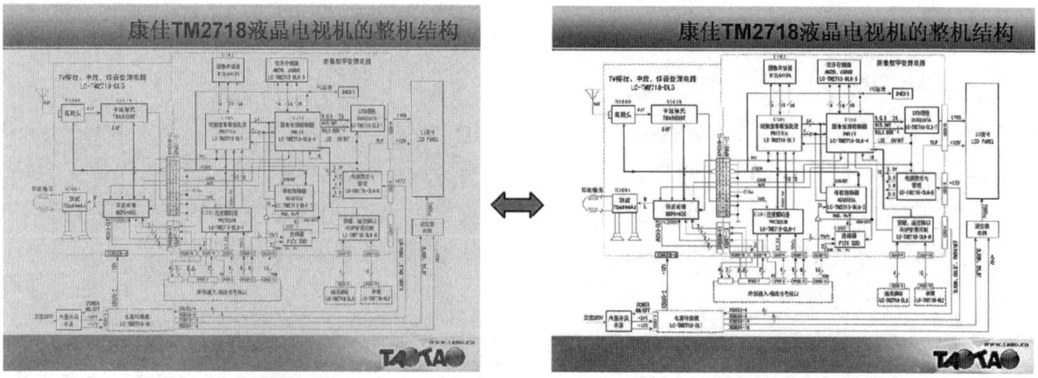

（a）对比度较低画面：灰度层次不明显，整个画面视觉效果不佳

（b）对比度较高画面：灰度层次明显，整个画面色彩鲜明

图 7-32　不同对比度时投影机的视觉效果对比

通常对于一些黑白反差较大的文本显示和动态视频等方面，对比度对显示效果的影响较大；但对于一些色彩层次并不明显的彩色图像，对比度的影响并不明显。而一般来说，对比度越高的投影机，其价格也越高，因此用户应根据所要投影的内容来选择不同层次对比度的投影机，在一些应用场合没有必要使用昂贵的高对比度投影机，不但增加成本投入，而且造成一定的资源浪费。

例如，目前大多数 LCD 投影机产品的标称对比度都在 400∶1（ANSI）左右，而大多数 DLP 投影机的标称对比度都在 1 500∶1（全白/全黑）以上。

（4）均匀度（Uniformity）

均匀度是指投影机投射至银幕时，其四个角落的亮度与中心点亮度的比值，用百分比来表示。均匀度反映了边缘亮度与中心亮度的差异，一般均匀度越高，画面的均匀一致性越好，影像均匀度体现的是投影机光学系统的成像质量。现在投影机的画面均匀度都在 85% 以上。

（5）灯泡使用寿命

投影灯泡是投影机使用过程中最容易损坏的一种耗材，无论 LCD 投影机还是 DLP 投影机都需要外光源，而正是由于灯泡价格高昂，因此其寿命直接关系到投影机的使用成本，所以在选购时一定要了解灯泡使用寿命和更换成本。

建议在选购时最好选择品牌灯泡，虽然价格是昂贵了一些，但是能够保证质量和效果。例如，一般品牌 LCD 投影机的灯泡寿命为 2 000 小时左右。

结合不同类型投影机的适用环境、特点和性能参数等方面，投影机的一般选购方法如表 7-1 所示。

表 7-1 不同应用场合对投影机性能参数的基本要求和选购方法

投影机类型	分 辨 率	亮 度	适 用 场 合
入门娱乐用投影机	800×600	1 500～2 000 流明	酒吧、KTV 等一些需要大幅画面显示，而又对画面质量没有高要求的娱乐场所
中端家庭影院用投影机	854×480、1 280×720 或 1 280×768	1 000～2 000 流明	一般家庭影院，16∶9 画面
全高清家用投影机	1 920×1 080，需要具备 HDMI 接口	600～1 600 流明	家用投影机的顶级产品，对画面的质量要求很高，适合在黑暗的环境中播放
便携商务用投影机	1 024×768（笔记本主流分辨率很好地兼容）	1 500～2 500 流明	需要随时移动的商务领域。选购的投影机应具有重量轻、功能全面但配置简单、接口较少等特点
教育及会议用投影机	800×600、1 024×768（主流分辨率）	1 500～3 500 流明 小型的教室、会议室亮度为 1 500～2 500 流明，而较大的教室和会议室需要更高的亮度，在大型教室或会议室中使用的投影机亮度通常要达到 2 500 流明以上	学校及会议室用。所选购投影机应具备出色的防尘性能、散热性、稳定性及较高的亮度和扩展功能等，4∶3 画面
工程用投影机	1 024×768、1 400×1 050	4 000 流明以上（有些 10 000 流明以上）	大型会所、金融中心、商场等面积很大、环境亮度较高的环境

4. 选购投影机要关注售后服务质量

投影机的价格相对较高，其配件、耗材（灯泡）也比较昂贵且多为专用品，维修或更换配件一般需要到原厂家的售后服务部门，因此在购买前要考虑一定的使用成本，并事先考察供应商的服务水平，了解服务内容和售后服务质量。

另外，在实际选购投影机时，除了以上述介绍的四个方面作为主要参考依据外，投影机的防尘散热性能、重量、银幕尺寸及规格、接口类型、噪声大小、性价比、扩展功能、使用成本、保修时间等也是需要注意和考虑的方面。

7.3.2 投影机的选购注意事项

在实际选购投影机时，应综合各种选购依据和因素，并通过对不同品牌相似产品在各方面的对比，确定需要购买投影机的品牌和型号，之后还需要掌握投影机实际指标的鉴别方法，以及购买时需要注意的各种事宜。

1. 检查投影机包装及机身外观

选购投影机时，确认机型和性能指标与选购需求相符合后，首先应对投影机包装进行检查，查看外包装封条或厂家防拆贴纸等有无人为破坏，确保机器为原装机器。确认无误后即可打开外包装，开机实验前，还应先检验机器外观有无损伤。

2. 检查投影机不同分辨率下是否能正常显示

一般投影机的分辨率会有一定的范围，选购时，可在分辨率允许范围内，分别为投影机设定三个分辨率，检查投影机在这三个分辨率下是否能正常显示。如果出现画面扭动或抖动等现象，则说明该投影机的水平扫描跟踪性能不良。

3. 检查投影机投射图形信号细节

选购投影机时，应注意检查投影机投射图形信号是否清晰。一般可用计算机产生一个投影机所能达到最高分辨率的白底图形信号，观察屏幕上的最小字符图形是否清晰，如图 7-33 所示。

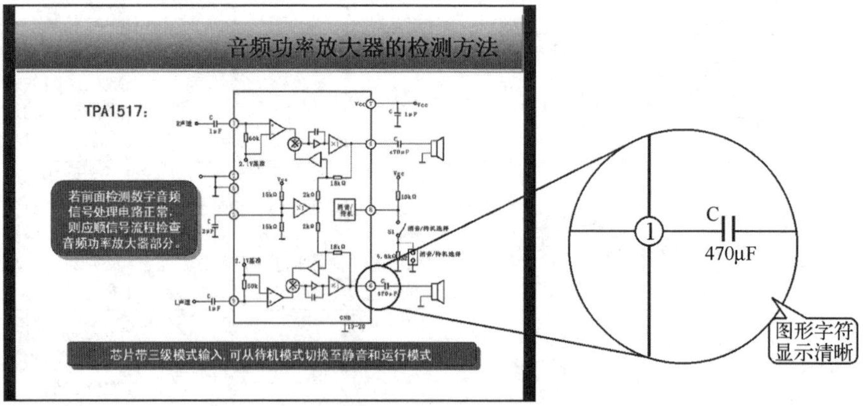

图 7-33　检查投影机投射图形信号细节

若检查发现屏幕所显示线条发虚，图像细节模糊不清，则说明该投影机的视频带宽不足。

4. 检查投影机聚焦性能

检查投影机的聚焦性能是选购时应特别注意的一个方面，一般可用投影机本身内部产生的测试方格进行测试。即将聚焦调至最佳位置，使图像对比度由低向高变化，观察方格的水平和垂直线条是否出现散焦现象，若有，则说明聚焦性能不良。

5. 检查投影机是否偏色

检查投影机投射图像颜色是否均匀是检查其均匀度参数的一个重要步骤，通常可用投影机打出一个全白图像，观察图像中心与四个角落的颜色均匀度是否达到要求。

6. 检查投影机防尘性能是否正常

投影机是否具有良好的防尘性能是选购时需要注意的一个关键环节，特别是选购 LCD 投影机时。在一些学校的多媒体教室应用中，由于该环境下粉尘较多，需要投影机有较好的防尘设计，如投影机进气口处的过滤网设计等，如图 7-34 所示。

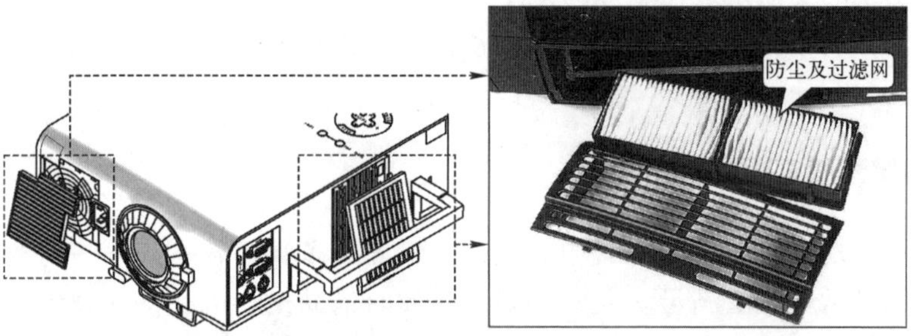

图 7-34　投影机的防尘设计（进气口处的过滤网）

选购时，可使投影机打出一个全白图像，在该图像上，由小至大调整光学聚焦，观察屏幕上有无彩色斑点出现，若有，则多为投影机内部光学嘴尖，如液晶板或镜片上落有灰尘，说明该机器的防尘系统有问题。

7. 检查投影机的标准配件是否齐全

选购投影机最后应注意检查其标准配件是否齐全，如电源线、数据线、产品说明书及保修卡等，如图 7-35 所示，这些配件也是保证投影机能够正常使用或维护的重要设备。

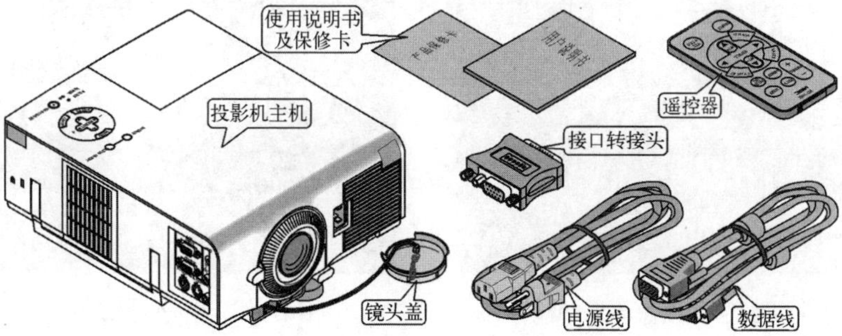

图 7-35　检查投影机的标准配件是否齐全

注意

选购投影机最后应认真填写保修卡，并与供应商确认保修、维修条款等，以确保后期保养和维修阶段的顺利进行。

7.4 投影机的营销要点

7.4.1 展示投影机的功能特色

随着投影机行业主要技术发展的日益成熟，投影机已成为教学、培训、会议等必不可少的演示工具，并已逐渐深入到我们的工作和生活中，其产品越来越丰富，功能也越来越完善。

投影机最基本的功能是进行影像的显示，类似于电视机、计算机显示器等，但与普通显示设备不同的是，投影机能提供其他显示设备所无法比拟的超大画面，30～350英寸都可以轻易实现。

1. 投影机具有静态图像演示功能

演示静态图像是投影机最基本的功能之一，例如，多媒体教室或一些商务会议室中，一台小小的计算机显示屏无法满足多人同时观看，此时借助投影机，将计算机显卡中的图像画面通过投影机投射到银幕上，轻而易举便可完成画面尺寸的多倍放大，如图7-36所示。

2. 投影机具有动态视频演示功能

投影机不仅可以演示静态画面，还可以将视频设备送入的动态视频演绎得美轮美奂，更加体现其大屏幕的视觉享受特点，如图7-37所示。

图7-36　投影机的静态图像演示功能

图7-37　投影机的动态视频演示功能

3. 投影机具有独特的实用功能

不同类型的投影机应用于不同的领域，其各项实用性功能也有不同的展现。例如，教育类投影机通常具有较强的散热能力和防尘功能、画面静止与局部放大功能、防盗功能、网络投影功能和教鞭功能等；而商务用投影机一般具有良好的断电保护功能、插卡投影功能、无线网络功能、脱机投影功能等；家庭影院用投影机则一般具有色彩调节功能、图像模式（动态、标准、游戏、生动、电影）选择功能；工程用投影机有拼接功能等。

7.4.2 演示投影机的使用方法

投影机的使用与其他电视机、显示器等显示设备不同，电视机、显示器只要正确输入信号后，开机即可显示一个很好的画面，而投影机需要进行多方面的连接、调节和设置等操作，而且不同类型和品牌的投影机具体的操作方法和步骤也不相同，应严格按照使用说明书进行，下面介绍投影机最基本的使用方法。

1. 投影机与信号源设备的连接

使用投影机时首先需要将信号源设备与投影机进行连接。不同类型的信号源设备与投影机的连接接口和线缆不同，应根据实际情况选择线缆和连接接口。如图7-38所示为投影机与不同信号源设备的连接方法。

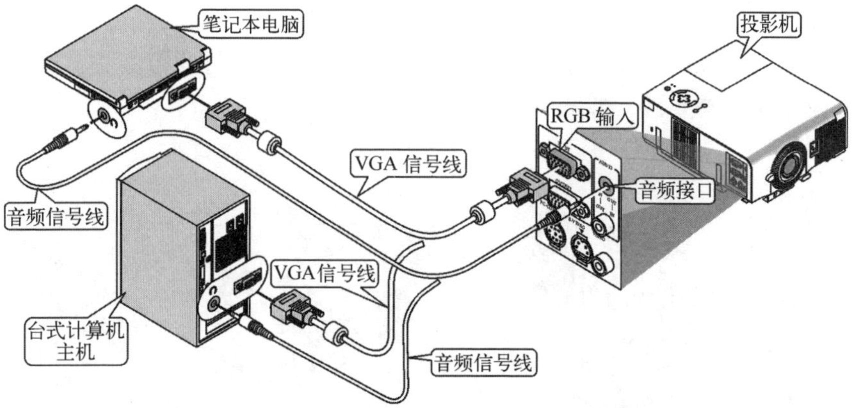

（a）投影机与笔记本电脑和台式主机的连接方法

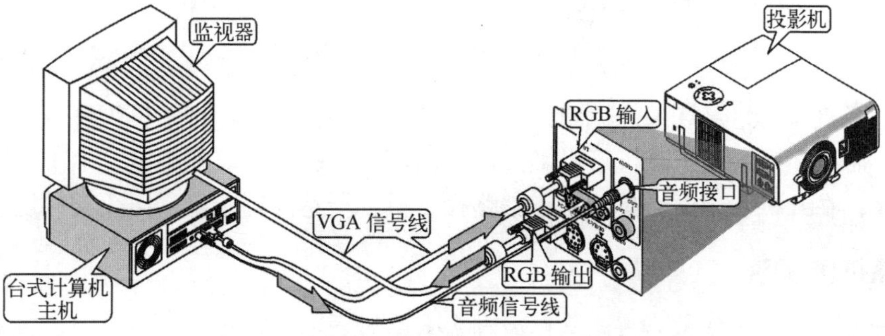

（b）投影机与监视器的连接方法

图7-38 投影机与不同信号源设备的连接方法

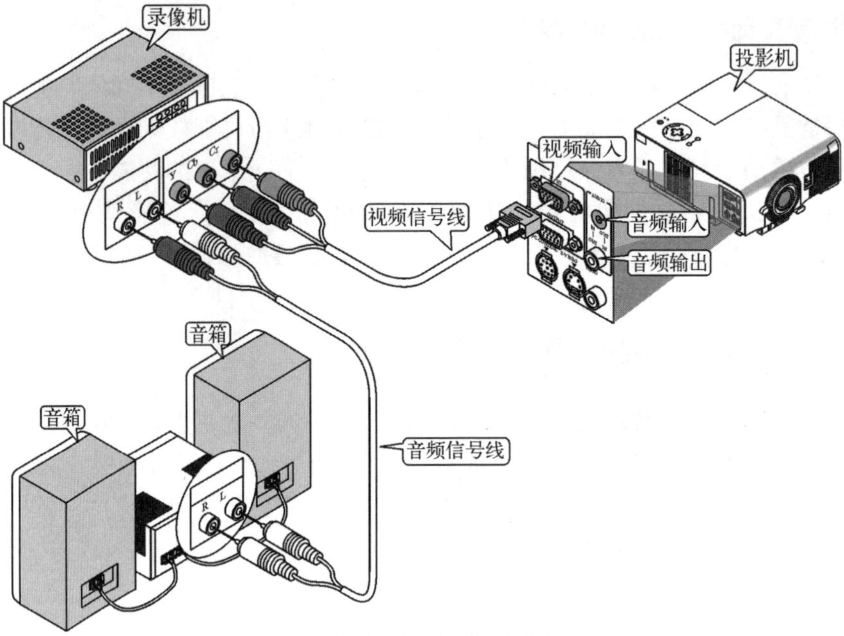

（c）投影机与录像机及音箱的连接方法

图 7-38　投影机与不同信号源设备的连接方法（续）

2. 投影机的开机

连接好信号源设备后，即可对投影机进行开机操作，首先打开镜头盖，按下投影机上的电源开关或使用遥控器开机，如图 7-39 所示。

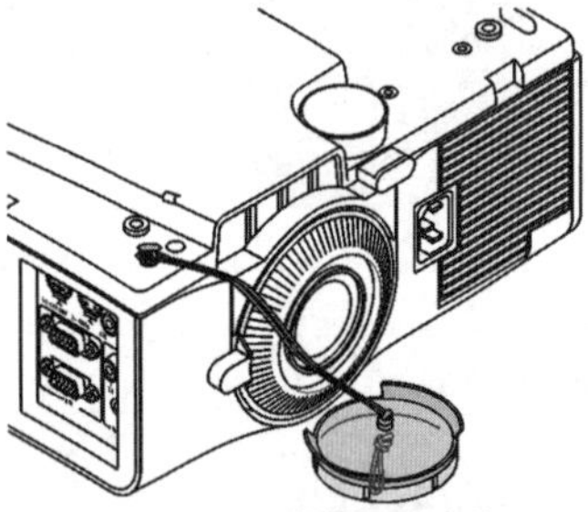

（a）取下投影机镜头盖

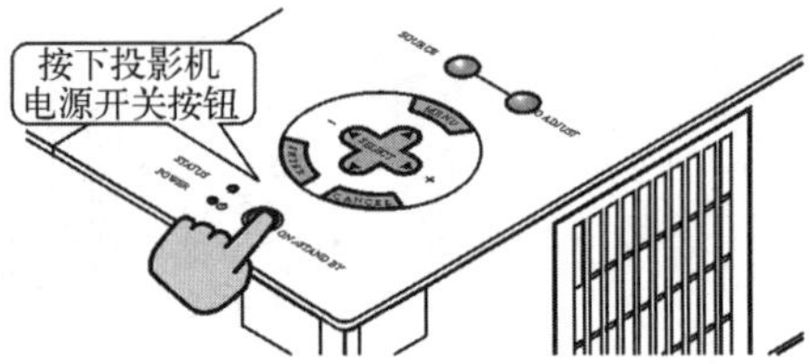

（b）开机

图 7-39　投影机的开机操作

投影机开机时，指示灯闪烁说明设备处于启动状态，当指示灯不再闪烁时，即可进行下一步操作。需要注意的是，开机后投影机灯泡内部压力较大，灯丝温度有上千度，处于半熔状态，因此，在开机状态下严禁震动、搬移投影机，严禁强行断电，防止配件烧毁、炸裂。

3. 投影机的调整

投影机开机后镜头部分便有画面投射到前方的银幕上，首先需要对投影机高度、投影画面大小按照适合银幕大小进行调整。通常可通过调整投影机上的高度调节部件来调整其高度，通过镜头上的变焦环来对投影画面的大小进行设定，如图7-40所示，将图中虚线所示投影画面大小和位置调整至与投影机银幕相符合。

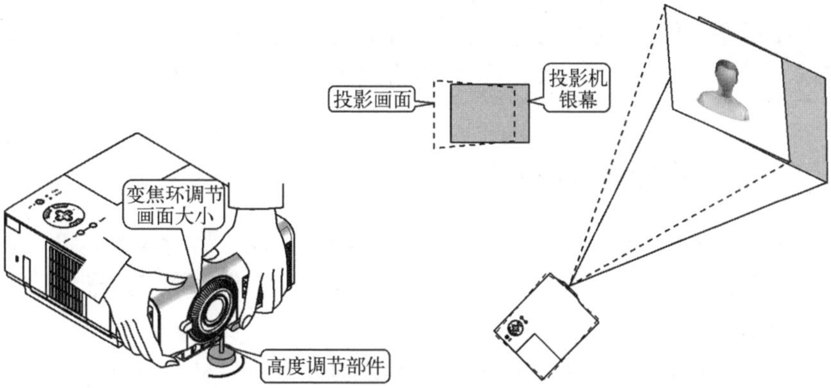

图7-40　投影机高度及投射画面大小的调整

接下来需要对投影机投影画面的各项参数进行调整，通常包括画面梯形校正、画面的变焦、聚焦、亮度、对比度、分辨率及色彩调整等。一般可用遥控器调出投影机菜单后，边观察画面状态边调整相应的功能按键，直到显示效果为最佳，如图7-41所示。

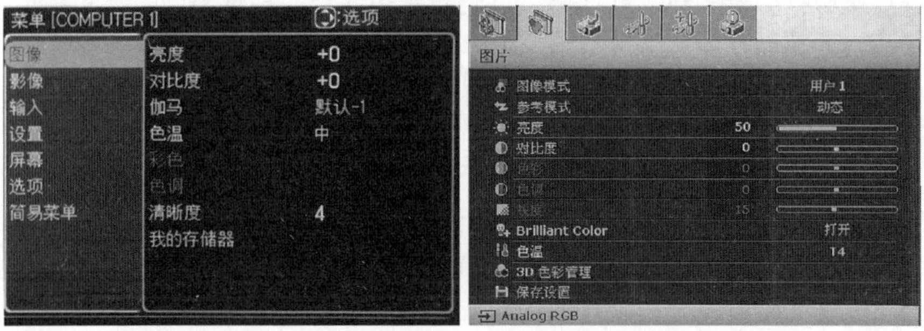

图7-41　不同类型投影机的投影画面细节调整菜单

对其各项参数的调整是一个细致的过程，需要反复调整和设定，而且为了使其达到最佳显示效果，应将信号源设备（如计算机）的分辨率调到与投影机一致。若投影机每次使用的地方都不同，还需要每次使用时都对投影机做一番调节；若每次使用地点相同，可在第一次设置好后，选择“保存参数设置/使用上次保存设置”，这样可以大大节省下次使用时的调整时间。

注意

如果在使用过程中出现意外断电情况，不可立即启动，一般需要等投影机冷却5～10 min后，再次启动。另外，投影机的连续使用时间不宜过长，通常应控制在4 h以内，夏季高温环境中，使用时间应再短些。开机后，要注意不断切换画面以保护投影机灯泡，否则会使LCD板或DMD板内部局部过热，造成永久性损坏。

4. 投影机的关机

当投影机使用完毕后要及时关机。需要注意的是，投影机的关机操作与一般的显示设备也不相同：当使用完毕后，先按下关机按钮进行关机，此时投影机进入风扇散热阶段，需要等到散热完成，风扇不再转动、电源指示灯不再闪烁后，才可以拔电源线。

7.4.3 传授投影机的保养维护方法

投影机是一种集精密光学、电子、机械于一体的高科技产品，其保养和维护不同于一般的电子设备，若保养和维护操作不当，通常会引起投影机工作异常或过早导致投影机相关部件损坏，造成一定的经济损失。

对于投影机的保养维护，主要包括养护和清洁两个方面。

1. 养护

对投影机进行养护是指在使用过程中注重操作的规范性和正确性，主要包括日常使用中的防震、防尘、防热等。

（1）防震

投影机在使用时严禁有强烈的冲撞、挤压和震动或移动，否则可能会导致光学系统中的部件出现异常，如液晶片移位、反射镜变形、镜头轨道损坏等，出现这些情况后，都将影响投影机的图像投影效果，严重时还可能导致投影机损坏。

（2）防尘

防尘是投影机使用中应注意的关键。由于投影机内部精密部件的结构特点，即使细小的灰尘粒都可能导致其对投影画面产生影响，而且如果灰尘积聚过多，不仅会对内部电路板、光学部件产生不良影响，还可能堵住进风口和风扇，导致投影机内部温度升高，增加投影机部件故障的风险，严重时还会导致灯泡烧坏。

因此，在投影机使用环境中一定要严禁吸烟，严禁在灰尘易存在或出现的场合使用投影机，并确保投影机不使用时盖好镜头盖或将投影机装入防尘箱中。

（3）防热

对投影机时刻进行防过热维护措施，是保证投影机稳定运行的关键。由于投影机内部元件的集成度较高，而其灯源部件又是散发高热的源头，投影机内部过高的温度不仅会加速电子器件老化的速度，还可能直接导致精密部件损坏，因此防热是一个非常重要的环节。

通常在使用时要注意投影机周围环境的通风及投影机本身散热风扇、散热孔的通畅。不要使投影机的底部和支撑面贴得太近，不要在投影机的通风口处放置任何东西，定期清理空气过滤网上的灰尘，避免进气量不够影响冷却效果。

2. 除尘和清洁

对投影机进行定期的除尘和清洁是保养维护投影机最基本的操作，也是防尘、防热最有效的方法和关键环节。

（1）散热风扇和镜头的除尘

散热风扇和镜头部分是投影机中容易沾染灰尘的主要部件。目前，大多数投影机产品设有专门的风扇用于散热和通风，但如此一来由于风扇转动产生的气流十分有可能夹带微小尘粒，长时间以后，灰尘就会集中在散热风扇及一些周边地区，严重影响散热效果并为灰尘进入投影机内部精密部件埋下隐患，因此定期清理散热风扇上的灰尘十分必要。

镜头是投影机的核心部件，然而在使用时镜头一直暴露在外，很容易沾染灰尘，特别是对于 LCD 投影机来说，镜头除尘是十分关键的环节。投影机的镜头和数码相机的镜头表面相似，可以用气吹或照相器材专用的镜头清洁纸擦拭，如图 7-42 所示。

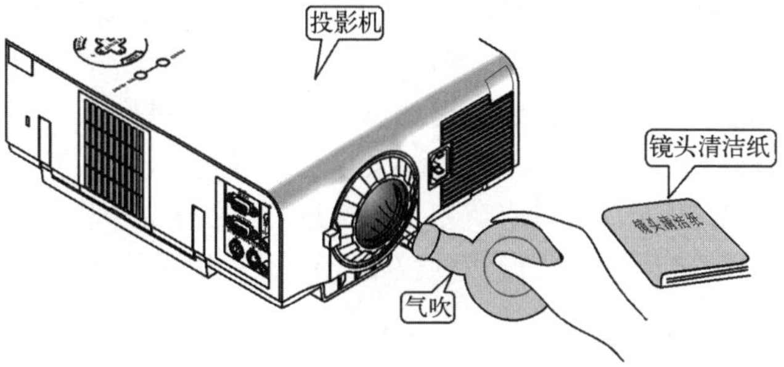

图 7-42　投影机镜头的除尘操作

注意

镜片极易划伤，不能用湿抹布等擦拭，也不可使用任何液晶清洁剂，否则将会磨损镜头表面的保护膜，大大影响以后的投影效果；另外，关机后应立即盖好镜头盖，防患于未然。

（2）进气口、排风口过滤网的清洁

投影机在工作中会产生大量的热量，因此都有散热抽风系统，而进气口和排风口的过滤网极易被灰尘堵满，使机器内部温度过高，引起停机保护。一般使用 3 ~ 4 个月就需要清洁进气口的过滤网，通常较简单的方法是用真空吸尘器清洁排风口和进风口的灰尘，如图 7-43 所示。

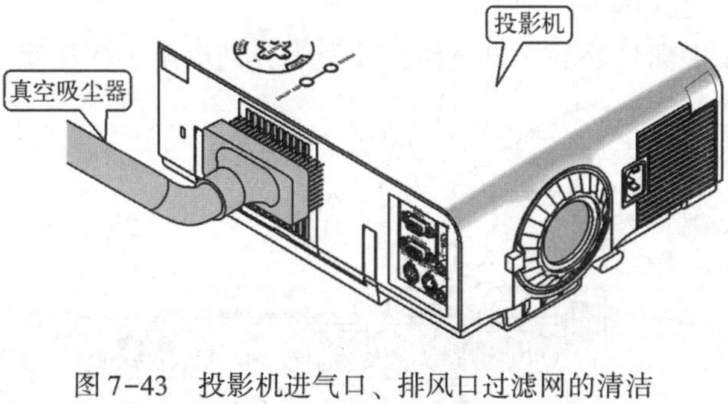

图 7-43　投影机进气口、排风口过滤网的清洁

散热风扇、镜头和过滤网的清洁与保养是日常使用过程中最基本的维护方法，另外，一些专业机构还可完成对投影机光学系统的专业清洗。例如，对于 LCD 投影机来说，可对滤光镜、反光镜、红绿蓝反射镜、偏光板、液晶板等进行除尘，但对这些精密部件的清洁需要

专业的技术和一定的环境条件。

除此之外，在使用、保养和维护过程中应注意规范性操作，具体如下：

- 使用时不要让镜头直射人眼，强光线可能会对人眼造成一定损伤；
- 投影机使用时不能放在沙发、床等吸热性强的支撑物上，且不可用布盖住投影机，以防散热不良；
- 投影机工作过程中，不可搬动投影机，避免产生震动，损坏内部器件；
- 投影机长时间工作会导致很高的温度，除了对其内部组成部件有一定影响外，灯泡的性能也会加速下降，因此应尽量确保一次的使用时间不要超过 4 小时；
- 投影机电源线连接应注意避免横跨在地面上，防止孩童或行人不注意踢掉电源线，此外，严禁带电插拔投影机电缆，信号源设备与投影机电源最好同时接地；
- 投影机固定位置应避免阳光直射、远离热源和水源，如暖气片、清洗台等；
- 投影机的支撑物应稳定牢固，不可简单支撑，使其存在滑落等隐患；
- 不可随意拆解投影机，必要时应请专业人员进行维护和修理；
- 机身不能用有机溶剂清洁，用湿润的软布轻轻擦去污垢即可。

习题 7

1. 填空题

（1）LCD 投影机的成像器件是____________，DLP 投影机的成像器件是____________。

（2）LCD 投影机和 DLP 投影机相比较来说，____________的对比度较高，较多应用于____________场合，具有____________、____________、____________、____________等特点。

（3）投影机背部的接口通常有____________、____________、____________、____________、____________、____________等。

（4）DLP 投影机的光学系统主要是由____________、____________、____________和____________等构成的，相较于 LCD 投影机的光学系统简单得多。

（5）投影机灯泡的使用寿命大约为____________小时，一般在使用时为确保灯泡的使用寿命，尽量使其连续工作时间不要超过____________小时。

（6）投影机最基本的功能为____________。

（7）填写图 7-44 中标号处的接口名称，并说明分别可用于连接哪些设备。

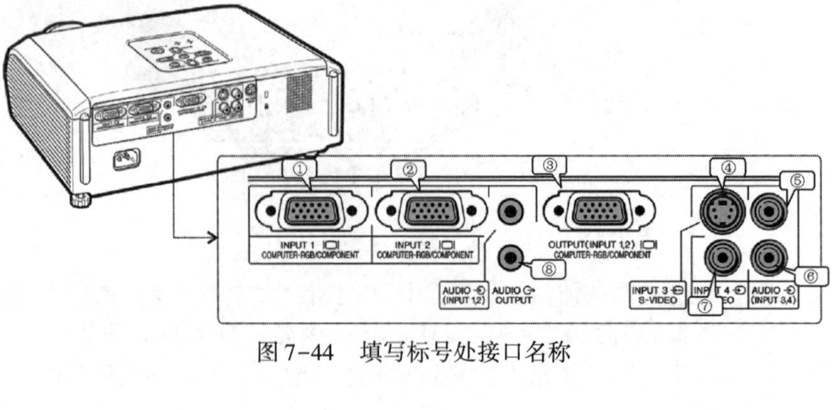

图 7-44　填写标号处接口名称

①____

②____

③____

④____

⑤____

⑥____

⑦____

⑧____

2. 简答题

（1）如何现场选购投影机？

（2）投影机最基本的保养和维护方法是什么？日常维护一般可对哪些部件进行维护？

（3）投影机的开机和关机操作应注意哪些方面？

项目8　打印机的功能特点和营销方案

8.1 打印机的种类特点及相关产品

打印机（Printer）是计算机的输出设备之一，用于将计算机处理结果打印在相关打印纸上。打印机作为最常见的办公设备，广泛应用于公办室和家庭生活中。随着科学技术的不断发展，打印机相关的技术要求也不断提高。

8.1.1 打印机的种类特点

目前，市场上的打印机种类繁多，打印机按其打印方式和原理的不同可分为激光打印机、喷墨打印机和针式打印机三种。

1. 激光打印机

激光打印机是集精密机械、电气、光技术与计算机技术于一体的智能化设备，其主要通过激光束曝光、显影、定影等过程实现打印功能。如图 8-1 所示为不同型号激光打印机的实物外形。

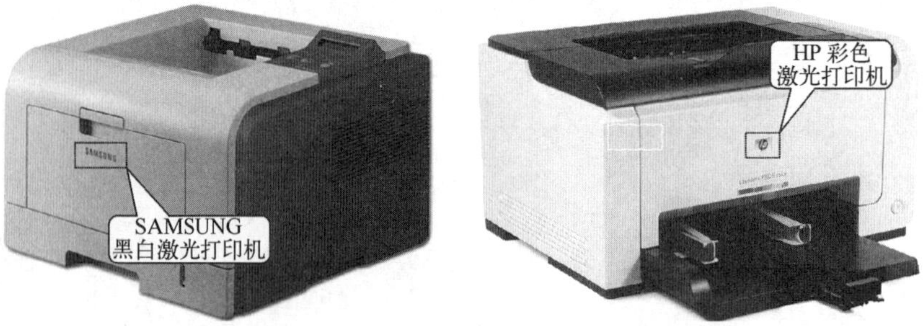

图 8-1　不同型号激光打印机的实物外形

激光打印机以其打印速度快、打印品质高、噪声低及使用经济可靠等优点越来越受到市场的青睐，其应用领域也越来越广泛。

2. 喷墨打印机

喷墨打印机的喷墨技术较复杂，随着喷墨打印机的不断发展，喷墨打印机良好的性价比和适应能力使其成为目前市场上的主流产品，彩色喷墨打印机更是得到了广泛的应用。

如图 8-2 所示为不同型号喷墨打印机的实物外形。

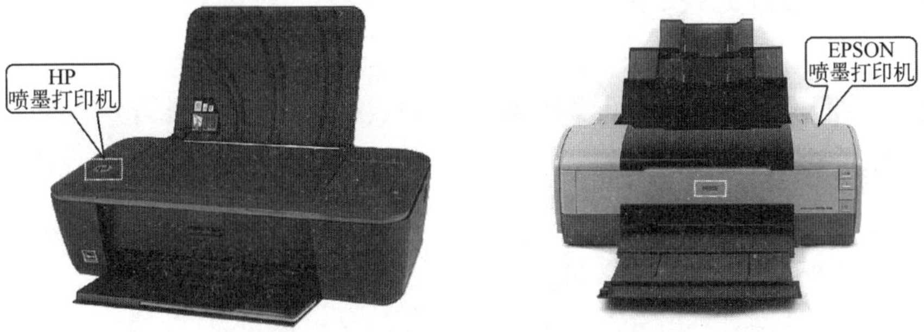

图 8-2 不同型号喷墨打印机的实物外形

喷墨打印机在打印时噪声小，打印质量与打印色彩都比针式打印机好，并且打印速度也比针式打印机提高了许多。但需要进行高质量打印时，喷墨打印机需要使用专用的打印纸，不能随意选用打印纸张。

3. 针式打印机

针式打印机的结构简单，在市场中针式打印机的品牌及型号多种多样，虽然针式打印机有着众多的品牌和型号，但其基本构成相似。如图 8-3 所示为不同型号针式打印机的实物外形。

图 8-3 不同型号针式打印机的实物外形

针式打印机常应用于银行、税务、报价等多层介质的打印，针式打印机与激光打印机和喷墨打印机相比，其在打印过程中噪声很大、打印速度慢，不适合照片和图形等高质量打印，且在打印时必须控制打印速度，以防止打印头过热导致停止打印等故障。

除了以上三种最为常见的打印机外，还有热转印打印机和大幅面打印机等几种应用于专业方面的打印机机型。热转印打印机是利用透明染料进行打印的，它的优势在于专业高质量的图像打印方面，可以打印出近似于照片的连续色调的图片，一般用于印前及专业图形输出。大幅面打印机的打印原理与喷墨打印机基本相同，但打印幅宽一般能达到 24 英寸（61 cm）以上，它的主要用途一直集中在工程与建筑领域。但随着其墨水耐久性的提高和图形解析度的增加，大幅面打印机也开始被越来越多地应用于广告制作、大幅摄影、艺术写真和室内装潢等装饰宣传领域，成为打印机家族中重要的一员。

另外，美国 ZCorp 是专业三维打印机生产商，生产全球最快的三维打印机，加之极低的耗材使用成本使其得到全球众多用户的青睐。

8.1.2 打印机的相关配套产品

打印机有很多必不可少的与其相配套的产品，如打印纸、激光打印机使用的碳粉、喷墨打印机使用的墨盒和墨水、针式打印机使用的色带等。它们对打印机起着不同的作用，可以使打印机使用时达到更好的状态和效果。

1. 打印纸

打印纸是指打印文件及复印文件所用的一种纸张，如图 8-4 所示为不同类型打印纸的实物外形。

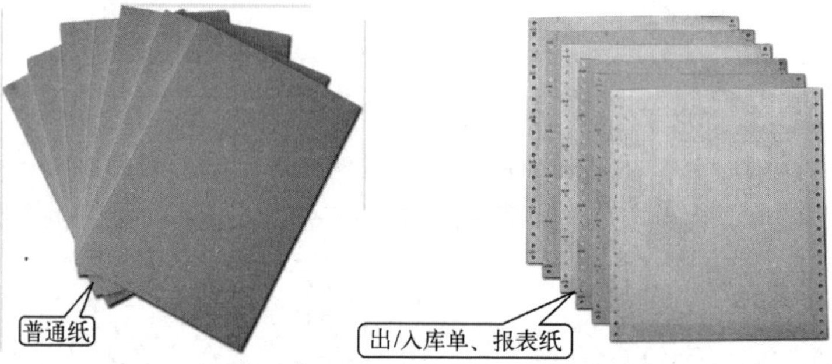

图 8-4 不同类型打印纸的实物外形

现在国家标准规定，以 A0、A1、A2、B1、B2 等标记来表示纸张的幅面规格。标准规定，纸张的幅宽（以 X 表示）和长度（以 Y 表示）的比例关系为 $X:Y=1:n$ 。办公用的专用打印纸，分类是按纸张的大小和层数分的，比如 241-1、241-2，分别表示 1 层和 2 层的窄行打印纸；常用的宽行打印纸还有 381-1、381-2 等。例如：241-2 是指无碳打印纸（也称压感纸），这种纸只能在针式打印机上使用；241 代表 9.5 英寸，也就是纸的宽度，这种纸也叫 80 列打印纸，也就是说，正常字体，一行 80 个字。这些纸主要用于出/入库单、报表、收据，适用于银行、医院等行业。

国家规定的开本尺寸采用的是国际标准系列，现已定入国家行业标准 GB/T 1999，在全国执行。书刊本册现行开本尺寸主要是 A 系列规格，有以下几种：A4（16 K）297 mm×210 mm；A5（32 K）210 mm×148 mm；A6（64 K）144 mm×105 mm；A3（8 K）420 mm×297 mm。其中 A3（8 K）尺寸尚未定入，但普遍使用。不同型号纸张对应尺寸如表 8-1 所示。

2. 激光打印机的碳粉

碳粉是用于激光打印机和复印机里添加的耗材，如图 8-5 所示为不同种类碳粉的实物外形。碳粉的主要成分不是碳，而是由树脂和炭黑、电荷剂、磁粉等组成。墨粉经高温融化到纸纤维中，树脂被氧化成带有刺激气味的气体，这就是大家所说的“臭氧”。这种气体只有一种好处，就是保护地球，减少太阳辐射的危害。

表 8-1 不同型号纸张对应尺寸

规　格	幅宽（mm）	长度（mm）	规　格	幅宽（mm）	长度（mm）
A0	941	1 189	B0	1 000	1 414
A1	594	841	B1	707	1 000
A2	420	594	B2	500	707
A3	297	420	B3	553	500
A4	210	297	B4	250	553
A5	148	210	B5	176	250
A6	105	148	B6	125	176
A7	74	105	B7	88	125
A8	52	74	B8	62	88

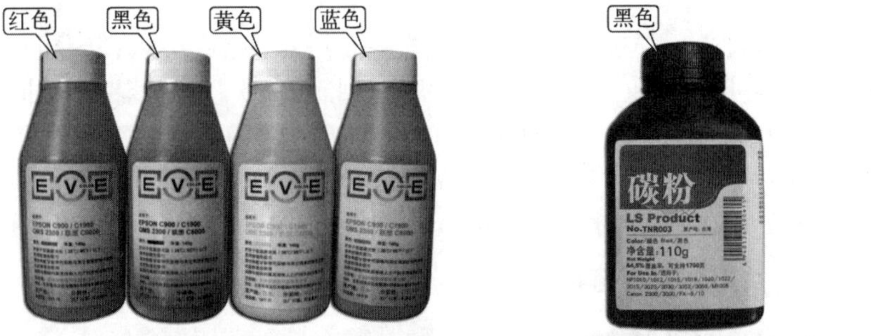

（a）彩色激光打印机中的彩色碳粉　　（b）黑白激光打印机中的黑色碳粉

图 8-5 不同种类碳粉的实物外形

3. 喷墨打印机的墨盒

墨盒主要指的是喷墨打印机（包括喷墨型多功能一体机）中用来存储打印墨水并最终完成打印的部件，如图 8-6 所示为不同类型墨盒的实物外形。墨盒对于整个喷墨打印机来说具有相当重要的地位。从目前市场上墨盒的组成结构来看，可分为一体式墨盒和分体式墨盒两种。一体式墨盒就是将喷头集成在墨盒上，当墨水用完更换一个新的墨盒之后，也就意味着同时更换了一个新的打印头；分体式墨盒是指将喷头和墨盒分开设计的产品。

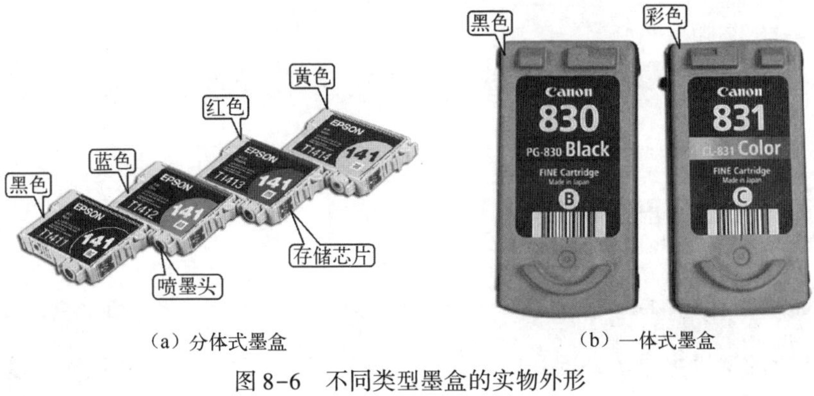

（a）分体式墨盒　　（b）一体式墨盒

图 8-6 不同类型墨盒的实物外形

4. 喷墨打印机的墨水

喷墨打印机中使用的墨水也称染料型墨，是以染料为色基的墨水，也是目前大多数喷墨打印机所采用的墨水。如图 8-7 所示为不同类型墨水的实物外形。

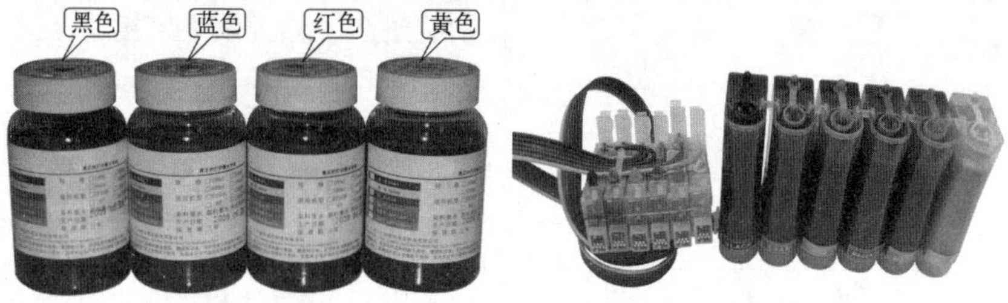

（a）连供打印机墨水　　（b）连供打印机墨盒

图 8-7　不同类型墨水的实物外形

5. 针式打印机的色带

色带是我们比较熟悉的一种打印耗材，如图 8-8 所示为不同类型色带的实物外形。从最早的机械撞击式的英文打印机到后来的计算机针式打印机，使用的都是色带。色带的工作原理是利用针式打印机机头内的点阵撞针或英文打字机中的字母撞件，去撞击打印色带，在打印纸上产生打印效果。针式打印机的色带分为单色色带和多色色带两种，其中单色色带是整条色带表面只有一种色（黑、红、紫等），多色色带是在色带宽度方向上有两种或四种不同色。

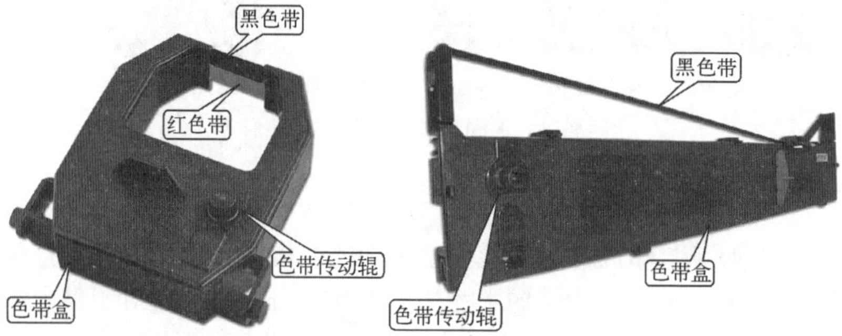

（a）多色色带　　（b）单色色带

图 8-8　不同类型色带的实物外形

8.2 打印机的结构和工作特点

8.2.1 打印机的结构组成

1. 激光打印机的结构组成

激光打印机的整机主要由外部和内部结构共同组成，并通过不同的纸路系统，实现激光打印机文件的传输。

目前，市场上流行的激光打印机外形多种多样，但其内部的组成结构基本相同，根据其纸路方式的不同，主要分为由上到下纸路和由下到上纸路两种形式，如图 8-9 和图 8-10 所示。

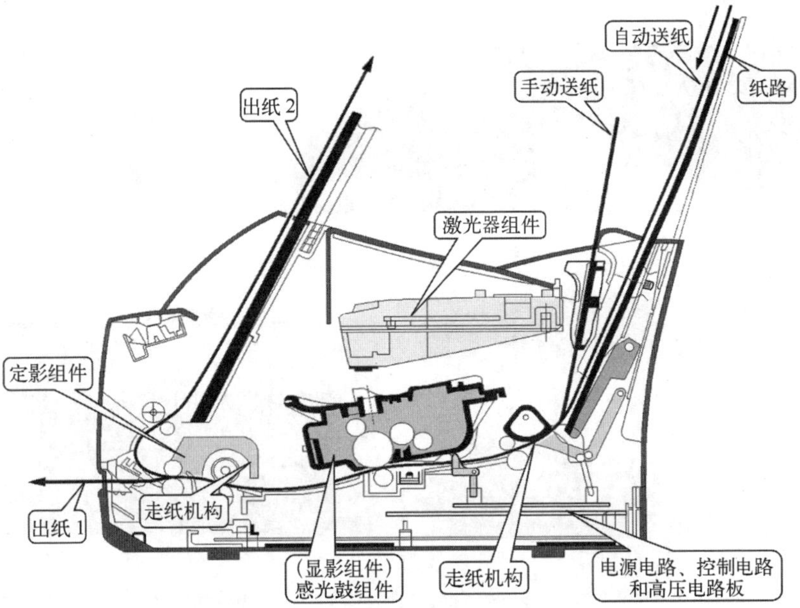

图 8-9　由上到下纸路的激光打印机整机结构

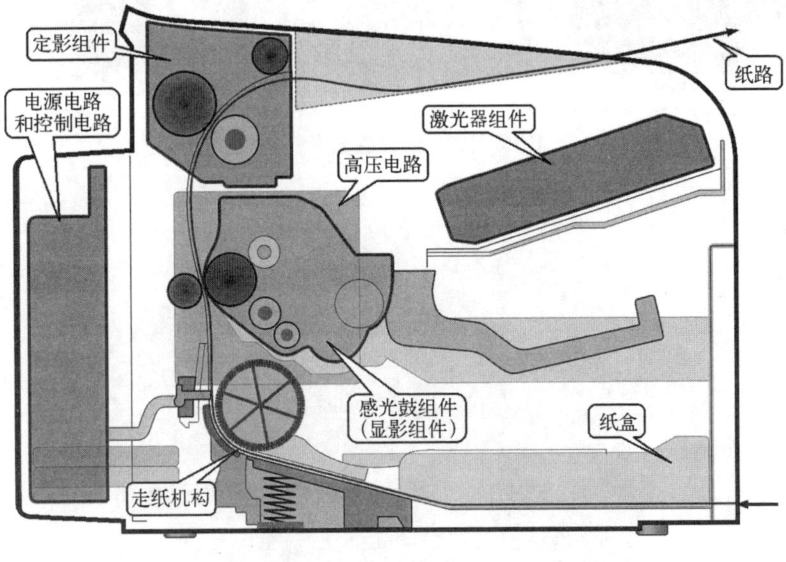

图 8-10　由下到上纸路的激光打印机整机结构

（1）激光打印机的外部结构

尽管不同激光打印机的整机结构略有不同，但其组成部件基本相似。如图 8-11 所示为 HP CP1025 型彩色激光打印机外部构成，其主要由控制面板、出纸器、出纸托盘、进纸仓、开关、电源接口、USB 数据接口等构成。

（2）激光打印机的内部结构

激光打印机主要由激光组件、显影组件（感光鼓组件）、定影组件、高压电路、控制电路、电源电路和走纸机构等组成，其内部构成如图 8-12 所示。

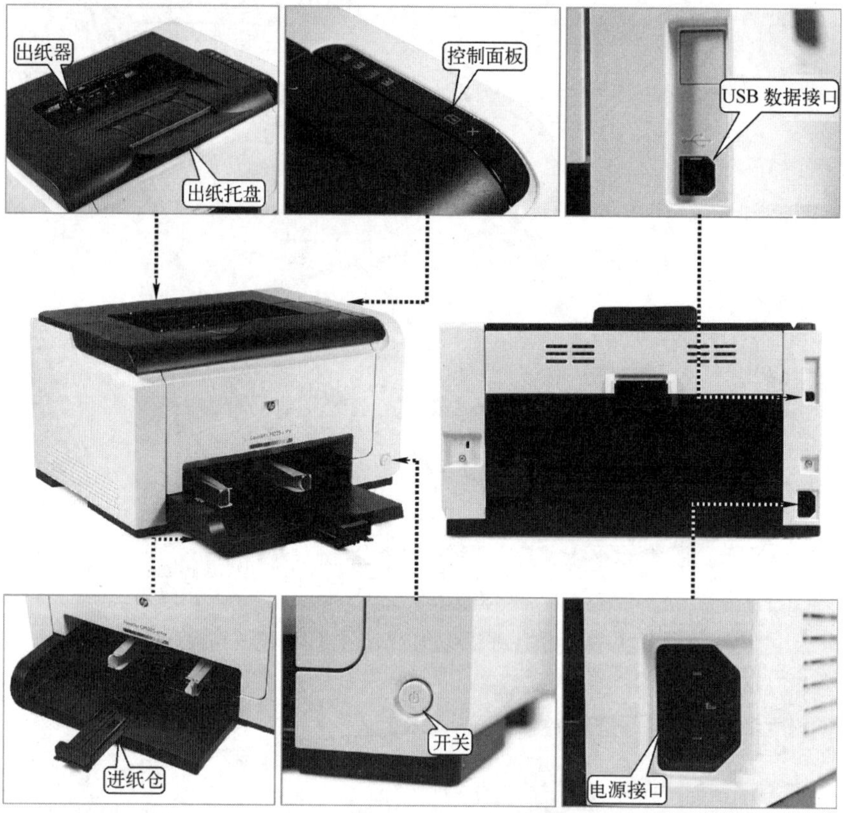

图 8-11　HP CP1025 型彩色激光打印机外部构成

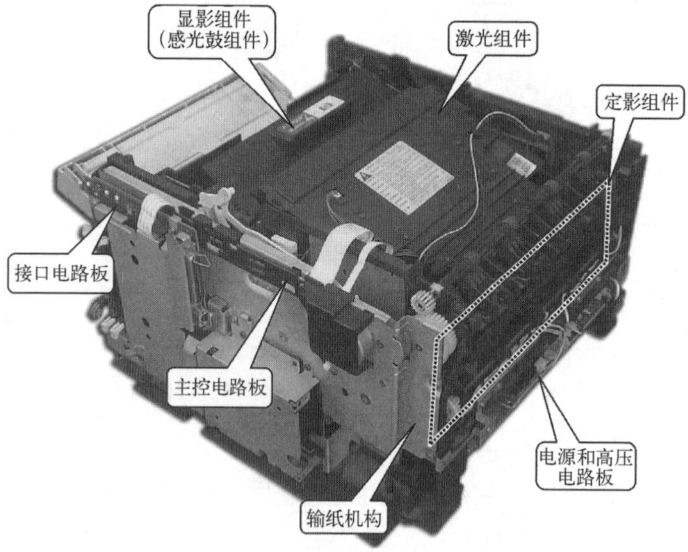

图 8-12　典型激光打印机内部构成

2. 喷墨打印机的结构组成

目前，市场上喷墨打印机的品牌及型号多种多样。虽然喷墨打印机有着众多的品牌和型号，但其基本构成相似，如图 8-13 所示为喷墨打印机的整机结构。

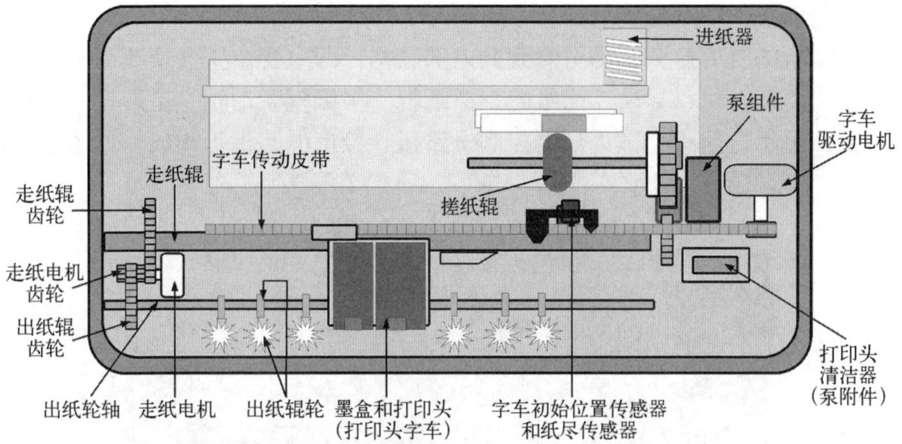

图 8-13　喷墨打印机的整机结构

（1）喷墨打印机的外部结构

如图 8-14 所示为 HP Deskjet 喷墨打印机的外部结构。从外形上看，可知喷墨打印机主要由进纸托盘、进纸仓、控制面板、出纸器、打印机盖、进纸器、延伸进纸托盘、操作按键、纸张限位器、USB 数据接口和电源接口等构成。

图 8-14　HP Deskjet 喷墨打印机的外部结构

（2）喷墨打印机的内部结构

将喷墨打印机的机壳打开，即可看到其内部结构，即主要由墨盒及喷墨头、字车、字车驱动电机、走纸驱动电机、导轨、出纸轮、搓纸辊、搓纸辊联动轴、星形轮、泵组件、打印头清洁器、操作显示电路板、微处理器控制电路板、接口电路板等构成，如图 8-15 所示。

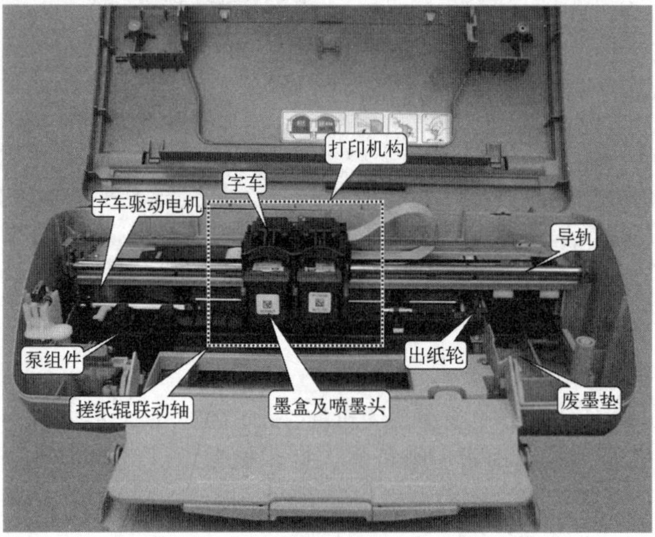

图 8-15　典型喷墨打印机的内部结构

3. 针式打印机的结构组成

针式打印机根据其品牌和型号的不同，外形也有所不同，但基本构成相似，如图 8-16 所示为针式打印机的整机结构示意图。下面分别对针式打印机的外部结构和内部进行讲解。

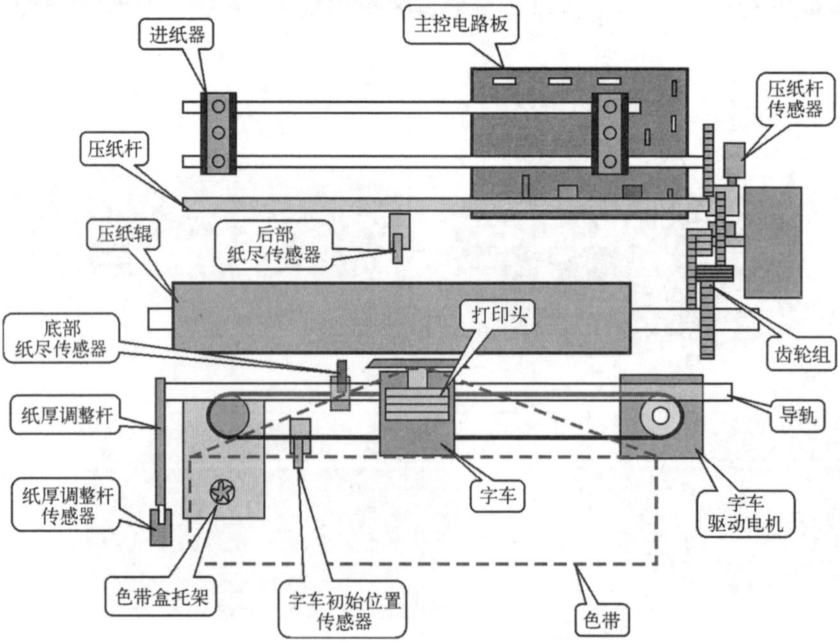

图 8-16　针式打印机的整机结构示意图

（1）针式打印机的外部结构

如图 8-17 所示为爱普生 730K 型针式打印机的外部结构。从图中可知，针式打印机的外部主要由控制面板、进纸方式调整杆、电源开关、防尘盖、外壳、进纸托盘等构成。

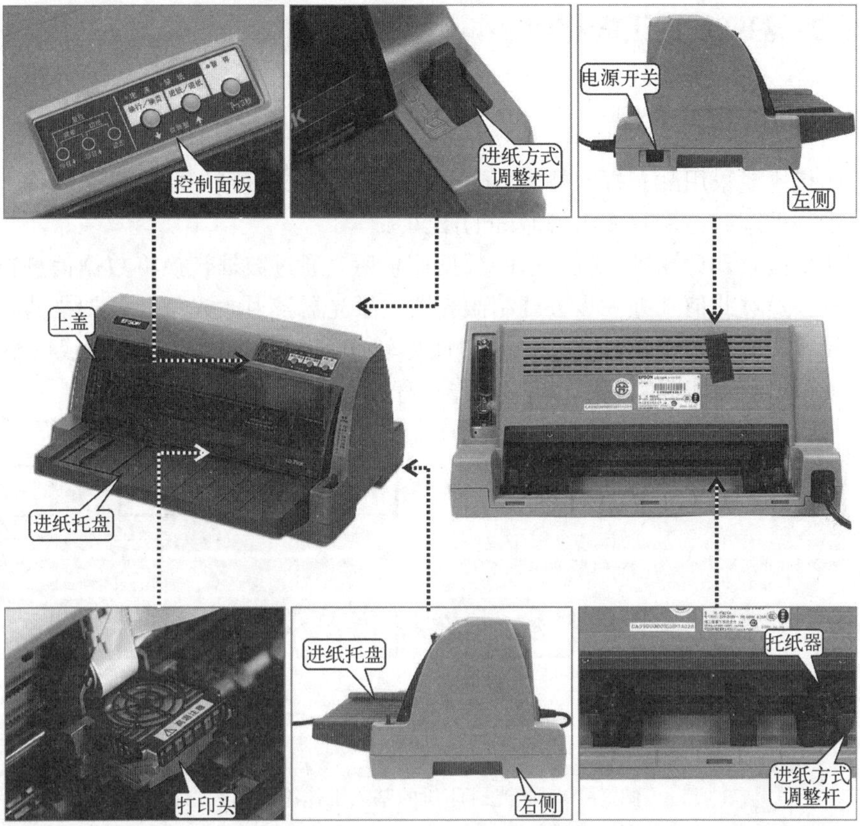

图 8-17　爱普生 730K 型针式打印机的外部结构

（2）针式打印机的内部结构

如图 8-18 所示为典型针式打印机的内部结构。将针式打印机的上盖取下后，即可发

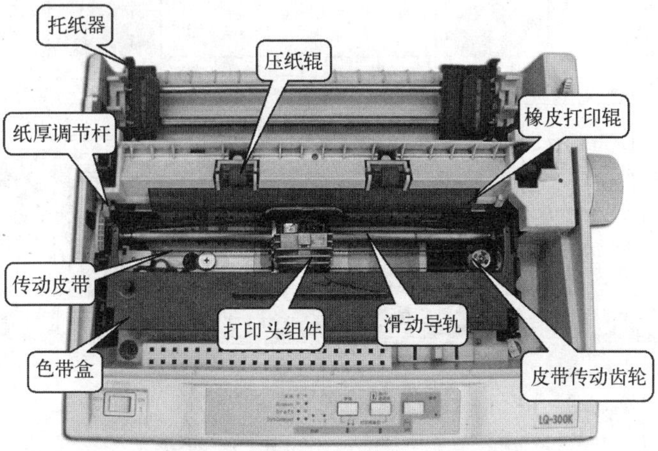

图 8-18　典型针式打印机的内部结构

现其内部主要由色带盒、打印头组件、纸厚调节杆、托纸器、压纸辊、橡皮打印辊、传动皮带、滑动导轨、控制电路、电源电路和接口电路等构成。

8.2.2 打印机的工作特点

1. 激光打印机的工作特点

激光打印机主要采用激光打印技术，通过激光束将图文信息加载到显影组件上，经过显影、定影一系列处理后，最后输出打印好的图文。

激光打印机接收到计算机主机发送的数据信息后，通过数据转换将数据信息转换成打印机的打印信息，通过此信息进一步去调制激光器，激光器发射激光束，经扫描器在感光鼓上生成静电潜像，同时打印机驱动走纸，通过图像转印和高温定影将打印完成的最终稿件输出，如图 8-19 所示为激光打印机的基本工作流程图。

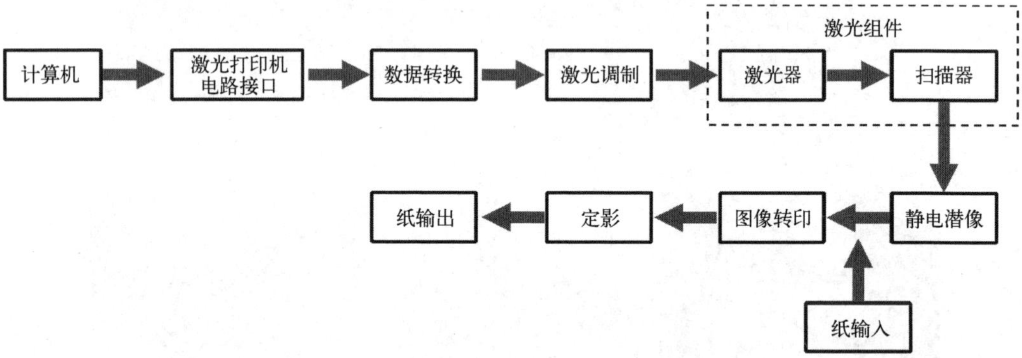

图 8-19　激光打印机的基本工作流程图

激光打印机的整个工作过程中，最关键也是最重要的一道工序就是成像转印，主要有七大步骤，如图 8-20 所示。

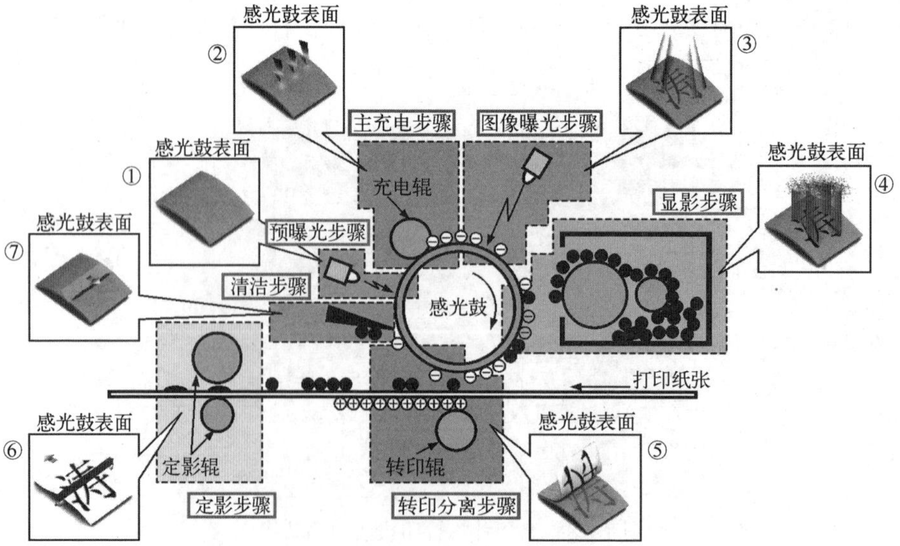

图 8-20　激光打印机成像转印的七大步骤

① 预曝光：由预曝光灯对鼓表面进行明射消除残余电荷，为成像转印做好准备。

② 主充电：由主充电器以-6～-7 kV 的高压对鼓表面进行充电，使光电导体表面获得-600～-700 V 的初始电位。

充电就是以静电高压电晕放电的形式使光电导体（感光鼓）的表面带电，从而获得较高的表面电位。

③ 图像曝光：激光束对感光鼓表面进行扫描，于是鼓表面形成了静电潜像。

曝光利用的是感光鼓表面光导材料的光敏特性。用带有打印数据信息的激光束扫描感光鼓表面，未被光照射的部分处于绝缘状态，仅仅进行暗衰过程（电位随时间自然降低的过程称为暗衰过程），因此基本保持着高电位；而被光照射的部分因受到光照变为导电状态，正、负电荷透过光电导体互相中和，表面电位大幅度降低，进行亮衰过程（光导层受光线照射，形成光导电压，电荷迅速中和消失，光导体表面电位迅速下降的过程称为亮衰过程），亮衰的过程在顷刻间完成。在曝光结束的瞬间，光电导体表面形成了静电潜像。

④ 显影：具有静电潜像的鼓面在旋转时靠近显影器，吸附显影器中的磁粉，鼓面形成相应的墨粉图像。

显影实际上就是将静电潜像变为人眼可见的色剂图像的过程。能够使图像显现出来的色剂称为"显影剂"。显影剂分湿式和干式两大类。目前，湿式显影剂已被淘汰，很少使用，因此，一般都以干式显影剂为例来描述显影过程。

显影辊载着墨粉旋转并与墨粉刮板相切以产生摩擦，使墨粉带电，从而被鼓所吸附。被光线照射的部分电位极低而不能吸附墨粉颗粒；未被照射的部分电位高，很容易吸附带有相反极性的墨粉颗粒。静电潜像电位越高的部分，吸附墨粉的能力越强，反之则弱。根据吸附墨粉颗粒的多少，呈现不同层次的黑度，给人以一种层次感。

⑤ 转印分离：带墨粉图像的感光鼓继续转动，到靠近转印电晕器时，复印纸已被传送到它们之间，此时，转印电晕器以-5～-6 kV 的高压放电，将墨粉从鼓表面转移到纸上。墨粉被吸附到纸上，感光鼓继续旋转，打印纸在驱动机构的作用下向前移动。

目前激光打印机的转印方法有电晕放电转印和放电胶辊转印两种。电晕放电转印过程是将一张打印纸覆盖在光电导体的墨粉图像上，用一个与主充电极性相同的高压静电沿纸的背面移动的同时进行电晕放电，所形成的强大电场使墨粉颗粒从光电导体上转移到打印纸上。放电胶辊转印与电晕放电转印不同的是，前者采用的是放电胶辊而不是电极。

⑥ 定影：带有墨粉图的复印纸被送到定影加热辊和定影压力胶辊组成的定影器中，墨粉受到热融加压后被固化在纸上，成为最终的打印品送出。

目前，定影的方式很多，但基本上都是以热定影为主。一般采用卤素加热灯作为热源。当热源使墨粉达到熔点时，颗粒熔化互相融合并向纸基渗透，同时定影压力辊（压力胶辊）施加一定压力以增强墨粉颗粒的固着能力。当离开热源温度降低时，墨粉凝固，墨粉与纸融为一体，墨粉颗粒之间也融为一体，使图像固化到纸上，以变得光洁、平整、细腻而富于质感。

⑦ 清洁：刮墨刀清洁鼓上残留的墨粉，准备下一个转印的过程。

光电导体表面在转印后仍滞留着残余墨粉和残余电荷，如果不清除，势必带入下一个成像转印过程，前一张打印的残余图像就会在后一张打印品中显现出来，显然谁也不愿意去看有重叠影像或有前一原稿内容的脏乱打印品。因而，清除残余墨粉和残余电荷极其重要，这就需要有一个“清洁”的过程。清洁的方法很多，其中最主要的有三种，即放电曝光清洁、刮板清洁和毛刷清洁。

鼓清洁完毕，至此完成一个页面的打印过程，再次打印时会循环此打印过程。

2. 喷墨打印机的工作特点

喷墨打印机主要利用喷墨技术实现打印功能，其用途广泛，可以用来打印文稿、打印图形图像，也可以用照片纸打印照片。

喷墨打印机在使用过程中，当打印纸通过喷墨头时，主控电路在打印数据信号的驱动下，通过强磁场加速，使墨水以极高的速度喷射到打印纸上，实现喷墨打印。其过程与针式打印机相似，不同之处在于将色带变成更加直接的墨水并以液体形式存放于墨盒中，另外用一列微小的墨水喷嘴取代打印针，墨水通过喷嘴从喷墨头中均匀地喷出，并极其规则地附着在打印纸上，形成高质量的打印文稿。

目前，喷墨打印机采用的液体喷墨技术主要有气泡式和压电式两种，如图 8-21 所示。这两种喷墨技术的工作原理略有不同，但都用于实现图像输出。

（a）气泡式喷墨打印机的打印方式

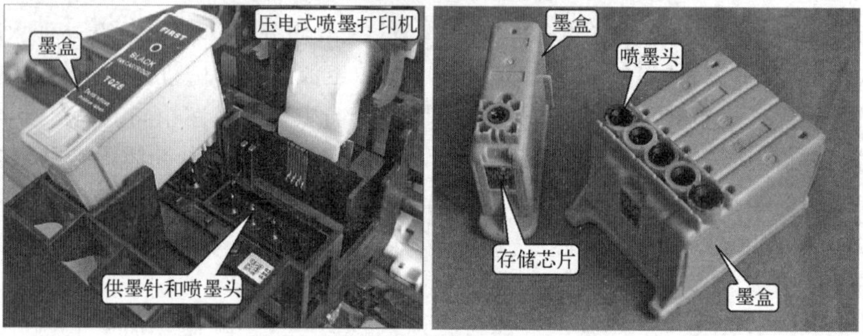

（b）压电式喷墨打印机的打印方式

图 8-21　喷墨打印机的打印方式

（1）气泡式喷墨打印机的工作原理

如图 8-22 所示为气泡式喷墨打印机的工作原理，该喷墨技术中的电极始终在喷嘴中受到电解和腐蚀，其使用寿命有限，因此常将喷墨头与墨盒制成一体，在更换墨盒时同时更换新的喷墨头。

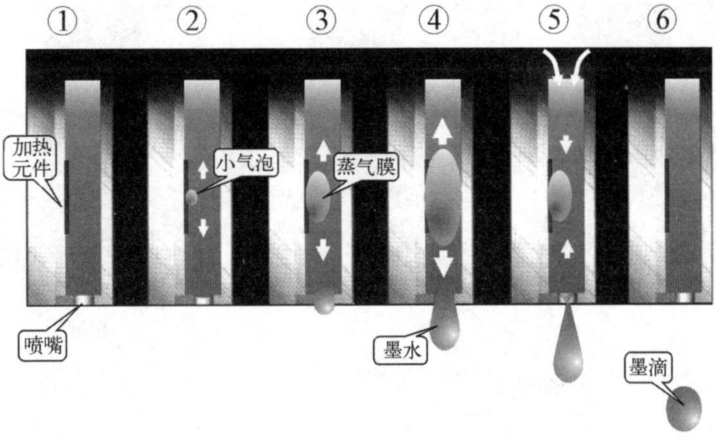

图 8-22　气泡式喷墨打印机的工作原理

① 静止状态时，喷墨头内部的加热元件可使墨水随温度改变其表面张力，与外界大气压达成相对的平衡，处于稳定状态。

② 在接收到打印信号后，打印数据通过驱动电路对喷墨头施加电脉冲信号，加热元件迅速升温，使其附近的墨水温度急剧上升并汽化，从而形成小气泡。

③ 小气泡逐渐变大，形成蒸气膜。

④ 当脉冲信号消失后，持续的余热使蒸气膜进一步膨胀，内部产生的压力就从喷嘴挤出，喷射到输出介质表面（打印纸），形成图案或字符。

⑤ 加热元件温度开始下降，蒸气膜和墨水之间的分界处开始冷却，由于墨水前端已从喷嘴处挤出，而后端在墨水收缩的作用下，喷嘴内部压力减小产生负压，墨水被吸回，喷嘴处形成墨滴。

⑥ 当喷墨头内的气泡消失后，负压继续作用，墨滴与喷嘴完全分离，喷墨头内部的墨水回到静止平衡状态。

采用气泡式喷墨技术的打印机有其不可避免的缺点，即在使用过程中加热墨水，使其发生化学变化，从而导致打印输出的图形图像的色彩真实性受到一定程度的影响；另外，喷射墨水微粒方向不具有较强的稳定性，导致打印线条边缘容易参差不齐，直接影响打印质量。

但由于气泡式喷墨技术的制作工艺非常成熟，成本相对低廉，使其在大多数低端喷墨打印机中占有比较明显的优势。

（2）压电式喷墨打印机的工作原理

如图 8-23 所示为压电式喷墨打印机的工作原理，该喷墨技术对墨滴有很强的控制能力，能够在常温状态下稳定地将墨水喷出，且微压电喷墨时无须加热，墨水不会因受热而发生化学变化，大大降低了对墨水的要求。

① 喷墨头两侧各有一个压电晶体，受控于打印信号。

② 压电晶体在打印信号（脉冲电压）的作用下发生变形，挤压喷墨头中的墨水，使墨水以墨滴的形式从喷嘴处挤出。

③ 墨滴在喷嘴处完全分离后，喷射到输出介质表面（打印纸），形成图案或字符。

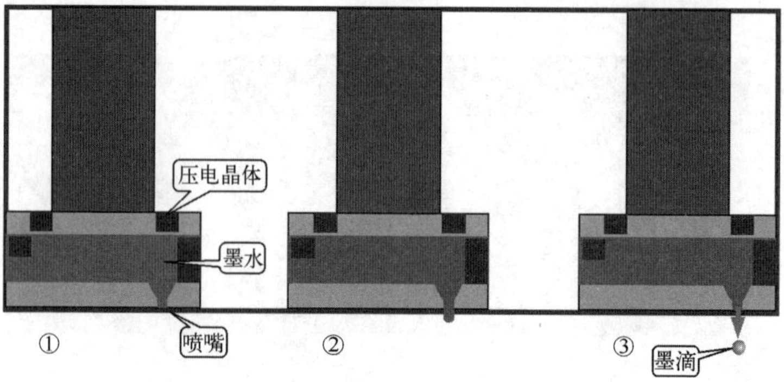

图 8-23　压电式喷墨打印机的工作原理

3. 针式打印机的工作特点

目前，针式打印机主要用于对票据的打印。针式打印机与激光打印机及喷墨打印机相比，其内部结构较简单，但打印速度和打印质量较差。

针式打印机启动后，微处理器控制电路接到复位电路发出的复位信号，先对打印机进行初始化，使字车回到初始位置，并检测打印机是否存在故障，若一切正常，打印机将进入正常待机状态，如图 8-24 所示。

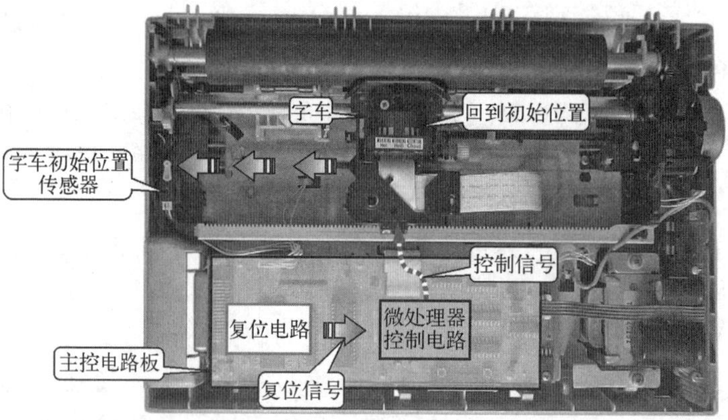

图 8-24　针式打印机的初始状态

当计算机向打印机发出打印指令后，打印机通过接口电路接收计算机主机发送来的数据，根据不同的打印内容直接将不同的“出针”指令发送到打印头控制电路、字车控制电路和走纸控制电路中，各个控制电路的控制指令直接送到各自对应的驱动电路中。之后，打印头驱动电路直接驱动打印头，以不同的出针方式实现打印，而字车驱动电路直接通过驱动字车电机来实现字车的左右移动，从而带动打印头平行移动，与此同时走纸驱动电路通过对走纸电机的控制实现纸张的进退，直至最终实现打印过程。

针式打印机是依靠打印针击打形成色点的组合来实现规定字符和汉字打印的，因此，在打印方式上，针式打印机均采用字符打印和位图像打印两种打印方式，如图 8-25 所示。

① 位图打印方式中，由计算机生成要打印的数据，并将生成的数据送往打印机，打印机不需要进行打印数据的处理，可以直接将其打印出来；在位图方式下，计算机生成的打印

数据可以是一幅图像或图形，也可以是汉字。

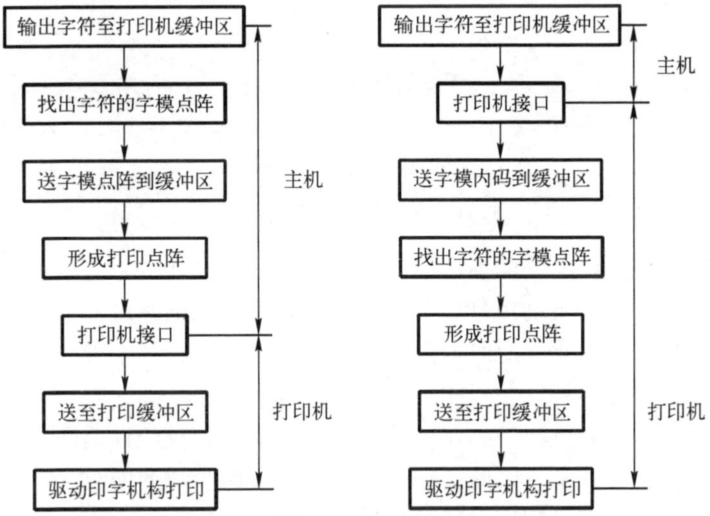

（a）位图像打印方式流程　（b）字符打印方式流程

图8-25　针式打印机的工作原理

② 字符打印方式是按照计算机主机传送来的打印字符（ASCII 码形式），由打印机自己从所带的点阵字符库中取出对应字符的点阵数据（打印数据），经字形变换（如果需要的话）处理后，送往打印针驱动电路进行打印。

打印装置中的打印头是由金属针制成的，根据针数的不同有 9 针、12 针和 24 针之分，9 针打印头具有一排垂直针，12 针和 24 针打印头则是由 2 排交错的针组成的，如图 8-26 所示。

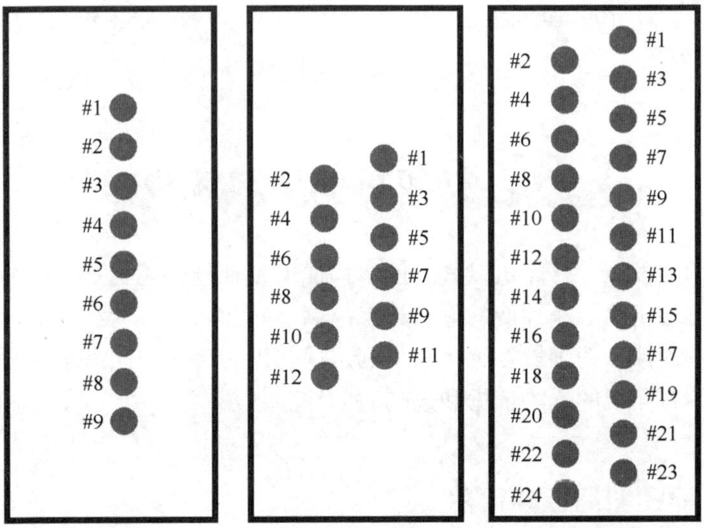

（a）9 针打印头　（b）12 针打印头　（c）24 针打印头

图8-26　打印头的打印针结构排列

注意

9针打印机不配有汉字库，其基本功能是打印字母和数字符号，若要用它打印16×16点阵组成的简易汉字，只能在图形方式下打印，而且必须分两次进行，第一次打印一行汉字上半部分的8个点，第二次打印该行汉字下半部分的8个点，上、下两部分拼成一行完整的汉字，如此一来9针打印机打印汉字的速度很慢。若是用它打印24×24点阵组成的汉字，至少需要3次打印才能完成，打印速度就更慢了。

打印头的打印针在驱动电路的控制下呈出针和缩针两种工作状态，如图8-27所示。当驱动电路向打印头组件发送驱动信号后，信号经打印头驱动电路放大，使驱动线圈通电，根据电磁感应原理，将铁芯磁化。此时，磁化力迅速对针尾衔铁产生吸引，针尾衔铁立即向铁芯方向靠近，从而推动打印针，使打印针击向打印胶辊。当线圈断电后，铁芯对制动板的吸引力马上消失，制动板在复位弹簧的作用下恢复初始状态，打印针返回原位。由于打印针与打印胶辊之间隔有色带和纸张，因此，在打印针击向打印胶辊的同时，打印纸上就留下了一个打印点。与此同时，色带机构适时转动色带，走纸机构适时进纸，随着纸张的移动，打印针不停地打印，实现图文再现过程，完成一系列打印操作。

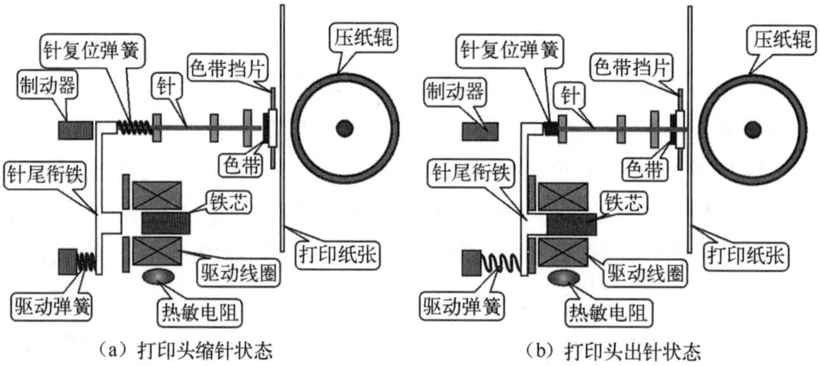

图8-27　打印头工作原理

8.3 打印机的选购策略

随着数字技术的发展，打印机以其方便、快捷的特征越来越受到人们的欢迎，使用人群也急剧增多，对打印机功能及性能的追求越来越高。打印机已成为当今各行各业不可缺少的工具，其应用范围和涉及的领域在近年来得到迅速拓展，市场也因需求的增长日渐活跃。

下面具体介绍打印机的选购依据和选购时的注意事项。

8.3.1 打印机的选购依据

面对市场上众多品牌和型号的打印机，能够正确选购一台适合需求的打印机是非常关键的环节。一般选购打印机时，多将其打印速度、打印质量、打印机内存、预热时间、打印噪声、网络功能等多个方面作为重要的参考依据。

1. 打印速度

打印速度 ppm（page per minute）是目前所有打印机厂商为用户所提供的标识速度的一个标准参数，它指的是使用 A4 幅面打印各色碳粉覆盖率为 5% 的情况下引擎的打印速度。因为每页的打印量并不完全一样，因此只是一个平均数字。打印机内存大小，也是决定打印速度的重要指标。内存大，可以为 CPU 提供足够的运算空间和存储临时数据的空间，即缓存空间；内存小，在打印一些复杂文档时，需要重新输入这些复杂文档的数据，相对来讲就减慢了打印速度。目前针式打印机的最快速度达到 480 字符/秒，喷墨打印机打印黑白文档可达 28 ppm，彩色文档为 18 ppm。激光打印机作为一种高速度、高质量、低成本的打印设备，已经越来越被广大用户所接受，在黑白打印速度达到 60 ppm 的基础上，彩色打印速度已经达到 35 ppm。

2. 打印质量/分辨率

分辨率 dpi（dot per inch）是业界衡量打印质量的一个重要指标，是指在打印输出时横向和纵向两个方向上每英寸最多能够打印的点数。一般情况下所说的打印分辨率就是打印机输出的最大分辨率或极限分辨率，同时也指其横向打印能力。如 800×600 dpi，其中 800 表示打印幅面上横向方向显示的点数，600 则表示纵向方向显示的点数。单色打印时 dpi 值越高打印效果越好，而彩色打印时情况比较复杂，通常打印质量的好坏要受 dpi 值和色彩调和能力的双重影响。由于一般彩色打印机的黑白打印分辨率与彩色打印分辨率可能会有所不同，所以选购时一定要注意商家所告诉的分辨率是哪一种分辨率，是否是最高分辨率。一般至少应选择 360×360 dpi 以上的打印机。如图 8-28 所示为打印质量/分辨率不同的打印效果。

（a）800 × 600 dpi 分辨率　　（b）360 × 360 dpi 分辨率

图 8-28　打印质量/分辨率不同的打印效果

3. 预热时间

预热时间是影响打印速度的一个指标，对于一些打印频繁的用户来讲，这项考量指标显得非常重要。我们常听到的预热时间是表示激光打印机从接通电源到加热到正常运行温度下时所消耗的时间。一般来说，个人型激光打印机或者普通办公型打印机的预热时间均为 30 s 左右。

4. 打印机内存

打印机内存是表示打印机能存储要打印数据的存储量，如果内存不足，则每次传输到打印机的数据就很少。一页一页打印或分批打印少量文档均可正常打印，如果打印文档容量较大，客户在打印的过程中往往能够正常打印前几页，而随后的打印作业会出现数据丢失等现象；同时打印机的液晶面板或状态指示灯会提示打印机内存不足或溢出，有时在计算机的显示器上也会有相应的出错信息。这是由于该打印文档所描述的信息量大，造成了打印机内存的不足。此时，如果想提高打印速度、提升打印质量就需要增加打印机内存。目前主流打印机的内存为 2 ~ 32 MB，高档打印机可达到 128 MB 内存。相信随着打印产品的发展，打印机的内存也会逐步提高，以适应不同环境的打印需求。

5. 打印负荷

打印负荷是指打印机的打印工作量，一般来说当然是打印负荷越大越好，选购打印机时也要考虑这个因素，因为任何产品缺乏可靠性，后果将是不堪设想的。打印负荷这个指标通常以月为衡量单位。若某台激光打印机的打印工作量达到了每月 60 000 页，那么该打印机就比打印工作量仅为每月 12 000 页的激光打印机可靠性能要高许多。所以，用户在为自己选择彩色激光打印机时，可以偏向于选择负荷量较大一点的设备。

6. 打印噪声

打印噪声的大小通常用分贝来表示，在选择打印机时，应尽量挑选指标数目比较小的打印机，这样就能在一种比较安静的环境中工作了。激光打印机与喷墨打印机相比，已经算是噪声比较小的打印机了，但在工作时难免也会产生噪声，因此，消费者在购买时也应该考虑这个因素。

7. 打印成本

打印机不是一次性投入的办公设备，因此打印成本也成为消费者最关注的问题。打印成本主要考虑的是碳粉、墨盒、色带的价格。对于普通打印用户来说，在购买打印机时应该考虑选择耗材成本低的。

因此，大家在选择打印机时，应该从实际的角度出发，选择一款物美价廉的打印机。值得提醒大家的是，不能为了追求低廉的打印成本，而去使用那些伪劣的打印耗材，这样做表面上是节省了打印费用，实际上会降低打印机的寿命，反而得不偿失。

8. 打印幅面

常见的激光打印机主要分为 A3 和 A4 两种打印幅面，对于个人家庭用户或者规模较小的公司企业来说，使用 A4 幅面的打印机已经绰绰有余；而对于一些广告、建筑、金融行业用户或需要经常处理大幅面的用户来说，可以考虑选择使用 A3 幅面的激光打印机。

9. 打印语言

打印语言实际上是指控制和管理打印机，使其按照指定要求进行工作的打印命令。打印语言可以决定打印机如何组织输出版面，以及版面的复杂程度如何等，它也是打印机性能是否强大的一个重要评价标准。一般来说，打印语言可以分为页面描述语言和嵌入式语言两种。如果打印语言功能强大，则打印机在有效组织打印数据方面的能力也将变得很强大，而且还能有效改善打印速度。为此大家在挑选打印机时，也应该对打印语言这个指标有所重视，尽量挑选那些支持语言种类比较全面的打印机。

10. 操作简便性

打印操作的简便性对于用户来说同样非常重要，因为在打印机的使用过程中，经常会涉及耗材更换、打印机的操作、遇到故障时的处理等问题。当遇到这些问题的时候，用户就要考虑打印机的操作是不是简便。消费者应该选择设置方便、耗材更换简单、出现问题时容易排除故障的打印机。

11. 打印接口

打印接口影响打印机输出速度的快慢，目前市场上激光打印机的主要接口是 USB 接口，并行接口已经较为少见。USB 接口的数据传输速度快，而且支持即插即用功能，用户使用非常方便。如图 8-29 所示为 USB 接口打印机和并口打印机。

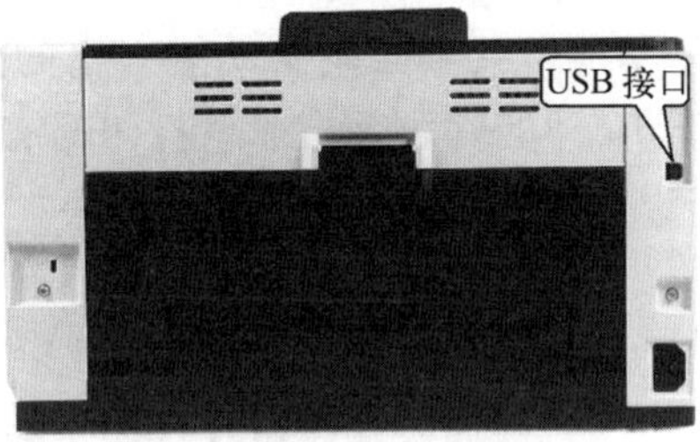

（a）USB 接口打印机

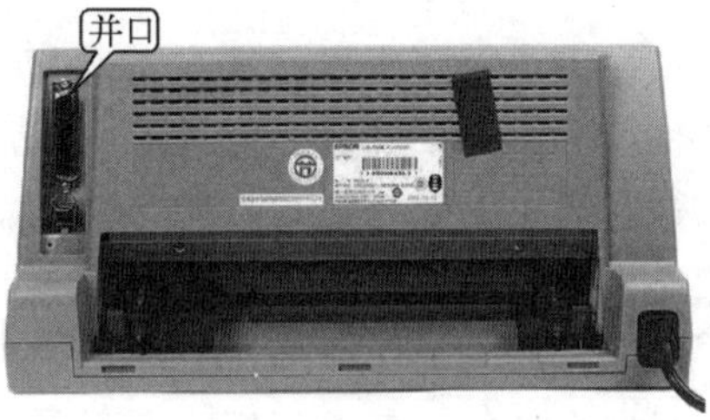

（b）并口打印机

图 8-29　USB 接口打印机和并口打印机

12. 纸盒容量

纸盒容量是指输入/输出纸盒的容量，即纸盒可以容纳多少张纸。纸盒容量小会影响用户工作的连续性，纸盒容量大可使用户不必频繁地向打印机添纸，保证了较高的打印效率。

13. 网络功能

网络功能是指打印机是否支持局域网内共同使用，有该功能的打印机不仅可以帮助用户提高效率，而且可节省用户采购设备的开支。特别是在公司、企业或机关单位，打印机在网络功能支持方面的性能尤其不能忽视。所谓网络性能主要包括打印机在进行网络打印时所能达到的处理速度、打印机在网络上的安装操作方便程度、对其他网络设备的兼容情况，以及网络管理控制功能等。选择带有网络功能的打印机时，应尽量挑选能很好地和各种设备兼容使用、可以支持各种网络操作系统的打印机。

14. 品牌与售后服务

售后服务也是用户最为关心的事项之一，目前打印机市场种类繁多，其中知名品牌打印机针式的有 STAR、OKI、STONE 等，喷墨的有 EPSON、HP、CANON、LENOVO、LEXMARK 等，激光的有 HP、EPSON、CANON、SAMSUNG 等众多品牌。优秀的企业必将打造其优秀的品牌文化，优秀的产品必将伴随优质的服务。一般打印机经销商会承诺一年的免费维修，部分打印机生产厂商在全国范围内提供免费的上门维修服务，因此，购买打印机时一定要注重售后服务，否则辛苦的可能就是自己了。

8.3.2 打印机的选购注意事项

在实际选购打印机时，应综合各种选购依据和因素，并通过对不同品牌相似产品在各方面的比较，确定适合自己的机型。确定要购买打印机的品牌和型号后，还需要掌握打印机的实际指标和鉴别方面或购买时需要注意的各种事项。

选购打印机产品之前，首先需要对个人或企业每个月的打印量有一个基本了解，其次是对各大品牌的特点要有所了解，从而有针对性地挑选，这样购买起来才更有把握。下面简要介绍在选购打印机时应注意的事项。

1. 根据自己的需求选购

要了解自己的需求，如果只需要简单的打印功能，就不必购买功能丰富的多功能一体机，买后其他功能也只是摆设。如果家庭用户打印量不是很大又有彩色打印的需求，选择喷墨打印机就很合适了。如果只是打印文档，就可以考虑购买激光打印机。

2. 选购时检查外包装

在购买时要看外包装是否完好，耗材是否原装。一般原装打印机及打印机耗材背面的序列号都是使用特种技术印刷的，外包装印刷质量精美、颜色鲜艳。伪劣产品印刷质量粗糙、图像模糊、颜色灰暗，而且包装上有模仿的痕迹。另外值得注意的是，有的打印机产品在销售时，厂商为了回馈消费者，会多送给消费者一个墨盒、照片打印纸等产品，一些商家并没有留给消费者，所以在购买之前一定要有所了解。同时，在购买打印机时一定要认真检查硒鼓包装，以防上当受骗。

3. 其他方面

目前打印机的利润有限，所以在和商家砍价时也要注意，避免商家从其他产品上给自己做补偿。有时商家会对你所要的产品以缺货为理由推荐其他品牌的产品，对于这种情况，可以在购买前通过互联网多选择几款符合自己需求的产品，对其有一定了解后再去选购，总不至于都缺货。

8.4 打印机的营销要点

8.4.1 展示打印机的功能特色

随着社会的发展和科学技术的进步，打印机在工业、商业及家庭中广泛应用，普及率越来越高。作为占有率极高的计算机相关电子产品，打印机的品种和数量每年都在不断增加。

打印机是计算机的输出设备之一，是将计算机的运算结果或中间结果以人所能识别的数字、字母、符号和图形等，依照规定的格式印在相关介质上的设备。打印机正向轻、薄、短、小、低功耗、高速度和智能化方向发展。

1. 激光打印机的功能特色

激光打印机是通过墨粉来印刷字符、图形的。激光打印机则是近年来高科技发展的一种新产物，也是有望代替喷墨打印机的一种机型，分为黑白和彩色两种，它为我们提供了更高质量、更快速度、更低成本的打印方式。

其中低端黑白激光打印机的价格目前已经降到了几百元，达到了普通用户可以接受的水平。

虽然激光打印机的价格要比喷墨打印机昂贵许多，但从单页的打印成本上讲，激光打印机则要便宜很多。

相对而言，彩色激光打印机的价位仍然较高，几乎都在万元上下，应用范围较窄，很难被普通用户接受。

2. 喷墨打印机的功能特色

喷墨打印机是通过喷射来印刷字符、图形的。喷墨打印机因其有着良好的打印效果与较低的价位而占领了广大中低端市场。

此外喷墨打印机还具有更为灵活的纸张处理能力，在打印介质的选择上，喷墨打印机也具有一定的优势：既可以打印信封、信纸等普通介质，还可以打印各种胶片、照片纸、光盘封面、卷纸、T 恤转印纸等特殊介质。

3. 针式打印机的功能特色

针式打印机通过打印机和纸张的物理接触来打印字符、图形。针式打印机曾经在打印机历史的很长一段时间里占据着重要的地位，从 9 针到 24 针，可以说针式打印机的历史贯穿着这几十年的始终。

针式打印机之所以在很长一段时间内能流行不衰，这与它极低的打印成本和很好的易用性及单据打印的特殊用途是分不开的。针式打印机具有中等分辨率和打印速度、耗材便宜，同时还具有高速跳行、多份复制打印、宽幅面打印、维修方便等特点。

当然，它很低的打印质量、很大的工作噪声也是它无法适应高质量、高速度的商用打印需要的根源，所以在银行、超市等用于票单打印的领域，针式打印机一直占领主导地位。

8.4.2　演示打印机的使用方法

无论什么打印机都需要驱动程序才能让设备正常工作，激光打印机在使用之前必须安装好打印驱动程序。驱动程序的作用是控制和调度，用户正确安装并使用驱动程序，才能将激光打印机的各种功能发挥出来。

1. 激光打印机的使用方法

① 选择一个较好的安放位置，可以避免许多不必要的麻烦。如图 8-30 所示为激光打印

机的安放位置。将打印机放在水平、稳定的表面上。将打印机放在容易连接计算机或网络接口电缆的地方，且能较易切断电源。留出足够的空间以便于操作和维护；在打印机前方留出足够大的地方以便于出纸。避免在温度和湿度骤变的地方使用和放置打印机，打印机应远离阳光直射、强光源及发热装置。避免将打印机放置在有震动的地方。

图 8-30　激光打印机的安放位置

打印机放置好后，参照随机附带的《打印机使用说明书》，将硒鼓从盒子里取出，取下封条后装上硒鼓。如图 8-31 所示为激光打印机硒鼓的安装方法。

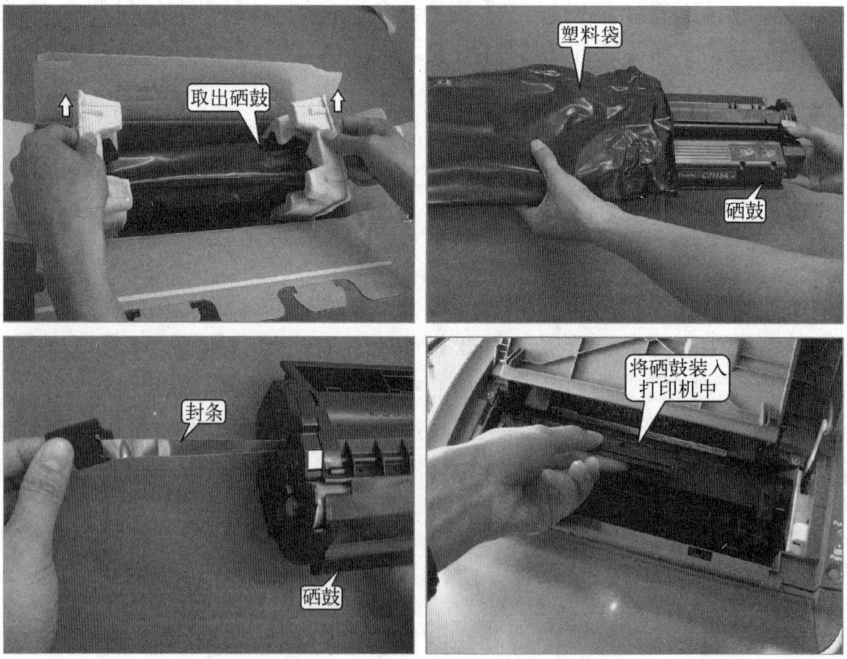

图 8-31　激光打印机硒鼓的安装方法

② 确认计算机、打印机都处于关机状态，并切断电源。按随机附带的《打印机说明书》连接好与计算机或网络接口电缆的连线。检查打印机背面标签上的电压值，以确认打印机要求的电压与所插入插头的插座电压相匹配。确认以上三步操作无误后，再连接电源线及数据

线，如图 8-32 所示为激光打印机与计算机的连接方法。

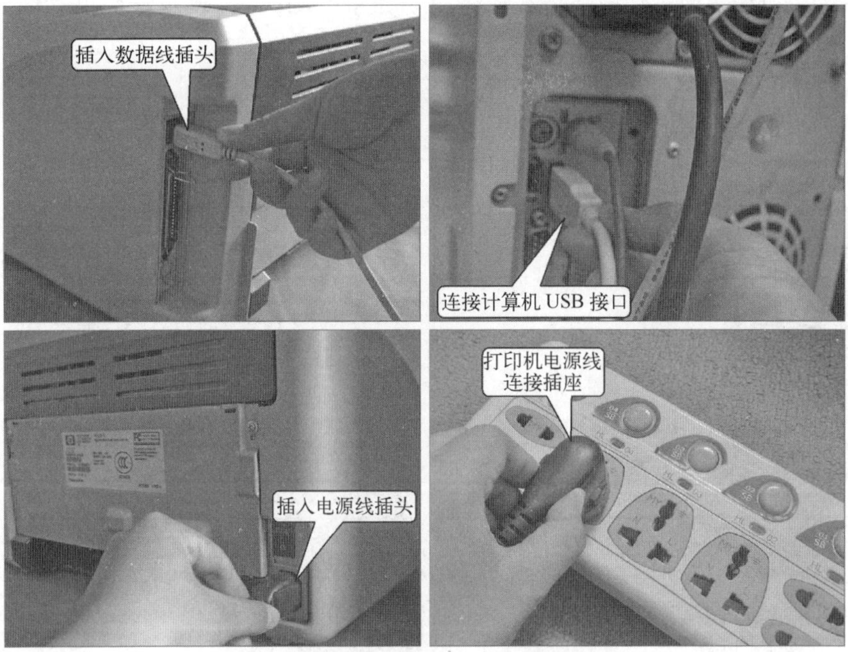

图 8-32　激光打印机与计算机的连接方法

③ 激光打印机连接好后，需要在打印机中放入合适的打印纸，首先选择要打印的 A4 尺寸的数据。接着准备并装入打印纸，选择数据之后，准备好 A4 尺寸的普通纸，并将其装入打印机。请按以下步骤装入打印纸，如图 8-33 所示。

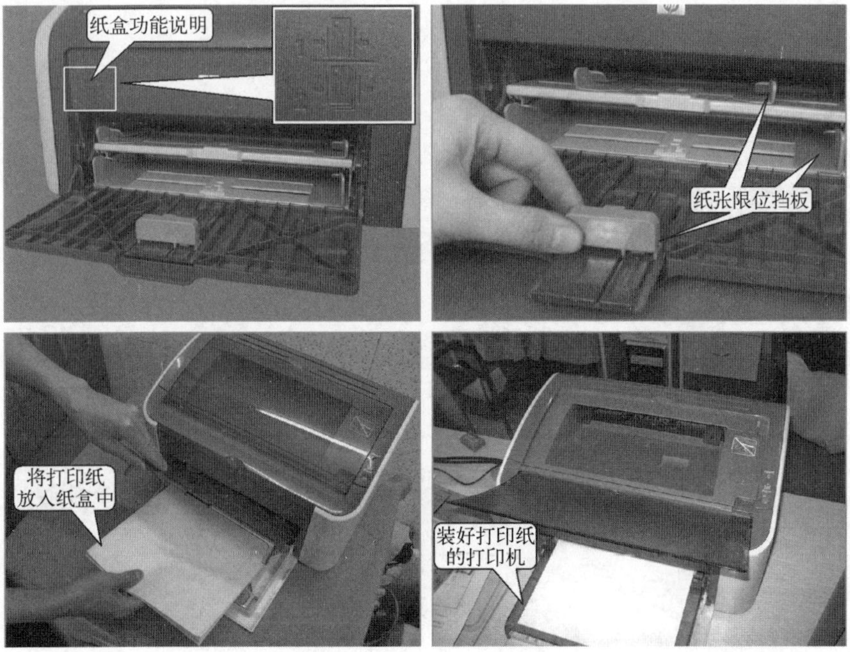

图 8-33　装入合适的打印纸

④ 打印纸放好后，接着安装驱动程序，如图 8-34 所示为激光打印机驱动程序的安装方法。一般在购买打印机时，厂家会随机附带驱动程序；Windows 控制系统也有部分打印机的驱动程序，也可以从厂家的网站中直接下载驱动程序。最好的是从厂家的网站中下载驱动程序，因为从网上下载的驱动程序是最新的驱动程序。打开计算机任务栏设置中的“打印机”，将目标打印机所对应的驱动程序设置为“默认打印机”。在各应用软件的使用过程中，再根据具体需要对打印机“属性”进行设置。

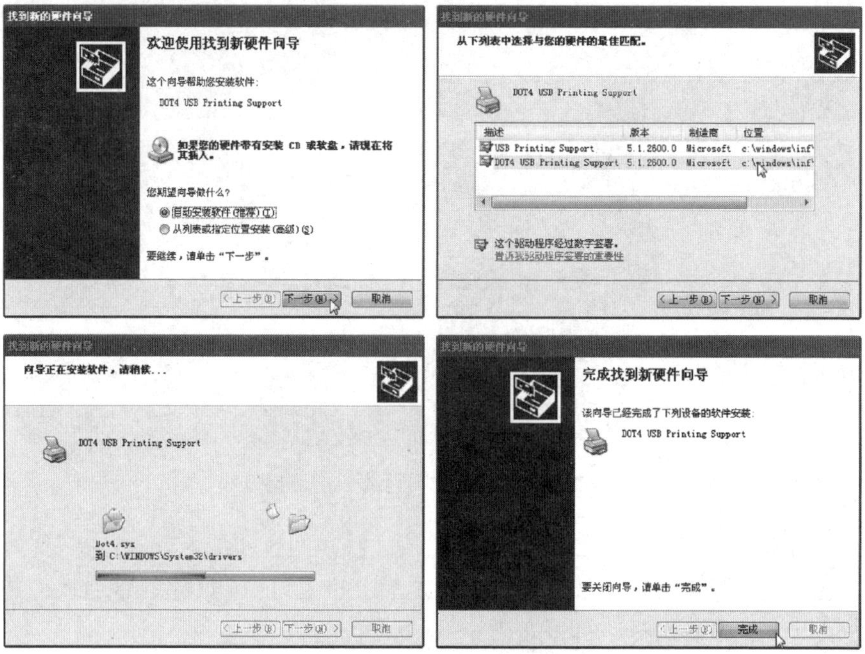

图 8-34　激光打印机驱动程序的安装方法

⑤ 驱动程序安装完后，需要检验激光打印机是否能正常运行，此时需要通过打印测试页来检查，激光打印机的打印测试方法如图 8-35 所示。选中安装好的激光打印机的图标，右击鼠标，在弹出的菜单栏中选择“属性”选项；在弹出的“hp LaserJet 1015 属性”窗口中，单击 打印测试页(T) 按钮，即可检测打印机是否正常。

图 8-35　激光打印机的打印测试方法

此时，激光打印机的使用方法基本操作完成，如果想尝试高级打印，请参见各种打印选项。

2. 喷墨打印机的使用方法

① 选择一个较好的安放位置，可以避免许多不必要的麻烦。如图 8-36 所示为喷墨打印机的安放位置。将打印机放在水平、稳定的表面上。将打印机放在容易连接计算机或网络接口电缆的地方，且能较易切断电源。留出足够的空间以便于操作和维护；在打印机前方留出足够大的地方以便于出纸。避免在温度和湿度骤变的地方使用和放置打印机，打印机应远离阳光直射、强光源及发热装置。避免将打印机放置在有震动的地方。

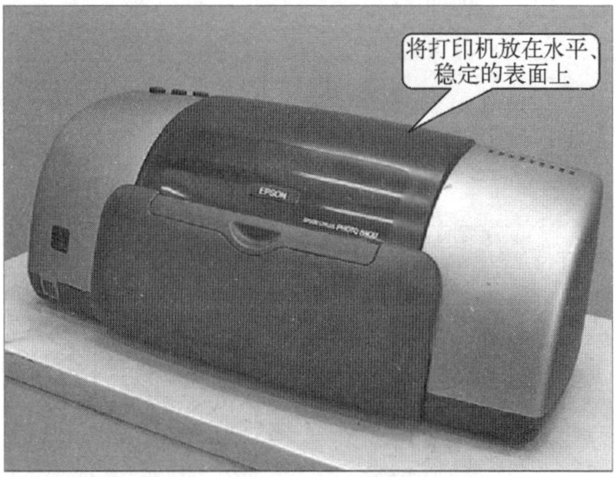

图 8-36　喷墨打印机的安放位置

② 确认计算机、打印机都处于关机状态，并切断电源。按随机附带的《打印机说明书》连接好与计算机或网络接口电缆的连线。检查打印机背面标签上的电压值，以确认打印机要求的电压与所插入插头的插座电压相匹配。确认以上三步操作无误后，再连接电源线及数据线，如图 8-37 所示为喷墨打印机与计算机的连接方法。

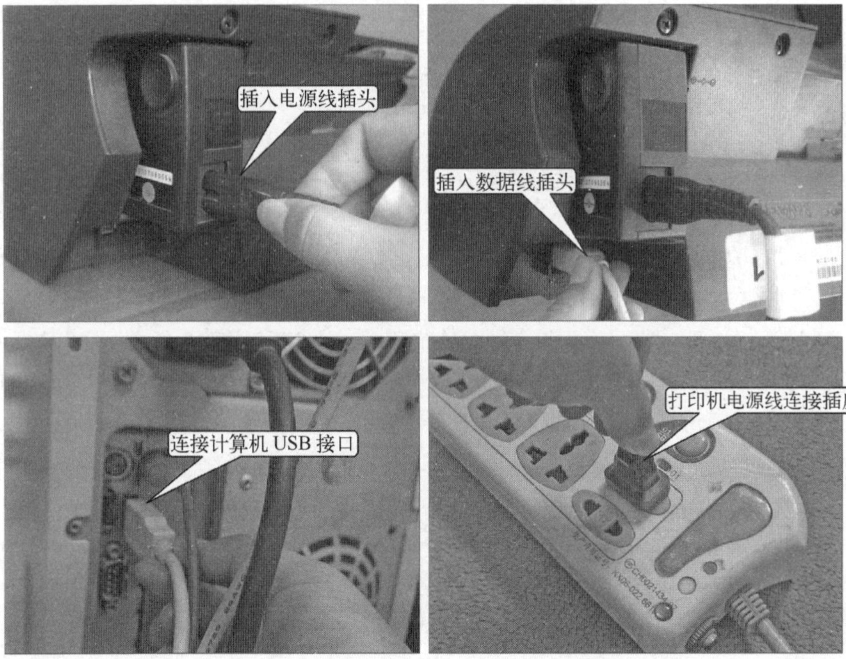

图 8-37　喷墨打印机与计算机的连接方法

③ 连接好后，先开喷墨打印机，然后再开计算机。参照随机附带的《打印机使用说明书》，装上墨盒。如图 8-38 所示为喷墨打印机墨盒的安装方法。

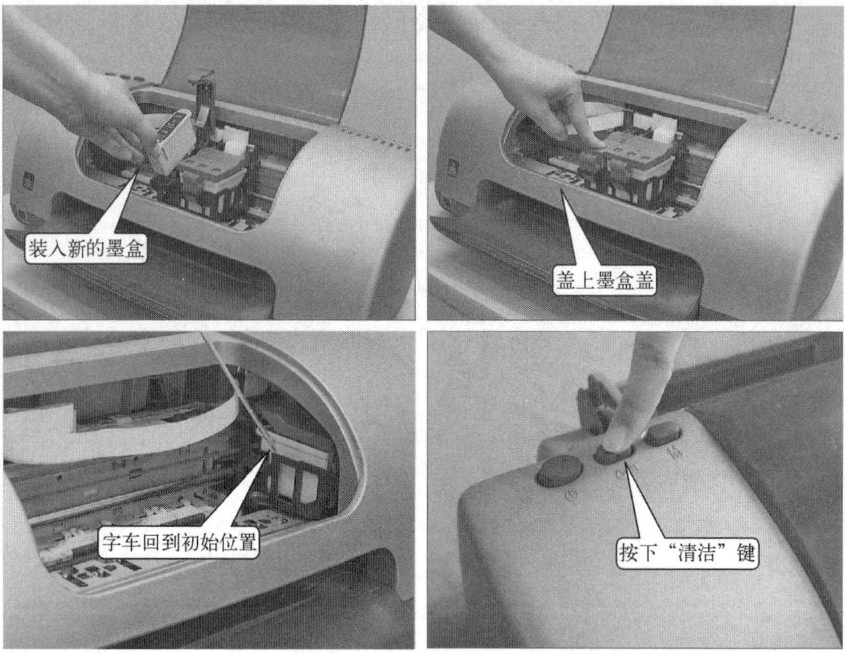

图 8-38　喷墨打印机墨盒的安装方法

注意

安装墨盒时，应注意以下几点：①墨盒在未准备使用时，不宜拆去包装；②拆去墨盒的盖子和胶带后，应立刻安装墨盒；③拿墨盒时不可摸打印头；④打印头含有墨水，故不能将打印头倒置，也不可摇晃墨盒。当墨盒安装好以后，执行“打印头”清洗操作，将打印机调试到正常使用的状态。

④ 墨盒安装好后，接着安装驱动程序，如图 8-39 所示为喷墨打印机驱动程序的安装方法。一般在购买打印机时，厂家会随机附带驱动程序；Windows 控制系统也有部分打印机的驱动程序；还可以从厂家的网站中直接下载驱动程序。最好的是从厂家的网站中下载驱动程序，因为从网上下载的驱动程序是最新的驱动程序。打开计算机任务栏设置中的“打印机”，将目标打印机所对应的驱动程序设置为“默认打印机”。在各应用软件的使用过程中，再根据具体需要对打印机“属性”进行设置。

⑤ 喷墨打印机驱动程序安装好后，需要在打印机中放入合适的打印纸。首先选择要打印的 A4 尺寸的数据，任何数据（如照片或文本）都可以。接着准备并装入打印纸，选择数据之后，准备好 A4 尺寸的普通纸，并将其装入打印机。请按以下步骤装入打印纸，如图 8-40 所示。

⑥ 放下出纸器并将其延伸部分滑出。接下来，按下左导轨上的小片并滑动该导轨，使两个导轨间的距离略大于打印纸宽度。散开一叠打印纸，然后在平面上轻拍使得打印纸边缘平齐。将这叠打印纸装入进纸器，可打印面向上，右边缘靠着右导轨。然后滑动左导轨，使其靠住打印纸的左边缘。确保装入的纸叠不超过导轨内侧的小片，如图 8-41 所示。

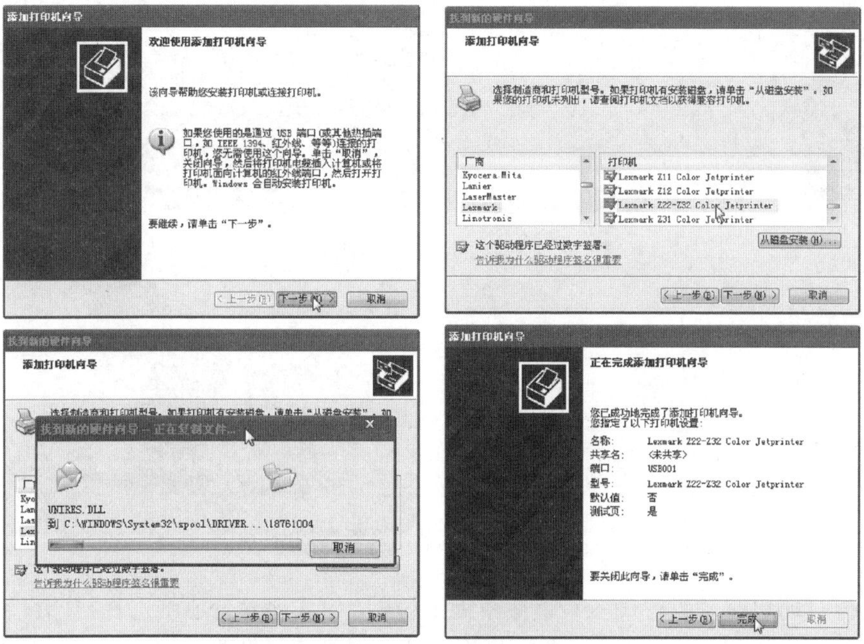

图 8-39　喷墨打印机驱动程序的安装方法

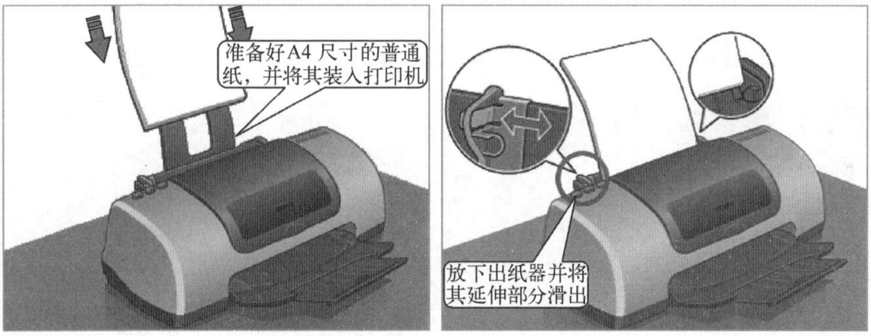

图 8-40　装入合适的打印纸

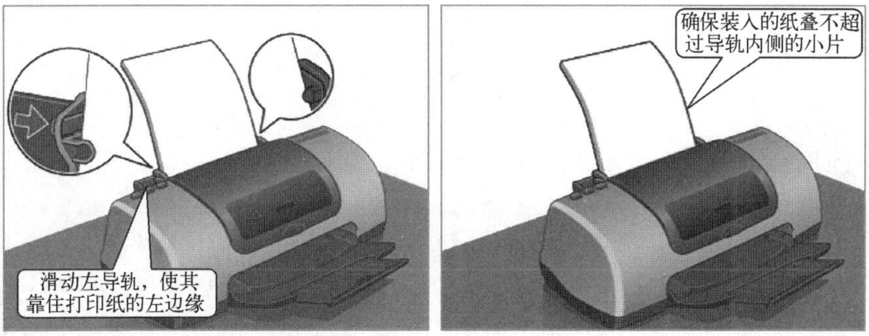

图 8-41　调整打印纸

注意

请勿用力将打印纸装入打印机的进纸器中。将纸边缘放在进纸器内装入打印纸，并且确保当向下望进纸器内部看时可以看到打印纸。将打印纸装入进纸器太深可能会损坏打印机，如图 8-42 所示。

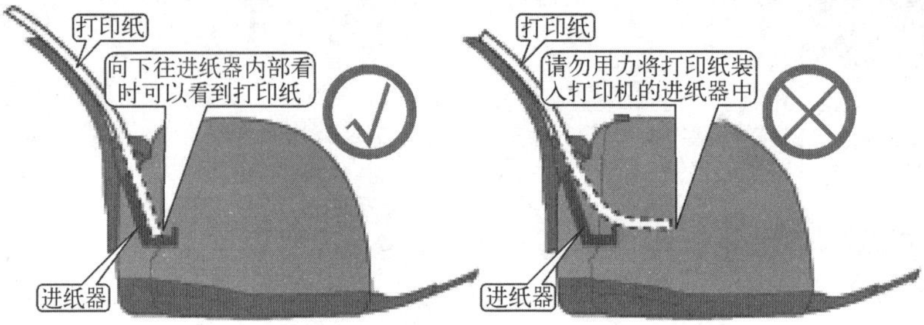

图 8-42　打印纸装入进纸器的深度

⑦ 进行打印机驱动程序设置。请按下面的说明为 A4 尺寸普通纸选择打印机驱动程序并进行设置。选择 Windows 应用程序文件菜单上的打印或打印设置，在出现的对话框中单击打印机→设置→选项或属性（根据所使用的应用程序，也许需要单击这些按钮的组合）。打开打印机软件，单击主菜单选项，然后选择“普通纸”和“A4 纸”作为打印纸选项设置，并选择“文本和图像”作为质量类型设置，如图 8-43 所示。单击“确定”按钮关闭该窗口，现在可以从应用程序中打印数据，单击“确定”按钮开始打印。

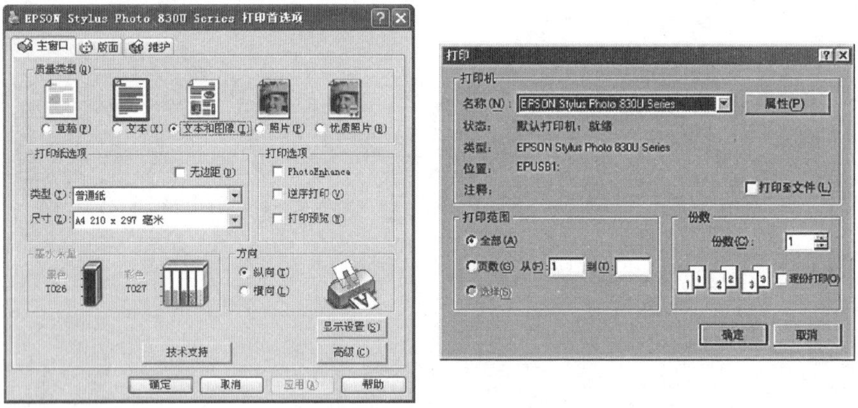

图 8-43　设置打印机驱动程序并开始打印

此时，喷墨打印机的使用方法基本操作完成，如果想尝试高级打印，请参见各种打印选项。

当打印机不用的时候，需要将喷墨打印机关机。关机前，应检查并确认打印机处于正常的待机状态。若墨盒灯提示应及时更换墨盒，打印机在执行其他工作时应等待打印的操作完成方能关机。关机时，应以关掉打印机电源键的方式关机，切勿以直接切断电源的方式关机，否则将会产生严重后果。关机后，应用布将打印机盖住，以免灰尘侵入对打印机造成损害。

3. 针式打印机的使用方法

① 选择一个较好的安放位置，可以避免许多不必要的麻烦。如图 8-44 所示为针式打印机的安放位置。将打印机放在水平、稳定的表面上。将打印机放在容易连接计算机或网络接口电缆的地方，且能较易切断电源。留出足够的空间以便于操作和维护；在打印机前方留出足够大的地方以便于出纸。避免在温度和湿度骤变的地方使用和放置打印机，打印机应远离阳光直射、强光源及发热装置，避免将打印机放置在有震动的地方。

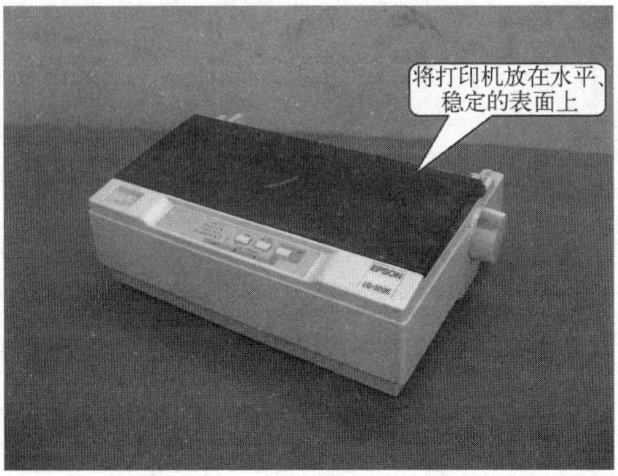

图 8-44　针式打印机的安放位置

② 确认计算机、打印机都处于关机状态，并切断电源。按随机附带的《打印机说明书》连接好与计算机或网络接口电缆的连线。检查打印机背面标签上的电压值，以确认打印机要求的电压与所插入插头的插座电压相匹配。确认以上三步操作无误后，再连接电源线及数据线，如图 8-45 所示为针式打印机与计算机的连接方法。

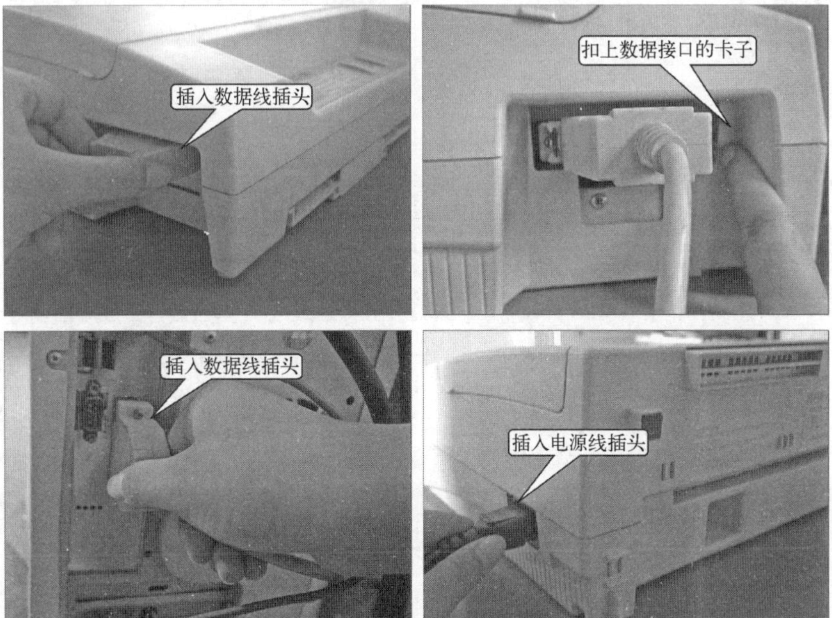

图 8-45　针式打印机与计算机的连接方法

③ 连接好后，在确认打印机已经关闭并切断供电电源的情况下，将打印机的防护盖取下，然后将色带装入打印机字车组件中，参照随机附带的《打印机使用说明书》，装上色带。如图 8-46 所示为针式打印机色带的安装方法。

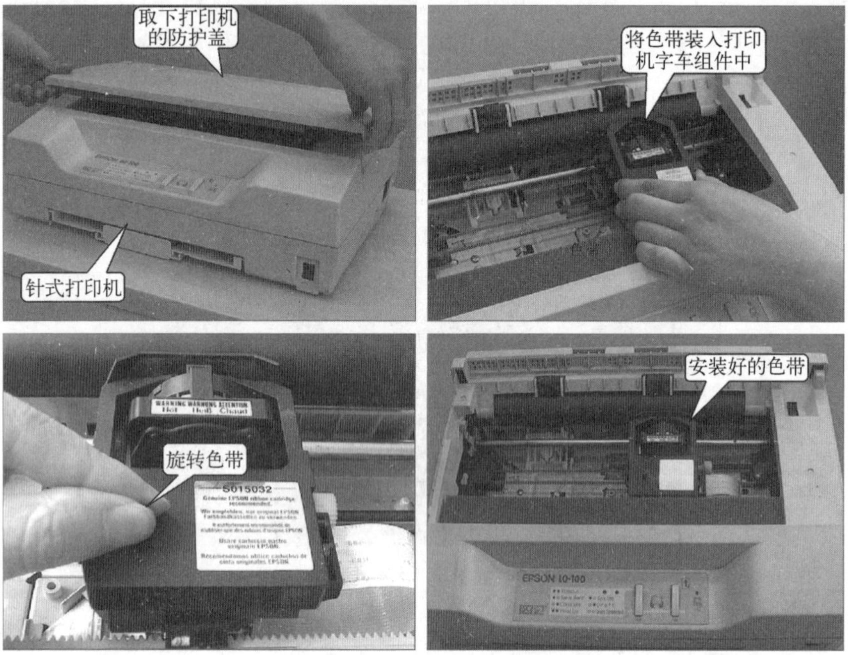

图 8-46　针式打印机色带的安装方法

④ 色带安装好后，接着安装驱动程序，如图 8-47 所示为针式打印机驱动程序的安装

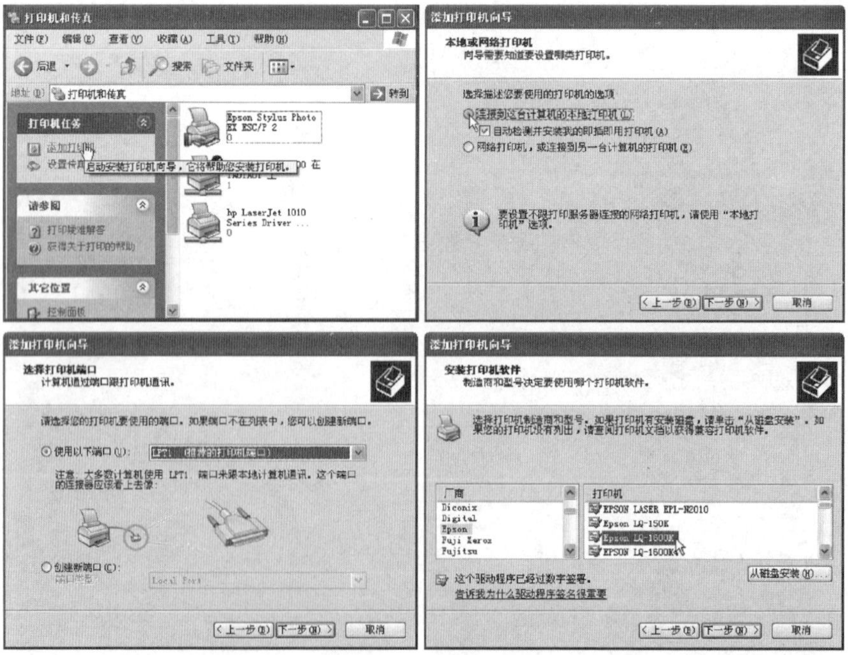

图 8-47　针式打印机驱动程序的安装方法

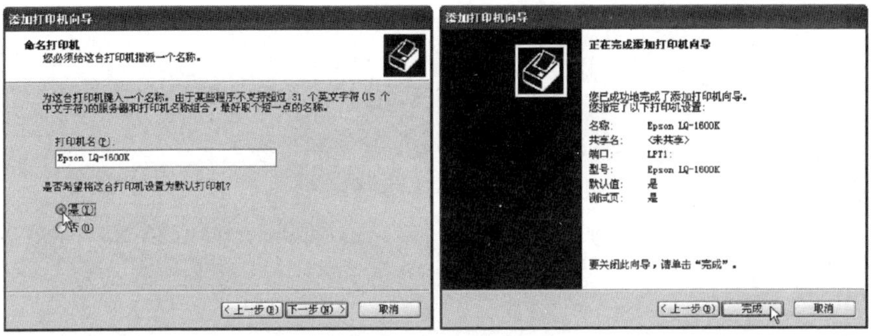

图 8-47　针式打印机驱动程序的安装方法（续）

方法。一般在购买打印机时，厂家会随机附带驱动程序；Windows 控制系统也有部分打印机的驱动程序；还可以从厂家的网站中直接下载驱动程序。最好的是从厂家的网站中下载驱动程序，因为从网上下载的驱动程序是最新的驱动程序。打开计算机任务栏设置中的“打印机”，将目标打印机所对应的驱动程序设置为“默认打印机”。在各应用软件的使用过程中，再根据具体需要对打印机“属性”进行设置。

⑤ 驱动程序安装好后，需要检验针式打印机是否能正常运行，此时需要通过打印测试页来检查。在打印测试页之前应放入合适的打印纸，如图 8-48 所示为在针式打印机中放入合适的打印纸。

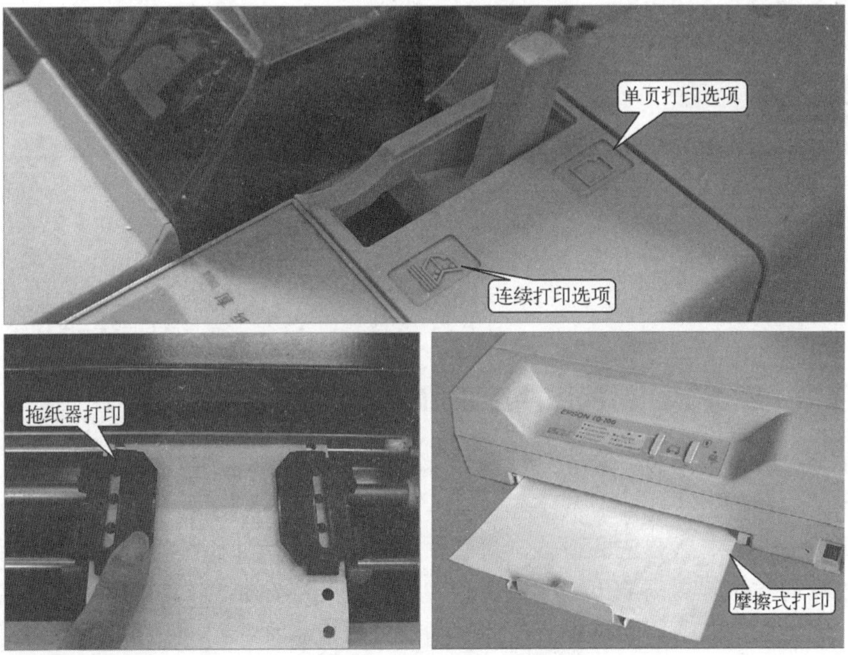

图 8-48　在针式打印机中放入合适的打印纸

⑥ 打印纸放好后，需要检验针式打印机是否能正常运行，此时需要通过打印测试页来检查，如图 8-49 所示为针式打印机的打印测试方法。打开“打印机和传真”窗口，并选中针式打印机的图标，右击鼠标，在弹出的菜单中选择“属性”选项；在弹出的“Epson LQ-150K 属性”窗口中，单击 打印测试页(T) 按钮进行打印测试，即可检测打印机是否正常。

注意

针式打印机的打印纸张有连续纸张和单页纸张两种，因此需要检查打印机的设置是否正确，有些打印机可以通过调节杆，选择使用打印纸张的方式。

针式打印机的走纸方式有摩擦式和拖纸器两种，不同的走纸方式采用不同的打印纸张，具体的装纸操作也有很大的区别。使用拖纸器打印连续纸张时需要将打印纸上的定位孔与拖纸器上的定位柱安装到位；使用摩擦式打印单页纸张时，也需要将打印纸安放到位。

另外，针式打印机可以进行多层打印，纸张层数过多，加上不平整很容易在打印头下方堆积卡纸，可以通过适当调节纸后调整杆将打印头与压纸辊之间的距离调大，使打印纸张可以无阻碍地输纸。

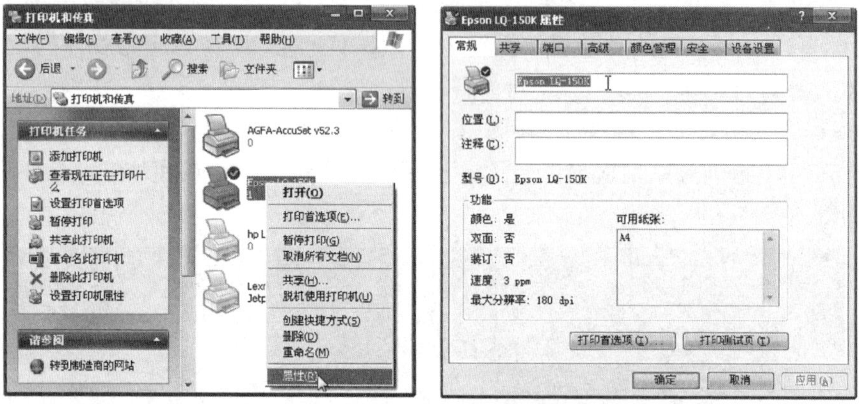

图 8-49　针式打印机的打印测试方法

此时，针式打印机的使用方法基本操作完成，如果想尝试高级打印，请参见各种打印选项。

8.4.3　传授打印机的保养维护方法

打印机是办公设备中重要的一类，提倡主动维修，使机器的停机时间处于最小，从而获得最佳使用效率和价值。

打印机也是一种非常普遍的设备，使用频率不断上升。如何延长打印机的使用寿命，减少打印机故障的发生，提高输出纸样的质量，这些都是用户非常关注的问题。其实，只要在使用打印机的过程中注意保养维护方法，打印机就可以保证长时间正常、稳定地工作，进而增加打印机的使用寿命。

1. 激光打印机的保养维护方法

激光打印机使用一段时间后，打印机内部会产生许多墨粉的污渍和外界灰尘、纸屑的附着，因此激光打印机使用 3 个月左右即需要做一次彻底的清洁。若打印机的使用频率较高，则在 1 个月左右就要做一次清洁和保养。

激光打印机的内部结构比较紧凑，由于利用墨粉成像机理，打印机内部极易受到墨粉污染，再加上外界灰尘、纸屑的附着，常常导致打印机打印品质下降甚至不能正常工作。因此，在日常的使用过程中注意适当地维护清洁和正确操作显得尤其重要。

① 在清洁工作开始之前，首先应切断电源，将所有打印纸取出。用软毛刷清扫打印机外壳，去除灰尘和浮土，特别是多个导板入口等区域，不易清洁干净。如图8-50所示为纸盒的清洁和保养方法。

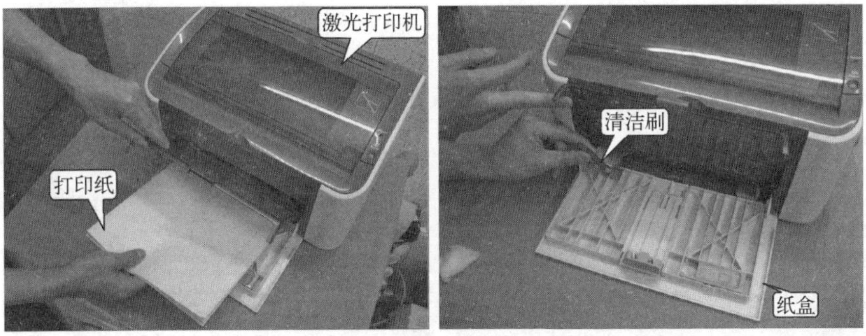

图8-50　纸盒的清洁和保养方法

② 打开机盖，取出打印机硒鼓，打印机内部的清洁主要是去除墨粉污渍，可先用软毛刷清扫，再用小型吸尘器吸除墨粉和纸屑，也可以用软布擦拭，视具体情况而定。如图8-51所示为输纸系统的清洁和保养方法。

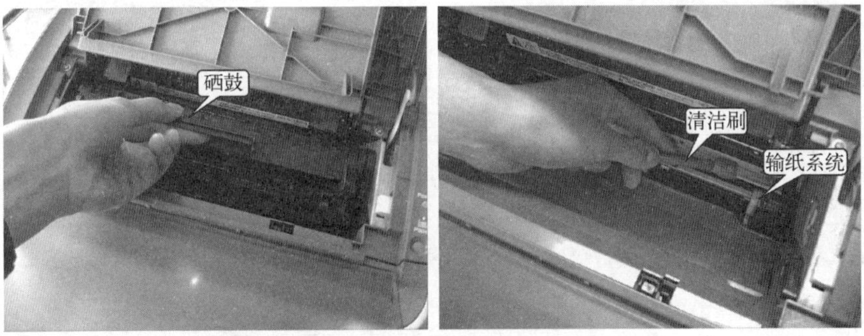

图8-51　输纸系统的清洁和保养方法

③ 用清洁刷将硒鼓上残留的墨粉清理干净，使用医用棉花擦去感光鼓上残留的墨粉。如图8-52所示为硒鼓的清洁和保养方法。

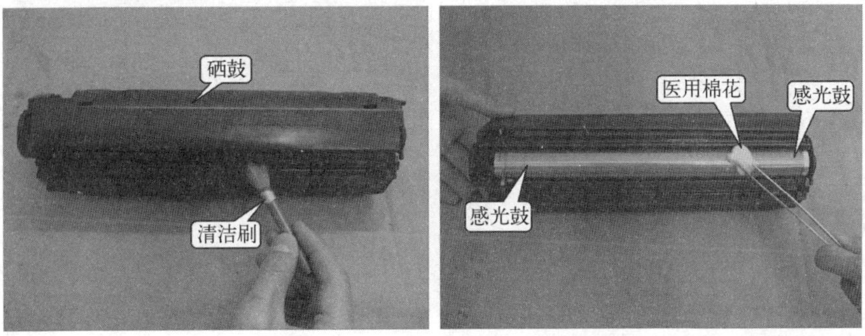

图8-52　硒鼓的清洁和保养方法

2. 喷墨打印机的保养维护方法

喷墨打印机与激光打印机最大的区别在于，喷墨打印机采用墨盒和喷墨头作为打印组件。喷墨打印机长时间没有使用或是为了保证打印机始终工作在最佳状态，最好间隔3个月对打印机进行一次彻底的清洁。

(1) 喷墨打印机内部的保养维护方法

① 用柔软的刷子或抹布除去打印机外壳上的浮土和灰尘，打开机盖，若纸屑、灰尘较多，特别是部分空间狭小的机械部件，可以用软刷配合吹气皮囊进行清除。若机器内部被油墨涂污，用略湿的软布（也可以蘸少许专用清洁剂）擦拭即可，如图8-53所示。

注意

不要转动、挤碰内部的齿轮等机械部件。

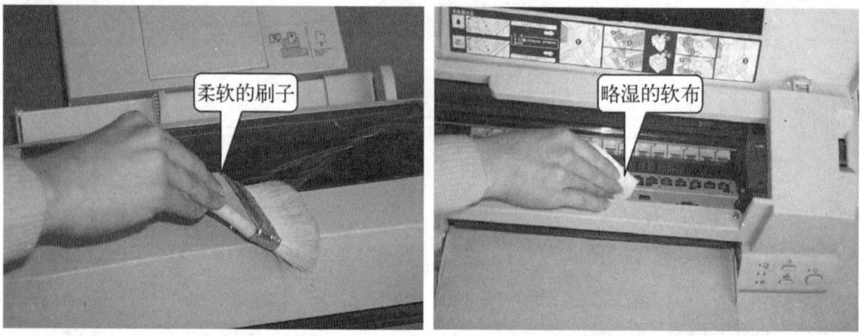

图8-53　除去打印机外壳上的浮土和灰尘并清洁油墨污处

② 可以使用不掉毛的软布或纸巾清洁导轴上的油污，并对导轴进行润滑，如图8-54所示。环境灰尘太多，容易导致字车导轴润滑不好，使喷墨头在打印过程中受阻，引起打印位置不准确或撞击机械框架而造成死机。因此，导轨及字车的清洁、润滑十分重要。

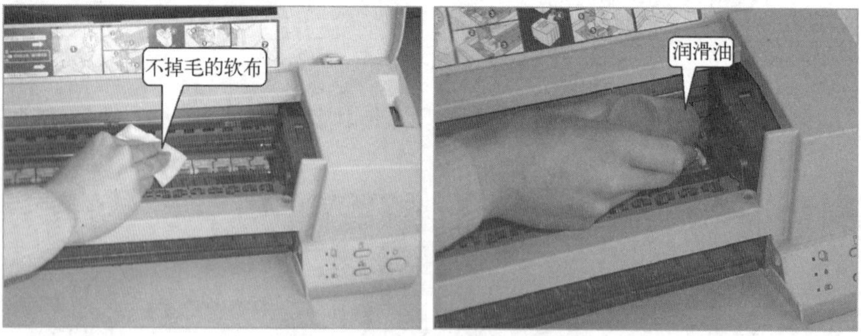

图8-54　清洁导轴上的油污

(2) 喷墨打印机墨头的保养维护方法

大多数喷墨打印机开机即会自动清洗打印头，并设有按钮对打印头进行清洗。也有一些打印机可以通过软件控制来清洗打印头。喷墨头部分不要随意拆卸，清洁时应尽量利用自动清洁功能或软件清洁功能达到去污要求。

① 如果打印机有轻微的堵塞现象，可通过打印机自带的清洁设置进行喷嘴检查和自动

清洁，如图 8-55 所示，这是防止严重堵墨故障的最好措施。

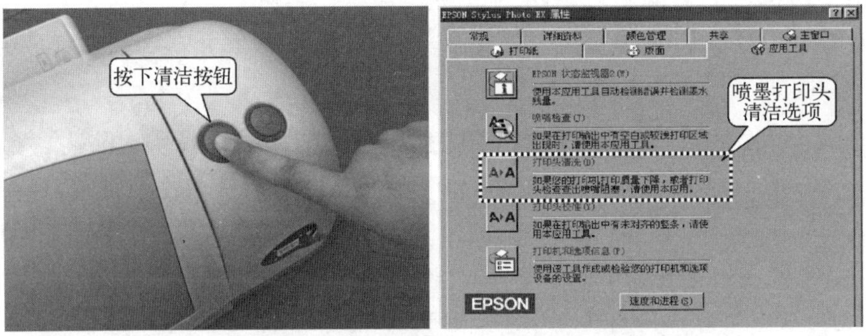

图 8-55　按下清洁按钮并选择喷墨打印头清洁选项

② 如图 8-56 所示为打印头的清洗。在一般情况下可以先执行“喷嘴检查”，打印机打印出每一个喷嘴的样式图，每一根斜线代表一个喷嘴，如果缺少某一根斜线，说明打印头还有某一个喷嘴堵塞，此时再按下“清洗”键进行自动清洗，直到每一个喷嘴都畅通，打印的图案没有缺失。执行清洗打印头指令后，打印机的清洗机构会自动清洗喷嘴，抽吸喷嘴及其输墨管道内的杂质，当然也会附带吸走较多的墨水。堵墨情况比较严重的可以多次连续重复清洁打印头操作，直至打印品质恢复正常。但是弊端同样存在，就是会浪费较多的墨水。

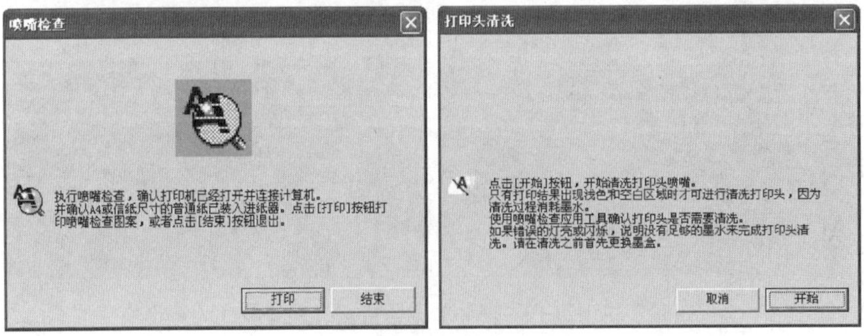

图 8-56　打印头的清洗

注意

如果打印机内部不小心溅入了墨水，请用湿布将其擦掉；小心不要触碰打印机内部齿轮；注意不要擦墨盒轴；切勿使用酒精或挥发性的溶剂清洁打印机，这些化学物质会损害打印机部件和机壳；注意不要将水溅到打印机的机械部件或电子元件上；不要使用硬的或磨损性的毛刷；请勿将润滑剂喷洒到打印机内部。不合适的润滑油可能会导致机械部分的损坏。如果需要润滑，请与经销商或合格的维修人员联系。

3. 针式打印机的保养维护方法

针式打印机使用一段时间后，打印头出针面、打印机内、导轨、字车初始位置传感器等均会产生许多污物，因此针式打印机使用 3 个月左右即需要做一次彻底的清洁。若打印机的使用频率较高，则在 1 个月左右就要做一次清洁。

① 使用半湿清洁布去除机内散落的纸屑、灰尘，若脏污严重，可使用专用清洁剂，重点清洁机械传动部位。推移字车，使用软刷彻底清除字车下方各角落的灰尘、污物，如图 8-57 所示。

图 8-57　清洁针式打印机内部散落的纸屑和灰尘

② 字车与导轨交合处较容易积聚污物，是打印机清洁的重要部位。使用镊子夹取字车与导轨交合处缝隙外面的污物，如图 8-58 所示。

图 8-58　使用镊子夹取字车与导轨交合处缝隙外的污物

③ 由于字车与导轨的内部缝隙处不是很好清洁，可在字车与导轨的交合处滴几滴机油。来回移动字车，机油将变成黑色黏稠的蜡状，如图 8-59 所示。

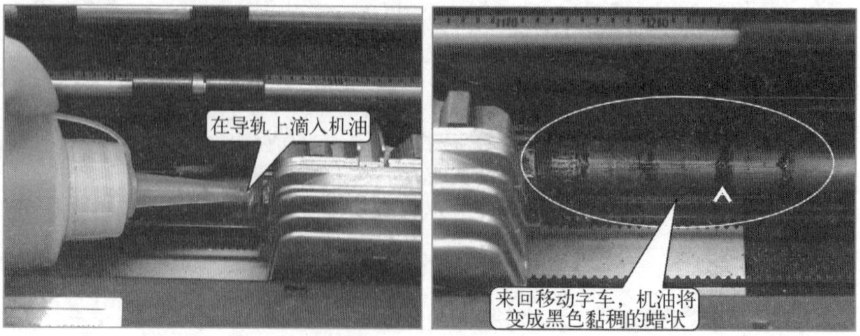

图 8-59　在导轨上滴入机油并来回移动字车

④ 使用软纸将油污擦除，重复该操作，直至字车运行平滑、无障碍。字车初始位置检测传感器若采用光耦传感器，也需使用棉签清洁传感器的接触部位，如图 8-60 所示。

图 8-60 清洁导轨上产生的油污并对字车初始位置检测传感器进行清洁

注意

与清洗内部比较起来，打印机外部的清洗总的来说是比较容易和安全的。一般用户在清洗打印机硬件的外表面时可使用清洗汽车内部时使用的清洁、保护喷雾剂，这种产品可以帮助减少静电，对于塑料的表面比较安全。可以将清洁剂喷在柔软的布上，然后用它擦拭设备的外壳（注意不要将喷雾剂喷入机器内部）；同时，在清洗打印机外部的时候，也可以通过空气出口、风扇通道和纸槽吹入压缩空气，来清除灰尘和污物。

习题 8

1. 填空题

（1）打印机的种类主要有__________、__________和__________三种。

（2）在打印机中，碳粉是在__________打印机中使用的；墨盒是在__________打印机中使用的；色带是在__________打印机中使用的。

（3）填写图 8-61 中针式打印机空白处各部件的名称。

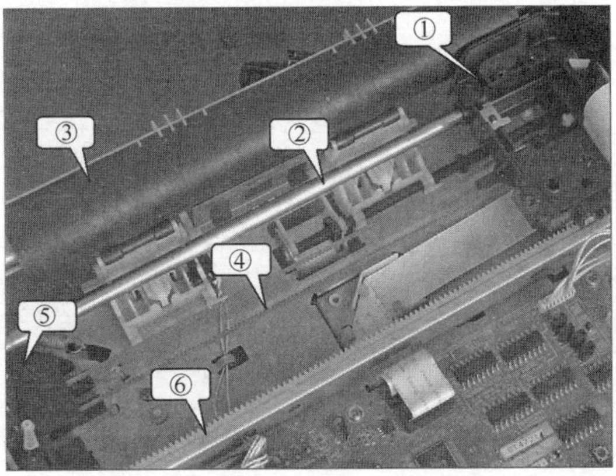

图 8-61 针式打印机内部结构

① ____________________

② ____________________

③ ____________________

④ ____________________

⑤ ____________________

⑥ ____________________

（4）激光打印机主要由__________、__________、__________、__________、__________等几大部分构成。

2. 简答题

（1）简述如何实现针式打印机的安装与打印（与计算机的连接方法和驱动程序安装操作方式）。

（2）简述喷墨打印机墨盒的更换方法。

项目9　扫描仪的功能特点和营销方案

9.1　扫描仪的种类特点及相关产品

扫描仪（Scanner）是利用光电技术和数字处理技术，以扫描的方式将模拟图像（图片、文稿、照片、胶片等）甚至实物等传统信息的图文信息转换成计算机能够识别、编辑和处理的数字式图像信息的装置。

9.1.1　扫描仪的种类特点

目前，市场上扫描仪的类型较多，不同的类型，其特点也有所区别，根据功能，扫描仪可以分为平面扫描仪、滚筒扫描仪、底片扫描仪和多功能扫描仪等。

1. 平面扫描仪

平面扫描仪采用CCD（Charge Couple Device，图像传感器是电荷耦合器件）的成像技术，所以又称为CCD扫描仪，主要用来扫描反射稿，其大部分是平板结构的。平面扫描仪又可以分为家用扫描仪和办公用扫描仪。如图9-1所示为平面扫描仪的实物外形。

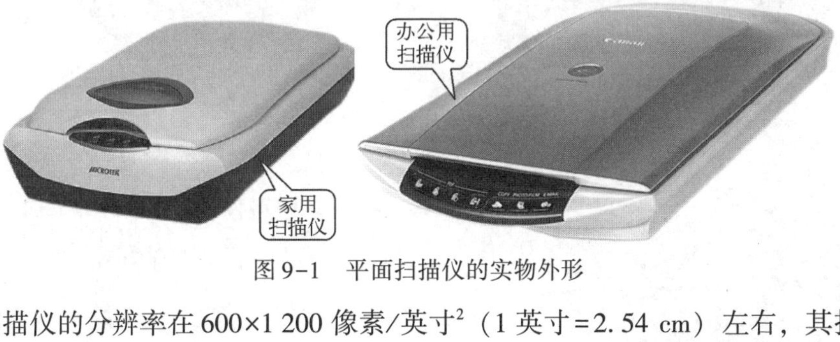

图9-1　平面扫描仪的实物外形

家用扫描仪的分辨率在600×1 200像素/英寸^2（1英寸=2.54 cm）左右，其扫描后的图像精度能达到一般打印的品质，主要是面向普通家庭用户和个人用户设计的。

办公用扫描仪在性能和扫描质量上较家用扫描仪有很大的提高，其性价比较高、操作简单快捷，也因此被众多办公企业所接受。

2. 滚筒扫描仪

滚筒扫描仪是一种高档并且专业级的扫描仪，能够捕获到正片和原稿中最细微的色彩，专门用于相关技术产业的高级扫描，如一些印前制作公司、输出中心、印刷厂、广告宣传商等。如图 9-2 所示为典型滚筒扫描仪的实物外形。

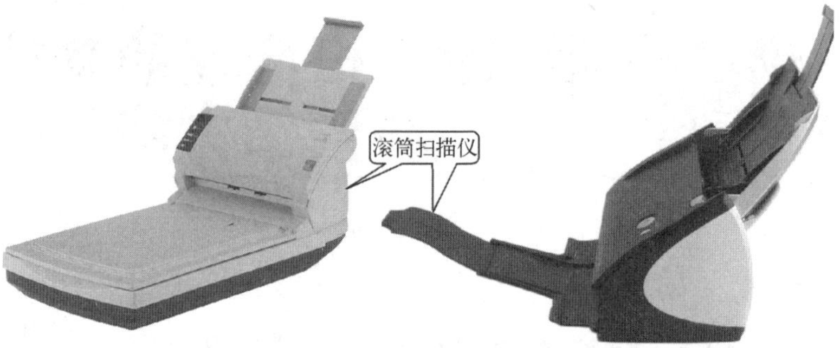

图 9-2　典型滚筒扫描仪的实物外形

3. 底片扫描仪

底片扫描仪，从其名称上可以看出主要是用于对底片和幻灯片等原始透明介质的数字化扫描。由于扫描的对象是透明的底片，往往要求扫描仪的分辨率要高一些，这是因为原始件（如反转片）都需要制作成放大倍率较大的打印件，因此只有高分辨率才能确保扫描采集到最多的信息。如图 9-3 所示为典型底片扫描仪的实物外形。

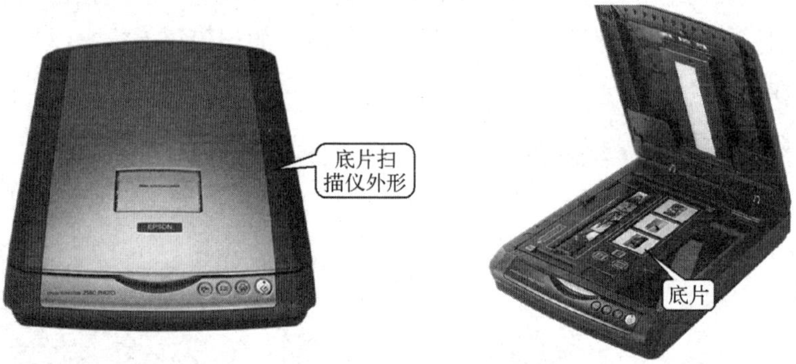

图 9-3　典型底片扫描仪的实物外形

图 9-4　多功能扫描仪的实物外形

4. 多功能扫描仪

如图 9-4 所示为多功能扫描仪的实物外形，该扫描仪是将扫描、复印、打印甚至电话和传真等功能集于一体的机器，该类扫描仪对原稿的适应性也较强。

除此之外，还可以根据扫描仪的接口方式（即与计算机的连接接口）、传输速度等因素对扫描仪进行分类。因此，在对其进行选择时，应根据自己的具体情况选择适合自己的扫描仪。

9.1.2　扫描仪的相关配套产品

在使用扫描仪的过程中，有些配套产品是必不可少的，如数据线、电源线等，它们对扫描仪的正常使用起着重要的作用。

1. 数据线

在购买扫描仪时，通常会随机附带数据线，主要用来连接扫描仪和计算机机箱。由于扫描仪与计算机连接的接口主要分为EPP（增强型并行接口）、SCSI（小型计算机标准接口）和USB（通用串行总线）三种，所以在连接时需要根据不同的接口进行，以免出现连接故障。

注意

目前扫描仪中主流的接口是USB接口，但还是有部分早期的扫描仪接口为EPP或SCSI，所以这些扫描仪在与计算机进行连接时，需要用专用的连接线或转换接口将其转变为USB接口，如图9-5所示。

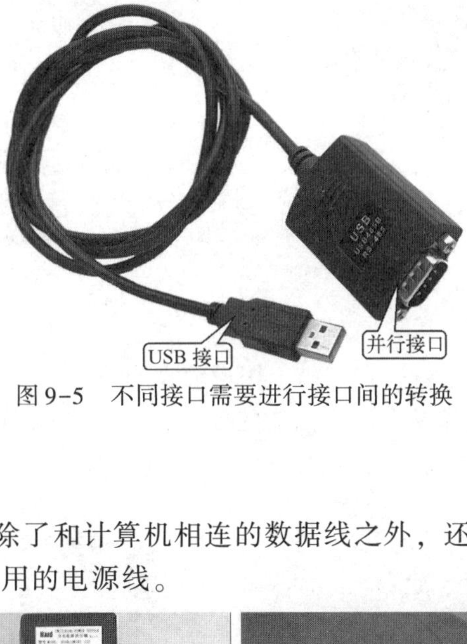

图9-5　不同接口需要进行接口间的转换

2. 电源线

扫描仪要正常工作，除了和计算机相连的数据线之外，还需要与电源进行连接，如图9-6所示为扫描仪中使用的电源线。

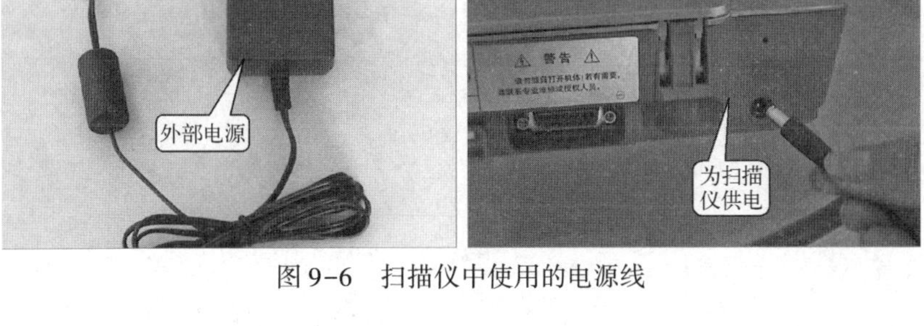

图9-6　扫描仪中使用的电源线

注意

在连接电源线时，与连接数据线类似，应尽量使用扫描仪自带的电源线。在连接电源之前要认真阅读说明书，确定扫描仪的适用电压范围。

3. OCR 光学字符识别软件

OCR（Optical Character Recognition）是光学字符识别软件，该软件的功能是通过扫描等光学输入设备读取印刷品上的文字图像信息，利用模式识别的算法，分析文字的形态特征，从而判别出不同的汉字，并可以直接转换成 Word 文档，从而对其进行编辑。

中文 OCR 一般只适合于识别印刷体汉字，使用扫描仪及 OCR 可以代替计算机中键盘输入汉字的部分功能，使得文字输入便捷。

4. 透射适配器

图 9-7　带有透射适配器的扫描仪

透射适配器（TMA）也叫透扫描适配器、光罩或透扫描精灵。用于平板式扫描仪的透射适配器能让用户扫描幻灯片和大的透明底片或胶片等，如图 9-7 所示。

透射适配器的原理是用一个光源来替代扫描仪原来的上盖，把扫描光源由稿件的下方移到稿件的上方，让透射过稿件的光线经过镜头和数个反射镜成像在 CCD 表面。

5. 自动送纸器

自动送纸器是一种机械装置，在扫描工作量较大的情况下，自动送纸器能够一次性完成将照片或文档从托盘送至扫描仪中进行扫描的操作。如图 9-8 所示为带有自动送纸器的扫描仪。

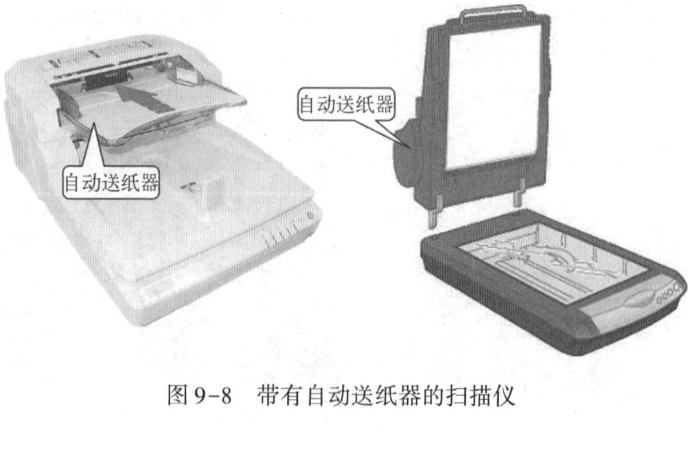

图 9-8　带有自动送纸器的扫描仪

9.2 扫描仪的结构和工作特点

9.2.1 扫描仪的结构组成

通常情况下，从扫描仪的外形上看，其整体外观十分简洁、紧凑，如图9-9所示，但其内部的结构却是比较复杂的，在其内部不仅有复杂的电子控制线路，还包含精密的光学成像器件及设计精巧的机械传动系统，如图9-10所示。

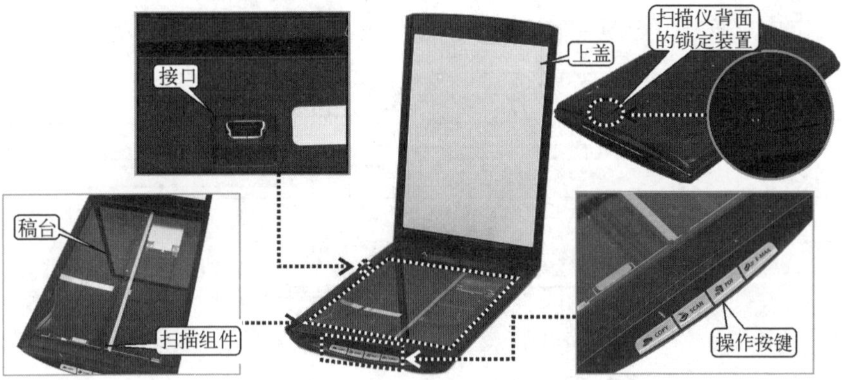

图9-9　典型扫描仪的外部结构

由图9-9可知，扫描仪外部主要是由上盖、稿台、操作按键及接口和锁定装置等部分构成的。扫描仪中的锁定装置主要用来保护扫描仪内部的光学元件，通常扫描仪在运输或搬运过程中，此装置都是处于锁定的状态，可以确保内部光学器件不会随意滑动，有效地避免了内部光学器件的磕碰。

图9-10所示为典型扫描仪的内部结构，可以看出，其内部主要由扫描组件、机械传动部分和控制及电源电路部分等构成。

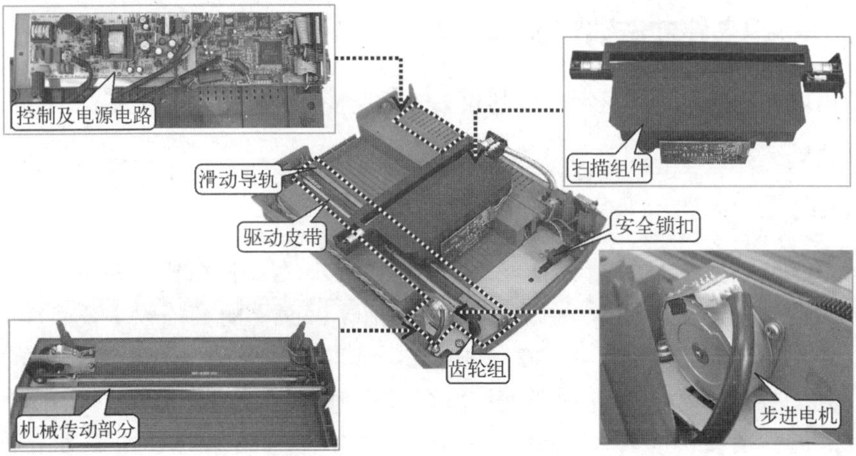

图9-10　典型扫描仪的内部结构

9.2.2 扫描仪的工作特点

如图 9-11 所示为典型扫描仪的工作流程示意图。当启动扫描仪驱动程序后，扫描仪主控电路通过控制指令驱动扫描装置和驱动电机工作。扫描装置开始工作时，扫描组件在驱动电机的驱动下沿着水平方向（滑动导轨）移动，由曝光灯产生的光源将扫描的图像（原稿）照亮。原稿被照亮后，原稿的光图像通过扫描组件中的第一反光镜反射到第二反光镜，第二反光镜将原稿的光图像反射到第三反光镜，第三反光镜将原稿的光图像反射到镜头。光图像经过镜头照射到安装在扫描组件电子线路板上的 CCD 图像传感器上，CCD 电路接收到图像信息后，将图像信号转换为电信号并送到数字信号处理电路进行 A/D 变换处理，将其转变为数字信号。处理后的图像数字信号通过串行/并行/SCSI/USB 接口输送到计算机中进行处理。

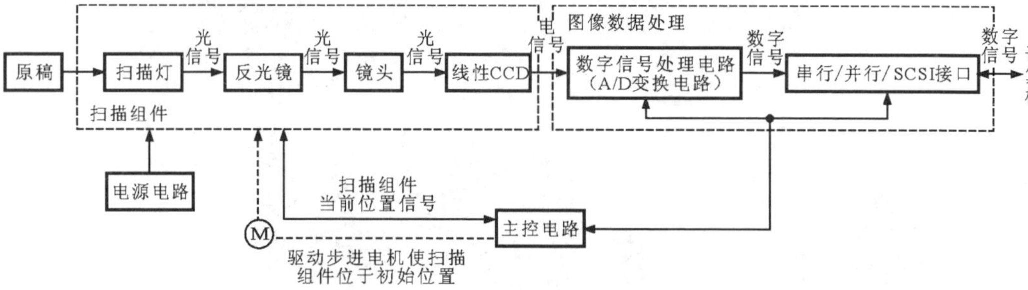

图 9-11　典型扫描仪的工作流程示意图

扫描仪的曝光灯供电电路为曝光灯提供工作电压，使其正常工作。而主控电路则在扫描仪工作过程中不断地检测扫描仪各部分的工作状态，并根据计算机的指令控制扫描仪的工作。

9.3 扫描仪的选购策略

9.3.1 扫描仪的选购依据

在对扫描仪进行选购时，可以参考其相关的性能指标，通过对性能指标的选择来选购适合自己的扫描仪。

1. 分辨率

分辨率是选购扫描仪时的重要依据之一，它的大小关系到扫描出来的图像是否清晰，当分辨率越大时扫描出来的图像效果越清晰。目前，市面上的扫描仪主要有 300×600dpi、600×1 200dpi、1 000×1 200dpi、1 200×2 400dpi、2 400×4 800dpi 等几种不同的光学分辨率，这里提到的分辨率是指水平分辨率×垂直分辨率。一般的家庭或办公用户可以选用 600×1 200dpi 的扫描仪；1 200×2 400dpi 以上的扫描仪属于专业级，主要适用于广告设计行业。

不同的分辨率扫描出的图像也不相同，如图9-12所示，所以消费者在选购时，应根据自己的实际需求选择适当大小的分辨率。

（a）1 200×2 400dpi 分辨率　　（b）300×600dpi 分辨率

图9-12　不同分辨率的扫描效果

2. 色彩位数

扫描仪的色彩位数是指扫描仪对被扫描图像色彩范围的辨析能力。一般来说，色彩位数越高扫描出的图像色彩越丰富、越能真实反映原始图像的色彩。色彩位数是用bit来表示的，多数是用2的N次方来表示。目前，常见的扫描仪色彩位数主要有24位、36位、42位、48位等，表9-1所示为典型扫描仪的色彩位数参数设置。

表9-1　典型扫描仪的色彩位数参数设置

性能参数	
色彩位数	48bit 输入；24bit 输出
灰度参数	16bit 输入；8bit 输出

由表9-1可知，色彩位数有输入位数和输出位数之分，若输入和输出位数一致，都是24位及以上，则表明该扫描仪的色彩位数是真色彩；若输入是48位，而输出是24位，则该扫描仪的色彩位数是假48位。对于专业用户或对扫描的图像有过高要求的用户，可以选用36位色及以上的扫描仪。

注意

在选择扫描仪的色彩位数时，如果位数过高不仅增加了费用的开支，还会使扫描出来的文件过大而占用硬盘的空间，同时会影响扫描的速度。

3. 感光元件

扫描仪中的感光元件也称为扫描元件，是扫描仪的关键部件。扫描仪使用的感光元件主要可分为两种：CCD和CIS。

CCD（Charge Couple Device）为光电耦合感应器，主要采用CCD微型半导体感觉芯片作为扫描仪的核心。使用CCD进行扫描，要求有一套精密的光学系统配合。它的优点是扫描质量高、扫描范围广、使用寿命长、分辨率高。

CIS（Contact Image Sensor）为接触式图像传感器，是由一排与扫描原稿宽度相同的光电传感阵列、LED 光源阵列和柱状透镜阵列等部件组成的一种新型图像传感器。这些部件全部集成在一个条状方形盒内，不需要另外的光学附件，没有调整光路和景深等问题，具有结构简单、体积小、应用方便等优点。

目前，市场上主流扫描仪采用的感光元件多为 CCD 和 CIS 的。CIS 的感光元件多数对于普通的用户比较适用；CCD 的感光元件多适用于对扫描图像质量要求较高的用户，这样的扫描仪性能较好，但扫描的速度相对较慢。

4. 扫描幅面

扫描幅面又称扫描范围，是指扫描仪最大的扫描尺寸范围。常见扫描仪的幅面有 A4、A3、A1 和 A0 等，幅面越大的扫描仪其价格也越高。一般的普通用户可以选择 A4 或 A4 加长的扫描仪；而一些专业用户可以考虑选用 A3 幅面的扫描仪，如广告行业、金融行业等。

9.3.2 扫描仪的选购注意事项

在选购扫描仪时，可以采用由外到内的顺序对扫描仪进行检查，在选购时应注意以下几点。

1. 外壳是否坚固

在选购扫描仪时除了要选择美观的外表，主要看外表材料是否坚固。对扫描仪来说，外壳是否坚固是非常重要的一个因素，因为扫描仪内部的部件都是附着固定在外壳上的，外壳的强度和刚度对于扫描仪的清晰度有很大的影响。通常设计良好的扫描仪，打开其上盖，就可以在扫描仪的内壁上看到一条条明显的加强柱，底板不平整，有很多的凹凸设计，可以极大地增强外壳整体的坚固度。相反，较差的扫描仪的上盖只有一层很薄的塑料壳，强度达不到标准。

2. 扫描时的声音

扫描仪在正常工作时会产生一些噪声，这些噪声也是衡量扫描仪内部机械部件优劣的一个重要参数，同时反映了扫描图像的品质。一般在扫描仪的产品规格书中会对其噪声数据有所标注，通常是以 dB（分贝）为单位。在选购扫描仪时，用户可以将其作为参考数据之一，尽量选用噪声低一些的产品。

3. 软件及驱动程序

作为计算机的外部设备，扫描仪的软件界面是否操作便捷、美观直接关系到用户的便捷使用。目前，扫描仪均支持 TWA1N 协议，可以在几乎所有支持 TWA1N 的软件上直接进行扫描，扫描过程包括预览、扫描、设置分辨率、设置色彩方式、去网、校色等功能，菜单为中文方式。在说明书上要有明显的色彩校正选项，根据不同的设备来进行不同调整，因此选择色彩校正选项是必需的。另外，附送的软件一定要实用，最好有一套辨认能力强的光学字元识别软件（OCR）作为文件扫描，以及一套图像编辑器用作相片扫描。

4. 实际效果

选购扫描仪的最终目的就是对图像甚至实物等进行扫描，所以扫描出来的效果也是在选购扫描仪时重点要把握的环节。扫描知识贫乏的用户在选购扫描仪时可以自己带一幅图像，比较扫描出来的结果，看黑白扫描的效果，在不做任何软件调整的情况下，若在白色扫描区域看不到或是很少有黑色斑点，并且字体没有连笔的现象，则属于比较好的扫描仪。

9.4 扫描仪的营销要点

9.4.1 展示扫描仪的功能特色

扫描仪作为计算机的输入设备被广泛应用在社会各个领域，我们可以利用扫描仪输入照片建立自己的电子影集，输入各种图片建立自己的网站；扫描自己手写的信函再用 E-mail 发送出去，替代传真机；还可以利用扫描仪配合 OCR 软件输入报纸或书籍的内容，以免用键盘输入汉字的辛苦等，这些都是扫描仪为我们展示的不凡功能特色。

1. 扫描照片和图片的功能

对于扫描仪来说，其基本的功能是对照片和图片进行扫描，然后通过图像处理软件进行处理，可以制作成电子影集或直接将图片传送到自己的网站。

2. 扫描文稿的功能

扫描仪可以将印刷好的文本、书籍中的精彩内容扫描并输入到文字处理软件中，再用 E-mail 送出，这样就可以免去重新打字的麻烦，该功能通常是与 OCR 字符识别软件共同使用的。

3. 扫描底片的功能

照片的底片也可以使用扫描仪对其进行扫描。由于照片的底片为透明的材料，因此在对这类材料进行扫描时需要特别的光源补偿装置，目前使用的该装置为透射适配器。除此之外，还可以使用专用的底片扫描仪对其进行扫描。

4. 扫描实物的功能

扫描仪除了可以扫描图片、文稿等纸质物体外，还可以对一些平面实物进行扫描，通过对平面实物的扫描使其成为图像的格式，并可以进行编辑操作。

9.4.2 演示扫描仪的使用方法

扫描仪可以用来对纸张、照片等实体介质上的图文进行采集，并且可以对扫描后的图片进行简单的处理。下面以中晶 Scan Maker 4850 Ⅱ扫描仪为例，介绍其使用方法。

1. 扫描前的准备

① 将扫描仪放置在平整、稳固的桌面上，并确保扫描仪周围有一定的工作空间，便于

扫描仪的使用，如图 9-13 所示。

② 找到扫描仪的锁定装置，不同品牌的扫描仪，锁定装置的位置也会不同。该扫描仪的锁定装置在其底部，将该装置拨至打开状态，如图 9-14 所示。

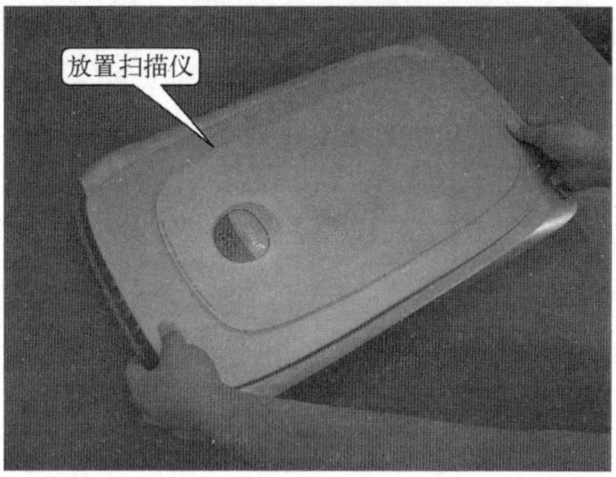

图 9-13　放置扫描仪

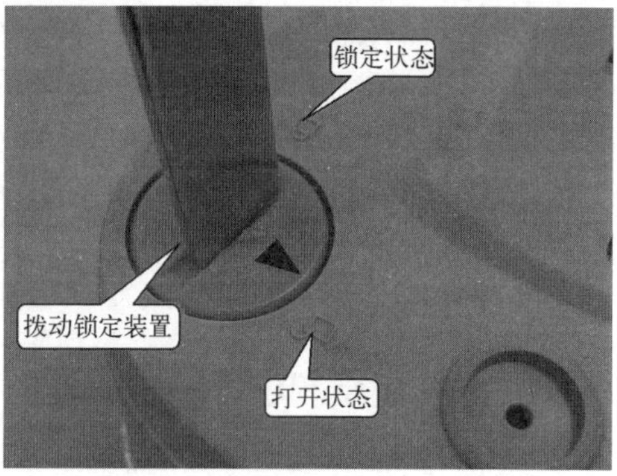

图 9-14　打开扫描仪中的锁定装置

③ 按照说明书所给出的指示，将数据线的两端分别与扫描仪和计算机机箱的数据接口进行连接，并确保牢固，如图 9-15 所示。数据线最好使用扫描仪自带的原装数据线，因为原装数据线安全性较高，而且数据传输速度较稳定。

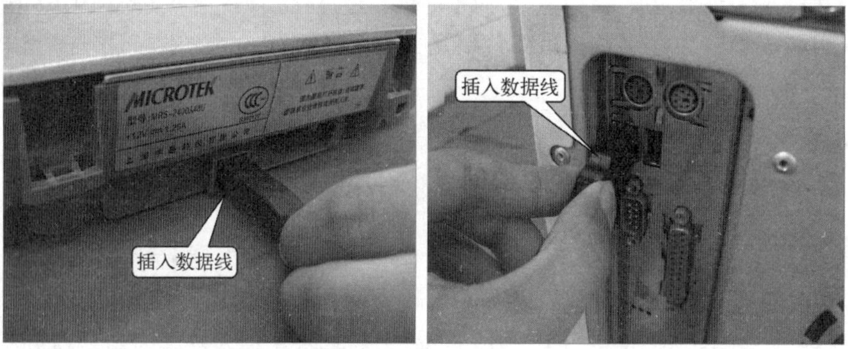

图 9-15　使用数据线将扫描仪与计算机进行连接

④ 将扫描仪中自带的电源线接入电源端口，并与市电进行连接，如图 9-16 所示。

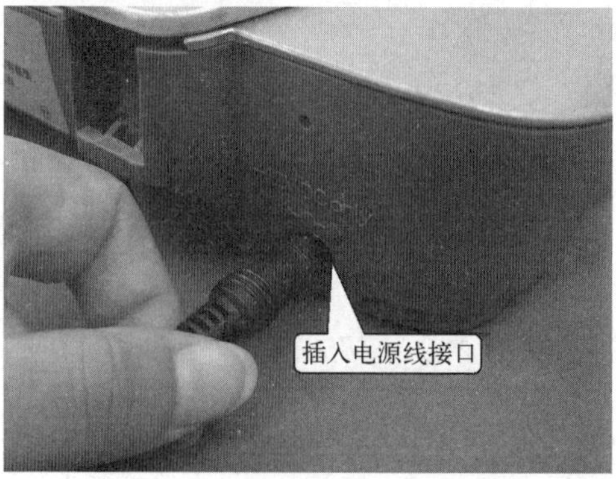

图 9-16　连接扫描仪的电源线

⑤ 扫描仪与计算机连接完成后，启动计算机，并打开扫描仪开关，安装扫描仪的驱动程序和扫描软件，如图 9-17 所示。安装完毕，就可以使用扫描仪进行扫描操作了。

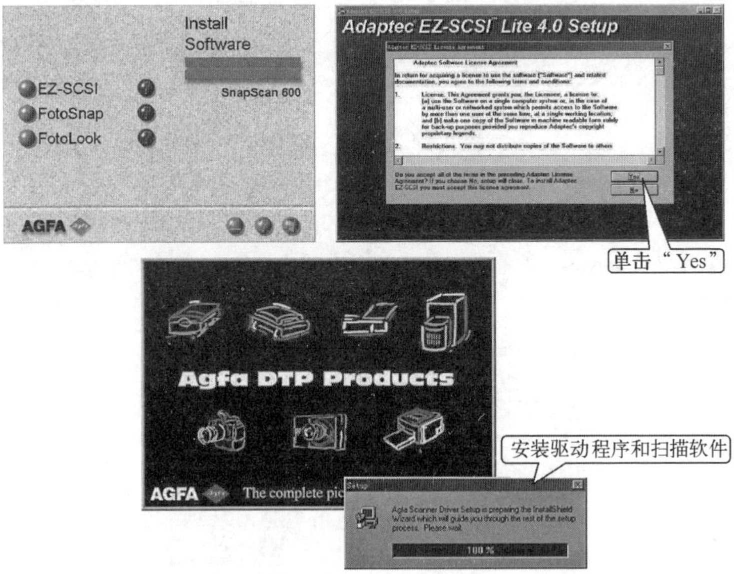

图 9-17　安装扫描仪驱动程序和扫描软件

2. 扫描仪的操作方法

① 在扫描前，首先要对原稿进行检查，明确扫描的最终用途。例如，对彩色照片进行扫描，最好使用光面纸的照片作为原稿，其他纸张会导致大量的层次和细节丢失，照片的黯淡部分尤其会比较严重。在扫描前注意原稿的细节特征，对扫描仪的调整设置会有很大帮助。

② 将待扫描原稿朝着镜头的方向放置在扫描仪稿台上，如图 9-18 所示。放置原稿前，应注意维持稿台玻璃的清洁，并且不要划伤玻璃。

图 9-18　放置被扫描原稿

③ 打开计算机中的扫描软件，便可以通过其自身的预扫描功能（一般扫描软件都会提供扫描稿台中整体情况的预览模式）预览稿台中被扫描的图像，如图 9-19 所示。

扫描仪在预扫描图像时，都是按照系统默认的扫描参数值进行扫描的，对于不同的扫描对象及不同的扫描设置，其预览效果可能会不一样。

④ 选择被扫描原稿中需要扫描的区域，如图 9-20 所示，在预览的图像上可以拉伸方框虚线或直接用鼠标重新选取扫描区域。

图 9-19　预览待扫描的原稿

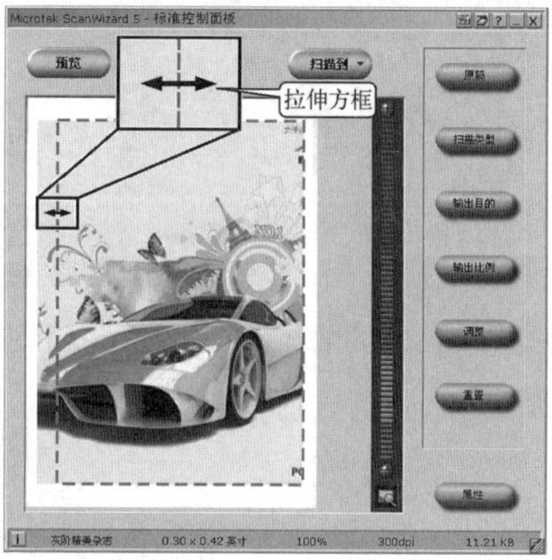

图 9-20　选择需要扫描的区域

注意

在扫描比扫描区域大的原稿时，可以分为两次进行扫描，如图 9-21 所示，然后将两次扫描的图像通过图像处理软件进行无缝拼接即可。但扫描出的两张图片要有足够多的重叠区域，而且相关扫描设置要尽可能相同。

图 9-21　扫描较大的原稿

⑤ 选择扫描文件的存储位置，同时选择文件的格式并进行保存，如图 9-22 所示。扫描存储完毕的文件可以直接进行打印、发送到邮件中、导入 OCR 文字识别软件中进行识别、发送到互联网上或者保存在计算机中。

保存文件时，所使用的扫描软件总是会指定几种文件类型，可以采用多种压缩格式来减少扫描生成的图像文件占用的硬盘空间。TIFF 和 GIF 文件（后缀为 . TIF 和 . GIF）采用的是“无损”压缩技术，并且大小只有原文件的一半，适合用来打印输出的文件；JPEG 是一种“有损”的压缩格式，虽然生成的文件更小，传输快，但是会丢失一些图像细节。

⑥ 对被扫描原稿的种类进行选择，这样可以大致确定扫描的精度，扫描仪可以接收的扫描原稿较多，不同的扫描对象可通过不同的扫描方式来实现图文的再现。例如，该扫描仪可以接收“照片”、“文档”、“图形”、“印刷材料”及“胶片”5 大类原稿，如图 9-23 所示，不同的原稿有默认的扫描分辨率设置。

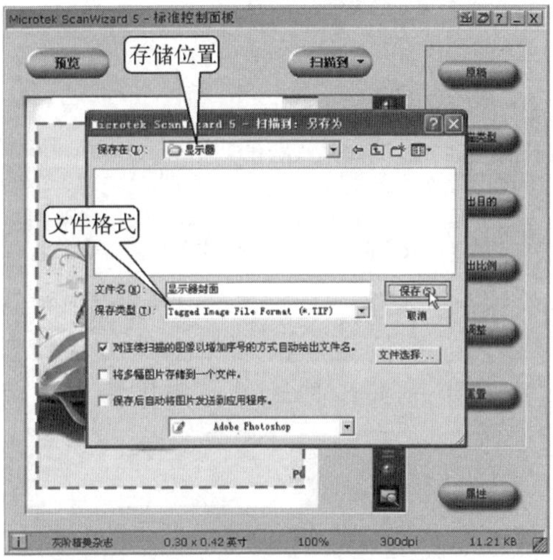

图 9-22　选择存储位置和文件的格式

图 9-23　选择原稿的种类

扫描分辨率越高，得到的图像越清晰，图像数据量也越大。但是，如果超过原稿或输出设备的分辨率，再高的分辨率设置也得不到超出原稿的清晰度，而且会占用大量的磁盘空间，根本没有实际价值。因此，选择与原稿匹配的扫描分辨率很有必要。

⑦ 选择合适的扫描色彩类型。如图 9-24 所示，该扫描仪提供了“真彩色”“Web 色彩”“灰阶”“黑白二色”等色彩类型。其中，照片或实物扫描可以用“真彩色”方式；“Web 色彩”适用于网络图片的扫描；“灰阶”则适用于既有图片又有文字的图文混排稿样，色阶比较细腻；“黑白二色”适用于白纸黑字的原稿或 OCR 文字识别。有些扫描仪还会区分 RGB 彩色和 CMYK 彩色扫描方式。在进行扫描操作之前，一定要先根据被扫描的对象选择一种合适的扫描方式，这是获得较好扫描效果的前提。

⑧ 选择被扫描图片的输出目的。如图 9-25 所示，该扫描仪有“屏幕显示”、“喷墨打印”、“标准激光打印”、“精美激光打印”、“传真”、“OCR 文字识别”和“自定义”等输出目的。应根据不同的输出目的，设置相应的分辨率。

图 9-24　选择扫描色彩类型

图 9-25　选择被扫描图片的输出目的

⑨ 选择输出比例，如图 9-26 所示。通常，扫描仪通过放大倍率来实现图像尺寸的调节。部分小尺寸的原稿需扫描放大，必须使用高分辨率扫描，否则不能保证放大后的图像清晰。通常情况下，建议使用正常比例进行扫描。

⑩ 若对扫描原稿的色调不满意，可以在扫描时对色调进行必要的调整，对色调的多个参数进行合理设置，能获得较高的图像扫描质量，如图 9-27 所示。在扫描仪控制软件中，对图像的层次和颜色所做的调整工作称为前端校正。前端校正是一种校正效果的预操作，也就是在预扫描以后，在预扫描窗口中根据预扫效果，使用扫描软件中的“亮度”“对比度”“锐化”“色彩”“饱和度”等调整工具进行层次校正和颜色校正。

图 9-26　选择扫描图片的输出比例

图 9-27　对扫描文件的色调进行调整

调整效果满意后需要重新进行扫描输入，按照校正操作要求重新对扫描图像进行采样，以获得更符合需求的真实信息。有些专业级的扫描仪还设有曝光度、密度范围设置、黑白极点、阶调曲线等调整选项。

⑪ 设置完所有的参数后，单击“扫描到”按钮，如图 9-28 所示，指定存储路径并开始扫描。当窗口下方的进度条达到 100% 时，扫描结束，文件被保存到指定的路径。

此时，扫描操作基本完成。在扫描前做适度的扫描设置是保证扫描效果的关键所在，可以在扫描的过程中不断尝试，反复进行设置使其达到最佳的扫描效果。

图 9-28　开始扫描及扫描过程

9.4.3　传授扫描仪的保养维护方法

扫描仪是由非常精细的光学器件构成的设备，即使十分细小的灰尘也会影响扫描的最终效果。因此，在平时的使用中为保证扫描仪能正常工作，确保其扫描的精度，应十分注意扫描仪的日常维护。

1. 将扫描仪放置在稳固的水平支撑面上

正常使用扫描仪时，须将其放置在稳固、水平的支撑台面上，这样既保证了正常使用扫描仪，还使其内部的各光电器件切合位置的设计要求，如图 9-29 所示。

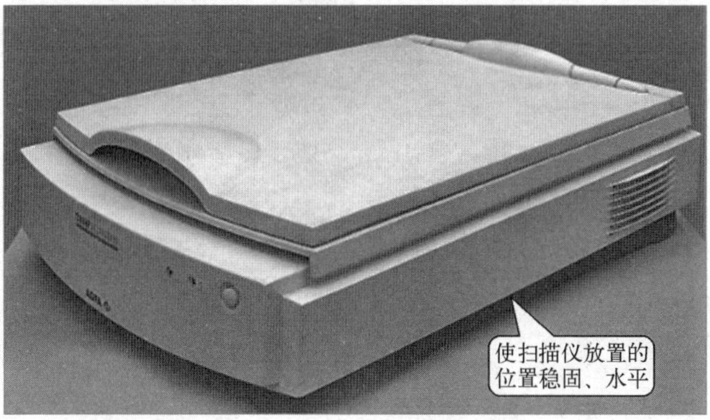

图 9-29　正确放置扫描仪

现在使用最多的平板扫描仪的体积非常小，比它能处理的页面大不了多少，完全可以将扫描仪放在自己的办公桌上，既稳当又方便。

2. 避免震动

使用扫描仪进行扫描的过程中应避免震动，由于新型的扫描仪重量较轻，在扫描过程中外界的震动会使扫描效果模糊，因此在选择放置位置时应尽量避免靠近震动源，如图 9-30 所示。

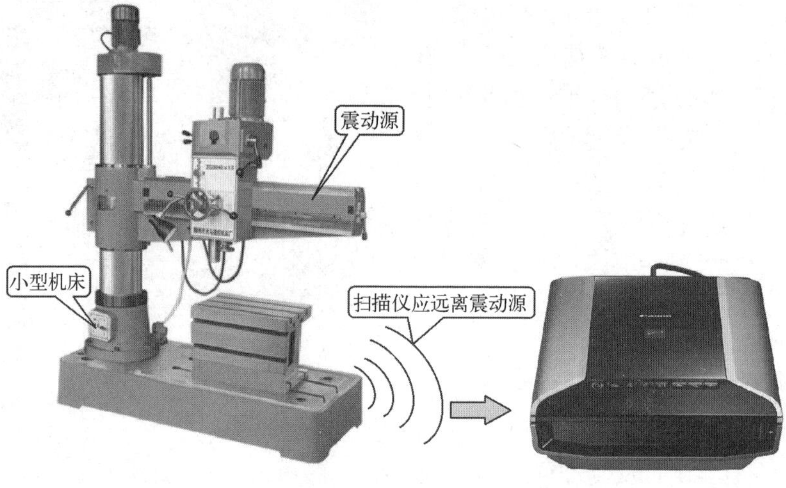

图 9-30　扫描仪应远离震动源

扫描头捕捉图像是以像素大小为捕捉单元的，而扫描头的来回移动和精确定位是通过导轨上的步进机构实现的。在扫描时，轻微的外界震动会使扫描头的采集位置出现“越位”。千万不要小看这样的微小“越位”，因为扫描仪采集图像信息是一“行”一“行”、一“点”一“点”进行的。扫描头定位出现混乱时，部分图像区域将采集不到任何信息，有些图像区域却重复采集，在复制再现时，以上区域的图像信息肯定是错误的。特别是图像细节区域的扫描复制，图像品质会出现模糊或细小纹路、花斑、白点等问题。

3. 避免遭受极端环境

扫描仪属于敏感的光电子设备，其光学成像系统、步进机械构件等都是十分精巧的器件。由于器件自身的物理、化学特性，超过一定范围的温度、湿度都会影响器件的工作精度。过冷、过热、污染等极端的外界环境会对扫描仪产生一定的不良影响，如图 9-31 所示。

图 9-31　扫描仪的使用环境

当然，不同品牌的扫描仪对环境温度、湿度有自己的要求，对外界的适应能力也有强有弱，用户在使用前应详细阅读用户手册，尽量为其提供一个较好的放置和使用环境。一般要求是温度控制在 0～40℃，尽量不要将扫描仪放在暖气、空调或加湿器等附近。

4. 保证安全、可靠的供电

稳定的电源供电是任何电子设备的基本工作要求。在多数情况下，一个安全的电源就是将扫描仪插在具有保护器的电源上，避免电源的快速变化损坏扫描仪。

5. 经常使用扫描仪导轨的锁紧装置

安装或移动扫描仪时，一定要记住使用扫描仪上的锁紧装置。扫描仪内部有许多光学器件和机械传动部件，移动扫描仪时极易受到碰撞。因此必须及时将扫描仪的易碎部分、活动部分固定好，尤其要注意扫描仪导轨上的扫描头组件，移动、翻转时千万不要忘记固定、锁紧它。锁紧装置通常设在扫描仪的底部或背部，如图9-32所示。

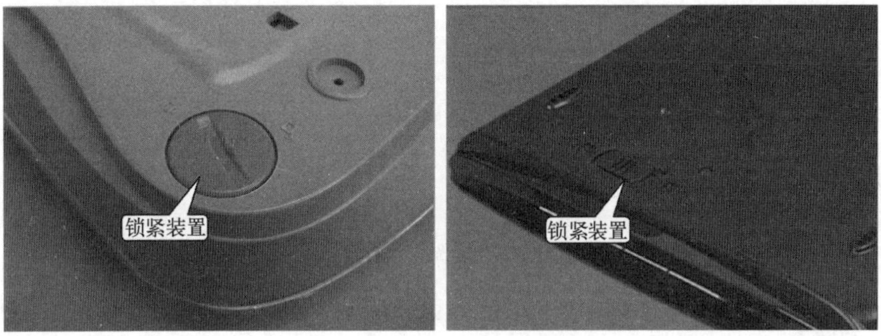

图9-32　扫描仪的锁紧装置

6. 对扫描原稿的选择

扫描仪可以接受多种原稿，大致可以分为反射介质原稿和透射介质原稿。反射介质包括印刷品、纸上手绘插图、相片及实物等；透射介质包括底片、彩色幻灯片、胶片及较大规格的透射片等。

但是扫描原稿不可以是液体及有腐蚀作用、易燃、易爆和过重的物体，因为扫描稿台的密封性并不是很好，万一液体不慎洒漏，流进机壳内部，会损坏扫描仪；而有腐蚀的物体会与稿台玻璃起反应，影响玻璃的清晰度及承重能力；扫描灯管发出的光线亮度很强，发热量也很大，为避免发生意外，最好不要扫描易燃、易爆物体；扫描仪的外壳并不是十分牢固，特别是部分厂家新近推出的超薄型扫描仪的稿台承重能力不是很大，过重的物体会使之发生形变或压裂玻璃，影响扫描精度。

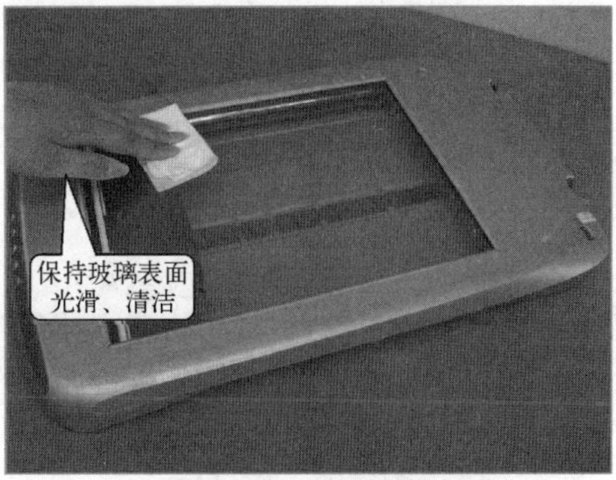

图9-33　保护扫描仪稿台玻璃表面的平滑和整洁

7. 保护扫描仪稿台玻璃

除了注意扫描仪稿台的承重限制外，用户还应注意的是保护玻璃表面的平滑、整洁，如图9-33所示。稿台玻璃表面有灰尘、玻璃有裂痕等情况，都会影响扫描仪捕捉光信号的精确度。在放置原稿时，应轻提轻放，避免划伤玻璃表面。在清洁稿台玻璃时，去污强度过大的清洁剂应避免使用，否则会使玻璃表面失去应有的平滑度，使光线在玻璃表面产生过多的漫反射，光信号强度传递不准确，进一步影响扫描仪对原稿原始信息的采集。

8. 定期更换易老化组件

扫描仪本身属于精密仪器，对使用环境、组件配置的要求较高。部分组件容易老化而失去功能，必须定期替换，才能保证扫描仪的正常工作精度。例如，扫描灯管、扫描白色校正条、色彩校正片等需要定期更换。

扫描仪使用时间长了灯管会发暗，照射光线强度不够，会影响扫描仪采集信息，特别是暗部和亮部的阶调复制明显存在不足。扫描白色校正条由于长期受强光的直接照射，颜色会发黄，影响色彩的校正，特别是在纸张色彩调试的过程中会出现错误引导。色彩校正片一般存放在自带的保护套中，可以防止划伤和光照氧化褪色，但是它的使用期限为 1 年左右，必须定期更换，并应重新对扫描仪及其系统进行色彩校正。

9. 定期进行扫描仪的清洁维护

灰尘、污物十分容易吸附、堆积在一起，使光学器件、传动器件的功效受到极大的影响。若长期这样，内部机械部件受到磨损，扫描仪会出现扫描声音大、图像错位、图像模糊等问题，因此扫描仪的清洁维护是至关重要的步骤。扫描仪的清洁维护工作主要是对镜头组件、机械部件进行清洁维护，以达到保证扫描仪的扫描质量、延长扫描仪寿命的目的，如图 9-34 所示。

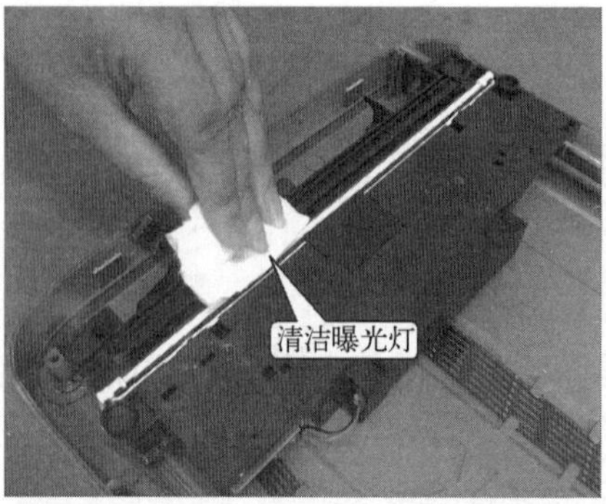

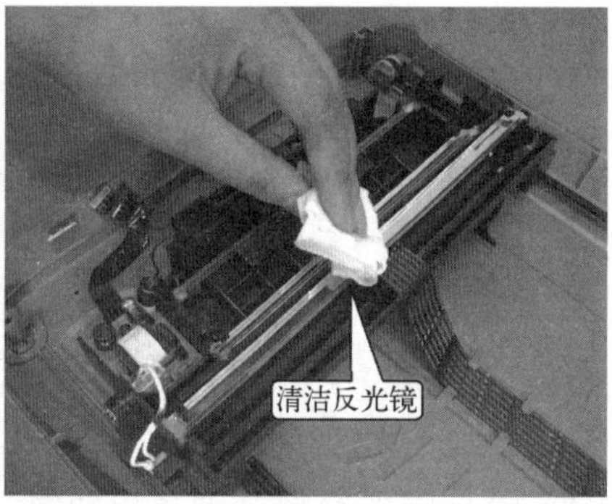

图 9-34　清洁扫描仪的曝光灯灯管和反光镜

注意

扫描仪的清洁维护讲究一些技巧，也是十分容易办到的。清洁维护之前首先检查扫描仪的锁紧装置是否已锁上，清洁工作必须在锁紧装置处于锁上的状态下进行。若发现扫描仪内部的灰尘比较多，可以用吹气皮囊吹气，或使用小型吸尘器进行除尘。

10. 处理扫描仪内部的噪声

如果发现扫描仪在使用过程中有噪声，有可能是滑杆缺油或积垢。先打开锁紧装置，将滑杆螺钉拧开，并将镜头组件与皮带分开，抽出滑杆，用纸巾清洁滑杆、镜头组件上的滑杆套环、齿轮组，如图9-35所示。清洁完毕，重新组装，并在滑杆和齿轮组上涂少许润滑油，拖动其来回滑动几下，擦掉多余的润滑油，调整皮带的松紧程度，噪声问题就可以基本解决了。

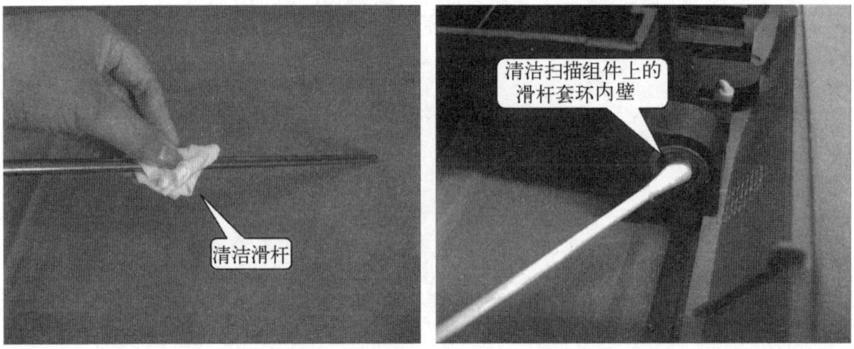

图9-35　清洁滑杆和齿轮组

清洁维护扫描仪时应注意一些关键问题：擦基准白时一定要擦干净，否则扫描图像会出现竖线条；在擦拭镜头组件时，一定要注意不能用酒精擦拭镜片，千万不能划伤镜片和透镜；在安装皮带时要注意将粘有胶的地方靠近镜头组件；往滑杆上滴油时，油不可过量，多余的润滑油一定要擦掉。

11. 注意噪声污染

噪声污染往往容易被人们所忽视，但噪声污染无论对人体还是对设备都会有不同程度的伤害。扫描仪内部的CCD上每个单元的光灵敏度与它们之间的电隔离以及与环境噪声的隔离有很重要的关系。在扫描图像时常常会出现噪声，噪声主要来源于电子电路的不稳定性和暗电流。噪声的存在会减小扫描仪的信噪比，而信噪比是扫描仪较重要的性能指标，信噪比越高，对有用信号的提取就越准确和清晰。

习题9

1. 填空题

（1）根据其功能，扫描仪主要分为____________、____________、____________、____________等。

（2）扫描仪内部主要是由____________、____________和____________等部分构成的。

（3）选购对扫描仪时，主要是考虑其____________、____________、____________和____________等因素。

（4）扫描仪可以用来实现对__________、____________、____________及____________等进行扫描。

（5）扫描仪内的感光元件也称为____________，是扫描仪中的关键部位。目前，扫描仪中最常用的感光元件主要分为____________和____________两种。

（6）传输接口是指扫描仪与计算机的连接方式，扫描仪常见的接口包括____________、

__________和__________接口三种，目前最为常用的是__________接口。

（7）根据图 9-36 所示写出标号处的部件名称并介绍其功能。

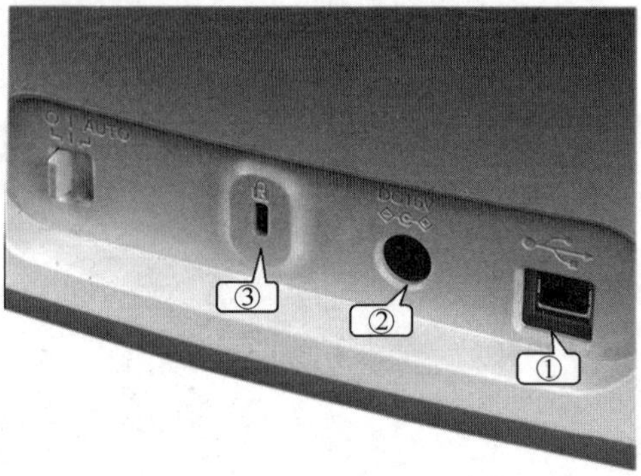

图 9-36　填写标号处的部件名称及其功能

① ____________________

功能____________________

____

② ____________________

功能____________________

____

③ ____________________

功能____________________

____

2. 判断题

（1）在选购扫描仪时，要重点考虑其外表是否美观，是否能承受过重的物体并不重要。（　　）

（2）购买扫描仪时其所有的配套产品都会附带齐全，无须另行购买。（　　）

（3）扫描仪的接口并没有统一，所以在使用时还应根据其接口的类型，转换为与计算机能正确相连的接口才可以正常使用。（　　）

（4）扫描仪在扫描文档时，可以通过软件的识别将其转换为文字，并能在 Word 文档中进行编辑。（　　）

（5）购买扫描仪时，其扫描的幅面越大，价格相对也越高。（　　）

（6）扫描仪的分辨率越高扫描出的文件越清晰，占用计算机硬盘的空间也越小。（　　）

（7）使用扫描仪时只要将其放在离计算机近的地方即可，不一定非要放在平稳的桌面上。（　　）

（8）扫描仪放置好后，为了正常使用，其锁紧装置可以一直处于关闭状态，如果是普通的搬运或翻转，只要小心一些就可以，不需要再打开。（　　）

项目10　多功能一体机的功能特点和营销方案

10.1　多功能一体机的结构组成及相关产品

多功能一体机是将打印功能、扫描功能、复印功能和传真功能集于一体的产品，由于其应用方式的多样化，而且工作效率高又能节省很多的工作空间，因此受到了不少消费者的欢迎。

10.1.1　多功能一体机的结构组成

多功能一体机将几种不同的功能集成在一起，由于品牌和型号的不同，其外部与内部的结构也有所差异，但组成部分基本相似。如图10-1所示为典型多功能一体机的外部结构。

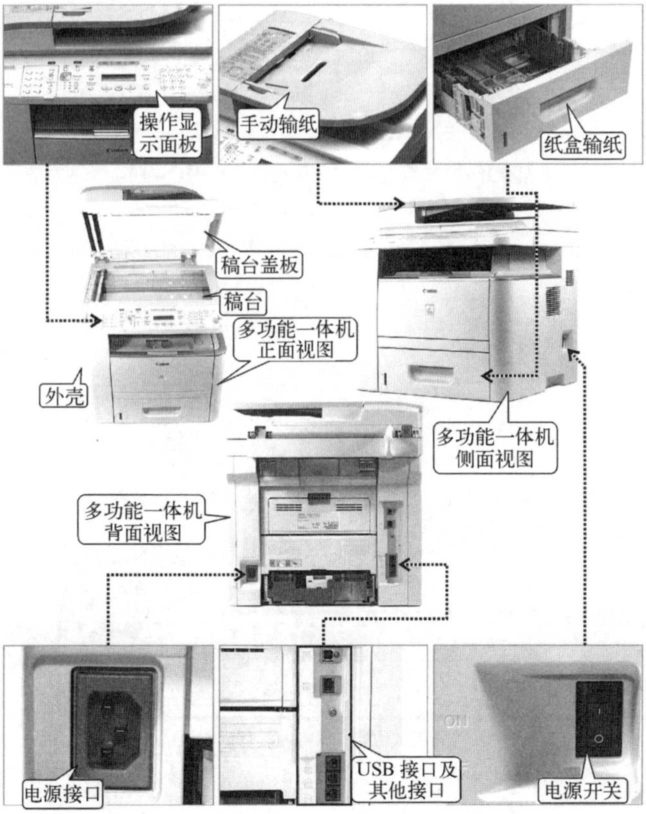

图10-1　典型多功能一体机的外部结构

由图 10-1 可知，典型多功能一体机主要由稿台盖板、操作显示面板、手动输纸、纸盒输纸、电源开关、电源接口、稿台及 USB 接口等构成，有些多功能一体机在接口部分还会采用并行接口与计算机进行连接。

将多功能一体机打开后，即可看到其内部的各个部件，如图 10-2 所示。

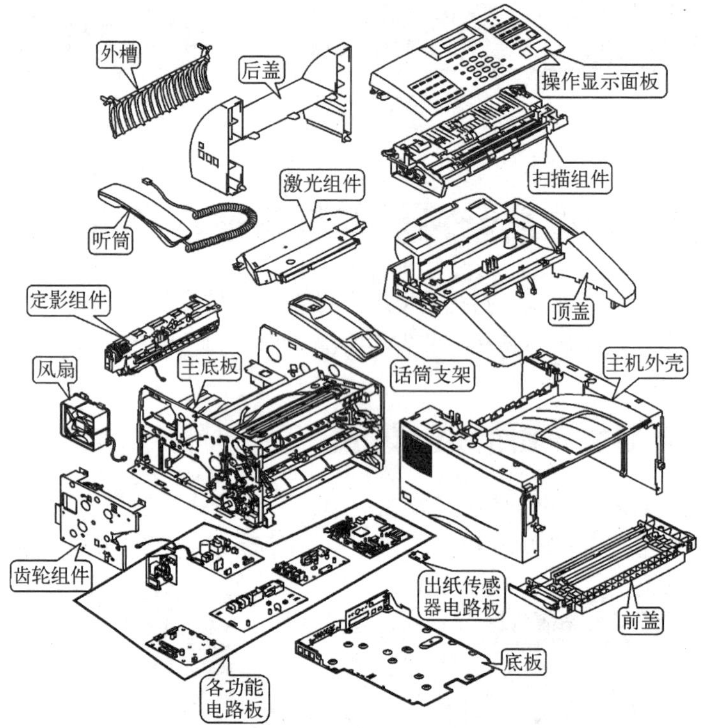

图 10-2　典型多功能一体机的内部结构

通过图 10-2 可以看出，多功能一体机的内部主要功能部分有扫描装置、打印装置等，如图 10-3 所示。

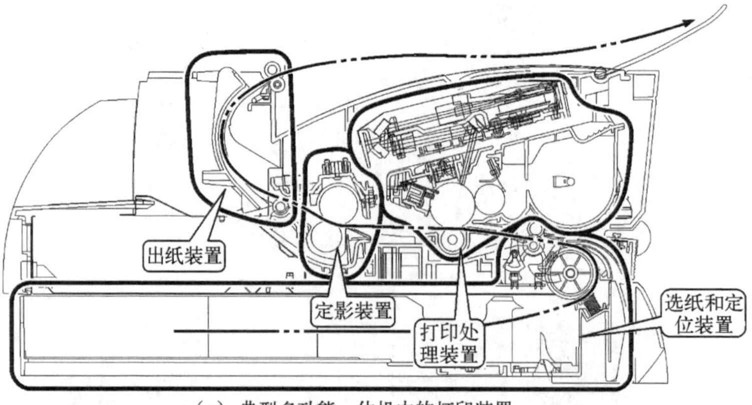

（a）典型多功能一体机内的打印装置

图 10-3　典型多功能一体机内的各功能装置

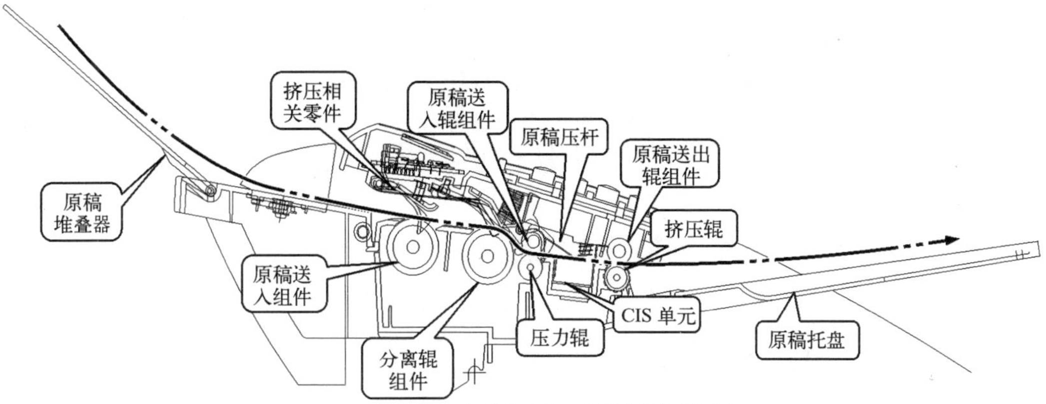

（b）典型多功能一体机内的扫描装置

图 10-3　典型多功能一体机内的各功能装置（续）

10.1.2　多功能一体机的相关配套产品

在使用多功能一体机的过程中，有些配套产品的使用，可以使多功能一体机的工作效率加倍，而且使用起来也非常便捷，它们对多功能一体机的使用起着重要的作用。

1. 自动送纸器

在多功能一体机中，有时可能会遇到大批量的数据处理，为了避免单张操作的麻烦，可以根据多功能一体机的型号，配备自动送纸器，这样多功能一体机就可以自动进行处理。如图 10-4 所示为典型多功能一体机中的自动送纸器实物外形。

2. 双面自动输稿器

自动送纸器是一次自动输入一张原稿并单面进行扫描、复印操作，而双面自动输稿器不仅可以自动输入原稿，还可以自动翻转双面对原稿进行扫描、复印操作。如图 10-5 所示为典型多功能一体机中的双面自动输稿器。

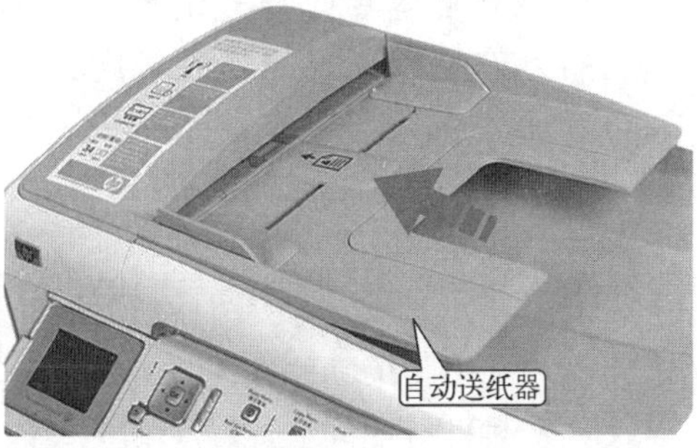

图 10-4　典型多功能一体机中的自动送纸器实物外形

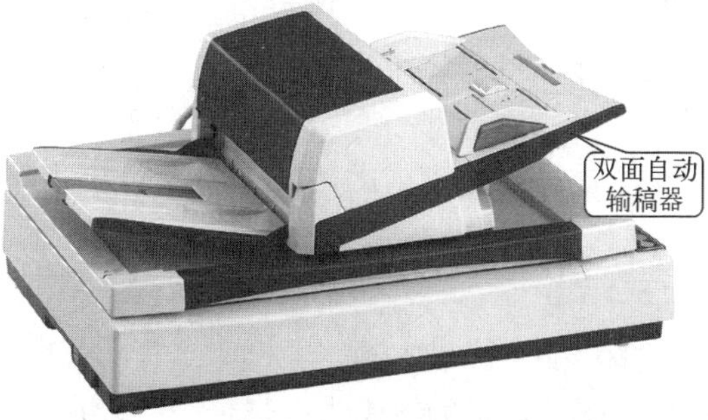

图 10-5　典型多功能一体机中的双面自动输稿器

10.2 多功能一体机的选购策略

10.2.1 多功能一体机的选购依据

在选购多功能一体机时，用户可以根据自己的需求，选择一台适合自己的多功能一体机，在选购时可以参考以下几点。

1. 根据功能选购

用户在选购多功能一体机之前，应清楚自己真正需要的是哪一方面的功能。例如，目前的多功能一体机有网络全功能型一体机，包括的功能有打印、复印、扫描、传真和网络功能；全功能型一体机具有打印、复印、扫描、传真功能；传真型一体机虽然也具有打印和复印的功能，但更偏向于传真的功能，将传真作为主导功能。根据不同的自身需求，用户可以进行选购。

2. 根据使用的耗材选购

如果用户使用多功能一体机时，经常打印和复印彩色的文档，可以考虑选择一种喷墨式一体机，其内部使用的耗材为墨盒；如果是打印、复印和传真的使用量较大，又只用黑白文档的用户，可以选择激光一体机；如果不需要打印，只是用来收发传真，对收传真的量不大，要求也不高，可以选择热敏或热转印的传真一体机，因为它们的价格实惠，耗材成本也不会太高，但热敏纸接收到的传真不能长期保存，因为时间过久，字迹会慢慢消失。

3. 根据品牌选购

目前市场上多功能一体机的品牌较多，不同的品牌其各自的特点也不同。例如，惠普和佳能的激光打印功能更强大，品牌的占有率也较高，兼容耗材较多，而且成本相对较低；爱普生的喷墨一体机市场占有率更高，因为它的墨盒更容易改装连供系统，从而大大降低耗材的使用成本；兄弟和联想多功能一体机的硒鼓是分离式的，成本比其他品牌一体机的硒鼓低一些；松下多功能一体机的传真功能比较强大，它的激光类一体机耗材成本最高，分离式的硒鼓和粉盒价格也很贵。用户可以根据这些品牌对比进行选购。

4. 各功能的处理速度

多功能一体机中涵盖了打印、复印、扫描和传真功能，其中每项功能在工作时的速度快慢也决定了该机的性能优良与否，所以在选购时应对这些参数进行询问，或在其相关性能参数表中查看，如表 10-1 所示。

表10-1　多功能一体机性能参数表（处理速度）

打印性能	
黑白打印速度	20 ppm　每分钟打印的张数
复印性能	
复印速度	20 cpm　每分钟复印的速度
扫描性能	
扫描速度	15 ppm　每分钟扫描的速度
传真性能	
传真发送速度	3秒/页　每分钟发送传真的页数

如果消费者对多功能一体机的工作效率有要求，可以根据其各功能的处理速度进行选择，处理时间越短的越好。

5. 根据每个月的打印负荷选购

多功能一体机的品牌、型号不同，其每个月的工作负荷量也不相同，用户或企业可以根据自己每个月实际打印、复印的量来选购合适的多功能一体机。例如，HP Color LaserJet CM1312nfi 彩色多功能激光一体机的月负荷为30 000页，即每个月打印和复印之类的操作页数不得超过30 000页。

6. 最大处理幅面

根据纸张大小的不同，多功能一体机处理的纸型大小也有所区别，在选购时可以根据用户实际应用中需要的纸型选择多功能一体机的最大处理幅面。例如，在选购多功能一体机时，在性能参数表中常会标有最大处理幅面，如表10-2所示。

表10-2　多功能一体机性能参数表（最大处理幅面）

主要性能	
产品类型	黑白激光多功能一体机
涵盖功能	打印/复印/扫描/传真
最大处理幅面	A4

7. 分辨率

多功能一体机的分辨率根据其功能可以分为扫描分辨率、打印分辨率、复印分辨率和传真分辨率几种，用户在选购时应根据不同的需求选择分辨率的大小。分辨率的大小直接影响到处理稿件后的整体效果，所以在选购时可以看一下其包装上的相关参数是否达到了自己的需要。

10.2.2　多功能一体机的选购注意事项

用户在实际选购多功能一体机时，除了重点考虑其性能外，还应综合各种选购的性能参数和因素，并对不同品牌进行对比，确定需要购买的多功能一体机，同时掌握对其一些指标的鉴别方法及注意的相关事项。

1. 检查机身外观

选购多功能一体机时，确定了要购买的机型后，用户应对其外观进行检查。在检查的过程中主要是对厂家提供的防拆贴纸进行查看，确保该机器是原装，并且没有被拆卸过；除此之外，还应对机身进行检查，查看是否有损伤的痕迹。

2. 接口类型

多功能一体机功能的不同，其接口也有所区别，在选购时应注意该机型中的接口是否齐全，是否有相关配套的数据连接线。除此之外，有些多功能一体机还可以实现直接插入存储卡即可以直接打印的功能，所以其内部还设有内置的读卡器，在选购时应注意是否能正确识别存储卡。如图 10-6 所示为典型多功能一体机中的读卡器接口。

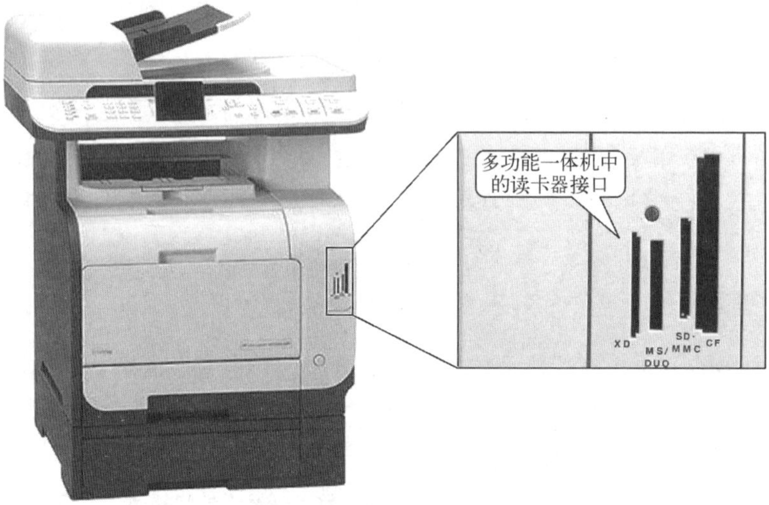

图 10-6　典型多功能一体机中的读卡器接口

3. 查看各项功能是否正常

由于多功能一体机是将多项功能集于一身，因此在选购时应注意对其进行逐一的试操作，根据不同的设置对稿件进行扫描、复印后，看其效果是否达到参数所设置的效果。

4. 查看各个配件是否齐全

确定要选购的多功能一体机后，用户还要注意检查其基本的标准配件是否齐全，如电源线、数据线、驱动光盘、产品说明书及保修卡等，如图 10-7 所示。这些配件是保证多功能一体机正常使用或后期维护的必要设备。

5. 售后服务

多功能一体机内部多采用的是精密的电子元件，一旦出现故障，特别是硬件故障，普通用户不能自行解决，必须联系其售后服务部门进行处理。所以在选购多功能一体机时，用户对于售后服务也要有详细的了解，确保以后的保养或维修能顺利进行。目前，大品牌的多功能一体机都支持全国联保，若是在按使用说明和操作指南正常使用的情况下发生了故障，可以享受相关服务，如7日内退货、15日内可以换货等服务。

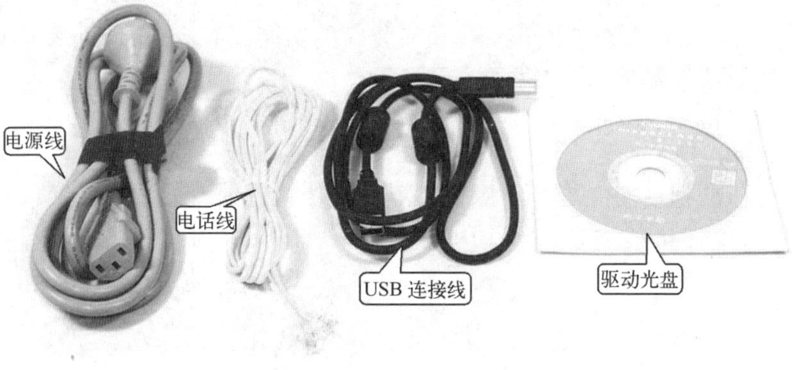

图 10-7　查看多功能一体机的各个配件是否齐全

10.3　多功能一体机的营销要点

10.3.1　展示多功能一体机的功能特色

随着办公设备的日益成熟，多功能一体机已成为企业或个人办公过程中必不可少的设备之一，其功能也越来越强大，与计算机技术相结合，可以同时实现打印、扫描、复印和传真等功能。除此之外，有些多功能一体机还可以直接打印存储卡内的照片等。

1. 打印功能

打印功能是多功能一体机中最为基本的功能之一，也是应用较为频繁的功能，主要应用于办公室或个人用户，将计算机内的信息打印在相关的纸张上。如图10-8所示为多功能一体机中打印功能使用示意图。

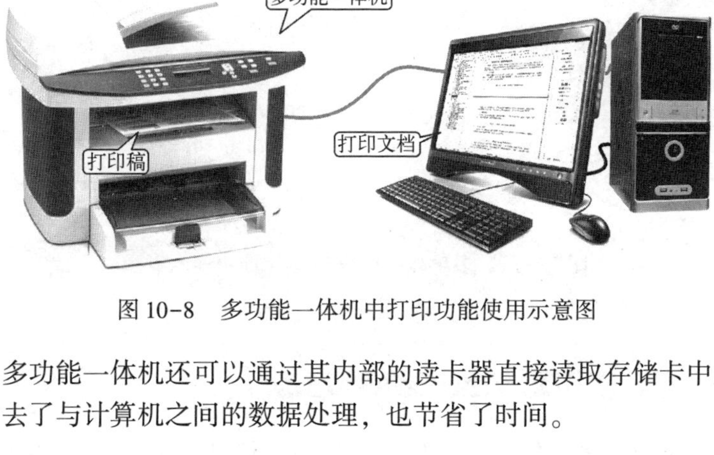

图 10-8　多功能一体机中打印功能使用示意图

除此之外，多功能一体机还可以通过其内部的读卡器直接读取存储卡中的相关信息，并能直接打印，省去了与计算机之间的数据处理，也节省了时间。

2. 复印功能

多功能一体机的复印功能与专业的复印机类似，都是将原稿进行翻印，前者还可以对原校进行放大或缩小操作。虽然多功能一体机有复印的功能，但是与专业的复印机相比，无论分辨率还是参数上的设置都相对有些低。

3. 扫描功能

多功能一体机的扫描功能是将图像、文字或照片通过捕获的方式转换成计算机可以显示、编辑并且进行存储的文件，如图 10-9 所示。

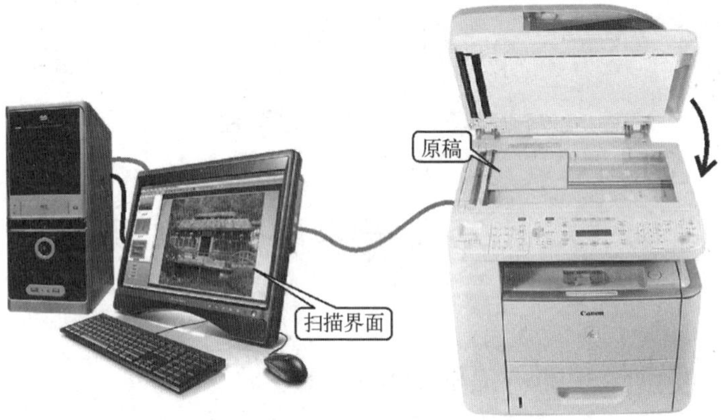

图 10-9　使用多功能一体机对图像进行扫描

4. 传真功能

多功能一体机的传真功能与普通传真机的功能类似，都是由发送端将记录在纸上或计算机上的文字、图像等信息通过扫描识读器转换成电信号，然后经相关的传输介质（电话通信传输线路）传输到接收端。接收端经信号处理后并打印出来，从而获得与发送端的文字、图像等信息一致的内容，其功能示意图如图 10-10 所示。

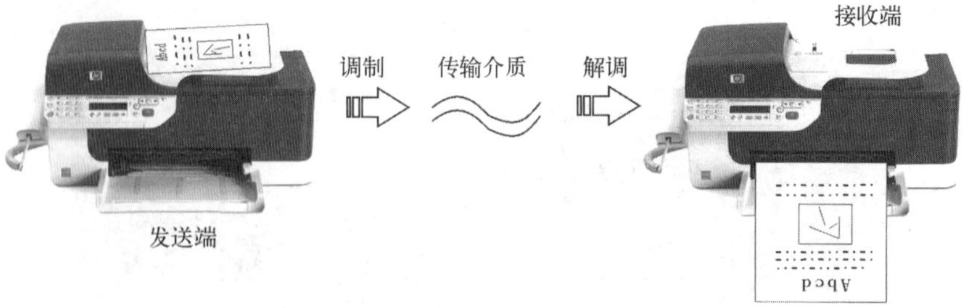

图 10-10　多功能一体机中的传真功能示意图

10.3.2 演示多功能一体机的使用方法

多功能一体机可以用来对文件进行打印和扫描等处理，下面以典型的多功能一体机为例，介绍其使用方法。

1. 设备间的连接

多功能一体机的连接主要是利用 USB 接口和电话线接口的连接方式。USB 接口主要用来与计算机连接进行数据的传输；电话线接口主要将多功能一体机与电话相连，实现传真功能等。如图 10-11 所示为连接多功能一体机的各种数据线。

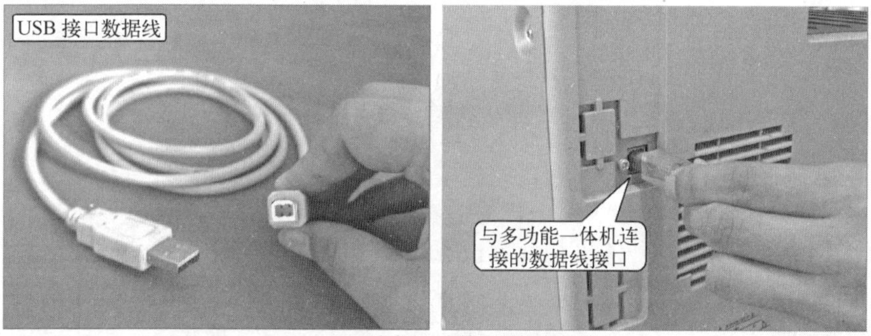

（a）USB 接口数据连接线

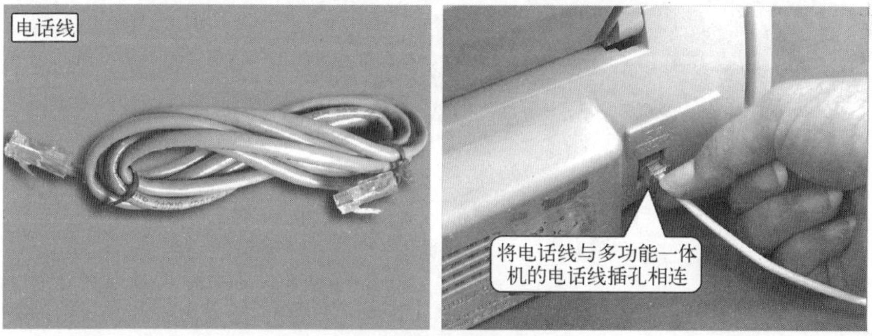

（b）电话连接线

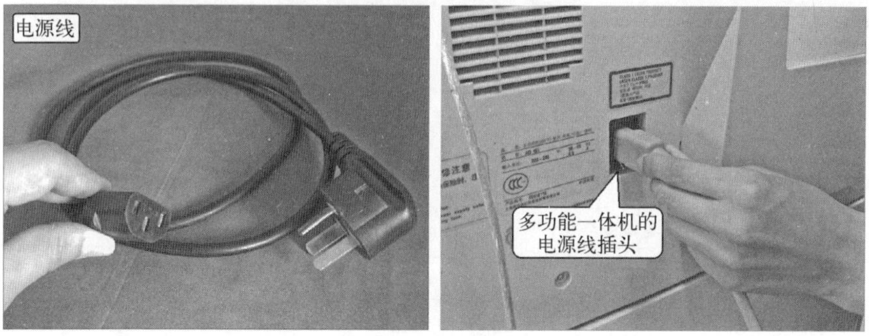

（c）电源连接线

图 10-11　连接多功能一体机的各种数据线

通过不同的数据线即可将多功能一体机与相关设备进行连接，如图 10-12 所示为典型多功能一体机与计算机的连接示意图。

① 使用 USB 数据线将计算机与多功能一体机进行连接。

② 使用电话线将多功能一体机与电话进行连接，用来实现传真接送的功能。

③ 连接多功能一体机的电源线，为多功能一体机提供工作条件。

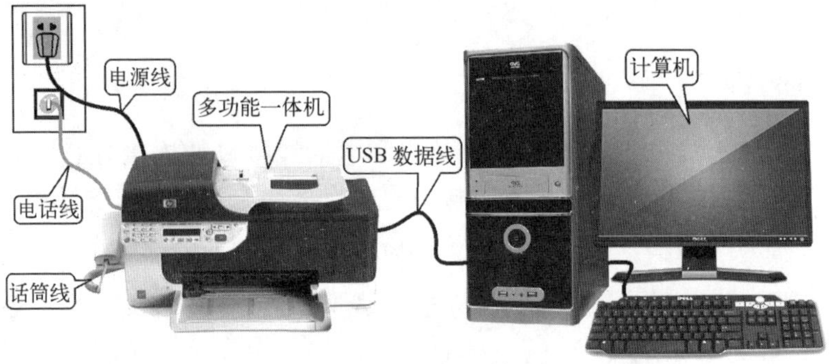

图 10-12　典型多功能一体机与计算机的连接示意图

2. 相关的操作步骤

通常情况下，将多功能一体机与计算机等设备连接好后，先根据说明书内介绍的流程安装相关的驱动程序，安装方法与打印机、扫描仪的类似，可以参考前面介绍的内容安装。驱动程序安装完成后，将纸张放入多功能一体机中，如图 10-13 所示。

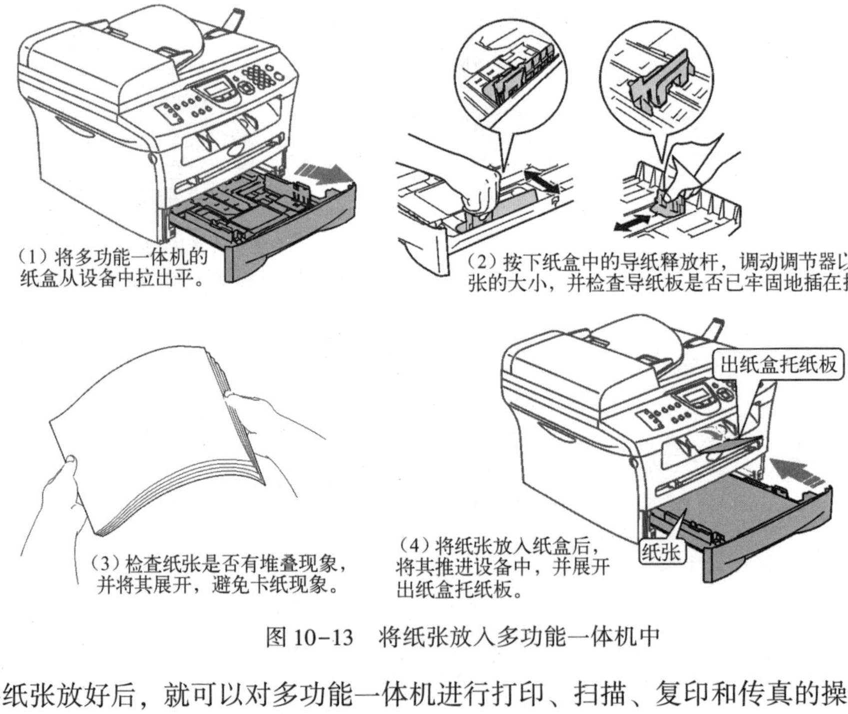

图 10-13　将纸张放入多功能一体机中

将纸张放好后，就可以对多功能一体机进行打印、扫描、复印和传真的操作了。打印和扫描的操作方法与打印机和扫描仪的使用方法相似，此处不再重复讲解，下面主要介绍典型多功能一体机复印和传真的使用方法。

（1）多功能一体机复印的使用方法

在使用多功能一体机进行复印操作之前，应确保多功能一体机中的“复印”按键显示为绿色，如果没有显示绿色，请按复印键选择复印模式。

当多功能一体机选择复印模式后，将原稿放入稿台上，此时可以对其进行相关的复印设置，如选择纸张来源、缩放设置、浓度设置、纸张数量及原稿质量设置和组合原稿设置等；

如果对原稿进行复印时不想改变其大小、颜色的浓度等，可以直接按“开始”键进行复印，如图 10-14 所示。

图 10-14　多功能一体机选择复印模式并进行复印

如果在复印时想对原稿进行放大操作或缩小操作，可以通过按动“缩放”键，使显示屏进入可选菜单，然后通过功能键选择需要放大或缩小的百分比，最后按“开始”键即可，如图 10-15 所示。

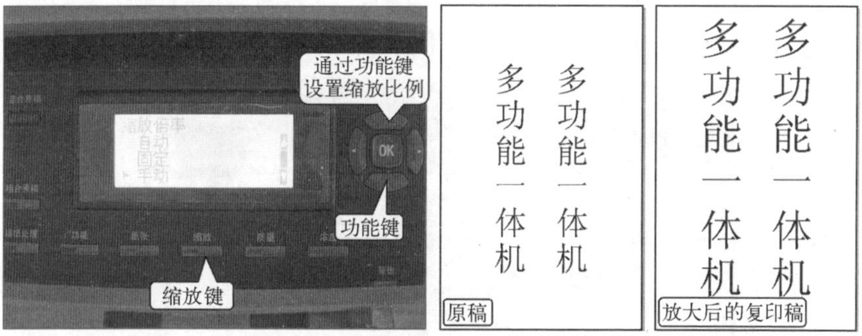

图 10-15　对原稿进行缩放操作

同理，若想对原稿进行浓度设置、复印数量及原稿质量设置，以及对组合原稿进行调整，也是通过相应的按键使显示屏显示出当前菜单，再使用功能键设置相关的参数，最后按“开始”键进行复印。

（2）多功能一体机接送传真的使用方法

在使用多功能一体机的传真功能之前，应确保“传真”按键显示为绿色的工作状态，如果没有显示，可以手动按“传真”按键进入传真模式，如图 10-16 所示。

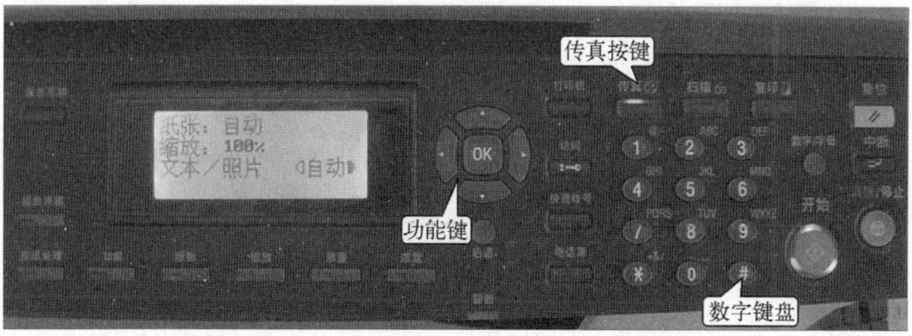

图 10-16　多功能一体机进入传真模式

待多功能一体机进入传真模式后，将要发送的稿件装入输稿器或放在稿台上，然后对其相关的参数进行设置，如图 10-17 所示，通常情况下主要设置要发送传真的质量和浓度。其中，“质量”是设置要发送稿件的精细程度，即是否可以更清楚地复印下来发送到对方；“浓度”主要用来设置稿件中文字或图片的深浅度。

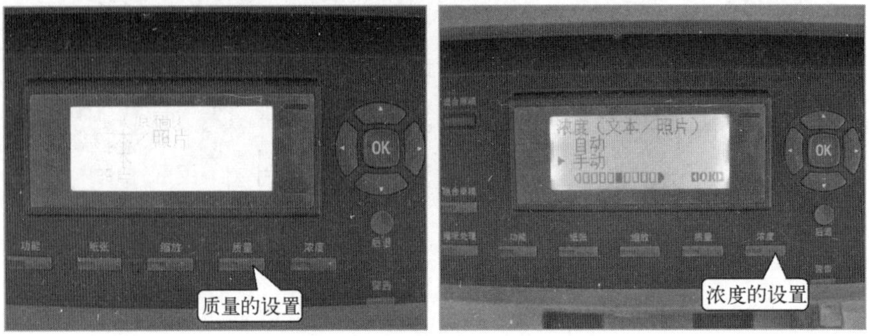

图 10-17　设置传真的相关参数

将相关的参数设置好后，就可以通过“数字键盘”输入对方的传真号码，然后按“开始”键即可，如图 10-18 所示。如果对方接收到了该传真的信号并同意接收，则此次传真发送成功。

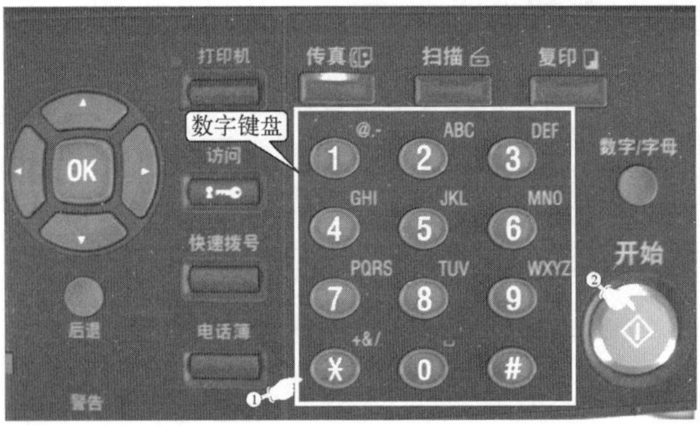

图 10-18　发送传真

如果在发送传真时，发送错误想对其进行中止，可以按“开始”按键旁边的“清除/停止”按键取消此次任务。

10.3.3　传授多功能一体机的保养维护方法

多功能一体机功能强大，若平时的使用及保养维护不及时，则可能会出现卡纸、打印不清或设备上有墨迹等，所以对该设备的保养维护是非常重要的。

1. 周围的环境要干净

使用多功能一体机时，最重要的是保持周围的环境干净，才可以保证多功能一体机的内仓干净。除此之外，还应将多功能一体机放置于通风良好的位置工作，避免在大批量处理稿件时热量过高，无法散热，如图 10-19 所示。

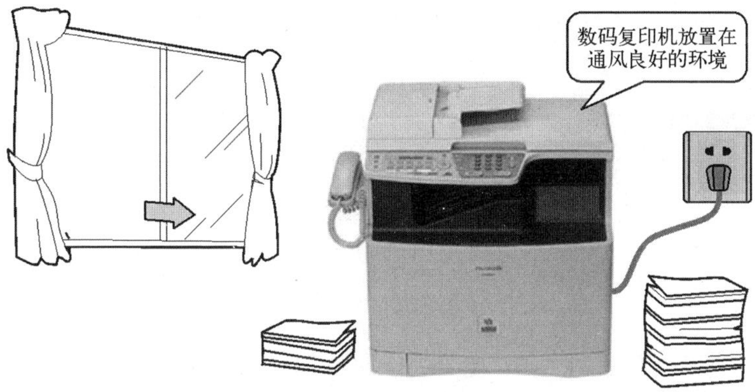

图 10-19　多功能一体机的放置位置

注意

多功能一体机的放置位置除通风良好外，还应远离易燃、易爆的物品，以及远离有水源的地方，以免发生意外或触电事故。

2. 不要将重物放置在多功能一体机上

在使用多功能一体机时，切记不要将重物压在上面，以免在使用过程中对其造成损害，如图 10-20 所示，而且在使用过程中不要使其遭受震动。

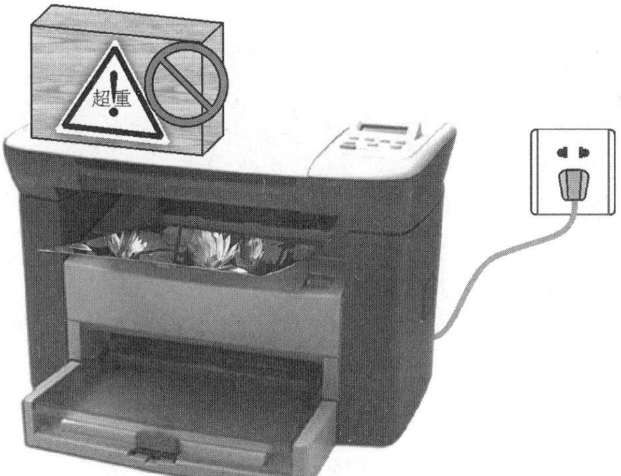

图 10-20　正确使用多功能一体机

3. 正确使用复印和扫描功能

在使用多功能一体机进行复印和扫描时，应确保原稿的表面清洁，不要带有未干的墨迹，以防在稿台上留有墨迹，影响复印和扫描出的文件效果。而且在复印的过程中禁止拆卸任何固定的面板或外壳，也不可以突然切断电源，避免多功能一体机出现击穿或短路的故障。遇到特殊的情况，如机器在运行中变得异常灼热或发出异常的噪声等，此时应立即切断电源。

4. 数据线不要随便拔下

在多功能一体机的使用过程中或是开机的状态下，切记不可以将数据线拔下，防止多功能一体机在使用过程中发生击穿电路的故障。

5. 清洁打印系统

多功能一体机在使用过程中需经常清洁，尤其是打印系统。清洁方法也较简单，但必须是在关机断电的状态下进行，机器外壳使用湿布进行擦拭即可。如果有必要，也可以用软刷或真空吸尘器清除纸张通道内的细小纸屑及灰尘。

需要注意的是，不要让水、酒精或其他清洁液体进入打印组件的内部，否则很可能会损坏一体机。

6. 清洁稿台和输纸辊

长时间使用多功能一体机后，在稿台上难免会留下手印、污渍或灰尘等污垢，而且输纸辊也会有脏污的情况，这样在对文件进行复印或扫描时就会降低其性能，并会影响其精度。此时，应对稿台和输纸辊进行清洁，清洁时需要关掉电源，然后用湿布轻轻擦拭，如图 10-21 所示，最后使用干燥柔软的软布擦干即可。在做此操作时，应注意不要使用腐蚀性液体，以免对内部设备造成损坏。

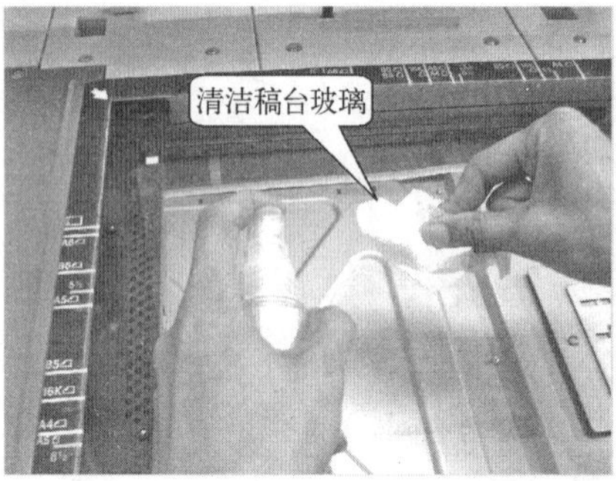

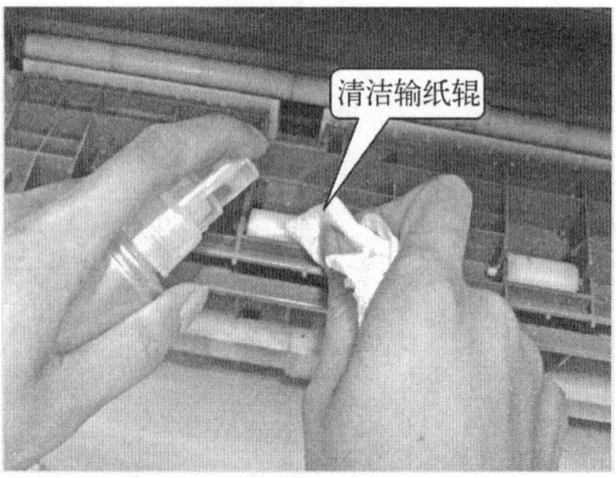

图 10-21　清洁稿台和输纸辊

7. 对齿轮进行保养

多功能一体机在保养的过程中，对齿轮的保养也是非常重要的。当多功能一体机在使用过程中齿轮出现异常声响时，可使用润滑硅脂少量涂抹在齿轮表面上，如图 10-22 所示，以减少磨损。

8. 及时清理废墨粉

长期使用多功能一体机后，由于频繁使用打印、复印等操作，显像组件的废墨不断积累，甚至外泄，致使废墨粉污染打印通道。内部的墨粉过多会造成处理后的稿件中出现污物，所以应对其进行及时的清理，如图 10-23 所示。

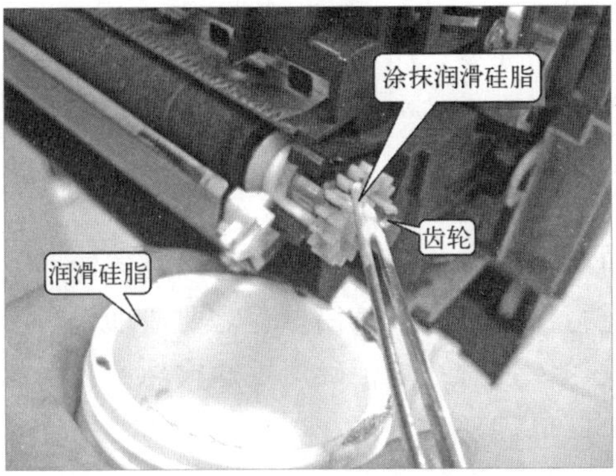

图 10-22 为多功能一体机的齿轮进行润滑处理

图 10-23 清理显影组件中的废墨粉

9. 定期清理定影组件

多功能一体机使用较长时间后，其定影加热辊表面会有残留的墨粉，应定期进行清理。清理时，可反复预热加热辊，然后用干布擦拭。

习题 10

1. 填空题

（1）多功能一体机是将________、________、________和________等功能集于一体的办公设备。

（2）多功能一体机外部主要是由________、________、________、________、________、________、________及________等构成的。

（3）在连接多功能一体机时，需要用到的连接线有________、________、________、________。

（4）用户或企业在选购多功能一体机时，可以根据________、________、________、________、________、________、________来进行选择。

（5）在购买多功能一体机时，其最基本的标准配件有________、________、________及________等。

（6）根据图 10-24 写出标号处各部件的名称。

2. 判断题

（1）多功能一体机由于其功能多，所以每个月打印的量也是无穷大的。(　　)

（2）在使用多功能一体机时，不会对其所操作的纸张大小有限制。(　　)

（3）多功能一体机的接口较多，除了常用的电源接口、USB 接口、传真接口外，还有外接电话线的接口。(　　)

（4）使用多功能一体机时，只要连接好后，就可以直接使用了。(　　)

（5）对多功能一体机进行保养时，玻璃稿台也需要清理。(　　)

（6）多功能一体机在发送传真时，为了确保发送成功，每次发送之前都要通过数字键盘输入对方的传真号才可以。(　　)

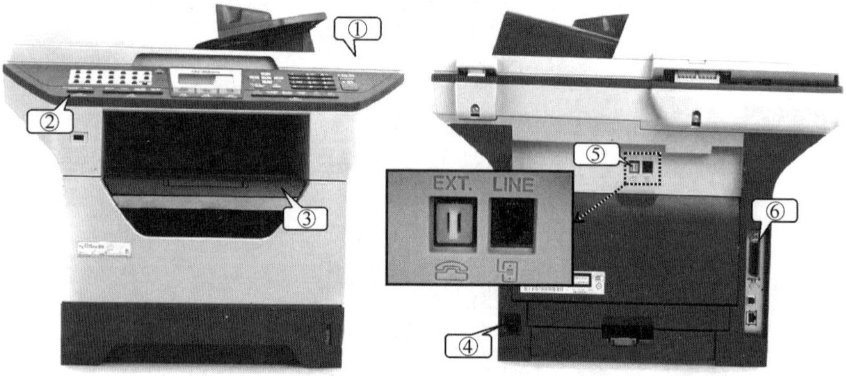

图 10-24　填写标号处各部件的名称

① ________________

② ________________

③ ________________

④ ________________

⑤ ________________

⑥ ________________

项目11　网络设备的功能特点和营销方案

11.1　网络设备的结构组成及相关产品

网络的连接和正常使用，其中网络设备之类的硬件设施是必不可少的，目前应用比较广泛的网络设备主要有调制解调器、交换机和路由器等，不同的网络设备其结构也有所不同。

11.1.1　网络设备的结构组成

1. 调制解调器的结构组成

调制解调器是将调制器（Modulater）和解调器（Demodulator）的功能合二为一的网络设备，使数字数据能在模拟信号传输线上传输的转换接口。如图11-1所示为典型调制解调器的实物外形。

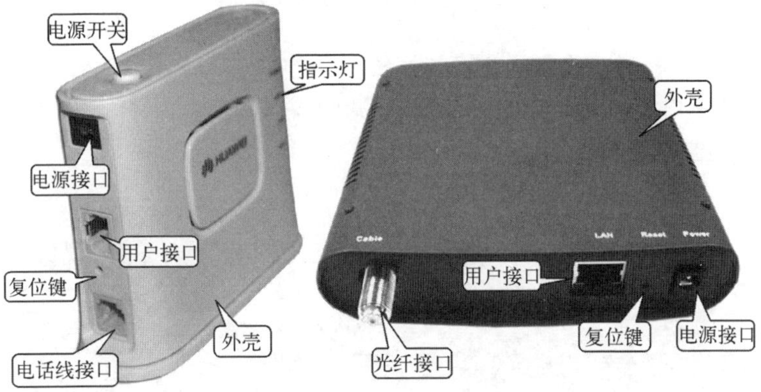

图11-1　典型调制解调器的实物外形

由图11-1可知，调制解调器外部主要由外壳、电源接口、用户接口、电源开关、复位键和电话线接口等构成。将其外壳取下后，就可以看到调制解调器的内部结构，主要由相关元器件、集成芯片和功能电路等构成，如图11-2所示。

2. 交换机的结构组成

交换机是一种用于电信号转发的网络设备，它可以为接入交换机的任意两个网络节点提供独享的电信号通路。如图 11-3 所示为典型交换机的实物外形。

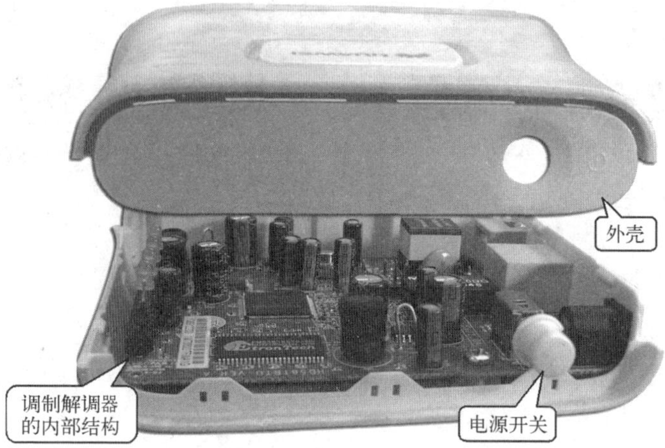

图 11-2　典型调制解调器的内部结构

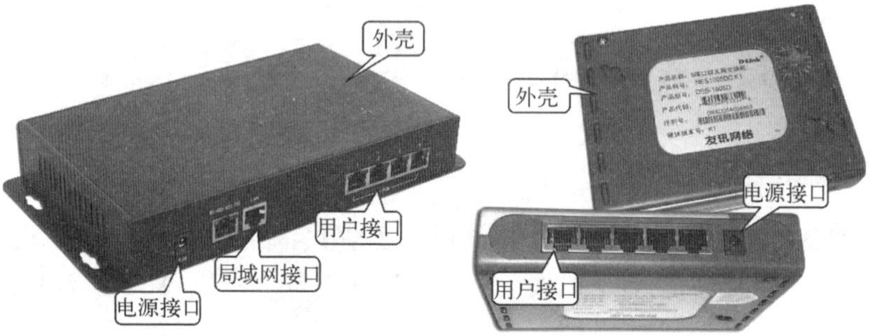

图 11-3　典型交换机的实物外形

通过图 11-3 可以看出，典型的交换机主要是由电源接口和用户端口等构成的，根据使用环境的不同，其端口的数量也有所不同，常见的有 4 端口、8 端口、24 端口和 48 端口。典型交换机的内部结构如图 11-4 所示。

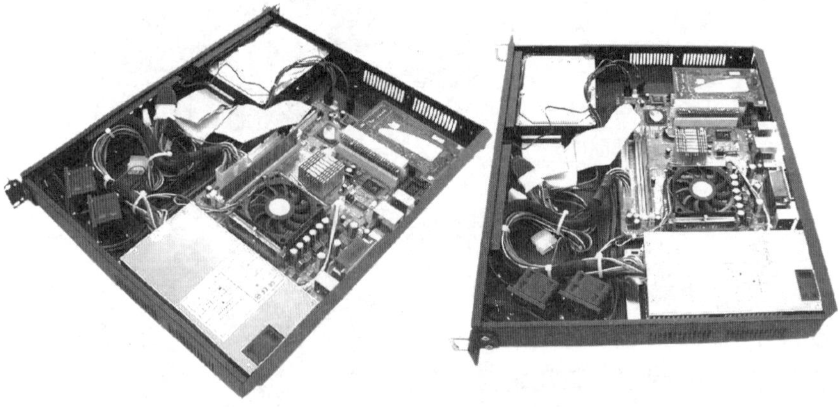

图 11-4　典型交换机的内部结构

3. 路由器的结构组成

路由器是一种连接因特网中各局域网、广域网的设备，它可以根据信道的情况自动选择和设定路由，并按先后顺序发送信号。如图 11-5 所示为典型路由器的实物外形。

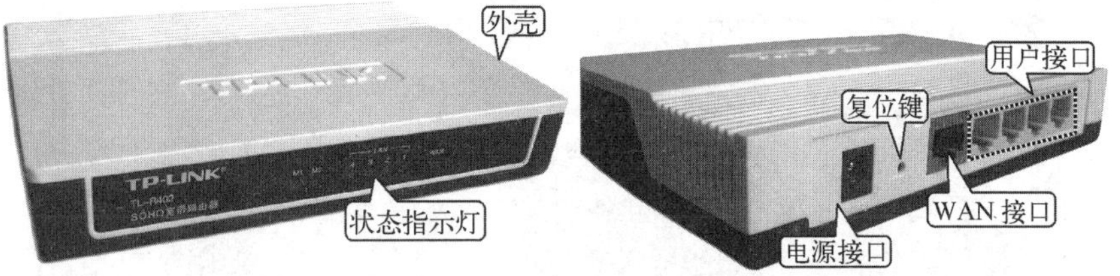

图 11-5　典型路由器的实物外形

通过图 11-5 可以看出，路由器外部主要是由外壳、电源接口、电源开关、WAN 接口和用户接口等几部分构成的。将路由器的外壳取下后，即可看到它的内部，主要是由相关的电路和部分功能芯片及接口电路等构成的，如图 11-6 所示。

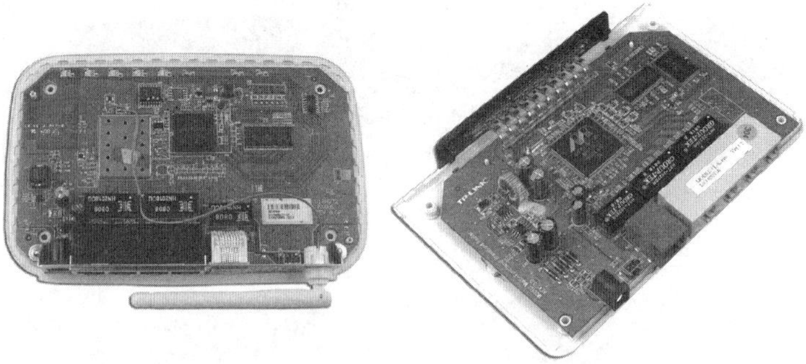

图 11-6　典型路由器的内部结构

11.1.2　网络设备的相关配套产品

1. 无线网卡

无线网卡是终端无线网络的必要设备，是无线局域网的无线覆盖下通过无线连接网络上网使用的无线终端设备，但是该设备不能单独使用，需要在一个无线网络覆盖的环境中使用。其实物外形如图 11-7 所示。

2. 无线上网卡

无线上网卡是指无线的广域网卡，可以通过该设备连接到无线的广域网中，实现无线上网，相当于有线的调制解调器。目前，很多的通信运营商都推出了拥有自己品牌的无线上网卡，如移动的 G3、电信的天翼、联通的沃等，如图 11-8 所示。

3. 信号分离器

信号分离器主要用于将 ADSL 数据信号和电话音频信号分开。其中一个 LINE 接口连接电话线；一个 PHONE 接口连接电话机或传真机；另一个 Modem 接口用来连接上网设备中的调制解调器，其外形如图 11-9 所示。

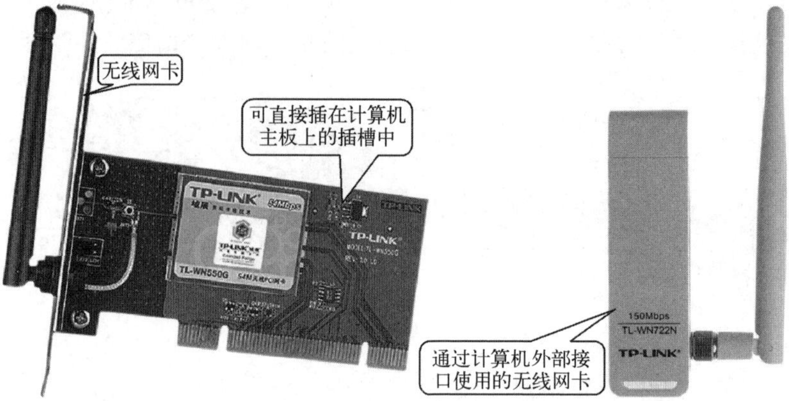

图 11-7　典型无线网卡的实物外形

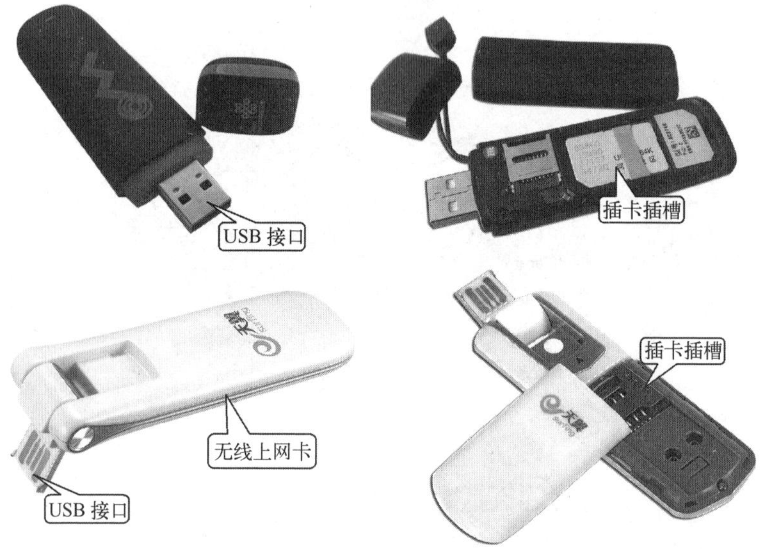

图 11-8　无线上网卡的实物外形

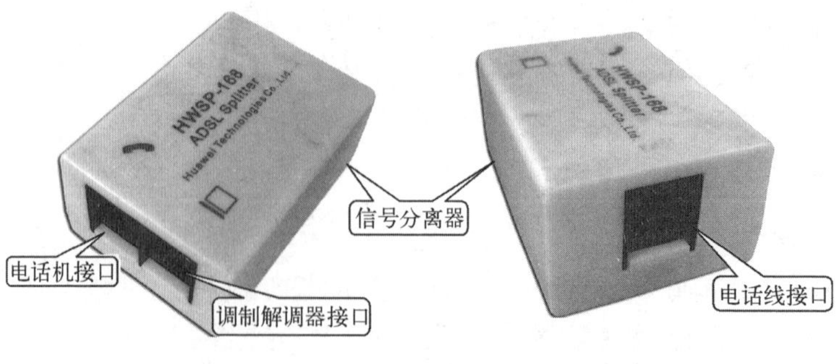

图 11-9　信号分离器的实物外形

11.2 网络设备的选购策略

11.2.1 网络设备的选购依据

1. 调制解调器的选购依据

调制解调器作为网络设备中的基础设备，在选购时需要重点考虑以下几点。

(1) 安装方式

由于调制解调器分为外置和内置两种，因此用户或企业在选购时可根据自己的实际需求和应用环境选择其安装的方式。外置的调制解调器安放在计算机的外面，通过连接线与计算机连接，这种调制解调器的安装、使用携带都比较方便；内置的调制解调器一般做成扩展卡的外形，插在计算机主板的插槽上，这种调制解调器安装在主板上，所以其速度要比外置的调制解调器快一些。

(2) 传输速率

调制解调器的传输速率是指每秒传输数据量的大小，一般是以 kbps 作为单位。例如，调制解调器的传输速率为56 kbps，指的是每秒可以传送的二进制位数为56 000。同样的数据信息，如果调制解调器的传输速率越低，其耗费的时间就越长。目前，市场上主流调制解调器的传输速率都已达到33.6 kbps 或56 kbps。

(3) 稳定性

调制解调器的稳定性是非常重要的选购依据，工作性能不稳定的调制解调器会造成上网过程中掉线或数据出错等问题。如果是在选购内置的调制解调器，为了保证其稳定性，首先应确定其印制电路板的制作工艺和焊接质量要良好，并且布线和元器件的布局也要合理。

(4) 扩展功能

调制解调器除了接电话机和计算机外，还可以连接传真机等，所以用户在选购时，可以根据不同的功能进行选择。当然，如果选购太多功能的调制解调器也会造成不必要的浪费。

(5) 自动纠错与压缩功能

当调制解调器在高速传输数据时，往往会发生出错现象，如果选用具有自动纠错功能的调制解调器，即可自动纠正错误；而具有数据压缩功能的调制解调器可以使数据传输的效率提高，在选购时应适当注意。

2. 交换机的选购依据

交换机在网络中处于核心的地位，交换机功能的强弱决定了网络的整体性能。在选择交换机时，一般可以参考以下几点。

(1) 根据端口选择

选择什么类型的局域网交换机，用户首先应根据自己组网的带宽需求决定，再从交换机端口带宽设计方面来考虑。从端口带宽的配置看，目前市场上主要有以下两大类。

➢ n×10 M/100 M 端口自适应型：目前这种交换机是市场上的主流产品，因为它有自动协商功能，能够检测出其下传设备的带宽是 100 M 还是 10 M，是全双工还是半双工。当网卡与交换机相连时，如果网卡支持全双工，这条路可以收发各占 100 M，实现 200 M 的带宽；同样的情况可能出现在交换机到交换机的连接中，应用环境相当宽松。

➢ n×1 000 M+m×100 M 高速端口专用型：与第一类交换机配置方式相似，所不同的是不仅带宽要多几个数量级，而且端口类型也完全不同。采用这种配置方案中的重要设备可以彻底解决网络服务器之间的瓶颈问题。

（2）外形的尺寸大小

如果使用的网络环境较大，或已完成楼宇级的综合布线，工作要求网络设备上机架管理，应选择机架式交换机；否则，固定配置式交换机具有更高的性价比。

（3）安全可靠性

由于交换机在整个网络中处于核心地位，在正常运行时，其安全性也是尤为重要的。用户或企业在选购时应从安全的角度看其是否设有安全漏洞防火墙功能。除此之外，还应看其散热方式是否良好。

（4）是否使用光纤

如果企业的网络布线中选用的是光纤，在选购交换机时应重点考虑以下几点。

➢ 选择光纤接口的交换机。

➢ 加装光纤模块。

➢ 加装光纤与双绞线的转发器。

（5）可管理性

对于局域网交换机来说，其运行和管理方面所付出的代价远超过购买的成本，所以企业在选购局域网交换机时，可重点考虑其可管理性是否优良，如流量控制、带宽分配及配置和操作的难易程度等。

3. 路由器的选购依据

（1）计算机的数量

路由器的用户端口根据型号的不同，其数量也有所不同，用户或企业在选购时，应根据自己上网的需要，确定需要多少个端口的路由器，避免在使用时发生端口过少的情况。

（2）配置功能的选购

目前，市场上的路由器按配置功能有“网关型”和“代理型”两种。“网关型”的路由器一般不具备灵活的权限配置；“代理型”的路由器对该配置可以进行灵活的运用。对于有些用户或企业，可以选购代理型的路由器，这样就可以限制上网的时间和不正当的网络应用等。

（3）其他的辅助功能

除了为用户提供基本的功能外，路由器还可以提供其他辅助功能，如打印服务器、防火墙、DHCP、VPN 等。但很多功能是我们平时很少用到的，所以用户或企业在选购时可以根据自己的需要进行相关的选择。

（4）设备吞吐量

设备吞吐量指设备整机对数据包的转发能力，是设备性能的重要指标。路由器的工作在于根据 IP 包头或 MPLS 标记选路，所以性能指标是每秒转发包的数量。设备吞吐量通常小于路由器所有端口吞吐量之和。

(5) 端口吞吐量

端口吞吐量指路由器在某端口的包转发能力，也称为包转发率，其单位通常用 pps（包每秒）表示。一般情况下，端口吞吐量在几 kpps 到几十 kpps 的路由器属于低端路由器；高端路由器的端口吞吐量可以达到几十 Mpps 甚至上百 Mpps。小型办公用户或家庭用户可以选购低端路由器；对于大中型的企业部门，可以考虑选用高端路由器。

(6) 路由表能力

路由表能力是指路由表内所容纳路由表项数量的极限。由于在因特网上执行 BGP 协议的路由器通常拥有数十万条路由表项，因此该项目也是路由器性能的重要体现。

(7) 内存的大小

不同的路由器，其内部可能存在的内存也有多种，如 Flash、DRAM 等，这些内存主要用来做存储配置，如存储路由器的操作系统、路由协议软件等内容；有些路由器可能将路由表存储在内存中。一般来说，路由器的内存越大越好。

11.2.2　网络设备的选购注意事项

在实际选购网络设备时，除了对其性能重点考虑外，还应综合各种选购的性能参数和因素，并对不同品牌的网络设备进行对比，确定需要购买的网络设备，同时掌握对其一些指标的鉴别方法及相关的注意事项。

1. 检查外包装

选购网络设备时，如果确定了要购买的设备，首先应对其外包装进行检查，正品的外包装通常字体印刷清楚，包装也较细致；然后对包装的开口进行检查，查看是否有拆卸过的痕迹或破损的现象。

2. 检查网络设备是否正常以及接口类型

接通电源后，检查网络设备上的工作指示灯是否正常亮起；检查接口类型是否为所需要的类型，如宽带接口是否可以连接 ADSL、Cable MODEM 或小区宽带；还应检查接口的个数是否足够连接已有的计算机数量。

3. 检查配件是否齐全

将网络设备的外壳打开，对照配件清单检查内部配件是否齐全，并逐一检查配件是否为原装配件，如图 11-10 所示。

4. 售后服务

由于网络设备属于消耗产品，因此在购买时保修及售后服务也是必须考虑的选购依据。应当选择保修系统完善的、售后服务成熟、便捷的品牌进行够买，防止出现维修难的现象。

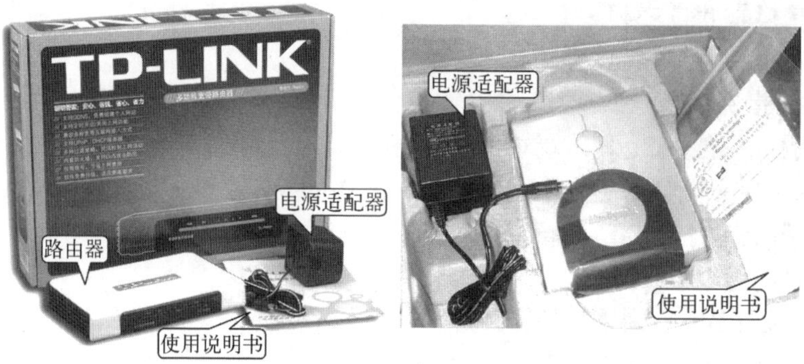

图 11-10　检查配件是否齐全

11.3 网络设备的营销要点

11.3.1 展示网络设备的功能特色

1. 调制解调器的功能特色

调制解调器是将调制器（Modulator）和解调器（Demodulator）的功能合二为一的设备，将两个英文的字头合起来作为它的简称：Modem。

调制解调器是计算机与电话线之间进行信号转换的装置，由调制器和解调器两部分组成，调制器是把计算机的数字信号（如文件等）调制成可在电话线上传输的载波信号的装置，在接收端，解调器再把载波信号转换成计算机能接收的数字信号。通过调制解调器和电话线就可以实现计算机之间的数据通信。电话线路是为人们通话传输声音信号的通道；计算机所处理的数据信号是数字信号，计算机的数据信号要利用电话线路传输就要变成声音信号（模拟信号）。计算机的数据信号经调制解调器变成模拟信号再送到电话线路传输出去。在接收信息时，通过电话网传来的模拟信号，由调制解调器进行解调，解出模拟信号中所包含的数据信息，再送给计算机，其过程如图 11-11 所示。数字信号变成模拟调制信号和模拟信号解调成数字信号的过程如图 11-12 所示。

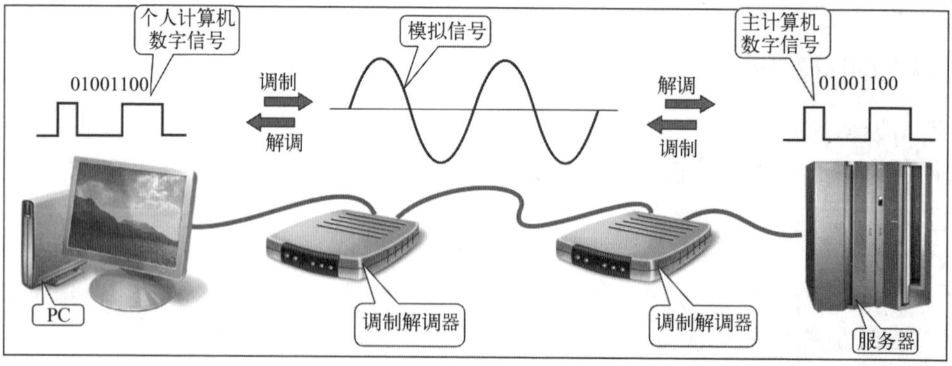

图 11-11　调制解调器的基本功能

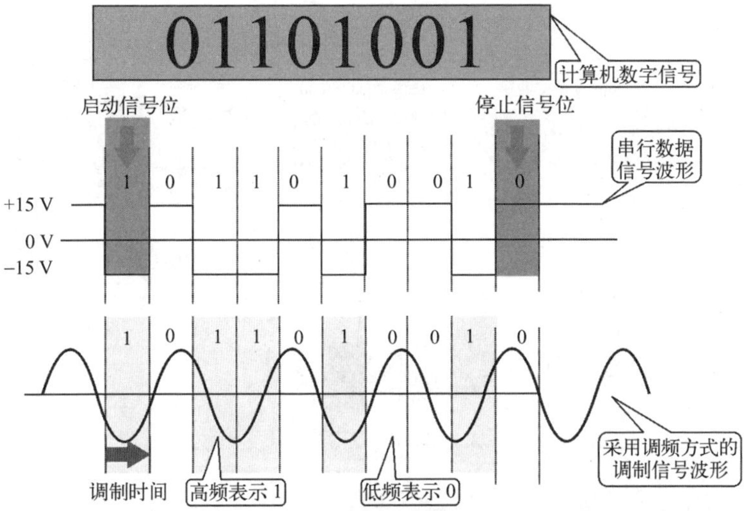

图 11-12　数字信号调制和模拟信号解调过程

由于目前大部分个人计算机都是通过公用电话网接入计算机网络的，因此需通过调制解调器进行上述转换。

2. 交换机的功能特色

交换机工作在 OSI 模型的第二层，它可以根据数据链路层信息做出帧转发决策，同时构造自己的转发表、访问 MAC 地址，并将帧转发至该地址。交换网络不像共享网络那样把报文分组广播到每个节点，而是为终端用户提供独占的、点对点连接，能够隔离冲突域并有效地抑制广播风暴的产生。如图 11-13 所示为交换机的功能示意图。

交换机的技术参数较多，这些技术参数全面地反映了交换机的技术性能及主要功能，是用户选购产品时的重要参考依据。

(1) 转发方式

转发方式是指交换机中用于决定如何转发数据包的转发机制。不同的转发技术各有优缺点。

直通转发方式：交换机一旦解读到数据包目的地址，就开始向目的端口发送数据包。通常，交换机在接收到数据包的前 6 字节时就已经知道目的地址，从而可以决定向哪个端口转发这个数据包。直通转发技术的优点是转发速率快、减少延时和提高整体吞吐率；其缺点是交换机在没有完全接收并检查数据包的正确性之前就已经开始了数据转发。这样，在通信质量不高的环境下，交换机会转发所有的完整数据包和错误数据包，这实际上给整个交换网络带来了许多垃圾通信包，被误解为发生了广播风暴。总之，直通转发技术适用于网络链路质量好、错误数据包较少的网络环境。

存储转发方式：存储转发技术要求交换机在接收到全部数据包后再决定如何转发。这样一来，交换机可以在转发之前检查数据包的完整性和正确性。其优点是没有残缺数据包转发，减少了潜在的不必要数据转发；缺点是转发速率比直通转发慢。所以，存储转发技术比较适用于传输要求较高的网络环境。

碰撞逃避转发方式：某些厂商（3COM）的交换机还提供这种厂商特定的转发技术。碰撞逃避转发技术通过减少网络错误繁殖，在高转发速率和高正确率之间选择了一条折中的解决办法。

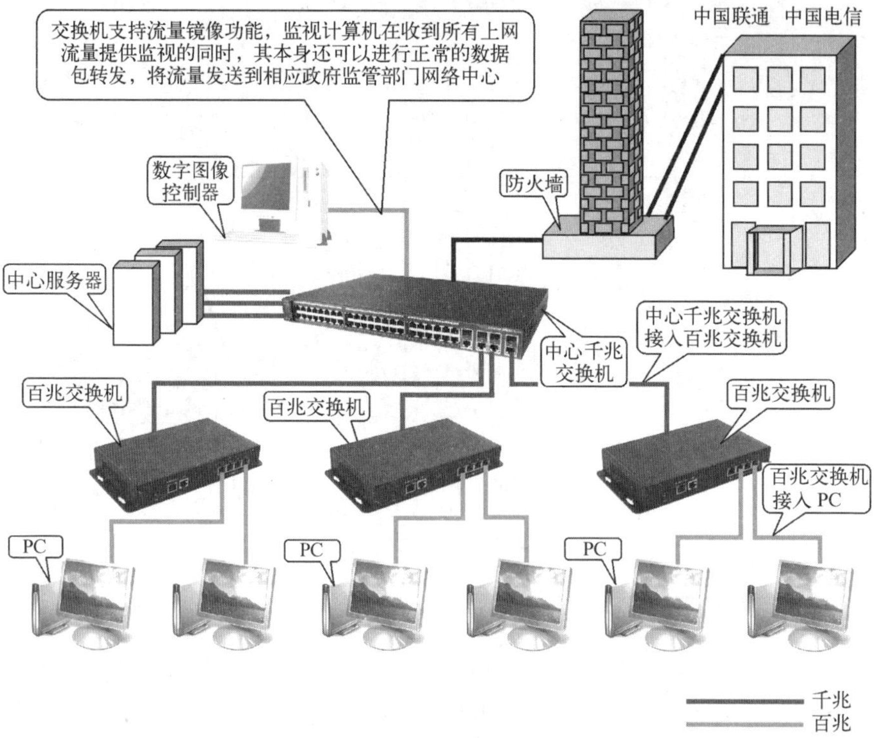

图 11-13　交换机的功能示意图

（2）延时特性

交换机延时是指从交换机接收到数据包到开始向目的端口复制数据包之间的时间间隔。有许多因素会影响延时大小，比如转发技术等。采用直通转发技术的交换机有固定的延时。因为直通式交换机不管数据包的整体大小，只根据目的地址来决定转发方向，所以它的延时是固定的，取决于交换机解读数据包前 6 字节中目的地址的解读速率。采用存储转发技术的交换机由于必须接收完整的数据包后才开始转发数据包，所以它的延时与数据包大小有关。数据包大，则延时大；数据包小，则延时小。

（3）管理功能

交换机的管理功能是指交换机如何控制用户访问交换机，以及用户对交换机的可视程度如何。通常，交换机厂商都提供管理软件或满足第三方管理软件远程管理交换机。一般的交换机满足 SNMP MIB I/MIB II 统计管理功能，而复杂一些的交换机增加通过内置 RMON 组（mini-RMON）来支持 RMON（远程监控）主动监视功能。有的交换机还允许外接 RMON 监视可选端口的网络状况。

（4）单/多 MAC 地址类型

单 MAC 交换机的每个端口只有一个 MAC 硬件地址，多 MAC 交换机的每个端口捆绑有多个 MAC 硬件地址。单 MAC 交换机主要设计用于连接最终用户、网络共享资源或非桥接路由器，它不能用于连接集线器或含有多个网络设备的网段。多 MAC 交换机在每个端口有足够的存储体记忆多个硬件地址。单 MAC 交换机的每个端口可以看作一个集线器，而多 MAC

交换机可以看作集线器的集线器。每个厂商交换机的存储体 Buffer 的容量各不相同。Buffer 容量的大小限制了该交换机所能提供的交换地址容量。一旦超过这个地址容量，有的交换机将丢弃其他的地址数据包，有的交换机则将数据包复制到各个端口，不做交换。

(5) 外接监视功能

一些交换机具有“监视端口”，便于网络分析仪直接连接到交换机上监视网络状况。

(6) 扩展树

由于交换机实际上是多端口的透明桥接设备，因此交换机也有桥接设备的固有问题即“拓扑环”问题。当某个网段的数据包通过某个桥接设备传输到另一个网段，而返回的数据包通过另一个桥接设备返回源地址，这个现象叫“拓扑环”。一般情况下，交换机采用扩展树协议算法让网络中的每个桥接设备相互识别，自动防止“拓扑环”现象。交换机通过将检测到的“拓扑环”中的某个端口断开，达到消除“拓扑环”的目的，维持网络中拓扑树的完整性。在网络设计中，“拓扑环”常被推荐用于关键数据链路的冗余备份链路选择。所以，带有扩展树协议支持的交换机可以用于连接网络中关键资源的交换冗余。

(7) 全双工方式的应用

全双工端口可以同时发送和接收数据，但这需要交换机和所连接的设备都支持全双工工作方式。具有全双工功能的交换机有以下优点。

- 高吞吐量：两倍于单工模式通信吞吐量。
- 避免碰撞：没有发送/接收碰撞。
- 突破长度限制：由于没有碰撞，所以不受 CSMA/CD 链路长度的限制。通信链路的长度限制只与物理介质有关。

目前，快速以太网、千兆以太网和 ATM 都支持全双工通信。

(8) 高速端口集成

交换机可以提高带宽“管道”(固定端口、可先模块或多链路隧道)，满足交换机的交换流量与上级主干的交换需求，防止出现主干通信瓶颈。常见的高速端口集成有以下几种。

- FDDI：应用较早，范围广，但有协议转换花费。
- Fast Ethernet/Gigabit Ethernet：连接方便，协议转换费用少，但受到网络规模限制。
- ATM：可提供高速交换端口，但协议转换费用大。

(9) 最大 VLAN 数量

该参数反映了一台设备所能支持的最大 VLAN 数目，就目前交换机所能支持的最大 VLAN 数目（1 024 以上）来看，足以满足一般企业的需要。VLAN 划分应遵从 802.1q 标准。

(10) 扩充性配置

机架插槽数、扩展槽数、最大可堆叠数、10/100/1 000 M 以太网端口数、最大 ATM 端口数、最大 SONET 端口数、最大电源数等多个硬件指标将直接反映交换机的扩充能力及其与其他主干网络设备的互连互通能力。

交换机除了能够连接同种类型的网络之外，还可以在不同类型的网络（如以太网和快速以太网）之间起到互连作用。如今许多交换机都能提供支持快速以太网或 FDDI 等的高速连接端口，用于连接网络中的其他交换机或为带宽占用量大的关键服务器提供附加带宽。

一般来说，交换机的每个端口都用来连接一个独立的网段，但有时为了提供更快的接入速度，可以把一些重要的网络计算机直接连接到交换机的端口上。这样，网络的关键服务器和重要用户就拥有更快的接入速度，支持更大的信息流量。

3. 路由器的功能特色

路由器是一种连接多个网络或网段的设备，它工作在网络层，集网关、网桥、交换技术于一体，能将不同网络或网段之间的数据进行阅读和译码，以使它们能够相互识别对方，从而构成一个更大的网络。

与交换机不同，路由器应用于不同的网络之间，它具有判断网络地址和选择路径的功能。它的主要工作就是为经过路由器的每个数据帧寻找一条最佳的传输路径，并将该数据有效地传送到目的站点。新购置路由器的配置文件是空的，只有编辑好路由器的配置文件后，它才能根据所配置的文件进行相应的操作。如图 11-14 所示为路由器的信号传输方式。

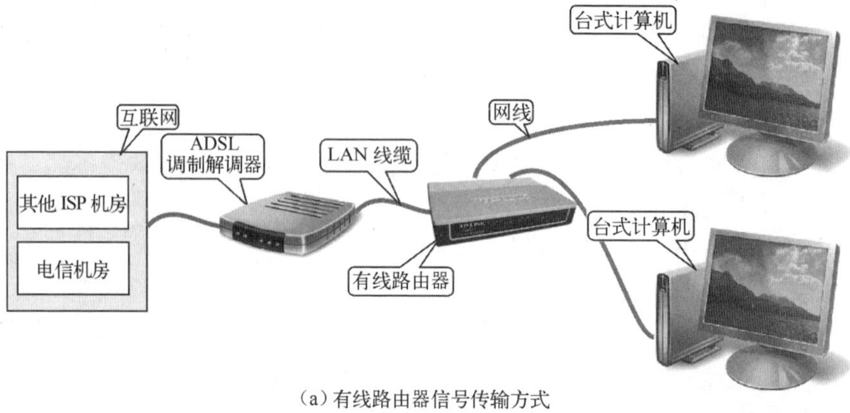

（a）有线路由器信号传输方式

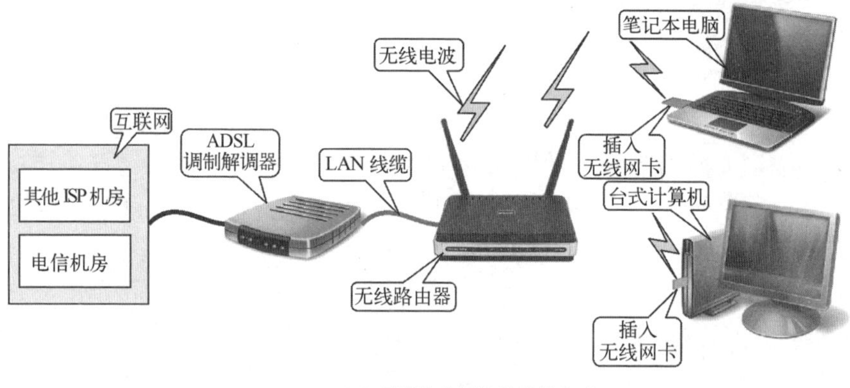

（b）无线路由器信号传输方式

图 11-14　路由器的信号传输方式

11.3.2 演示网络设备的使用方法

网络设备的使用方法，是指将各种不同的网络设备根据其功能通过传输介质连接在一起，共同完成连接网络、进行上网的操作。

1. 设备间的连接

（1）普通用户的连接方法

对于普通的家庭用户，常用到一台计算机，而且网络设备中只有信号分离器、调制解调器和计算机等，这些网络设备的连接如图 11-15 所示。

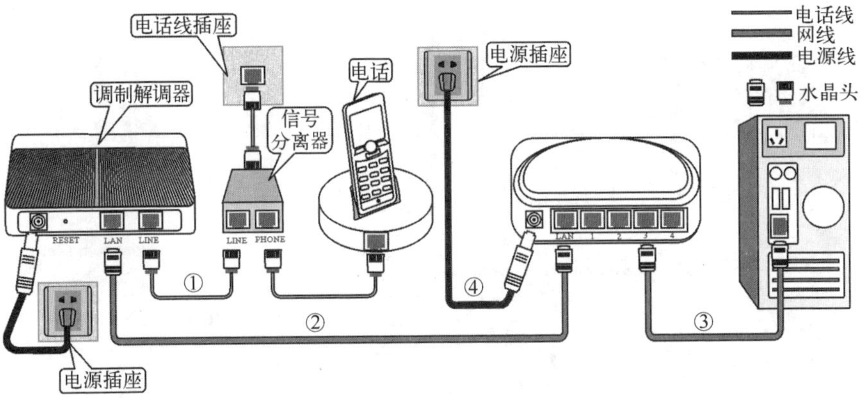

图 11-15　普通用户的连接方法

（2）多组计算机同时上网的连接方法

若有一条网线要连接多个计算机同时上网，此时可以用到的网络设备主要是信号分离器、调制解调器、路由器和计算机等，其连接方法如图 11-16 所示。

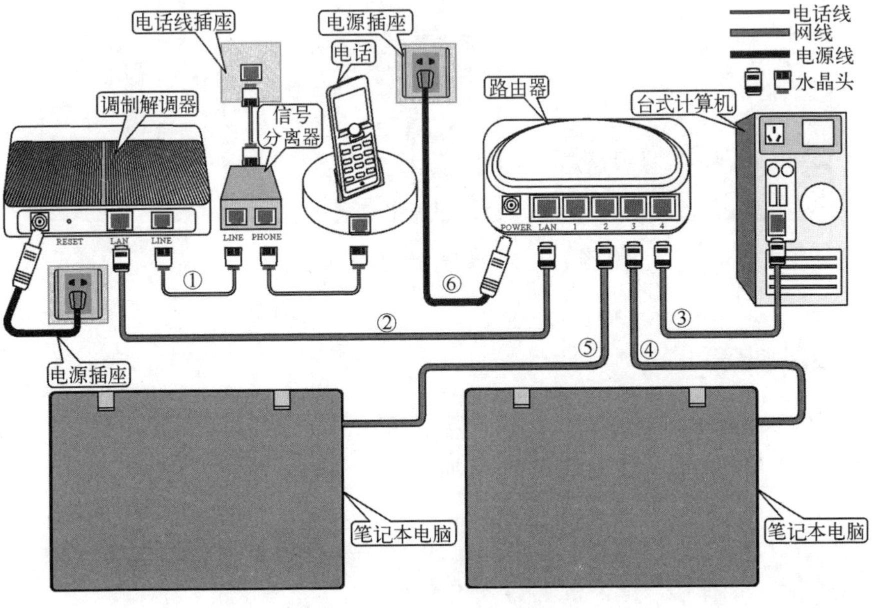

图 11-16　多组计算机同时上网的连接方法

（3）大型网络的连接方法

一些较大的企业可能会有几十台甚至几百台的计算机需要同时上网，那么路由器很难实现这样的需求，通常情况下会在路由器前级安装一台或几台交换机，再将多个路由器同交换机进行连接，就可以实现多台计算机同时上网的需求。如图 11-17 所示为大型网络的连接方法。

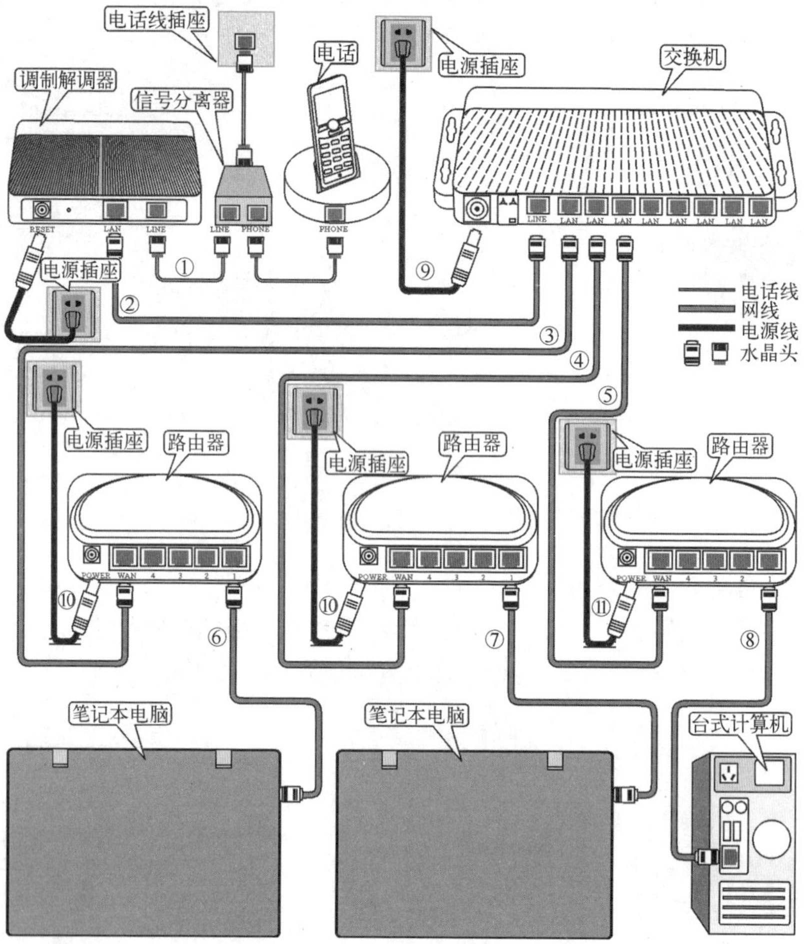

图 11-17　大型网络的连接方法

2. 网络设备的设置

当网络中各设备连接好后，还是不可以正常上网，此时应对路由器进行相关设置。首先打开桌面上的“IE”浏览器，并在地址栏中输入“192.168.1.1”，如图 11-18 所示。

接着进入路由器的“设置向导”中，对相关参数进行设置，如图 11-19 所示。单击“下一步”按钮后，选择用户上网的上网方式。

不同的上网方式设置方法也不一样，如图 11-20 所示，用户可以根据自己的需求进行选择。

判断如何选择上网的方式，可以参考表 11-1 所列。

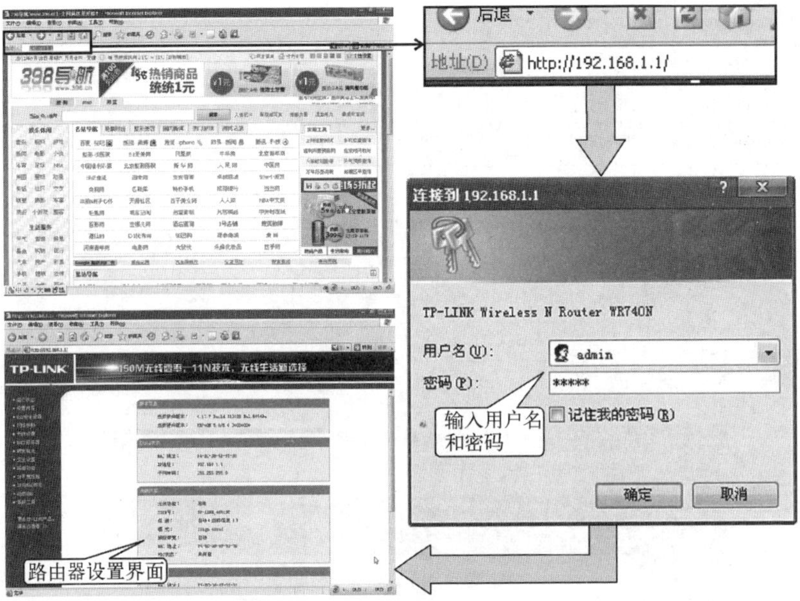

图 11-18　进入路由器设置界面

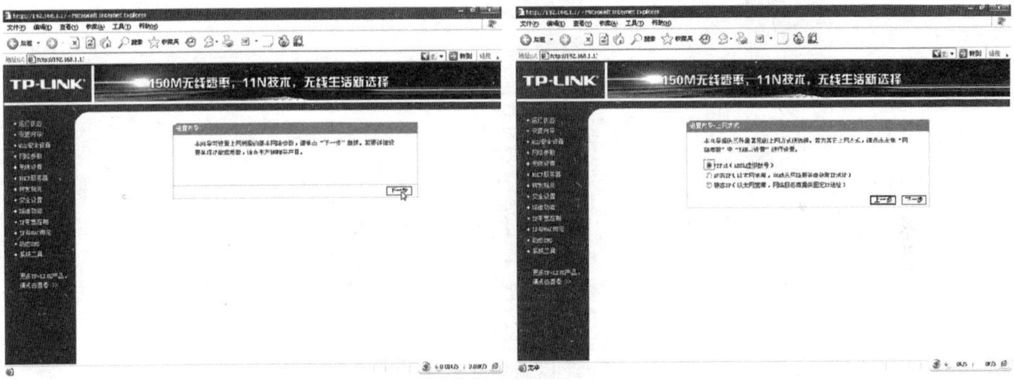

图 11-19　进行相关的参数设置

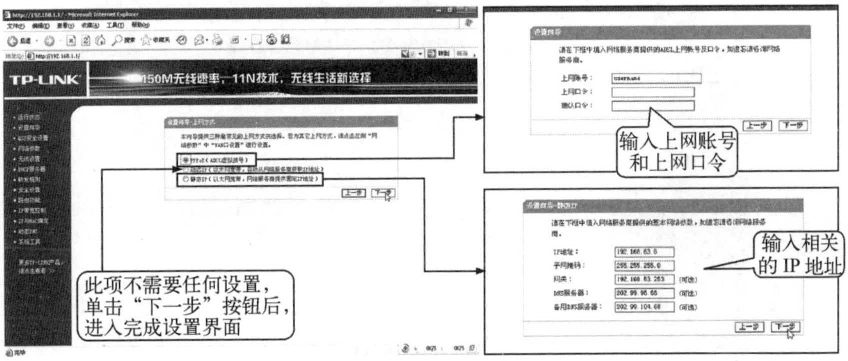

图 11-20　设置上网方式

表 11-1　上网方式的选择方法

上网方式	开通网络时，网络运营商提供的上网参数
PPPOE	用户名和密码
动态 IP	固定的 IP 地址、子网掩码、网关、DNS 服务器
静态 IP	宽带服务商没有提供任何参数，当不用路由器时可以直接上网，计算机不需要做任何设置

注意

如果用户采用的是无线路由器，此时还需要设置无线参数，如图 11-21 所示。其中，相关的主要参数有“SSID”，即无线路由器的名称；“PAK 密码”，即计算机搜索到无线网络后进入时需要输入的密码。

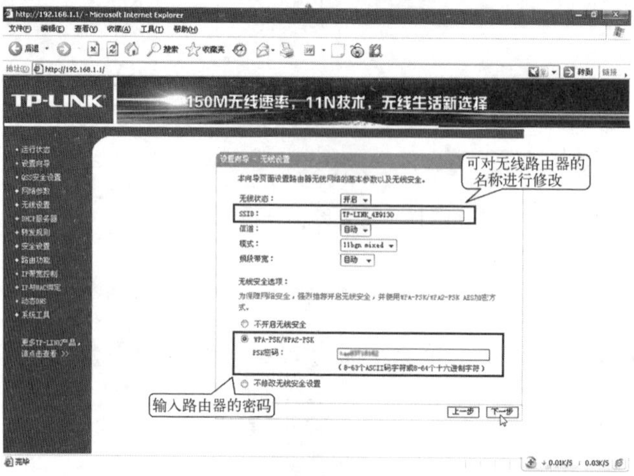

图 11-21　无线路由器的相关设置

当这些相关的参数设置完成并最终确认这些参数后，即完成了路由器的设置，如图 11-22 所示。

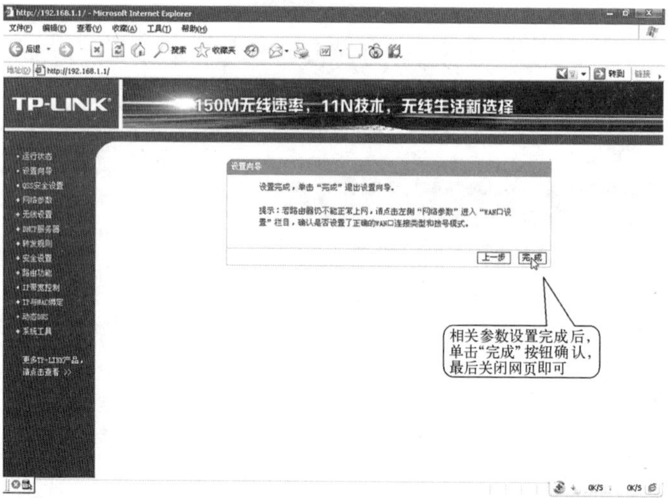

图 11-22　路由器设置完成

11.3.3　传授网络设备的保养维护方法

1. 使用环境

在使用网络设备时，应使其远离热源，并保持在通风良好的环境中工作，通常其工作温度在40℃以下，如图11-23所示。除此之外，还要将其放置在水平且平坦的表面，处于干燥、灰尘少的工作环境中，过多的灰尘堆积严重时会烧毁网络设备内部的芯片，所以及时清理灰尘也是非常重要的。

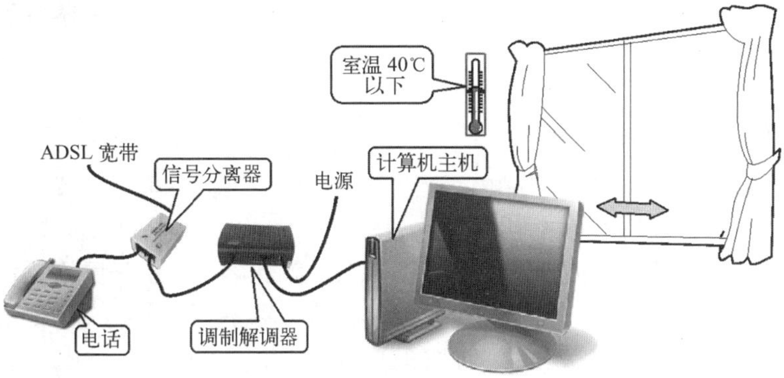

图11-23　网络设备的工作环境示意图

2. 避免电压不稳

在使用网络设备时，如果电源电压不稳定，忽高忽低，则会造成网络设备无法连续正常工作，从而影响上网的质量，电压长期不稳定还会缩短网络设备的使用寿命。所以，在电压不稳定时应尽量避免上网，或是配备性能优良的稳压电源。

3. 防止雷击

夏季为雷雨多发季节，一些架空的数据传输线长期外露分布在防雷装置保护范围外，如电源线、信号线、电话线等，很容易遭受雷电的侵入。如果没有做好足够的防雷措施，一旦受到雷电袭击，对网络设备造成的损失往往会很惨重。即使没有造成网络故障，但长年累月受雷电冲击的网络设备，也会缩短其使用寿命，并且会影响网络的稳定性。

为了避免雷击，首先要使网络设备有安全的接地；高精的网络设备需要在其电源输入端前置电源防雷器，这样可以将沿供电线路袭来的雷电过电压侵入波屏蔽掉。

4. 避免静电干扰

通常计算机及其外设的硬件在静电放电时很容易损坏，随着网络设备芯片工艺的进步，芯片的速度和功能也得到了提升，但芯片对静电干扰却很敏感。日常生活中静电放电的发生比较频繁，一个不太高的静电放电很容易将晶体管击穿，所以用户或企业在平时使用网络设备时要进行有效的保养和维护，可以采取以下几点防范措施。

- 各网络设备要有可靠的接地，并有保护良好的接触；针对容易受静电放电损坏的设备，应对其进行屏蔽或隔离。
- 对于环境干燥的地方，应使用加湿器，保证室内空气有一定的湿度，防止静电在设备、办公桌、家具和人体上大量积聚。
- 如果需要对设备打开进行维护，应切断电源，戴上防静电手套进行操作；或将手放在墙壁、水管上一会儿进行自身静电放电，再进行维护。

5. 防止电磁干扰

数据在网络中传输时常会受到多方面的影响，电磁干扰就是其中的一个方面。在平时不要对网络进行弯曲拉扯或用重物压网络设备，常用的音箱和无线电收发装置等都要离网络及网络设备远一些，确保网络信号不会受外界辐射影响。

6. 注意防潮

由于网络设备都是由许多紧密的电子元器件组成的，因此不可以放置在潮湿的地方，以免引起电路短路。特别是网线和电话线，在过湿的环境中网线中的水晶头很容易发霉、氧化，造成接触不良的现象，从而造成上网速度降低。除此之外，由于网络设备在运行过程中设备的芯片会产生大量的热量，如果不及时将其散发，很有可能导致芯片过热，工作异常，因此最好将这些网络设备放置在通风、凉爽的地方使用。

习题11

1. 填空题

（1）网络的连接和使用中，用到的网络设备有________、________和________等。

（2）从外观看，调制解调器主要是由________、________、________、________、________和________等构成的。

（3）无线网卡是________的必要设备，是无线局域网的无线覆盖下通过________连接网络上网使用的无线终端设备。

（4）无线上网卡是指无线的________网卡，可以通过该设备连接到无线的广域网中，实现无线上网，相当于有线的________。

（5）在选购调制解调器时，主要的选择依据有________、________、________、________、________与________。

（6）在选购路由器时，主要考虑计算机的数量、________、辅助功能、________、________、路由表能力、________等因素。

（7）在空白处填入正确的选项。

信号分离器主要将________和________分开。其中，一个 LINE 接口连接________；一个 PHONE 接口连接________或________；另一个 MODEM 接口用来连接上网设备中的________。

① 电话　　② 调制解调器　　③ ADSL 数据信号
④ 传真机　　⑤ 电话音频信号　　⑥ 电话线

（8）根据图 11-24 所示写出标号处的部件名称并介绍其功能。

① ____________________

② ____________________

③ ____________________

④ ____________________

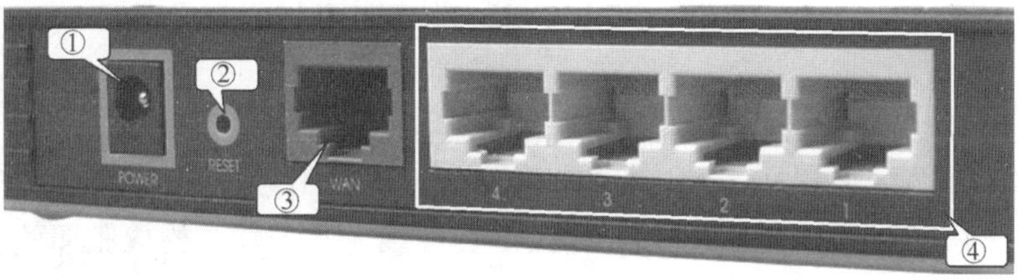

图 11-24　填写标号处的部件名称及其功能

2. 判断题

(1) 无线网卡和无线上网卡的功能是一样的。(　　)

(2) 路由器与交换机的功能相同，可以交替使用。(　　)

(3) 由于计算机中可以安装杀毒软件，因此在选购交换机或路由器时，不需要防火墙功能。(　　)

(4) 根据路由器中用户接口端数量的不同，其连接的计算机数量也是不同的。(　　)

(5) 在使用网络设备的过程中只要保持使用环境通风即可，其他的不必在意。(　　)

(6) 由于路由器或交换机都有防火墙功能，因此在雷雨天气中使用网络设备不会受到影响。(　　)

3. 问答题

调制解调器是如何工作的?

反侵权盗版声明